"十一五"回眸：
四川金融改革与发展

SHIYIWU HUIMOU
SICHUAN JINRONG GAIGE YU FAZHAN

主　编　黄小祥

副主编　陈跃军　李明昌　王筠权

　　　　杨勇平　倪荣鸣

西南财经大学出版社
Southwestern University of Finance & Economics Press

图书在版编目(CIP)数据

"十一五"回眸:四川金融改革与发展/黄小祥主编. —成都:西南财经大学出版社,2011.11
ISBN 978 - 7 - 5504 - 0475 - 5

Ⅰ.①十… Ⅱ.①黄… Ⅲ.①金融改革—成就—四川省—2006～2010
Ⅳ.①F832.771

中国版本图书馆 CIP 数据核字(2011)第 228874 号

"十一五"回眸:四川金融改革与发展
主　编:黄小祥

责任编辑:李霞湘
校　　对:黑马校对软件公司
封面设计:杨红鹰
责任印制:封俊川

出版发行	西南财经大学出版社(四川省成都市光华村街55号)
网　　址	http://www.bookcj.com
电子邮件	bookcj@foxmail.com
邮政编码	610074
电　　话	028 - 87353785　87352368
印　　刷	四川森林印务有限责任公司
成品尺寸	170mm×240mm
印　　张	24
彩　　插	8 页
字　　数	410 千字
版　　次	2011 年 11 月第 1 版
印　　次	2011 年 11 月第 1 次印刷
印　　数	1— 5000 册
书　　号	ISBN 978 - 7 - 5504 - 0475 - 5
定　　价	60.00 元

"十一五"回眸：四川金融改革与发展

主　编： 黄小祥

副主编： 陈跃军　李明昌　王筠权　杨勇平　倪荣鸣

执行编委： 艾毓斌

委　员： 王　中　万崇实　王园园　陈焕祥　张军洲　肖　伟
曾　益　高新华　刘义龙　王　华　邱　泉　史　砼
王立新　王柏林　胥威光　叶孝栋　王　兵　熊津成
毛志刚　傅作勇　蔡秋全　冉　云　陈显宜　张东风
青德蓉　王俊明

编写成员： 孙　炜　杨宇焰　雷洪光　王　勇　汪　晗
龙汉涛　张岚东　施林楠　徐　铭　姜　芳
莫凤英

中国银行与四川省人民政府签署全面战略合作协议

中共四川省委副书记、四川省省长蒋巨峰在第一届中国西部金融论坛主论坛上致辞

四川省副省长黄小祥在四川企业在港上市融资合作交流对接会上讲话

四川金融工作会议召开

四川GDP500亿元以上市州与金融机构全面合作对接会在乐山召开

香港特区政府政务司司长唐英年在论坛上发表讲话

中国保监会主席吴定富在第一届中国西部金融论坛主论坛上演讲

中国人民银行副行长马德伦在第一届中国西部金融论坛主论坛上演讲

中国银监会副主席蔡锷生在第一届中国西部金融论坛主论坛上演讲

中国证监会副主席刘新华在第一届中国西部金融论坛主论坛上演讲

四川省金融办工作会议召开

人民银行成都分行行长李明昌在基层调研

四川银监局局长王筠权主持召开四川股份制银行例会

四川证监局局长杨勇平在基层调研

四川保监局局长倪荣鸣在全省保险业情况通报会上讲话

序　言

在同志们的共同努力下，由省政府金融办公室组织有关单位编写的《"十一五"回眸：四川金融改革与发展》一书终于与大家见面了。该书以开阔的视野、丰富的内容、翔实的资料，总结、展示了"十一五"时期我省金融改革与发展所取得的成就，对全面认识"十一五"时期我省金融改革与发展、进一步推动"十二五"时期我省金融工作具有重要意义。

"十一五"时期，我省金融领域干部职工在省委、省政府的坚强领导下，战胜了汶川特大地震等严重自然灾害，积极应对国际金融危机的巨大冲击，有力推动了金融业改革与发展，取得了良好成效。全省金融组织体系不断完善，形成了银行、证券、保险、期货、信托等多种金融组织形式并存、功能完备、运行稳健的金融体系，四川已成为西部地区金融机构数量最多、种类最齐全、开放程度最高的省份。地方金融改革与发展纵深推进，综合实力显著增强。全省农村信用社系统管理体制得到理顺，股权改造与优化取得阶段性成果，法人治理结构逐步建立健全，内部经营管理能力和抗御风险能力显著提高，各项业务安全、持续、快速发展。全省城市商业银行成功地实现了改制，现代化公司治理结构基本建立，资本充足率大幅度提高，信贷资产质量显著改善，市场竞争能力有所提高，为我省城商行的进一步改革与发展打下了良好的基础。信托改革与重整取得成效，四川信托成功挂牌并取得良好的经营业绩，我省成为全国拥有信托公司最多的省份之一。新型金融组织以及金融要素市场建设快速发展，村镇银行、融资性担保机构、小额贷款公司以及各类产权交易机构从无到有，迅速发展壮大。西部金融中心建设稳步推进，机构中心建设、交易和市场中心建设、金融服务中心建设进展较快，西部金融中心初具雏形。金融监管不断加强，审慎、合规经营的理念得到认同和实践，金融生态环境明显改善。

"十一五"时期，全省金融资产总量增长了近三倍，金融产业对经济发展贡献度日益提高，已经成为我省重要的支柱产业之一。全省金融业增加值快速增长，占全省经济总量、现代服务业产值总量的比重不断增加；各项金融税收快速增长，已经成为地方税收最重要的来源之一；金融从业人员不断增加，创造了大量高端就业岗位。同时，金融创新不断深化，融资渠道不断拓宽，融资总量快速增长，为我省经济社会发展提供了强有力的资金支撑。到"十一五"末，我省间接融资总量、直接融资总量均排西部地区首位，在全国分别排名第七位和第六位。

"十二五"时期是我国经济结构调整、发展方式转变的关键时期。未来五年，我国金融开放将进一步深化，一些重大改革将进入深水区，金融业发展面临诸多机遇和挑战。利率市场化改革不断深化，将从根本上改变金融市场竞争的格局。资本项目逐渐开放，将带给我国金融业更大的发展空间和在全球范围内配置资源的有利条件。人民币汇率形成机制进一步市场化，将拓宽金融机构业务领域。国内经济增长方式和产业结构面临调整，金融业将因此面临许多新的机遇和矛盾。作为西部地区的重要经济大省，我省金融业同样面临着新的发展机遇和挑战。国家新一轮西部大开发战略深入实施，统筹城乡综合配套改革进一步推进，成渝经济区发展规划上升为国家战略等一系列战略性机遇，为全省金融业快速发展提供了良好的政策环境。加快转变经济发展方式，优化提升产业结构，大力发展战略性新兴产业、特色优势产业、现代服务业和现代农业，将给金融业发展创造巨大的市场空间。加快新型工业化和城镇化进程，统筹城乡改革与发展，将为金融要素集聚和金融创新提供持续动力。主动承接国内外产业转移，深入推进跨境贸易人民币结算试点，将进一步扩大金融开放合作空间。

"十二五"时期，四川金融发展环境更趋复杂。伴随着金融国际化、市场化程度的不断加深，以及区域内金融机构的不断增加，同业竞争也将更加激烈。同时，中西部地区多个城市积极推动区域金融中心建设，对我省大力建设西部金融中心形成有力挑战，金融业将面临激烈的外部竞争。在深入研判形势的基础上，四川省委、省政府明确提出了"十二五"时期金融工作的指导思想：以邓小平理论和"三个代表"重要思想为指导，深入贯彻落实科学发展观，认真执行中央关于金融工作的方针政策，抓住新一轮西部大开发等重大机遇，坚持"一主、三化、三加强"的基本思路，以改革开放和科技创新为动力，以大力推进西部金融中心建设为重点，以引进和发展各类金融机构及金融服务组织、壮大地方金融机构、推动金融创新、扩大融资规模和优化融资结构为抓手，以金融外包、金融后台和农村金融为特色，以加强金融监管、金融基础设施和金融生态环境建设为保障，全面提升四川金融业的综合竞争能力和可持续发展能力，为建成西部经济发展高地和建成全面小康社会提供重要的金融支撑。

　　长风破浪会有时，直挂云帆济沧海！我相信在各级党委、政府的坚强领导下，在全省金融领域干部职工的共同努力下，在社会各界的大力支持下，"十二五"时期我省金融业发展必将实现新的跨越。

四川省人民政府副省长

二〇一一年十月十二日

目　录

第一篇 综合篇

"十一五"是四川金融发展史上极不平凡的时期。五年来，全省金融领域广大干部职工认真贯彻落实党中央、国务院金融工作的方针政策和各项部署，深化金融改革与创新，实现了全省金融业的跨越式发展。全省金融组织体系不断完善，金融市场功能进一步增强，金融改革与创新以及对外开放不断推进，金融基础设施不断完善，金融服务水平显著提升，金融发展环境不断优化，西部金融中心建设稳步推进，科学监管水平不断提高，抗风险能力不断增强，金融业已经成为全省重要的支柱产业之一。五年中，全省金融领域干部职工同心协力、共克时艰，夺取了抗震救灾和灾后恢复重建的重大胜利，战胜了特大山洪泥石流等严重自然灾害；积极谋划、主动作为，积极应对国际金融危机的巨大冲击，为全省经济社会快速发展提供了强有力的金融支撑；大力支持"一枢纽、三中心、四基地"建设，为加快西部经济发展高地建设做出了重要贡献。

一、"十一五"时期四川金融业迅速发展

"十一五"时期，四川省经济与金融相互推动，实现了持续快速发展，金融业对经济社会发展的综合贡献度显著提高，已经成为全省重要的支柱产业之一。到"十一五"末，全省金融资产总量较"十五"末增长近3倍，证券交易额居全国第六位，银行总资产、机构数量、存款余额、贷款余额、保费收入、上市公司数量均居全国第七位，中西部第一位。

（一）金融组织体系不断丰富完善

"十一五"时期，广大金融领域干部职工共同努力，营造了良好的金融环境，全省金融组织体系得到不断丰富完善，四川已成为国内外金融总部拓展西部市场的金融高地。截至2010年末，全省共有银行业机构609家，证券、期货、基金公司69家，保险公司54家，小额贷款公司73家，融资性担保公司363家。金融从业人员达到33.24万人，是2005年末的2.49倍，占全省城镇

就业人数的2.4%。"十一五"期末，四川省已经形成了银行、证券、保险、期货、信托及其他金融组织并存，功能更加完备，运行比较稳健的金融体系，成为西部地区金融机构数量最多、种类最齐全、开放程度最高的省份。随着越来越多的国内外金融总部在川设立区域总部和分支机构，四川金融的聚集和辐射能力显著增强。

一是银行业机构体系不断丰富完善。"十一五"时期，四川共引进中资银行11家、外资银行3家，邮储银行四川省分行挂牌成立，5家城市信用社改制成为城市商业银行，组建新型农村金融机构27家。截至2010年末，全省共有政策性银行3家，国有商业银行5家，股份制商业银行11家，省外在川城市商业银行6家，省内城市商业银行13家，邮政储蓄银行1家，外资银行11家（含代表处1家），信托公司、财务公司和消费金融公司等非银行金融机构7家，金融资产管理公司成都办事处（分公司）4家，农村商业银行、农村合作银行、农村信用社等农村中小金融机构548家；全省银行业机构执证网点12566个，从业人员14.8万人。四川已经形成了门类众多、种类齐全的银行业金融服务体系，银行业机构和营业网点数量、外资银行机构数量均位居西部第一。

二是证券期货业机构稳步发展。截至2010年末，四川有法人证券公司4家、证券营业部201家、证券投资咨询机构3家，法人期货公司3家、外地公司在川期货营业部10家，基金公司分公司8家，外国证券机构驻华代表机构1家，证券期货业从业人员近万人。证券营业部数量在全国排名第六位，国内知名证券公司均在四川省设立了区域性总部或营业网点。

三是保险业机构较快发展。截至2010年末，四川共设有保险公司省级分公司54家，其中产险公司25家、寿险公司26家、养老险公司2家、健康险公司1家，省级分公司总数比2005年末增加29家。全省共有各级保险公司分支机构4512家，法人保险中介机构88家，保险中介分支机构215家，保险兼业代理机构9686家。保险从业人员17.7万人，比2005年翻了一番。

四是新型农村金融机构加快发展。"十一五"期间，新型农村金融机构发展迅速，到2010年末，全省共设立新型农村金融机构27家，其中村镇银行24家、贷款公司2家、资金互助社1家；设立小额贷款公司73家，融资性担保机构363家。目前，四川已经成为全国新型金融机构数量最多的省份之一，为弱化小微企业和"三农"融资难矛盾做出了积极贡献。

（二）金融产业增加值不断提升

"十一五"期间，四川金融业快速发展，金融资产规模、经济增加值占国内生产总值比例不断提高，已经成为四川重要的支柱产业之一。"十一五"末，全省金融业总资产3.75万亿元，是2005年的2.76倍，连续5年保持两位数增长，增速逐年加快。2010年，全省金融业实现增加值574.69亿元，较上年增加50.06亿元，占全省GDP的3.4%，占全省第三产业增加值的9.82%，是2005年的2.14倍。金融业地税收入94.51亿元，较上年增长26%，占全省地税总收入的8.48%，对当年地税收入的贡献度为6.81%。金融业对经济增长的贡献率为1.6%，拉动第三产业增长0.6个百分点，成为支撑全省经济快速发展和经济结构调整优化的重要因素。

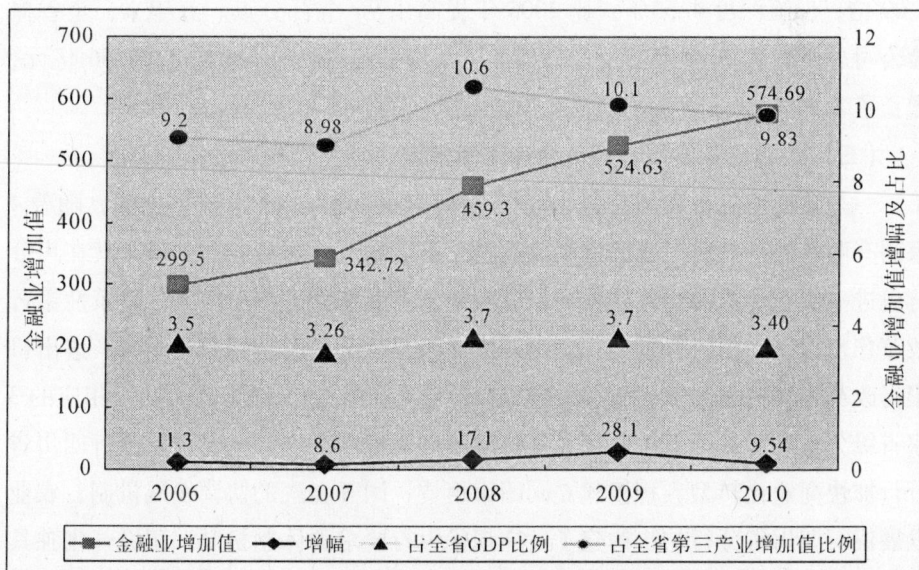

图1　"十一五"期间四川金融业增加值（单位：亿元、%）

数据来源：人民银行《四川省金融产业发展报告》、四川省统计局

一是银行业快速发展。2010年末，四川银行业总资产35950亿元，总负债35120亿元，均为2005年末的3.5倍；本外币各项存款余额30504亿元，是2005年末的3.04倍；本外币各项贷款余额19486亿元，是2005年末的2.82倍。2010年实现税后利润451亿元，是2005年的6倍；平均资产利润率

1.38%，比上年上升 0.15 个百分点；平均成本收入比 34.22%，比上年下降5.51 个百分点。

二是证券期货业快速发展。2010 年末，四川省 4 家法人证券公司总资产342.18 亿元，净资本 67.58 亿元，实现营业总收入 43.75 亿元，净利润 16.48亿元。2010 年末，四川有 A 股上市公司 83 家，境外上市公司 9 家，"十一五"期间新增上市公司 29 家，累计上市公司数达 102 家。投资者证券账户 700 万户，比 2005 年末增加 304 万户，增长 76.77%。2010 年全省证券交易额 3.69万亿元，比 2005 年增加 2.71 万亿元，增长 276.53%。

三是保险业快速发展。"十一五"期间，四川省保费收入从 2005 年的189.43 亿元上升到 2010 年的 765.77 亿元，连跨 6 个百亿元台阶，年均增速超过 30%，排名全国第七、西部第一。全省保险密度 943.83 元，比 2005 年增长3.09 倍；保险深度 4.53%，比 2005 年提高 1.96 个百分点。五年来，全省保险公司总资产从 2005 年末的 379.74 亿元增长至 2010 年末的 1224.66 亿元，增长了 2.2 倍。

（三）金融改革发展与开放合作不断推进

一是政策性银行和国有商业银行改革继续深化。"十一五"期间，随着 4家国有商业银行先后完成股份制改造并在香港和上海两地成功上市，其在川分行也进一步完善内部治理结构和经营机制，发展能力进一步增强。政策性银行改革稳步推进，国家开发银行已由政策性银行改制成股份制商业银行，进出口银行改革方案基本完成，农业发展银行改革前期研究工作正式启动，相应的 3家省级分行先后进行有关改革。各行改革创新稳步推进：国家开发银行四川省分行加快商业化转型，积极建立同国银租赁、国开金融的协调发展机制；农业发展银行四川省分行初步构建了适应现代银行要求的体制机制，积极开创独具特色的信贷支农途径；农业银行四川省分行再度被农业银行总行确立为深化"三农"金融事业部改革试点行，不断巩固扩大"三农"试点成果，事业部制改革取得实效。

二是地方法人银行机构改革与发展纵深推进。"十一五"期间，城市商业银行大力开展跨区域经营，综合竞争力和抗风险能力大幅提高，全省有 2 家城市商业银行省外分支机构开业，6 家城市商业银行的省内跨区分支机构开业，3 家城市商业银行的省内外跨区分支机构获批筹建。截至 2010 年末，全省 13

家城市商业银行通过增资扩股，加权平均资本充足率达到 12.68%。农村信用社改革深入推进。四川省农村信用社普遍构建了"三会一层"的内部治理结构，股权结构逐步完善，股本金规模不断扩充，产权关系进一步理顺。到 2010 年末，全省农村信用社已通过改革组建了 2 家农村商业银行、1 家农村合作银行和 110 家统一法人社，另外还有 46 个县（市）农村信用社正在逐步实施统一法人的改制工作。全省农村信用社平均核心资本充足率和资本充足率分别为 8.16% 和 8.98%；股本金余额 141.09 亿元，有 172 家农信社获准兑付央行票据 97.79 亿元。信托业重整取得突破，已有两家信托重整为一家并挂牌营业，一家信托重整即将完成。

三是证券期货保险机构创新发展迈上新台阶。"十一五"期间，四川省证券期货市场产品结构进一步完善，市场深度进一步拓展。华西证券实现了股权变更，公司治理结构得到完善，完成了对控股子公司华西期货的增资扩股，获得了集合资产及定向资产管理业务、股指期货中间介绍业务、直接投资等创新业务的经营资格。国金证券成功上市，完成了对控股子公司国金期货的增资扩股。中国国际期货、中粮期货、广发期货等期货公司在四川省新设了营业网点。成都锦泰保险公司获批，法国安盟保险公司成都分公司正式改建为独资子公司，填补了四川保险法人机构的空白；出口信用保险公司四川省分公司在原成都营业管理部的基础上正式成立。股指期货、融资融券等创新金融工具顺利推出并平稳运行。农业保险覆盖面进一步扩大，优势集中产区育肥猪承保面提高到 100%，油菜成为农险试点品种；农村小额人身保险试点市（县、区）扩大到 128 个，科技保险和信用保证类保险较快发展，商业保险纳入医改总体布局。

四是各种新兴金融市场要素迅速发展。股权投资和风险投资基金快速发展，2010 年底，在四川省设立的各类股权投资基金公司达 30 多家，成都、绵阳、攀枝花等市州已成立多支股权投资基金或创业投资企业，初步形成西部股权投资基金基地。其中，国务院批准筹建的第二批产业基金试点之一的绵阳科技城产业投资基金注册资本达 90 亿元，是西部唯一获得批准的产业基金。经过合并组建的西南产权交易所，成为国内目前唯一一家跨区域的产权交易所。成都农村产权交易所、中国林权交易所西南交易中心、中国技术交易所成都交易中心、北京黄金交易所四川分公司、广元环境交易所等金融要素交易市场相继成立。埃森哲等 15 家金融服务机构和澳新银行等 13 家金融后台服务机构先后落户四川，总投资额超过 110 亿元。金融控股集团成为推动地方金融业发展的重要力量，目前四川省已经形成新希望集团有限公司（新希望集团）、成都投资控股集团有限公司（成都投控集团）、什邡宏达发展有限公司等 3 家金融控股公司，以及泸州老窖股份有限公司、国金证券有限责任公司、成都高新发展股份有限公司等 6 家准金融控股性质集团公司。此外，五粮液集团、成都蜀信实业、攀枝花钢铁集团等企业均参股两种类型以上的金融机构。

五是金融对外开放不断扩大。"十一五"期间，四川金融对外交流合作的广度和深度不断增强，通过各种形式加强与国际国内金融组织、金融中心城市和金融监管部门的交流合作，先后开展了"川港金融合作"、"川台金融合作"、中国西部金融论坛等一系列金融合作活动和高层次学术交流活动，四川金融的国际地位和影响力日益提高。截至 2010 年末，全省有外资银行 11 家，外资保险公司 14 家，外资证券类机构代表处 1 家，分别比 2005 年末增加 6 家、8 家和 1 家，外资金融机构数量在西部地区名列第一。跨境贸易人民币结算试点工作取得进展。2010 年 6 月，四川省作为全国扩大试点地区之一，正式启动跨境贸易人民币结算试点。到 2010 年末，全省银行累计办理跨境贸易人民币结算业务 15.16 亿元，涉及 17 个国家和地区，在央行等 6 部委审定的全国出口货物贸易人民币结算试点企业中，四川共有 853 家企业入围。

（四）西部金融中心建设稳步推进

"十一五"期间，四川省委、省政府提出了建设西部金融中心的战略部署，2010 年出台了《西部金融中心建设规划》，明确提出到 2012 年初步把成都建设成为西部地区的金融机构中心、金融市场和交易中心和金融服务中心。按照《西部金融中心建设规划》要求，确定了以成都金融总部商务区为西部金融中心建设的主要载体，编制完成了金融总部商务区产业规划和城市设计。金融总部商务区建设全面启动，初步形成了包括金融监管机构、金融机构总部、金融要素交易平台、金融后台服务及外包中心以及中小金融机构在内的金融产业集群。

在省、市两级政府的共同推动下，成都金融功能区规划布局进一步完善，基础设施建设进一步加快，相关政策措施陆续出台，金融聚集和辐射能力明显增强。截至 2010 年末，成都市共有银行业机构 60 家，证券、期货、基金机构

68 家，保险公司 54 家，全国性或区域性金融后台服务总部 13 家，独立第三方金融服务外包企业 30 家，各类投资基金 30 余家，A 股上市公司 43 家，融资性担保公司 123 家，小额贷款公司 27 家。西南产权联合交易所、西部上市路演中心、中国林权交易所西南交易中心、中国技术交易中心成都分中心等陆续成立，银联手机支付业务及 Mo 宝移动电子商务业务正式开通。到 2010 年末，成都区域内金融机构本外币存款余额 15444 亿元、贷款余额 12417 亿元，存贷款余额均居中西部城市第一位。2010 年，全市证券交易额 2.52 万亿元，保费收入 309.98 亿元，保险密度 2409 元，保险深度 5.62%。成都已成为中西部地区金融机构种类最齐全、数量最多、率先启动金融外包服务产业园建设的城市，主要金融指标居中西部城市前列。

二、 "十一五" 时期金融业大力推动四川经济社会快速发展

"十一五" 时期是四川经济增长最快、增长质量最好的时期，GDP 年均增长 13.7%，比 "十五" 期间高出 1.4 个百分点。2010 年，全省 GDP 增速高达 15.1%，比 2009 年提高 0.6 个百分点，比全国平均增速高 4.8 个百分点，全省 GDP 总量达到 16898.6 亿元，超过了上海，列全国第 8 位。金融在经济社会快速发展的过程中发挥了重要作用，尤其是汶川特大地震以来，以贷款为主的各类融资大幅增长，较好推动了灾后重建和经济发展。

（一）社会融资总量大幅增长

"十一五" 期间，四川省社会融资总量与 GDP 之比从 2005 年末的 7.6% 逐年提高到 2009 年末的 35.6%。到 2010 年末，社会融资总额达 4841 亿元，占 GDP 的 28.6%，成为全省经济社会快速发展的重要推动力量。

一是信贷投放快速增长。"十一五" 期间各项贷款年均增速达到 23%，2010 年末全省本外币各项贷款余额 19486 亿元，是 2005 年末的 2.82 倍，位列全国第七、中西部第一。2010 年信贷投放在逐步由超常增长趋向均衡合理的同时，仍保持了快速增长态势，全省新增贷款 3830 亿元，省内银行向省外转让存量信贷资产 111 亿元，小额贷款公司新增贷款 50 亿元。按可比口径计算，2010 年末人民币贷款余额同比增长 22.41%，增幅高于全国平均增幅 2.52 个百分点，余额存贷比达到 63.88%，同比增加 0.29 个百分点，对全省经济平稳较快增长起了重要的支撑作用。

二是资本市场融资快速增长。"十一五"期间，四川省资本市场累计首发上市融资和再融资 842 亿元，是"十五"期间融资额的 8.1 倍。2010 年，四川省上市公司在资本市场完成首发上市融资和再融资 217 亿元，占全社会融资总量的 5.3%。截至 2010 年末，投资者证券账户开户数 700 万户，比 2005 年末增加 304 万户，增长 76.77%；实现证券交易额 3.69 万亿元，比 2005 年增加 2.71 万亿元，增长 276.53%；实现期货交易额 4.99 万亿元，比 2005 年增加 4.84 万亿元，是 2005 年的 33.5 倍。

三是银行间市场直接融资快速增长。"十一五"期间，四川企业在银行间债券市场累计发行短期融资券和中期票据 437.9 亿元。2010 年，四川省银行间市场成员全年累计拆入、拆出资金分别为 239.7 亿元、270.68 亿元；全年共有 11 家企业发行债券 177 亿元，增长 65.42%，其中中期票据 115 亿元，短期融资券 62 亿元。截至 2010 年末，全省银行承兑汇票余额 2027.16 亿元，比 2005 年增长 227.92%；商业承兑汇票余额 5.14 亿元，比 2005 年增长 66.29%。

（二）社会融资结构不断优化

"十一五"时期，尽管间接融资仍居主导地位，但直接融资在融资总量中的比重显著提升，多渠道融资格局初步形成。从结构上看，全省融资总额中的新增本外币贷款、股票、债券之比从"十五"期末的 95.7∶3.2∶1.1 发展到"十一五"期末的 87.31∶5.3∶7.39。2010 年，企业实现直接融资 1011 亿元，其中：通过资本市场首发上市融资和再融资 217 亿元，占全社会融资总量的 5.3%，较"十五"期末提高 2.1 个百分点；发行各种债券融资 302.1 亿元，占社会融资总量的 7.39%，较"十五"期间提高 6.29 个百分点，同比增长 52.94%。直接融资规模和渠道的快速发展，有力地支持了四川省企业的发展壮大。

（三）大力支持经济发展方式转变和结构调整

"十一五"时期，在四川省委、省政府的坚强领导下，全省金融领域干部职工在不断发展壮大融资总量的同时，坚持"区别对待、有扶有控"的原则，紧紧围绕国家深入实施西部大开发战略、建设"一枢纽、三中心、四基地"、"7+3"产业以及产业园区建设等重大部署，加大对重大项目和战略性新兴产业的金融支持；积极化解中小微型企业以及"三农"融资难矛盾，大力支持中小微型企业及"三农"发展。

一是为全省固定资产投资提供持续资金支持。四川目前整体上仍处于工业化中期阶段，经济增长对投资依赖的特征明显。"十一五"期间，四川全社会固定资产投资占 GDP 的比重逐年上升，平均占比为 66.62%，其中 2009 年占比达到最高点 84.92%。金融支持尤其是银行中长期贷款对四川省固定资产投资发挥了重要支撑作用，金融机构新增中长期贷款占当期固定资产投资的比率逐年呈上升趋势，从 2006 年的 17.48% 增长到 2010 年的 23.97%，上升了 6.49 个百分点，2009 年占比达到最高点 28.53%。中长期贷款余额以及中长期贷款占各项贷款的比例持续增长，到 2010 年末，四川省银行本外币中长期贷款余额 14040.82 亿元，较年初新增 3256.25 亿元，在各项贷款中的余额占比和增量占比分别为 72.06%、91.17%，有力地支持了全省固定资产投资和社会经济的高速增长。

二是积极发挥资本市场作用，支持重点优势产业发展壮大。经过"十一五"期间的快速发展，四川省有 102 家企业陆续上市融资，市值超过 100 亿元的上市公司达 16 家，基本覆盖四川省能源、电子、食品、轻工业、机械制造等"7 + 3"重点优势产业。上市公司已经成为四川省产业发展的重要支撑，对地方经济发展的带动效应日益增强。2010 年末，四川省上市公司资产总计 4624.09 亿元，实现营业总收入 3063.88 亿元，净利润 192.46 亿元，占四川规模以上工业企业营业总收入和净利润的 13.19% 和 13.10%，净利润增长幅度超过全国上市公司平均净利润增幅 12 个百分点。

三是积极搭建多种对接服务平台，有效缓解中小企业融资难问题。"十一五"期间，四川金融业积极推动针对中小企业的信贷管理制度创新，不断开发信贷新产品，改善对中小企业的金融服务，先后推出适合中小企业特点的应收账款质押、仓单（提单）质押、担保机构担保贷款、小企业联保、小企业展业通等信贷产品和"金融仓储"、商城商户信用共同体业务模式。截至 2010 年末，四川省金融机构中小企业贷款余额 7080 亿元，同比增长 28.2%。各级政府积极推动四川省中小企业与银行、保险、证券、信托、租赁等各类金融机构全面深入合作；搭建银企对接平台，实现信贷资金供需见面，提高信贷运作效率；加强对中小企业在主板、中小板、创业板上市的培育辅导，支持符合条件的中小企业上市融资；创造各种条件，支持企业通过短期融资券、中期票据等金融工具实现融资；引导保险资金、股权投资基金、风险投资基金、金融租赁公司和信托公司加大对四川省中小企业和项目的直接投资，有效拓展了融资渠道。

四是推进农村金融产品与服务创新，进一步加大金融支持"三农"力度。"十一五"期间，各级政府和金融监管部门不断加强政策引导，鼓励金融机构向农村延伸经营网点，依据四川农业优势，紧紧围绕农民增收、农业增产和农村经济发展，加大对农户种养殖业、特色农业、农业专业合作社、农业产业化、农村城镇化、农田水利基本建设、农村流通市场、涉农经营个体、特色资源开发等领域的金融支持，努力探索符合实际的金融支持"三农"新路径、新模式，提高金融支持"三农"服务水平。截至 2010 年末，四川省涉农贷款余额 5799.9 亿元，占全部贷款余额的 29.81%，同比增长 30.52%，全省已实现金融流动服务覆盖到所有乡镇。

五是金融支持灾后恢复重建成效显著。2008 年汶川地震以来，针对灾后恢复重建巨大的资金缺口，"一行三局"和各金融机构深入灾区调查研究，积极争取和指导金融系统有效落实地震灾区信贷"四不政策"、上市"绿色通道"、城乡住房重建信贷政策、优惠利率支农再贷款、差别化存款准备金率等特殊金融扶持政策，努力拓展灾后恢复重建融资渠道，切实推进灾区信用环境建设，加强和改进灾区金融基础性服务，增强灾区金融支持能力，促进金融资源向灾区倾斜，为灾后恢复重建任务的全面完成和灾区经济发展振兴做出了积极贡献。截至 2010 年末，四川金融机构累计发放灾后恢复重建贷款 3786 亿元，其中城乡住房重建贷款 675 亿元，城镇建设贷款 703 亿元，农村建设贷款 222 亿元，公共服务类贷款 113 亿元，基础设施类贷款 917 亿元，产业重建贷款 1149 亿元。

三、 金融业基础服务和监管水平不断提升， 金融生态环境进一步优化

"十一五"期间，四川金融基础设施建设力度进一步加大，支付清算和征信系统建设成效显著，金融机构信息化程度进一步提高，金融生态和社会信用环境进一步优化，金融监管和政府服务水平显著提升，为四川金融业健康发展提供了重要保障。

一是支付清算和征信系统建设成效显著。"十一五"期间，四川省支付体系建设取得巨大成就，由人民银行建设的大小额支付系统、支票影像交换系统、电子商业汇票系统、网上支付跨行清算系统等陆续在全省上线运行。以银行汇票、本票、支票和银行卡"三票一卡"为主的非现金支付工具得到广泛应用。网上支付、电话支付等新型电子支付业务迅速发展。全国统一的企业和个人征信系统在四川相继建成并投入运行，并为全省54.6万户企业和5136万个人建立了信用档案。征信系统覆盖全省21个市（州），连接所有类型金融机构，实现了在线数据更新和联网查询，任何企业和个人在全国任何地方的信用交易记录都可以通过任何一家商业银行网点进行查询。

二是金融机构经营管理信息化、集约化步伐加快。金融后台服务中心建设初具规模。截至2010年底，工商银行、农业银行、建设银行、招商银行、太平洋保险等国内13家金融机构在蓉设立了全国性或区域性金融后台服务总部，项目投资总额112亿元，占地面积945亩。四川有独立的第三方金融服务外包企业30余家，为银行业、证券业等金融机构开发应用软件和进行中小企业财务管理，占地面积约4000平方米。各金融机构网上银行、手机银行、电话银行、电子支付等系统建设加快，推动了金融业务规模的扩大，提升了金融服务水平。成都高新区代办股份转让系统试点已完成准备工作，为大量沉淀的未上市股权流动奠定了基础。

三是金融生态和社会信用环境进一步优化。在人民银行的大力推动下，各市（州）"金融生态环境示范县（市、区）"创建和评比工作持续推进，各地相继建立起成熟的工作机制，逐渐形成了政、银、企良性互动的局面，金融生态环境理念得到各方认可，金融债权维护得到加强。社会信用体系、中小企业和农村信用体系建设不断推进，"千户诚信中小企业培植计划"成效明显，农村和灾区等民生领域信用建设稳步推进，多层次信用宣传教育活动持续开展，公众信用意识大幅提升，社会信用环境明显改善。随着四川各地金融生态环境的不断优化，金融支持四川地方经济发展的动力进一步增强，大量省外、国外金融机构来四川设立分支机构或开展业务，资金聚集"洼地效应"逐步显现。

四是金融监管体系不断完善。"一行三局"始终以风险管理为本，不断夯实监管基础，改进监管方式，有效防控金融风险，促进了四川金融业健康发展。各监管机构建立了金融监管联席会议制度，定期交流金融监管信息，加强政策和工作协调，金融监管整体水平不断提高。监管当局不断改进监管方式，完善监管手段，通过市场准入和退出、现场与非现场监管、综合执法等措施手段，大力推动银行业、证券业、保险业金融机构不断完善体制机制、强化内控管理。扎实推进高风险金融机构的风险处置工作，加强对高风险机构和具有系统性影响机构的动态监测，提升了金融机构的风险识别、预警和处置能力。大力推进行政处罚的规范化、制度化和程序化，积极实施查处分离制度，严格问责违规金融机构和人员，维护了金融系统稳定。

五是政府金融服务工作水平不断提升。四川省委、省政府高度重视金融工作，专门成立了省政府金融办公室，加强对全省金融业发展的规划、管理、服务、协调，有力推动了全省金融业发展，维护了地方金融秩序。各市（州）政府也陆续成立金融工作办公室，加强与金融监管部门密切合作，有力推动了全省金融业快速健康发展。省政府积极争取国家在财政、税收等方面对四川金融机构的扶持政策，加大国家支持金融发展政策的贯彻落实力度，充分发挥金融业发展专项资金的作用，引导金融机构集聚发展，鼓励金融机构加大创新力度以及支持地方经济发展。各市（州）政府陆续出台鼓励金融招商、金融创新、股权投资等政策措施，建立金融单位年度考评和奖励制度、银企对接制度、金融生态环境建设会议制度等，搭建金融服务平台，加大对金融业发展的支持力度。

过去的五年，是四川省金融业又好又快发展的五年，也是难以忘怀的五年。"十一五"时期，全省金融领域干部员工的丰富实践，既凝聚着智慧和汗水，也铸就了辉煌业绩，积累了宝贵经验。一是坚持经济与金融共同发展。在重视发挥金融对经济支持作用的同时，必须高度重视金融产业的发展，突出金融作为现代服务业支柱产业的特殊地位。既要加大金融对经济社会发展的支持力度，充分发挥金融在资源配置中的重要作用，又要努力把金融资源优势转化为产业发展优势，推动金融业自身迅速发展壮大。二是坚持统筹协调发展。积极引导支持各类资本尤其是民间资本进入金融领域，促进各类金融机构和其他金融服务组织共同发展。统筹银行业与证券保险业、传统金融机构与新型金融服务组织、直接融资与间接融资、中心城市与周边地区、城市与农村、发达地区与欠发达地区的协调发展，促进金融结构不断优化。三是坚持改革创新与防范风险相结合。准确把握国内外金融发展的趋势与特点，强化危机意识、机遇意识、竞争意识，不断推动金融业改革创新，提高竞争力，加强金融监管，防范风险，维护金融稳定，确保金融安全。四是坚持市场导向与政府推动相结合。充分发挥市场对金融资源配置的基础性作用，推动金融业在改革创新中发展，同时充分发挥政府的推动作用，为金融业发展构建良好环境。

（四川省政府金融办公室）

第二篇 监管篇

央行宏观调控与监管

"十一五"时期，人民银行成都分行按照总行的统一部署，紧密结合四川实际，在全面落实各项货币政策措施、促进金融业改革与发展、金融支持地震灾后恢复重建、加强金融基础设施建设等方面做了大量工作，为促进地方经济平稳较快发展做出了应有的贡献。

一、贯彻落实货币政策，促进信贷合理投放和结构调整

（一）切实加强和改善窗口指导，适时制定货币信贷工作指导意见，做好政策执行情况监测分析与情况反馈

切实加强和改进窗口指导，并根据实际情况适时制定货币信贷工作指导意见，为货币信贷政策有效贯彻落实提供了有力保障。一是加强政策宣传解释和舆论引导。通过新闻通气会、专题报道等方式，加强与政府相关部门和经济金融主体间的政策沟通和宣传引导，营造良好的政策实施环境。二是按照货币政策要求，引导金融机构正确理解货币政策意图，结合支持灾后恢复重建、西部大开发等方面需要，把握力度和节奏，合理均衡信贷投放，调整优化信贷结构，防范潜在风险。三是加强区域经济金融监测分析与情况反馈。不断加强对宏观经济金融运行情况的分析，切实把握经济金融运行总体状况、金融机构存贷款增长及结构变动情况，对经济金融运行中带苗头性和倾向性问题进行认真研究。针对不同时期经济金融运行中存在的热点、难点问题，大力开展调查研究，积极反馈货币政策实施效应，提出有针对性的政策建议。

（二）积极探索和创新信贷政策实施载体和平台，推动各项信贷政策取得实效

一是加强信贷行业结构调整，支持重点产业调整振兴和抑制部分行业产能

过剩。及时制定下发执行货币信贷政策指引，及时传导货币信贷政策意图，落实各项政策措施。引导金融机构坚持"区别对待、有扶有控"原则，按照国家对重点产业调整振兴的要求，结合四川省"7＋3"产业发展规划和八大产业调整和振兴行动，着力调整优化信贷结构，加大对全省经济具有重大支撑性和导向性的重大项目、战略性新兴产业和产业园区的信贷支持。深入贯彻落实西部大开发会议精神，加强对区域经济发展规划的研究，引导金融机构为西部大开发提供优质、高效的金融服务。结合区域实际，要求各银行业金融机构严格贯彻执行国家宏观调控和支持节能减排、淘汰落后产能的各项政策。

二是引导金融机构加大对文化产业、服务外包、高新技术等新兴产业发展的金融支持力度。要求人民银行各中心支行和金融机构认真做好金融支持文化产业、服务业和服务外包产业发展相关工作。联合相关部门出台《关于促进高新技术产业发展的投融资政策与服务若干意见》，积极探索建立科技与金融良性互动机制，完善科技投融资服务政策，支持高新技术产业做大做强。联合四川科技厅、四川省知识产权局制定下发了《专利权质押贷款管理办法》，并在成都、绵阳试点推行，积极推动专利权质押贷款。指导金融机构围绕战略性新兴产业发展创新金融产品和服务方式，加大对高科技产业和企业自主技术创新的支持力度，推动重大创新成果产业化、重大产业技术创新、企业技改研发能力提高。与绵阳市政府签署并实施《绵阳科技城金融服务与创新合作框架》，指导绵阳中心支行和各金融机构深入贯彻落实有关金融支持科技城的相关政策措施。

三是全面推进农村金融产品和服务方式创新，进一步改进和完善对"三农"的金融服务。加强窗口指导，合理运用货币政策工具，积极引导金融机构增加涉农信贷投放，为"三农"发展提供了有力的支持。积极推进农村金融产品和服务方式创新，进一步改进和完善对"三农"的金融服务。2008 年底开始，根据四川省农业和农村经济发展不平衡、区域差异大的特点，把信贷政策与区域实际紧密结合，选择 5 个片区，按照"一县一特色、一行一模式、一企一对策"的工作思路，分类指导，注重实效。加强与四川省农工委、省发改委、省财政厅等部门的沟通协调，形成了有利于农村金融创新的政策框架和协作机制，指导省级金融机构把信贷政策要求与自身经营发展策略有机融合，形成对重点地区的政策聚焦和资源倾斜效应。

四是推动在省内开展大学生村官创业富民金融服务工作。与四川省委组织部联合下发了《关于开展"大学生村干部金融春雨行动"的指导意见》，指导各地人民银行中心支行积极加强与地方党委组织部门和相关政府部门的沟通合作和信息交流，建立健全工作机制，通过设立创业专项基金、建立大学生村官创业信息库、建立项目储备和推荐制度、多种渠道加强政策宣传等，搭建有效载体和平台。指导各金融机构进一步完善信贷管理制度，创新和整合信贷产品，通过农户小额贷款、农户联保贷款、种养殖大户信用贷款、青年小额贷款、"好借好还"小额信用贷款等多种方式，同时开辟大学生村官"绿色通道"，满足大学生村官创业的多元化融资需求。

五是全面做好中小企业金融服务和支持工作。加强信贷政策指导，督促金融机构加大对中小企业的支持力度。引导金融机构根据小企业资金周转的特点，加强和改善对小企业的金融服务，特别是支持灾区小企业的发展。与四川省委统战部、四川省工商业联合会制定《四川省民营企业（小企业）金融服务创新试点指导方案》，在成都、乐山、德阳、资阳、遂宁、宜宾、眉山等地联合开展"四川省民营企业（小企业）金融服务创新试点"活动，进一步推动促进民营经济发展相关政策的制定和落实。引导金融机构不断改进对中小企业的金融信贷服务，简化中小企业贷款程序，重点满足符合产业和环保政策、有市场、有技术、有发展前景的企业流动资金需求。

六是抓好"民生金融"，做好就业、助学、扶贫、民族地区等金融服务。加强与相关部门协调配合，定期参加小额担保贷款工作协调会议，交流和通报小额担保贷款发放的进展情况，协调解决工作中存在的困难和问题。创新小额担保贷款模式，推动建立"小额担保贷款＋创业培训＋信用社区"的长效机制。加强对金融机构的指导，认真贯彻助学贷款政策。积极协调督促国家助学贷款经办金融机构及时足额发放符合条件的国家助学贷款。加强与有关部门沟通，促进教育部门与经办银行签订新一轮的国家助学贷款业务合作协议。引导金融机构进一步贯彻落实国务院和省政府对扶贫贴息贷款管理体制进行全面改革的举措，在保证资金安全的前提下，尽量简化手续，放宽贷款条件，提供方便、快捷的服务。代省政府起草了《关于金融支持牧民定居行动计划实施意见》，引导各金融机构积极参与，在把握好防范信贷风险和道德风险的前提下，积极稳妥做好牧民定居行动计划金融支持工作。牵头联合四川银监局、证监局、保监局等部门制定下发《金融支持四川藏区跨越式发展的指导意见》，在藏区开展"金融支持四川藏区跨越式发展行动"。召开主要金融机构藏区工作座谈会，结合金融机构各自业务重心和特点，引导金融机构发挥积极作用，满足民族地区多元化金融服务需求。

（三）切实推动发挥好灾后恢复重建的金融支持作用，推动灾后恢复重建取得决定性胜利

认真贯彻落实倾斜的存款准备金政策、优惠利率支农再贷款政策。推动贯彻执行好"一行三会"有关进一步做好汶川地震灾后重建金融支持与服务工作的指导意见。认真执行好城乡住房重建信贷优惠政策，2010 年末灾区农房重建工作已全面完成，城镇居民住房重建基本完成。在坚持民生优先促进城乡住房重建的同时，积极引导金融机构加大灾区基础设施和产业恢复等方面的信贷支持力度。积极参与制定汶川地震灾区发展振兴规划，研究在灾区开展"金融支持汶川地震灾区发展提高行动"。加强与政府相关部门的政策协调，建议并协助总行在成都召开了灾后重建金融服务座谈会。建议四川省政府召开了灾后重建金融支持推进会，完善农房重建贷后管理机制，积极推进灾区金融生态环境建设。开展金融机构执行灾后恢复重建信贷政策效果的中期评估，促进了各项支持政策的有效落实。

（四）积极推动直接融资，支持地方经济发展

一是推进和完善银行间市场债券融资辅导机制。2009 年，印发《关于建立银行间市场四川企业债券融资辅导制度的意见》，部署和指导四川条件较成熟的地区建立企业债券融资辅导制度。通过不断完善四川企业在银行间市场的债券融资辅导机制，整合资源，搭建平台，将人民银行分支机构、地方政府部门、债券承销机构和企业有机联系起来，引导和帮助地方政府、金融机构和企业了解和关注金融市场创新产品，帮助企业全面准确地认识和了解银行间市场债务融资工具的相关政策法规，为企业拟定合适的债券融资方案，引导、帮助和培育企业利用银行间市场债务融资工具拓宽融资渠道。

二是加强对银行间市场融资政策的宣传和产品推广。通过引导新闻媒体加大对银行间市场直接融资产品的宣传报道、举办银行间市场直接融资专题培训等多种形式，不断扩大银行间市场直接融资工具的影响力。部署、指导和帮助有条件的地区开展政策宣传、产品推广和业务引导，使地方政府、金融机构和企业了解和关注金融市场创新产品。编辑《中小企业集合票据业务手册》并发送人民银行分支机构、承销机构和政府有关部门，为各地推动中小企业集合票据有关工作提供载体。

三是积极推动四川省内法人金融机构和企业利用银行间市场开展直接融资。多次组织召开支持灾后恢复重建债务融资的有关会议，建立工作机制持续指导和推动金融机构发行次级债和金融债。先后组织召开"短期融资券发行座谈会"、"中期票据发行座谈会"和"中小企业集合票据座谈会"，通报情况，宣传政策，依托债券融资辅导制度，推进非金融企业利用银行间市场发行债务融资工具。同时加强对推动银行间市场直接融资相关工作的安排和部署，对承销工作先进单位进行通报表扬，激发金融机构开展银行间市场直接融资承销业务的积极性，鼓励承销机构大胆创新，积极推动承销业务发展。

二、 加强金融风险监测， 维护区域金融稳定

（一）增强监管合力和管理创新，加强金融风险监测与稳定评估，切实维护区域金融稳定

一是加强"一行三局"的合作交流机制。通过定期召开"一行三局"金融监管联席会议，进一步强化了信息交流和共享机制，监管合力初步形成。二是积极推动建立四川《银行业机构重大事项报告制度》和《新设银行业机构开业管理与服务指引》，不断提高对四川新设银行业机构的服务效率与管理水平。三是加强银行业风险监测与预警预防。加强对地方政府融资平台贷款调查和情况掌握。初步建成"中小金融机构风险监测系统"，并以此为依托加强金融风险监测评估的电子化、网络化，密切监测地方中小银行机构的流动性风险。四是加强金融机构突发事件应急管理，积极做好金融风险处置工作。加强《人民银行成都分行金融机构突发事件应急预案（试行）》评估工作并认真组织实施应急模拟演练。配合银行业监管机构做好打击非法集资工作。密切关注和跟踪各类金融风险事件，配合有关部门及时妥善处置，维护区域金融稳定。

（二）加强形势预判和经验总结，认真做好抗震救灾和灾后恢复重建过程中有关稳定工作

一是认真做好地震应急管理和风险防范工作。"5·12"汶川大地震发生后，立即加强和完善维护金融稳定的工作，督促指导各金融机构完善各项风险

防范应急预案。深入进行银行业定损、金融服务恢复、支持灾区恢复重建信贷需求、抗震救灾临时金融措施与灾后金融风险分析评判等方面调研，收集第一手材料并及时上报。指导应对突发事件的应急演练，及时总结银行业应急工作，肯定和发扬成功经验，弥补和改进不足，促进应急预案日臻完善。二是指导地震灾区法人金融机构努力防范化解风险。建立重灾区中小金融机构风险监测制度，指导其增强抗风险能力。高度关注存在支付风险隐患的机构，动态掌握其风险变化情况，维护区域金融稳定运行。组织召开维护金融稳定联络小组成员和金融机构风险分析会议，通报"一行三局"最新政策措施的落实情况，分析地震灾后四川金融业面临的风险，针对重灾区农村信用社的支付风险、潜在操作风险隐患、基础设施严重受损情况下有关贷款风险以及房地产、水电、旅游、住宿、餐饮业信贷风险等问题，对金融机构进行风险提示。

（三）着力推动金融机构加快灾后网点重建进度

一是认真做好灾区金融业恢复重建的规划研究，根据省政府要求，会同四川银监局、四川证监局、四川保监局，按照国家要求的规划范围、规划时间、规划对象、规划内容等共同完成《四川汶川地震灾后金融网点恢复重建规划》。二是加强与发改委、商务厅等部门的协调沟通，调整金融机构网点灾后恢复重建规划，建立金融机构网点灾后恢复重建进度的监测制度。三是认真指导地震重灾区人民银行分支机构积极协调地方政府采取有关措施推动金融网点灾后恢复重建工作，监测金融网点灾后恢复重建工作进展情况，深入了解金融机构灾后恢复重建的进度、问题，帮助协调金融机构解决具体问题，推进重建工作有序进行。

三、加大对金融改革创新的探索和研究，促进金融对外合作与交流

（一）加强重点金融机构改革动态监测

一是积极研究和推进金融机构改革及配套政策的完善。积极配合有关部门推动国有商业银行财税、激励机制等其他配套政策的改革和完善，不断优化国有商业银行外部运行环境。二是以加强重点金融机构改革动态监测为工作突破口，持续落实"重点金融机构改革监测制度"，密切关注已改制上市大型商业银行、政策性银行等重点金融机构改革进展情况，积极推动工行、中行、建行

和交行在川分支机构落实各项改革措施，促使新体制新机制在其分支机构有效运行。三是认真组织对农业发展银行、邮政储蓄银行、进出口银行、出口信用保险公司等政策性金融机构进行实地调研，了解掌握重点金融机构改革与发展动态，定期上报监测报告，为上级提供建议和参考。四是根据国家金融改革总体部署和工作重点，积极推动农业发展银行、农村信用社、邮政储蓄银行分支机构加大改革力度。

（二）积极支持农村金融市场改革创新

一是持续加强农业银行改革进程监测，积极推动农业银行四川省分行三农金融事业部改革试点工作。多次组织对全国级试点联系行、具有代表性的部分县级试点行进行调研，不断总结"三农事业部"改革试点的工作经验和存在困难和问题，指导和帮助农行三农金融事业部改革规范发展。二是加强对四川省农村信用社改革支持力度，认真组织对四川省农村信用社改革成效进行阶段性评估，对改革中所出现的新问题和一些深层次机制问题进行研究，向省政府提出"十二五"时期相关深化改革建议。截至 2010 年末，全省已组建县级统一法人 110 家，成都市原 16 家县级联社合并发起设立了成都农村商业银行，全省农村信用社股本金余额 141.09 亿元。三是通过业务指导、组织交流培训和加强监测等方式，进一步推动了新型农村金融组织试点发展。持续做好对新型农村金融组织改革与发展情况的监测分析。密切关注村镇银行等新型农村金融机构与全省小额贷款公司的经营发展情况，组织全省开展对其业务经营和风险管理情况的月度监测，积极开展对村镇银行和小额贷款公司的调研和工作指导，引导其健康稳定发展。

（三）加强调研，为地方政府提供决策参考

针对四川经济金融发展中的重大问题，如统筹城乡综合改革试点、西部金融中心建设、"十二五"发展规划等加强调研，为省委省政府及综合部门提供决策参考。对"十一五"时期四川金融业改革与发展成效问题、"十二五"规划基本思路等进行了认真梳理和总结，提出了大量有针对性的政策建议。务实推动西部金融中心建设和金融服务业发展等工作。参与加快推进西部金融中心建设工作计划的制订，为推进成渝经济区建设和统筹城乡改革试点提出政策建议，为地方政府决策提供了智力支撑。每年度编撰《四川省金融产业发展报告》，分析的力度和深度不断提升，业已成为一份初具社会影响力的专业报告。积极配合人民银行总行金融产品创新委员会的有关工作举措，结合四川经济金融发展实际，把握省内金融机构和微观经济主体行为变化趋势，发现现实需求，引导金融机构业务创新和产品创新。跟踪国外和沿海地区金融创新的最新动态，积极探索和引进适合四川的金融产品和服务，加强对金融产业发展、金融创新的研究和交流，为西部金融中心建设提供基础支持。

（四）加强对外合作交流

通过举办形式多样的各类学会活动，活跃学术氛围和加强对外交往。以金融学会为平台，每年举办天府金融论坛，《金融时报》、《四川日报》等报刊均作整版报道，论坛影响力持续提高。开展对台金融学术交流活动，派员陪同省政府领导前往我国台湾地区进行金融业交流考察，配合省政府举办川台金融合作圆桌会议，邀请台湾地区知名金融专家开展学术讲座，增进海峡两岸经济金融学术交流。举办"十二五规划期间的成渝经济区展望"、"加快城市化进程中的金融创新"等专题学术讲座和培训，提升了会员单位研究能力，增进了会员单位之间的学术交流，进而促进了实务工作水平的提高。建立了四川金融学会重大课题招投标管理办法，开展重大课题招投标工作，得到了会员单位的认可和积极参与，推出了一批具有较高质量的优秀研究报告，为相关部门决策提供了重要参考。

四、大力推进支付结算体系建设，改善农村基础金融服务环境

（一）加强对第三方支付清算组织的管理

积极开展非金融机构的登记工作，初步摸清了全省非金融机构的基本情况，并在此基础上拟写了非金融机构支付业务监督管理工作的指导意见，对全省的非金融机构申领支付许可证的工作进行了指导；出台了《关于做好非金融机构支付业务许可审查及监督检查工作的意见》，提出了四川省非金融机构支付业务许可审查及监督检查工作的具体实施意见，成立了许可审查及监督检查工作领导小组及办公室，明确了相关部门的职责分工，为申领的初审和上报工作做好了准备。

（二）大力推广小额支付系统，服务民生工程

2007 年 11 月拟定了《四川省小额支付系统定期借记业务处理办法》，允

许采用"付款人授权发起"和"收款人主动发起"两种方式发起小额定期借记业务，一举解决了付款人授权难的问题，小额定期借记业务在四川省取得了较大的发展，切实解决了企业收款效率低、资金回笼速度慢的难题。建立了"银行机构柜面业务合作机制"，并于2010年11月1日正式运转，参与银行机构达26家、420个分支机构。银行机构柜面业务合作机制依托小额支付系统的通存通兑业务功能，参与机构全面开放柜面资源与他行共享，以达到各参与机构柜面资源综合利用的效果，有助于改善银行柜面资源紧张、民众排队时间过长等问题。

（三）努力推动银行卡产业发展

推动出台了《四川省银行卡产业发展指导意见》，召开了全省37个部门在内的银行卡工作会议，确定了银行卡产业的发展方向，推动成立了四川省银行卡业协会，实现了行业自律和市场规范；与公安部门建立联动工作机制，联合开展打击银行卡犯罪专项行动，挽回经济损失1375.9万元，净化了银行卡市场环境；联合四川银监局、四川省公安厅和四川省工商行政管理局举行了面向金融机构的四川"银联杯"银行卡业务知识竞赛，组织开展多种形式的宣传和有奖竞答活动，指导社会公众正确安全用卡；引导银行大力布放ATM等自助设备，有效缓解社会公众排队问题；组织全省金融机构、专业化服务公司推动POS机具在消费、社保、税务、医保、水电气、学校、医院等领域的应用，极大地方便了社会公众通过银行卡实现各类支付。

（四）大力改善农村支付服务环境

联合省政府金融办下发了《关于做好农村地区支付服务环境改善工作的通知》，从政府层面为全社会营造出良好的建设氛围；指导四川省农村信用社、邮政储蓄银行和成都农村商业银行全面开通农民工银行卡特色服务，为外出务工人员回乡铺设出一条延伸到家门口的取款通道；组织开展"银行卡刷卡无障碍示范区"创建工作，推进农村地区银行卡受理市场建设，农村银行卡用卡环境得到有效改善；以银行卡为载体、依托POS终端，开展补助金直发、小额取现、小额贷款等业务创新，实现银行服务网络向农村乡镇延伸，让农村群众"足不出村"就能享受支付服务。2008年的"5·12"汶川大地震中，为保证资金汇划畅通，迅速启动了支付系统应急预案，全力保障了支付系统的安全稳定运行，为救灾款项的及时划拨开辟了"绿色通道"；及时协调成都军区，为抗震救灾部队开立各类特殊账户 200 多个，提供了充足的资金后勤保障；通过核实开户信息、变更账户状态和双人签章等方式解决受灾企业的资金需求，为受灾企业办理支付业务提供特殊服务；制定受灾个人办理支付业务的特殊政策，解决社会公众在紧急支付需求；出台《四川省受灾群众补助金发放实施方案》，为重灾区受灾群众补助金的发放提供了一条快速通道。

五、 大力推动社会信用体系建设， 不断优化信用环境

（一）个人和企业征信系统建设不断完善

全国统一的个人和企业征信系统分别于 2006 年 1 月和 7 月上线运行。截至 2010 年末，征信系统在四川覆盖率达到 95.34%。其中，个人征信系统为四川省 5136.23 万人建立了信用档案，比 2006 年增加 1078 万人，增长 4.15 倍；企业征信系统为全川 54.6 万户企业和其他组织建立了信用档案，比 2006 年增加 39.9 万户，增长 2.71 倍。系统信息收集的范围涉及银行信贷、住房公积金、社保、税务、环保等 10 余个领域，信用信息的准确性、及时性、完整性不断提升。两大征信系统实现了全省所有区县级以上行政区域的全覆盖，涉及所有类型信贷机构。2010 年全年累计查询 579.75 万次，比 2006 年增加 427.75 万次，增长 2.81 倍。单日查询个人信用报告峰值达 3.52 万次，比 2006 年峰值增加 3.12 万次，增长 7.8 倍。

（二）应收账款质押登记公示系统和融资租赁登记公示系统不断推广

应收账款质押登记公示系统和融资租赁登记公示系统顺利建成并上线运行。截至 2010 年末，登记公示系统在四川省累计注册常用户 254 家，占全国总数的 7.1%，其中金融机构常用户 182 家，占比 71.65%；累计登记业务 6620 笔。两大登记公示系统的建成和运行，有效改善了企业尤其是中小企业的融资能力，优化了中小企业融资担保结构，为提升商业银行竞争力、增强中小企业商业信用和拓宽中小企业融资渠道发挥重要作用和创造良好条件。

（三）中小企业信用体系建设不断深入

从 2006 年起，人民银行成都分行在四川省启动了中小企业信用体系建设，为与银行没有信贷关系的中小企业建立信用档案，搭建融资平台。2009 年，在成都等 10 个市州推广启动以"遂宁模式"为基础的"千户诚信中小企业培植计划"，推动政府牵头整合针对培植企业的金融、财税、行政服务等 20 余项

激励政策，形成流程化、动态化的工作和管理机制，使培植计划实质上成为地方政府支持中小企业发展的抓手和纽带。2010年，在遂宁启动了全国首批中小企业信用体系建设试验区建设，努力打造"一库一网七机制"的整体构架，加强对政策、资金、信贷等资源的整合和对企业的信用对接力度，继续提升中小企业群体的融资能力和发展后劲。

（四）农村信用体系建设务实有序推进

2007年启动了农村信用体系建设，经过三年的持续探索与实践，实现了从展示信用到塑造信用、从立足金融到延伸社会、从依赖农信社单一推进到政府主导多元整合推进，全面开展四川农村青年信用示范户工作，并在成都、绵阳探索开展农村信用体系"示范区"建设，形成了具有四川特色的农村信用体系建设模式。迄今全省21个市州政府领导下的组织体系基本建立，逐步形成了市县乡村"四级共建"的良好局面。

（五）积极推进金融生态环境建设

在省政府统一领导下，人民银行成都分行2005年在四川6个市启动了金融生态环境建设试点工作，2006年将试点扩大到12个市州，2007年全省展开并启动了"金融生态环境示范县"创建活动。2009年在首次测评的基础上，联合有关市州政府对双流等7个创建成效突出的县（市）授予了"金融生态环境示范县（市、区）"称号。"十一五"期间，全省各市州按照省政府提出的"政府主导、人行推动、各方联动"的原则，围绕金融生态环境建设进行了许多有益的探索，取得了重要进展。

六、 完善反洗钱制度框架， 严格监管监测

（一）建立起比较完备的反洗钱组织机构

2006年人民银行成都分行成立了反洗钱处，专门履行反洗钱工作职责。分行营业管理部、各市州中心支行也在会计财务部门建立了反洗钱专岗，分别负责辖内金融业反洗钱工作的组织领导。全省形成了统一领导、分级管理相结合的管理体制。各银行、证券、保险业金融机构也相继建立了以机构负责人为组长、相关部门负责人为成员的反洗钱工作领导小组，确定了牵头部门，配备了工作人员负责反洗钱工作。五年来，人民银行和金融机构多次开展了对社会公众的反洗钱宣传，对本系统工作人员的业务培训，在金融系统建立起了一支

较高素质的反洗钱队伍。

（二）全面建设和完善四川反洗钱工作制度体系

在反洗钱法及配套规章以及总行有关监管制度的基础上，结合四川实际，先后制定四川片区反洗钱现场检查操作规程、反洗钱非现场监管办法（试行）、客户风险等级划分指引、四川省金融机构反洗钱非现场监管评估办法、可疑交易报告流程等制度办法，规范分行可疑交易报告的接收、分析、移交及保存工作程序，确保重点可疑交易及时处理。规范反洗钱行政调查和案件协查程序，反洗钱调查、案件协查质量和效率明显提高。同时，结合年度工作重点和监管新要求，按年制定四川省反洗钱工作要点，构建了较为全面和完整的反洗钱和反恐融资工作体系，确立了全省开展金融业反洗钱工作的各项制度。

（三）建立反洗钱省内协调机制，开展多层次反洗钱合作

积极倡导并会同有关部门建立完善了政府层面、金融系统和人民银行内部三个层次的反洗钱工作协调机制。一是建立四川省反洗钱联席会议制度，并制定了《四川省反洗钱联席会议制度》。多次召开全省联席会议，传达国家部际联席会议精神，安排部署反洗钱重点工作。各市州也建立了地方反洗钱联席会议工作机制。二是加强与反洗钱重点单位的协作。随着反洗钱领域不断扩大，与公安、纪检监察、反贪、国安、反恐、禁毒等部门的合作逐渐增多，反洗钱在维护经济社会安全和全社会反腐败中的作用得到进一步提升。与四川省公安机关建立了合作机制，与成都海关建立了反洗钱合作备忘录，加强了与反恐、国安部门的合作，常态性地开展了恐怖融资资金监测。三是建立人民银行与银、证、保3家省级金融监管部门的联系协作制度，组织召开与金融监管部门反洗钱工作协调会议3次，进一步完善了金融监管部门向人民银行通报审查新设机构反洗钱内控制度等工作信息、人民银行向监管部门通报反洗钱监管政策、金融机构参与或涉案等重大或紧急信息的制度，推进了反洗钱监管与金融监管合作。

（四）全面开展反洗钱监管，建立了现场检查和非现场监管相结合的监管体系

一是加强对金融业反洗钱现场检查。为监督金融业认真执行反洗钱制度，对514家高风险机构和涉案机构开展了现场检查，对82家违反反洗钱规定的金融机构实施了1006万元行政罚款。通过检查，督促金融机构建立健全了反

洗钱工作组织体系和内控制度，普遍开展了客户尽职调查，基本落实了大额和可疑交易报告制度，使金融机构合规经营和防范洗钱风险的能力明显提高。二是建立完善反洗钱非现场监管体系。为了加强对金融机构的全面、持续和实时监管，建立了适合四川的反洗钱非现场监管办法和数据分析指标体系，按季和按年全面收集银行业、证券期货业、保险业金融机构反洗钱工作的有关动态信息，并针对反洗钱现场监管报表出现的各种问题，及时采取非现场监管质询、重点辅导、约谈高管等监管手段，帮助金融机构更加有效地配合人民银行反洗钱工作。引导金融机构逐步建立健全了以"风险为基础、客户为中心、流程控制为手段"的洗钱风险管理制度，预防和控制洗钱风险的能力显著提高，反洗钱第一道防线的作用逐步发挥。

（五）加强资金监测，发挥反洗钱调查、案件协查作用，打击洗钱、恐怖融资及相关犯罪取得明显成效

推动四川银行金融机构建立了一支1700余人组成的、覆盖所有机构的反洗钱信息员和报告员队伍，并就报送标准及报送程序进行了规范和培训。实现了与中国反洗钱监测分析中心的"总对总"联网报送。全省25家法人金融机构按照有关要求，开发了反洗钱信息报送系统。人民币、外汇大额和可疑交易上报工作已在四川省全面展开，基本形成了严格、规范的上报体系，使反洗钱资金监测的范围、报告数量、分析质量、信息容量和电子化水平均有不同程度的提高，在及时发现洗钱犯罪线索、加快犯罪案件侦破等方面发挥着重要作用。大力开展对异常交易资金的监测调查和案件协查。截至2010年，共立项调查79起，向公安报案7起，协查29起，推动破获洗钱案件2起、相关犯罪案件16起，为打击洗钱犯罪，维护社会公平正义起到了重要作用。

七、 深化外汇管理改革， 促进四川对外经济发展

（一）加强银行结售汇业务指导，帮助和引导银企适应汇率形成机制改革，规避汇率风险

针对汇改后银行汇率风险加大的实际，加强了对银行申请开办结售汇业务过程的指导，主动提供政策咨询。积极支持银行业务创新，推进符合条件的银行开展金融衍生业务。加强银行自身结售汇业务管理，解决银行本外币资产不匹配问题，维护了银行债权。规范对外汇指定银行挂牌汇价监测，提高了汇价

监测的及时性和准确性。

（二）完善经常项目管理，推进贸易便利化

在对出口企业实施分类管理，实行逐笔核销、批次核销的基础上，积极探索自动核销监管模式。努力创造条件，积极争取，成为全国首批 8 个网上核销试点之一。网上核销全国推广之后，全省出口收汇企业全部实现网上核销，极大地提高了企业出口收汇核销效率。积极推行进口付汇核销制度改革，便利了合规企业的进口付汇行为。另外，进一步简化进出口核销手续，推进贸易便利化。不断在管理手段、管理方式和业务操作流程等方面进行改革和创新，从根本上推进贸易便利化，方便企业，降低成本。简化部分贸易方式下进口付汇和出口核销的审核凭证；简化对外付汇进口单位名录的管理；放宽异地付汇进口付汇备案管理，取消进口货物报关单经营单位与付汇单位不一致的进口付汇备案管理；调整出口收汇差额核销的范围，提高了多收汇和少收汇差额核销金额。

（三）加强监测与管理，积极防范异常跨境资金流动

为促进核销工作的有序进行，及时发现和查处企业的违规行为，在做好服务，积极推动贸易便利化，为地方涉外经济发展提供优质服务的同时，每年认真开展对上一年度进出口逾期未核销企业的集中清理催核。对尚有逾期未核销的部分企业，根据不同情况，分别进行了暂停"对外付汇进口单位名录"资格、暂停发放出口核销单的处理，并移交检查部门做进一步查处。贯彻落实贸易收结汇新政策，抑制投机外汇资金流入。认真执行账户管理和个人外汇管理等政策，打击违法交易。

（四）增强服务意识，支持地方涉外经济发展

在"5·12"汶川特大地震发生后，针对地震灾区机构、个人在经常项目外汇管理中遇到的特殊情况，主动受理，积极研究，个别解决，积极支持地方涉外经济的灾后恢复和发展。特事特办，解决企业外汇收支中的特殊困难。在坚持经常项目外汇管理真实性审核原则基础上，将管理与服务有机结合，根据实际情况，替管理对象排忧解难，支持地方涉外经济活动顺利开展。积极推进跨境贸易人民币结算和构建涉外政策性金融机构协作机制。为充分发挥外汇管理部门和涉外政策性金融机构有效促进四川省涉外经济发展的作用，积极培育和支持四川省涉外经济主体的业务开展，与中国进出口银行成都分行、中国出

口信用保险公司四川分公司两家涉外政策性金融机构签署合作备忘录，初步构建了三方协作机制。

（五）加大外汇检查力度，维护外汇秩序

一是加大对金融机构现场检查力度，提高被查机构合规经营意识。继续加强银行外汇业务合规性的现场检查。坚持寓服务于检查之中的原则，在督促银行积极整改问题的同时，指导银行加强了内部管理，规范了业务操作，提高了依法合规经营的意识。密切关注国际收支形势和外汇管理政策调整，针对最新的政策调整，有针对性地开展对银行和企业的外汇业务专项检查，统一了各银行政策执行尺度，保证外汇管理政策的严格执行。二是及时查处外汇违规行为，增强涉汇主体合规经营意识。查处银行、保险公司等金融机构外汇违规行为，督促其建立完善了与外汇管理目标相一致的内部控制机制，提高了他们执行外汇管理政策的工作力度。围绕贸易信贷登记、个人结售汇、返程投资等外汇管理新政策，严肃查处违规行为，为新政策执行保驾护航。三是加强部门配合，积极打击各类外汇资金违规行为。2008年，分支局与当地公安部门建立了省市两级打击跨境资金违规流动专项行动协调领导小组，分支局进一步发挥与公安部门的联合办案合作机制，加大对各项外汇违法案件的移交和查处工作力度。

八、 推动国库财税库银横向联网， 不断完善服务功能

一是持续推动国库财税库银横向联网，国库服务地方经济发展的能力增强。人民银行成都分行将财税库银横向联网建设作为"十一五"期间国库工作的重点大力推动。加强与财政、税务、金融机构等相关部门沟通、协调，保持和巩固横向联网工作机制，采取分类推进原则，取得可喜的成效。截至2010年末，四川省所有国库、21个市州国税及所辖机构、14个市地税及所辖机构、39个商业银行接入税库银横向联网系统，成为全国覆盖范围较广、业务量占比较高的省份之一。二是务实推动国库业务创新，国库服务领域得到进一步拓宽。根据国务院和总行的有关精神，积极推进国库直接支付工作，覆盖的地区和国库直接支付项目种类得到很大程度的提高。三是努力拓展国库服务支持内容。近年来，人民银行成都分行在推动国库直接支付业务的基础上，在其他领域也开展了国库业务创新。如四川省分库、成都市辖内国库充分发挥税

库银横向联网系统功能，启动实施了国库代收工会经费、价调基金等预算外收入业务。四是加强协调配合，地方财税体制改革得到进一步深化。"十一五"期间，成都分行积极配合财税部门认真做好国库集中收付改革、政府收支分类改革、政府非税收入改革和扩权强县改革的相关工作，加强协调配合，推进了改革的顺利实施和深化。

（人民银行成都分行）

银行业改革发展与监管

"十一五"时期，四川银监局在银监会党委的正确领导下，主动争取地方各级党政的大力支持，以科学发展观为指导，认真贯彻落实新的监管理念，以"支持科学发展，严守风险底线"为工作主线，督促全省银行业机构不断提高竞争力，有力地促进了四川经济金融全面协调可持续发展。

一、 银行业服务全省经济科学发展取得明显成效

"十一五"时期，四川银行业机构始终把促进地方经济和自身发展有机结合起来，坚定不移地贯彻国家宏观经济调控政策、西部大开发、省委省政府"两个加快"等重大战略决策和部署，不断加大信贷支持力度，切实提高金融服务水平，有力地促进了全省经济社会事业的平稳较快发展。

（一）经济发展的有效信贷需求得到较好满足

在 2006 年、2007 年中央确定"双防"目标、货币政策适度从紧，2008 年以来面对支持灾后重建、国际金融危机双重压力和中央确定的"保增长、调结构"基调，以及 2009 年下半年以来持续加强信贷规模调控的宏观背景下，四川银监局积极引导全省银行业机构科学把握信贷投放节奏、优化信贷结构，较好地满足了四川经济发展的有效信贷需求。"十一五"时期，四川银行业累计新增贷款 12529.37 亿元，超过四川解放后 56 年间新增贷款的总和，年平均增速达 23%，为四川省生产总值实现 13.7% 的年均增速、全面完成"十一五"规划、提高人民生活满意度提供了持续动力。

（二）纳入国家和全省发展规划的一大批重点产业和项目得到有效支持

全省银行业着力推进产业结构调整和信贷结构优化。截至 2010 年末，全

省银行业机构对能源电力、装备制造、饮料食品、油气化工、钒钛钢铁、电子信息、航空航天、汽车制造、现代中医药、生物工程和新材料等"7＋3"产业和战略性新兴产业贷款余额3499亿元，比2005年末增加1954亿元。对八大优势产业调整和振兴行动计划中的装备制造、钒钛钢铁、汽车、石化、纺织、轻工、有色金属、电子信息等优势产业贷款余额1469亿元，比2005年末增加699亿元。"十一五"期间，全省银行业机构抓住国际国内产业转移的重大机遇，把支持四川省承接产业转移作为信贷支持的重点领域，累计发放承接产业转移贷款241亿元，贷款余额140亿元，支持承接产业转移企业517家，促进形成产业集群48个，带动当地40万人实现就业，取得了良好的社会效益和经济效应。

（三）服务"三农"，县域经济发展力度不断加大

"十一五"时期，全省银行业机构认真贯彻中央和省委农村工作会议精神，把"三农"和县域经济发展作为信贷支持重点。一是大力支持现代农业基地、龙头企业发展和农村民生工程。截至2010年末，全省涉农银行业机构向龙头企业贷款余额292.38亿元。2010年向334个农业产业化基地发放贷款8.08亿元，向65个现代农业园区发放贷款2.06亿元，支持建成标准化、规模化、集约化农业产业化基地11.65万亩。二是大力支持农村商品流通体系建设。全省涉农银行业机构将支持农村现代流通体系建设作为新形势下信贷支农的有效切入点，采取多种措施全力满足农村商贸流通企业贷款需求，积极推动农村扩大消费。三是大力支持农村基础设施建设，支持统筹城乡发展和生态环境建设，促进农业增强发展后劲。截至2010年末，全省银行业机构涉农贷款余额5786.94亿元，比2009年末增长31.26%，其中农村合作金融机构涉农贷款余额2192.39亿元，实现了"三个高于"的目标。

（四）服务中小企业水平显著提高

四川银监局积极督导银行业机构以提升新形势下小企业金融服务工作有效性为目标，以构建完善小企业金融服务体系为抓手，以深化"六项机制"为核心，以提高小企业信贷质量与增速为重点，在严守风险底线的前提下，实现了小企业服务满意度的明显提升。一是强化机制建设。出台了《四川银监局对银行业金融机构开展中小企业信贷业务实行差异化监管暂行办法》，积极探索差异化监管机制；推行"首谈责任制"，明确小企业贷款最初申请行的首谈

责任，提高了银行业机构的主动性和服务质量；将小企业金融服务工作与市场准入、高管动态履职考核和监管评级挂钩，有效发挥了监管联动机制作用。二是推进专营机构和专营支行建设。四川33家主要银行业机构均成立了中小企业服务专营机构，凉山州商业银行经银监会批准设立了独立持牌的小企业信贷中心。2家科技型专营支行和26家小企业专营支行开业并运行良好。三是搭建"四个"平台。按照"政府搭台、市场化运作"原则，四川银监局与省中小企业局合作，促成了全国规模最大、入驻投融资机构最多的常设性小企业融资咨询服务平台——四川中小企业融资超市的开业和稳健运营；与省科技厅协作建立的"银科对接信息系统"，实现了高新技术企业信息发布、融资申请、融资情况跟踪等信息的综合集成；积极搭建各类银企对接、融资推介平台，促进了银企信息交流；搭建小企业融资知识教育服务平台，举办对中小企业主的金融知识培训，促进其对金融知识、产品和服务的了解。四是优化外部环境。积极促成省政府下发多项促进小企业发展的指导意见；联合人民银行成都分行开展诚信中小企业培育推广计划，与省经信委联合推广资阳"五方联动"和"六方合作"小微企业融资模式及"信贷孵化园"，取得了较好效果。在监管部门的有力指导下，全省小企业金融服务组织管理体系不断健全，信贷审批流程进一步优化，担保难问题得到一定缓解，金融产品日趋丰富，有力地支持了全省中小企业加快发展。

（五）绿色信贷和节能减排工作取得明显成效

"十一五"时期，四川银监局把绿色信贷作为促进经济结构调整和发展方式转变的重要抓手，督促全省银行业机构认真贯彻落实国家和四川省节能减排和淘汰落后产能的各项政策，以环保一票否决制、风险分类管理制、客户名单制、行业信贷额度管控制、贷后定期检查制和严格问责制为主的风险管理体系初步形成。截至2010年末，全省银行业绿色信贷授信总额达3542.9亿元，贷款余额2151.1亿元，比2007年末增加2241.3亿元和1141.8亿元。节能、再生能源和清洁生产项目贷款等三项贷款余额占全部节能减排项目贷款余额的93%。

（六）薄弱环节信贷需求得到保障

一是银行业机构空白乡镇基础金融服务覆盖工作取得实效。制定下发了《推进解决金融机构空白乡镇基本金融服务工作的实施意见》，督促有关银行业机构制定了具体措施和规划；起草《四川省金融机构空白乡镇金融便民服务实施办法》并由省政府批转各地执行；加强与各级党委政府和财政厅等有关部门的沟通协调，积极争取在费用补贴、网点选址、营业用房、税收减免、安全保卫等方面的政策扶持。截至 2010 年末，全省银行业机构空白乡镇较上年减少 25 个，提前实现 111 个空白乡镇基础金融服务全覆盖目标。二是积极帮扶困难企业。2008 年以来，面对汶川地震灾害和国际金融危机对四川经济带来的双重考验，全省银行业积极履行责任，深入困难企业进行调查，采取到期转贷、收回再贷、利率优惠、贷款重组、创新产品和担保方式等手段，"一户一策"加大对困难企业的支持力度。三是藏区牧民定居行动计划、彝区"三房"改造等民生工程及革命老区建设都得到了有效支持。截至 2010 年末，累计发放藏区牧民定居贷款 3.67 万户、7.64 亿元，彝区"三房"改造贷款1.38 万户、1.74 亿元；向巴中革命老区重点基础设施建设授信 23.3 亿元，投放特色种植业贷款 2.45 亿元，特色畜牧业贷款 1.8 亿元，特色旅游业贷款0.16 亿元，有力地支持了巴中革命老区的经济社会发展。

二、 银行业改革与发展硕果累累

"十一五"时期，全省银行业机构紧紧抓住灾后恢复重建和西部大开发等重大战略发展机遇，深化改革开放，转变发展方式，在全力推动四川经济社会事业全面进步的同时，实现了自身的跨越式发展。

（一）农业发展银行、国家开发银行和进出口银行作用有效发挥

2006 年以来，农业发展银行、国家开发银行和进出口银行进一步转变经营理念，提高风险意识，继续发挥好对地方经济和薄弱环节的支持作用，同时在商业化经营方面也取得了有效突破。2008 年 12 月 16 日国家开发银行股份公司正式挂牌成立，标志着该行由政策性银行向商业银行的转型迈出了实质性的步伐。中国进出口银行成都分行大力支持企业实施"走出去"战略；支持成套设备、一般机电以及高新技术出口，在帮助企业稳定欧美等传统市场的同时拓展了东盟等新兴市场；开展进口信贷，有力地支持了省市重点产业化项目的实施。中国农业发展银行四川省分行紧密结合四川农业农村经济实际，切实履行信贷支农职责，积极扶持生猪等特色产业，全力支持灾后重建，推动了涉农新业务的高速有效发展，每年支持收购粮油的数量占粮食商品量的 60% 以上。

（二）国有大型银行经营管理机制改革不断深化

2003 年以来，全省 5 家大型银行加快深化经营管理机制改革，业务经营发展取得长足进步。一是支持地方经济的引领作用有效发挥。五年来全省国有大型银行新增贷款 5330 亿元，占同期全省新增贷款总额的 42.54%。二是深化改革取得明显成效。农业银行成功上市标志着 5 家大型银行股份制改革工作的圆满完成，财务重组顺利结束，历史包袱得以消化。内部经营管理机制改革不断深化，以经济资本附加值和风险调整后的资本回报率等为主的更加科学的指标体系在分支行得以较好贯彻落实。三是风险抵御能力显著增强。信用风险管理制度不断健全，贷款精细化管理水平有效提高。内审内控组织体系日趋严密，垂直领导、相对独立的内审体系和高管层领导下的内控合规体系得到完善。高管人员履职能力不断提高，主动研判形势、主动纠错和执行监管政策能力得到提升。案件高发频发的势头得到遏制，案件防控的长效和综合治理机制逐步建立。

（三）股份制商业银行竞争实力明显增强

"十一五"时期，全省股份制商业银行以总行发展战略为中心，切实转换各项经营机制，紧贴国家宏观经济政策、产业政策和信贷政策要求，坚持走特色化、差异化、精细化的发展道路，市场份额增长较快，不良贷款持续"双降"，实现了质量效益规模的协调发展。股份制商业银行服务区域逐渐由成都向省内多数市州辐射，已经成为四川银行业一支不可或缺的生力军。

（四）城市商业银行在改革开放中逐步发展壮大

五年来，四川城市商业银行坚持服务地方经济、中小企业和城乡居民的市场定位，改革与发展取得明显成效。截至 2010 年末，四川省共有城市商业银行法人机构 13 家，省外城市商业银行成都分行 6 家，城市商业银行已成为四川省银行业体系中一支非常重要的力量。一是法人机构公司治理逐步完善。13家城市商业银行法人机构组织架构逐步完善，董事、独立董事、监事、外部监事、高级管理人员履职能力建设和诚信义务履行得到进一步加强；制度安排基本成形，工作职责、议事制度、议事规则和决策程序进一步完善。二是发展能力持续提升。四川省城市商业银行在经营管理、风险防范、金融创新、队伍建设等方面取得明显进步，主要经营指标保持了年均 30% 以上的增幅，可持续发展能力明显增强。三是改革开放取得明显成效。宜宾、凉山、遂宁、雅安、达州5家城市信用社单一法人社相继改制为城商行，改制后发展态势总体较好。稳步实施跨区域经营发展战略，成都银行、德阳银行和南充、攀枝花、乐山、宜宾市商业银行在省内共设立8家异地分行；南充市商业银行、成都银行分别在贵阳、重庆设立分行。积极开展对外开放和交流合作。2005年，南充市商业银行引进德国投资与开发公司、德国储蓄银行国际合作基金作为战略投资者，引进外资4000万元人民币，成为全国地级城市首家引进外资的城商行。2007年，成都银行引进马来西亚丰隆银行作为战略投资者，引资19.5亿元人民币。四是主要风险指标全部达标。截至2010年末，13家城商行法人机构整体资本充足率达到13.34%，比2005年末提高7.38个百分点，单个机构均保持在11%以上；贷款集中度在2010年首次全部达标；贷款损失准备充足率和拨备覆盖率分别达到410.29%和325.99%，比2005年末分别提高369.34和285.04个百分点；不良贷款余额和占比分别较2005年末减少18亿元和下降7.76个百分点。五是引进省外城市商业银行取得积极进展。上海银行、浙江民泰商业银行、重庆银行、哈尔滨银行、大连银行、包商银行等6家省外城商行相继在成都设立了分行。6家省外城市商业银行坚持市场定位，推出特色产品和服务，积极争取总行信贷资金向四川倾斜，在目标市场竞争性、目标市场互补性、商业可持续性、经验可复制性、风险可控性方面总体符合跨区域发展战略，既丰富了市场主体，又在缓解全省微小企业融资难问题方面发挥着日益重要的作用。

（五）农村信用社深化改革成效明显

"十一五"时期，全省农村合作金融机构以深化产权制度改革为契机，始终坚持服务"三农"的市场定位和市场化的改革取向，努力化解历史包袱，克服汶川特大地震灾害给自身造成的重大人员和财产损失，积极应对国际金融危机冲击，业务规模持续扩大，支农服务切实改进。一是新的农村信用社监督管理体制基本形成。2005年6月，四川省农村信用社联合社（以下简称省联社）正式成立，19个市（州）办事处相继挂牌，农村信用社管理和风险处置责任顺利移交给省政府，"国家宏观调控、加强监管，省级政府依法管理、落实责任，信用社自我约束、自担风险"的监督管理体制初步形成，其优势和作用不断显现。二是产权改革稳妥推进。按照中央和银监会关于农村信用社股份制改革方向和稳定县域的要求，四川省农村信用社坚持"因地制宜，区别对待，分类指导"原则，有序推进产权改革。截至2010年末，除"三州"外，全省112个县（市）级农村信用社相继改制组建了1家县级农商行、1家农村合作银行和110家以县为单位的统一法人社；成都农商银行于2010年1月顺利挂牌开业，攀枝花以市为单位组建农商行获国务院批准同意；凉山州以州为单位统一法人改革已经启动。全省农村信用社股本规模快速增长，股本结构逐步优化，股本金余额由2005年末的70.43亿元增加到2010年末的141.1亿元，投资股占比78%。国家和地方政府扶持政策逐步落实。97.87亿元专项中央银行票据兑付已全面完成。部分地区农村信用社抓住产权改革机遇，通过地方政府支持、股东出资等方式化解了大量历史包袱。三是各项经营和监管指标持续改善。截至2010年末，全省农村合作金融机构各项存款余额4215亿元，贷款余额2803亿元，分别比2005年末增长2.1倍和1.89倍；所有者权益由2005年末的63.03亿元增至2010年末的194.22亿元；2010年实现利润54.51亿元，是2005年的24.67倍；五年来累计消化历年亏损挂账39.51亿元。2003年末全省农村信用社的资本充足率平均值为-17.42%，2009年首次实现由负转正，2010年末达到6.1%，提高了23.52个百分点。四是公司治理和内部控制逐步完善。通过加快产权制度改革和经营体制转换，农村信用社法人治理结构逐步建立，"三会一层"的架构基本成形，职责边界初步明确，在引入独立董（理）事、规范外部董（理）事履职行为等方面迈出可喜步伐。内部控制不断完善，案件高发势头得到有效遏制。

（六）新型农村金融机构试点走在全国前列

一是新型农村金融机构培育步伐加快。2007年3月1日成立的四川仪陇惠民村镇银行是全国首家村镇银行，2009年被《半月谈》杂志社评选为"新中国历史上的60个第一"。截至2010年末，四川新型农村金融机构已达27家，其中村镇银行24家、贷款公司2家、农村资金互助社1家，占全国机构数量的6.84%，覆盖全省16市30个县（市、区），共有186家企业法人和2175名自然人股东（社员）投资入股，实收资本16.58亿元，员工803人。2010年，在全国第一批获准筹建的10家地市级村镇银行中，四川作为唯一的西部省份获批4家，再次成为农村金融体系重大制度创新的先行先试者。2010年末内江兴隆村镇银行、自贡农商村镇银行、资阳民生村镇银行3家地市级总分行制村镇银行顺利挂牌开业。二是商业可持续发展的试点目标初步实现。截至 2010 年末，全省 27 家新型农村金融机构存款余额 69.1 亿元，贷款余额 53.01 亿元，税后利润 1.19 亿元（占全国的 16.95%）。19 家 2010 年 6 月前开业的新型农村金融机构资本充足率最高为 50.91%，最低为 9.06%；核心资本充足率最高为 49.93%，最低为 8.14%；贷款损失准备充足率 812.28%，拨备覆盖率 786.93%。三是试点区域农村金融服务水平得到提高。四川新型农村金融机构立足县域和服务"三农"，坚持"小额、分散"信贷原则，着力提高农户贷款覆盖面。截至 2010 年末，新型农村金融机构涉农贷款余额 35.85 亿元，占比 67.63%；累计发放贷款 100.04 亿元，覆盖 11868 户农户和 4805 户小企业，小企业户均贷款余额 172.45 万元，农户户均贷款余额 19.07 万元。

（七）邮政储蓄银行改革与发展稳步推进

2007 年 12 月 9 日，中国邮政储蓄银行四川省分行成立。自成立之初至 2010 年末，该行经营管理水平得到提升，队伍素质有所提高，小额信贷业务健康发展，二类支行改革稳步推进。截至 2010 年末，该分行共有邮储银行网点和代理网点 2958 个，基本建立起了覆盖城乡的邮储银行体系；全行储蓄存款余额达到 1596.56 亿元，比成立之初增长 95.1%；对公存款业务自 2008 年 4 月试点开办以来，余额已达 414.8 亿元；资产类新业务迅速拓展，零售贷款余额 220 亿元；绿卡结存卡户 2501 万户，发展"商易通"用户 5.4 万户，信用卡结存卡量 4 万张。2010 年全省邮政金融业务收入 45 亿元，其中银行自营业务收入 24.3 亿元，实现利润 5.83 亿元。

（八）非银行金融机构风险化解和改革与发展取得实质进展

五年来，在各级党委政府的支持和监管部门的指导下，全省非银行金融机构的突出风险得到较好处置，稳健发展态势进一步巩固。一是信托公司步入健康发展轨道。原衡平信托积极引进战略投资者并更名为中铁信托，成功处置了资本侵蚀和关联交易风险。该公司积极调整业务重点和战略规划，2007 年 6 月成为全国首批换领金融许可证的信托公司之一，成为西部第一家获得资产证券化业务资格的机构，获得银监会颁发的"特定目的信托受托机构"及"以固有资产从事股权投资"的创新业务资格。截至 2010 年末，该公司管理信托资产总额 422.31 亿元，其中集合资金信托业务规模 110.92 亿元，2010 年实现利润总额 3.61 亿元，五年来清算信托项目 287 个，总金额 518.22 亿元，清算率 100%。二是财务公司呈现良好发展势头。经过持续努力，东方电气集团财务公司的资本侵蚀、不良资产风险得到化解；攀钢集团财务公司的经营指导思想偏离得到纠正，国债持有风险显著降低。自 2008 年起，两家公司全面实现达标经营，服务功能不断完善，资金集中管理职能有效发挥。2007 年中石化财务公司在四川省设立了成都分公司，新希望集团财务公司完成筹建并于 2011 年 1 月 26 日正式开业。三是消费金融公司试点稳妥推进。四川锦程消费金融公司作为全国首批获准试点的 4 家消费金融公司之一于 2010 年 3 月开业。目前公司业务发展规模位居全国前列，金融体系的补充作用初步显现。四是高风险机构处置取得历史性突破。经过历时 11 年的不懈努力，原四川省信托投资公司和原四川省建设信托合并重组为四川信托公司并于 2010 年 11 月 29 日成功开业，发展势头向好。四川省国际信托投资公司重组筹备工作基本完成。四川省信托公司光华办事处撤销清算工作接近尾声，乐山市信托公司的撤销工作全面完成，其他 15 家信托机构的撤销转制工作平稳推进。四川金融租赁股份有限公司已进入依法破产程序，债权人损失进一步得到控制。

（九）资产管理公司不良资产处置和战略转型进展顺利

2003 年以来，四川省 4 家资产管理公司通过对企业实施政策性债转股，妥善处理国企政策性破产，积极通过向地方政府打包转让债权、推进地方企业债务重组等手段，有效推进不良资产处置，在积极促进社会稳定和经济发展的同时，自身商业化业务方面也迈出了坚实步伐。2010 年 6 月，信达公司改制设立股份有限公司，资产公司商业化改革试点取得了突破性进展。截至 2010 年末，4 家资产管理公司成都办事处（四川分公司）共计接收政策性剥离不良资产 452.37 亿元，除政策性债转股 36.37 亿元外，累计处置资产 402.14 亿元，回收现金 73.97 亿元；全国性商业化收购不良资产 313.4 亿元，累计处置资产 139.55 亿元，回收现金 70.03 亿元；自主性商业化收购不良资产 27.49 亿元，累计处置资产 4.93 亿元，回收现金 4.41 亿元。创新业务起步较好，财务顾问、信托、租赁等新业务收入达到 1887.34 万元。

（十）在川外资银行发展态势总体较好

一是在川外资银行机构数量大幅增长。五年来，四川先后有 5 家外资银行代表处升格为分行，3 家外资银行来川新设了分行，1 家外资银行在川设立了后台营运中心。截至 2010 年末，四川正式营业的外资法人银行分行已达 10 家，支行 10 家，外资银行从业人数 749 人。国际上有较大影响和在华主要外资银行机构均来川设立了机构，且所设分行均为已完成在华外资法人银行转制的分行，成都已经成为中西部拥有外资银行数量最多的城市。从业务范围看，除苏格兰皇家银行、摩根大通银行和三菱东京日联银行成都分行仅能从事除中国境内公民以外客户的人民币业务外，其余 7 家外资银行均能开展全面人民币业务。二是对地方经济社会建设贡献程度逐步提升。几年来，在川外资银行努力争取总行支持，积极融入本地市场，开展错位竞争、服务中小企业、辐射县域经济，在发展壮大的同时提升对四川经济增长的贡献度。

三、 银行业金融创新稳步推进

（一）组织架构创新迈出步伐

"十一五"时期，全省银行业机构不断深化内部经营管理机制改革，逐步创新和完善组织架构，探索金融创新激励约束机制，初步建立起一支素质较高、结构合理的金融创新人才队伍。在完成股改的基础上，大型银行立足于打造"流程银行"，在完善机制、强化管理、增强服务方面取得了明显成效。中国银行四川省分行全面推进业务流程整合和人力资源改革，基本实现了组织架构扁平化、网点管理规范化、核心业务集中化、重要业务差异化、中后台操作集约化、附属业务市场化的"流程银行"管理模式。工商银行四川省分行不断深化完善扁平化改革和管理层次精简工作，二级分行内设机构调整及扁平化工作基本完成。农业银行四川省分行积极探索"三农金融事业部"改革，初步实现了事业分部条线管理落实到位、精准核算分摊到位、经营资源配置到位、经济资本匹配到位、信贷风险控制到位、考核评价激励到位。部分股份制银行开展事业部改革，突出专业化经营目标，专注于开发特色业务、中小企业和零售业务。

（二）经营模式创新取得突破

一是发展模式有所转变。大型银行在巩固传统优势业务的基础上，更加关注"三农"、中小企业、零售业务、网上银行等发展。截至 2010 年末，大型银行涉农贷款和中小企业贷款余额占全省涉农贷款和中小企业贷款的比例均超过 30％。中小银行不断转变发展观念，坚持走差异化、特色化道路，实施错位竞争的共识初步达成。二是管理模式有所转变。部分银行业机构精简管理链条，努力提高各环节的工作效率，积极推动粗放式经营向集约化经营转变。大型银行全面改造信贷审批流程，积极推进财务管理体制、会计和营运管理体制、IT集中、零售网点和对公网点转型等多项改革，管理效率得到提升。三是盈利模式有所转变。业务发展重点由高资本消耗领域逐步向低资本消耗领域转变。股份制商业银行突出绩效考核，加快流程改造，强化资本约束与管理；积极开展财务咨询服务、贷款承诺、承销中期票据等中间服务，中间业务逐渐成为商业银行新的利润来源，2010年四川主要商业银行中间业务收入比率达到13.87%。

（三）产品创新大幅推进

各银行机构以满足客户专业化需求为重点，在财富管理、电子银行、银行卡、投行业务、融资租赁、特色金融服务等领域相继推出多个品牌，受到市场的广泛认同。一是开发基于银行卡的混合性、复合型个人金融产品。改进住房抵押贷款和大宗消费贷款服务方式，加大与信用担保公司和零售企业合作开展信用销售业务。设立个人金融服务专门机构，加强产品研发，利用新型服务手段，满足多元化的个人金融服务需求。二是创新适合中小企业需求特点的金融产品和信贷模式。在有效防范风险的基础上，开展动产、知识产权、股权、林权、保函、出口退税等质押贷款业务，发展保理、福费廷、供应链融资等金融产品。推出了"六方合作＋保险"、"金融仓储"、"信贷工厂"等新模式。探索开展依托行业协会、农村专业经济组织、社会中介等适合中小企业需求特点的信贷模式创新。"商贷通"、"兴业芝麻开花"、"财运恒通"、"铁三角"等多种产品和模式有效满足了小企业的融资需求。三是创新适合"三农"需求特点的金融产品。各涉农银行业机构陆续推出了农村养老保险农民资金需求贷款、农户公益事业贷款、失地农民贷款、专业大户生产经营贷款等信贷产品，开展了"ATM到农村社区"的金融服务活动，大力发展农户小额信用贷款和农村微型金融，多方面拓宽有实力、有条件的大型农业产业化龙头企业和农村专业合作组织融资渠道。积极推动和做好集体林权制度改革与林业发展金融服务工作。逐步探索存货质押、仓单质押、农村产权打包抵押、"土地承包经营权＋地面附作物"抵押、"信用＋产权"抵押等多种抵质押形式，加强与农村担保机构的合作，努力拓宽农村有效担保和抵质押范围，开办了农村房屋所有权、集体建设用地使用权、农村土地承包经营权及林权在内的所有农村产权融资业务。四是加大灾后重建信贷产品创新力度。各银行业机构针对灾区实际，扩大信贷审批权限和信贷规模，开设重建贷款"绿色"快速通道，制定实施各种重建贷款优惠措施，积极开发适合灾后重建融资需求特点的新型贷款品种，切实加大对灾区的金融支持力度。推出了灾后重建与振兴发展产业投资基金、灾民生活费垫支贷款、灾民重建家园贷款、灾民恢复生产经营贷款等新产品。

（四）服务创新明显提升

一是渠道建设进一步加快。五年来，全省银行业机构积极拓展服务半径，大幅增加自助设备机具投放，有效缓解营业网点覆盖面不足的问题，服务终端有效增加，构建了物理渠道和电子化渠道有机结合的多元化服务网络体系。二是文明服务质量进一步提高。以文明规范服务评比为抓手切实提高服务质量，服务礼仪、业务技能培训、业务能手、星级柜员等评比活动蓬勃开展，倡导人性化亲情服务和弹性服务，银行"排队难"问题得到有效缓解。2006 年以来全省共有 74 个网点获评"中国银行业文明规范服务示范网点"，218 个网点获评"四川银行业文明规范服务示范网点"。

四、 银行业履行社会责任积极有效

（一）积极支持抗震救灾和灾后重建

"5·12"汶川特大地震中，四川银行机构损失严重，全省银行业机构 135 人罹难，受伤 338 人，失踪或下落不明 34 人。受灾网点 5497 个，占全省网点总数的 43.32%，自有资产损失超过 70 亿元。截至 2008 年 10 月末，四川银行业因地震灾害已入账的不良贷款共计 572.14 亿元，其中损失类贷款 102.61 亿元。在党中央国务院、省委省政府的坚强领导下，在监管部门的强力推动下，全省银行业机构积极有效地开展抗震救灾工作，维护了灾区金融服务秩序，促进了灾后重建工作的有效开展。一是将抢救人员作为抗震救灾工作的重中之重，努力把人员伤亡和财产损失降到最低程度，共抢救生还人员 181 人，挖出被埋现金 4657.34 万元。二是全力恢复金融服务。2008 年 5 月 14 日起，各银行业机构在重灾区设立帐篷银行开始应急办理紧急取款、紧急挂失等业务，重灾区共设立帐篷银行和活动板房银行 144 个，流动银行 18 个，合并办公 464 个，免除救灾捐赠跨行转账手续费 800 余万元。抓紧恢复受损信息系统，及时抢救银行客户资料和数据。2008 年 6 月 19 日起，受灾网点全部恢复营业，对确保受灾群众办理转账挂失、提取现金以及财政救灾资金和救灾部队用款的及时划拨发挥了重要作用。三是积极支持抗震救灾和灾后恢复重建。截至 2010 年末，全省银行业机构累计发放灾后重建贷款 3935.46 亿元、余额 2775.08 亿元，累计向 72.07 万户农户发放农房重建贷款 166.03 亿元，有力地支持了全省"三年灾后重建两年基本完成"目标的实现。据不完全统计，四川银行业机构在自身受灾情况下对灾区捐款 4288 万元。四是积极落实银监会各项监管政策。全省银行业机构严格执行"四不"政策，对灾前已经发放、灾后不能按期偿还的各项贷款及时做好展期安排，在一定期限内不催收催缴、不罚息、不作为不良记录、不影响其继续获得受灾地区其他信贷支持，为灾后恢复重建创造了较好的金融环境。五是灾区金融机构网点重建稳步推进。自灾后恢复重建以来至 2010 年末，累计开工项目 1339 个，完成 1056 个，累计投资 7.80 亿元，占计划的 26.74%。其中，全省农村信用社累计投入灾后网点重建资金 5.64 亿元，已修缮和重建受灾营业网点 2776 个，占其受灾营业网点总数的 93%；39 个极重灾县农村信用社累计开工网点 871 个，累计完工网点 639 个，占规划重建网点总数的 62%，投入资金 4.5 亿元，占规划投入资金总额的 33%。

（二）公众教育活动蓬勃开展

一是"送金融知识下乡"活动取得实效。2007 年，按照银监会团委统一部署，四川银监局团委与全省银行业机构、四川省银行业协会以及地方各级团委联合组织开展了"四川银行业送金融知识下乡"活动，得到了农民朋友的广泛欢迎和认可。农民和社区居民对现代金融产品的了解和风险意识明显增强，金融机构的服务意识和服务水平明显提高，社会信用环境明显改善。二是《阳光政务》活动取得实效。五年来，四川银监局和全省银行业机构先后 8 次上线《阳光政务》热线节目，现场解答听众提出的各类问题，内容涉及小额农贷、扶贫贷款、助学贷款、缴费难、银行服务收费等涉及民生的各个方面，同时还积极宣传了国家金融政策和监管政策，对现场不能解决或情况较为复杂的问题均落实了跟踪督办，展示了四川银监局和四川银行业的良好社会形象。三是金融消费者公众教育和风险提示取得实效。四川银行业机构将公众金融知识的宣传和教育工作作为应尽的社会责任纳入到常规工作之中，自觉建立公众教育常态化机制，不断增进公众对金融知识的了解和"买者自负"的认识，提高公众的风险防范意识和风险承受能力。

（三）民生金融服务受到好评

一是银行业助学贷款金融服务不断优化。全省银行业机构以"惠民生"为己任，认真贯彻落实国家助学贷款政策，与地方教育、财政和普通高中、高等学校协调配合，加大助学贷款支持力度，在信贷规模紧张的情况下，优先安排助学贷款专项信贷规模，确保满足贫困学生的用信需求。截至2010年末，全省主要银行业机构助学贷款余额11.32亿元，发放贷款152815笔，15万余名学生通过助学贷款获得接受高等教育机会。二是支持青年创业。全省银行业机构和各地方团委加强协作，大力推广青年创业贷款项目。以小额贷款等金融创新产品为载体，实行"保本微利"的利率政策，开辟"青年创业信贷绿色通道"、"青年创业信贷服务直通车"，帮助青年创业就业。三是支持下岗失业人员就业。全省银行业机构按照《下岗失业人员小额担保贷款管理办法》要求，对各类下岗失业人员就业工作给予积极支持。截至2010年末，下岗失业人员小额担保贷款余额11.4亿元，比2005年末增加近10亿元。四是支持返乡农民工创业。2009年以来，受国际经济金融危机影响，大量农民工纷纷返乡创业，针对创业资金短缺问题，全省银行业机构适时推出了返乡农民工创（就）业贷款，有针对性地加强对农民工的金融服务，帮助他们创业致富奔小康。截至2010年末，返乡农民工创业贷款余额16亿元，农村信用社累计发放贷款18.4亿元，帮助10万余返乡农民工创业就业。

五、 银行业监管有效性不断提高

（一）市场准入监管突出从源头上控制风险

在股权准入中严把股东资质关，推动银行业机构优化股权结构，提高抗风险能力；在高管准入中严格执行"三考三承诺"，切实加强对拟任高管人员从业经历、个人诚信和履职能力的实质性审查；在机构准入中，一手抓新设机构的科学导向，一手抓高风险机构的重组改造；在业务准入中严格执行高风险严准入、低风险宽准入的差别化准入原则，始终坚持产品创新内控先行。努力发挥市场准入监管的政策引领和监管导向功能，以市场准入监管撬动银行业机构贯彻落实"三个办法、一个指引"，督促银行业机构提高案件风险防范能力，提升中小企业金融服务水平，促进基础金融服务均等化。

（二）现场检查突出"敢查、会查和三铁两见"

一是坚持党性原则"敢查"。始终把提高党性修养、树立宗旨意识作为保持现场检查队伍战斗力和纯洁性的重要抓手；把各项廉政规定切实融入到现场检查各项工作中，努力培养一支业务精湛、作风过硬、铁面无私的现场检查队伍；大力倡导求真务实的工作作风，在检查中要求做实工作底稿、做细取证记录、做深问题的分析，不放过蛛丝马迹。

二是抓技术方法创新"会查"。第一，在现场检查组织上，实行安排部署、检查方案、检查时间、集成人员的"四个统一"。在实施过程中，坚持查前调查要充分、检查要查深查透、查后要评价和处罚到位的"三要"。在时间进度控制安排上，实行三分之一准备、三分之一检查、三分之一资料整理和总结报告的"三三制分配"。在质量控制上，探索建立了项目责任制、主查人遴选制和负责制、专家会审制、检查周报制、资金协查制、巡查督导制、重大问题提前介入制、后续动态考评制等八项机制，对检查中发现的重大问题或疑点定性坚持了集体会诊制度。第二，积极利用信息技术手段。四川银监局先后开发了《现场检查文档资料管理系统》和大额不良贷款数据库，在"精确制导、精确打击"和提高现场检查的针对性与质量、效率等方面进行了有益的探索与尝试。积极运用银监会 EAST 系统，并在对成都银行的检查实践中积累了有益经验。第三，建立内外联动的借力借智机制。内部加大省局、分局以及各监管部门之间的联动，认真做好人力资源的集成工作；外部与审计、税务、公安、房管、证监局、财政厅加强协作，充分集成和利用银行业机构内审部门检查成果和资源。

三是坚持违规处罚"三铁两见"。几年来，四川银监局现场检查共查出违规机构 7663 个，查出违规金额 3050 亿元，检查发现案件 70 件，涉案金额 2.56 亿元，对相关责任机构和个人进行了严肃的监管问责，督促银行业机构内部处理责任人 9725 人，向司法机关移送 71 名犯罪嫌疑人。建立"早期纠错机制"，对自查发现、主动报告并及时整改的问题免予问责或减轻处罚，对屡查屡犯的问题从严问责。现场检查纠错、警示、震慑作用日益发挥，促进了四川银行业机构风险管理水平的提高和稳健运行。

（三）非现场监管突出风险的全面把控

一是防范单体机构风险提高有效性。有效利用非现场监管信息系统，强化风险监测分析和预警。紧盯重点风险和重点机构，实施"一险一策"和"一行一策"。严守风险底线，督促法人机构风险监管指标达标。完善公司治理机制，指导法人机构厘清"三会一层"职责边界，规范运作流程。二是前移风险监管关口提高预警性。综合运用窗口指导、定期监测、监管工具箱等手段，深入分析敏感问题，提示重大产业政策调整和风险信号，引导全省银行业机构合理平稳地投放信贷。三是把握重点风险领域突出针对性。建立全省银行业机构风险季度监测机制，对不良贷款反弹、房地产贷款风险、重点领域信贷风险、案件防控、表外业务风险、流动性风险等进行定期分析和定期通报，提出有针对性的监管意见。四是加强内外联动体现协同性。在内部，横向建立非现场监管与现场检查和市场准入的协调联动机制，纵向建立任务分配、责任承担、报告指导和信息共享的纵向监管体系；在外部，加强与12家属地局和各级党政的协作沟通，增强监管的协同性。

（四）行政处罚突出监管的权威性

四川银监局始终把依法实施行政处罚作为提高监管有效性的重要手段。截至2010年末，共实施行政处罚319起，罚款金额1384.44万元，取消高级管理人员任职资格173人，行政处罚数量位列银监会系统前五名，有效地树立了监管权威，进一步促进了四川银行业的合法稳健运行。

（四川银监局）

证券业改革发展与监管

"十一五"期间，在中国证监会的正确领导下，在四川省委、省政府的大力支持下，四川资本市场以服务地方经济为己任，着力行业改革与发展，强化监管与服务，企业上市和直接融资工作创历史最高水平，证券期货业规范运作和创新发展迈上新台阶，市场监管和行业自律取得新突破，资本市场服务地方经济的广度和深度不断拓展。

一、资本市场发展迅猛，市场规模不断扩大

（一）上市公司

1. 上市公司数量迅猛增长

"十一五"期间，四川省上市公司数量迅猛增长，形成了主板、中小板、

创业板等多层次资本市场齐头并进，市场体系逐渐完善的良好格局。截至 2010 年末，四川省共有上市公司 90 家（A 股 83 家、H 股 9 家，有 2 家为 A + H 公司），其中 A 股上市公司比 2005 年末增加 24 家，增长 37.5%，位居全国前列、中西部首位。从市场体系看，有主板上市公司 60 家，排名全国第八，其中四川成渝、二重重装上市，填补了自 2004 年保荐制实施以来四川省大型国企主板上市的空白；有中小板上市公司 17 家，排名全国第七，其中科伦药业首发融资超过 50 亿元，创下四川省企业上市融资的历史记录，在全国 500 余家中小板上市公司中融资额排名第二；有创业板上市公司 6 家，排名全国第 6。从上市公司分布看，"十一五"期间，四川省眉山、雅安两市实现上市公司"零"突破，全省没有上市公司的市（州）减少到 5 个。

2. 直接融资额创历史新高

"十一五"期间，四川省资本市场累计实现直接融资 842 亿元，是"十五"期间融资额的 8.1 倍，占四川省资本市场历年融资总额的 71.05%，创历史最好水平。其中，2006 年有 2 家上市公司实现再融资，融资总额 35.66 亿元；2007 年，有 4 家企业实现首发上市，11 家上市公司实现再融资，融资总额 216.87 亿元；2008 年"5·12"大地震后，在证监会"绿色通道"的大力支持下，四川省直接融资工作再创佳绩，震后有 6 家企业实现首发上市，当年首发上市公司数量排名全国第 4 位、中西部第 1 位；2009 年，累计实现直接融资 229.32 亿元，其中有 3 家企业实现创业板首发上市，排名全国第 2 位、中西部第 1 位；2010 年，有 11 家企业首发上市，新增上市公司数为四川省资本市场历年之最。融资品种日益丰富。2008 年以来，四川省有 19 家上市公司通过公开增发、定向增发、公司债、可转换公司债、分离交易可转债、认股股权等多种方式实现融资，其中股权融资 539.68 亿元、债券融资 47.15 亿元。

3. 上市公司成为地方经济支柱

经过"十一五"期间的快速发展，上市公司已基本覆盖四川省能源、电子、食品、轻工业、机械制造等"7 + 3"重点优势产业，成为四川省产业发展的重要支撑，对地方经济发展的带动效应日益增强。根据年报披露，2010 年四川省上市公司资产总计 4624.09 亿元，同比增长 18.35%；实现营业总收入 3063.88 亿元，净利润 192.46 亿元，分别同比增长 20.29%、51.87%，占四川规模以上工业企业营业总收入和净利润的 13.19% 和 13.1%。其中，净利润增长幅度超过全国上市公司平均净利润增幅 12 个百分点。

上市公司不仅已经成为带动四川省跨越式发展的重要力量，而且为实现经济增长方式转变做出了重要贡献。"十一五"期间，四川省上市公司累计实施重大资产重组 14 项，成交金额 283.35 亿元。其中，东方电气、攀钢钢钒等公司通过吸收合并实现整体上市，行业优势地位进一步突出；部分绩差公司通过资产重组实现主营转型，转变为运作规范、资产质量和业绩稳步提升的公司，极大优化了市场资源配置，促进了四川省产业结构调整和优化升级；川大智胜、吉峰农机、科伦药业等一大批创新能力强、成长性好的企业陆续在中小板、创业板上市，有效引导了各类要素和资源向高新企业和战略性新兴产业流动，极大地促进了四川省新兴产业和高新科技园区的发展。随着场外市场建设的推进，四川省两个高新技术园区均有机会进入国家股份代办转让系统扩大试点范围，必将为四川省高新园区及中小企业发展提供更加广阔的空间。

4. 上市公司支持产业发展的叠加效应日益显现

资本市场发展有效激活了民间投资和拉动了间接融资。一是企业上市获得的快速发展所显示的示范效应，极大地促进了未上市企业的上市积极性。除民营中小企业外，一批省属国有大企业也在积极筹划改制和上市前准备。二是资本市场发展吸引创业资本和风险投资基金等多种民间资金纷纷进入四川省，寻找和培育项目。三是由于上市公司和拟上市公司质量普遍高于一般企业，银行对其加大了贷款和授信额度，各种金融工具相互支撑和支持的叠加效应开始显现。

（二）证券期货经营机构

1. 市场服务体系日益完善

截至 2010 年末，四川省有法人证券公司 4 家，期货公司 3 家；证券、期货、基金分支机构 223 家，比 2005 年年末增加 76 家，同比增长 51.7%，各类机构数量位居中西部第一。投资者证券账户开户数 700 万户，比 2005 年末增加 304 万户，增长 76.77%；2010 年实现证券交易额 3.69 万亿元，比 2005 年增加 2.71 万亿元，增长 276.53%；实现期货交易额 4.99 万亿元，比 2005 年增加 4.84 万亿元，是 2005 年的 33.5 倍。

"十一五"期间，四川省证券期货市场服务体系日益完善，证券期货业服务地方经济发展的功能进一步增强。省内 60 家证券服务部全部规范升级为证券营业部，网点布局得到优化，营业场所设施得到提升，客户服务功能进一步完善；一批资本实力强、经营稳健、风控完善、具有核心竞争力的全国知名证券公司在川设立营业部，引入了先进的经营理念，逐步形成了示范效应，带动本地原有机构强化竞争意识，改善客户服务；证券营业网点转型取得新突破，有17家证券营业部实现了完全非现场交易，经营重心由单纯提供炒股"通道"向提供高质量的金融服务转变；一批研发力量强、服务产业客户能力较高的期货公司在川设立营业部，利用期货市场套期保值功能进行风险管理的产业客户逐渐增加，期货市场服务地方经济发展的能力逐步显现；从事证券业务的保荐机构、会计师事务所、律师事务所等中介机构众多，截至2010年末，在四川省从事投行业务的保荐机构超过30家，从事证券业务的会计师事务所达15家，律师事务所40家，四川已经成为中西部地区资本市场中介机构业务最活跃的地区之一。

2. 行业规范发展态势基本形成

"十一五"期间，通过证券公司综合治理，四川省部分证券公司存在的客户交易结算资金缺口、股东占款、内控薄弱、净资本不达标等长期制约企业持续健康发展的历史遗留问题彻底解决。在全行业的清理整顿中，四川省没有一家证券公司被停业整顿、撤销、托管，经营风险基本化解，财务状况显著改善，各项业务总体规范，内部控制普遍加强，综合治理成效显著。

与此同时，通过实施客户资金第三方存管、动态风险控制机制、合规管理制度和分类监管制度，四川省证券、期货公司的抗风险能力和可持续发展能力大大提高，规范发展的态势基本形成。如国金证券通过了规范类券商评审；天元期货、大业期货分别实施了股权转让，引入证券公司成为控股股东，变更为国金期货和华西期货，发展基础得到夯实。

此外，在中国证监会的大力支持下，通过启用投资者保护基金收购嘉陵期货客户权益，彻底解决了嘉陵期货历史遗留风险，维护了市场稳定和金融安全，为探索建立行业风险处置的常态工作机制创造了经验，得到中国证监会高度肯定。

3. 创新发展迈上新台阶

"十一五"期间，四川省证券、期货公司顺应行业发展转型，拓展业务新空间，增强核心竞争力。华西证券实现了股权变更，解决了公司治理问题，完成了对控股子公司华西期货的增资扩股，获得了集合资产及定向资产管理业务、股指期货中间介绍业务、直接投资等创新业务资格，在资阳、眉山、广元、巴中等市新设了营业网点，发展驶入快车道。国金证券成功上市，完成了对控股子公司国金期货的增资扩股，获得股指期货中间介绍业务等新业务资格，在研发、投行等业务领域收获颇丰。和兴证券股东完成了信托改制，公司治理得到改善，经营逐渐走上正轨。川财证券发挥本地小券商的比较优势，加强内部控制，提高规范运作水平，发展基础得到夯实。中国国际期货、中粮期货、广发期货等期货公司在四川省新设营业网点，期货网点布局进一步优化。股指期货、融资融券等创新金融工具顺利推出并平稳运行，四川省证券期货市场产品进一步完善，市场深度进一步拓展。

截至 2010 年末，四川省 4 家证券公司总资产 342.18 亿元，净资本 67.58 亿元，实现营业总收入 43.75 亿元，净利润 16.48 亿元，分别同比增长 62.64%、61.67%、36.93% 和 17.3%。3 家期货公司总资产 27.57 亿元，客户权益 34 亿元，实现净利润 2700 万元。

二、 资本市场创新发展基础不断夯实

（一）按照中国证监会部署大力推进股改、清欠、证券公司综合治理，扫清资本市场发展障碍

1. 推进股权分置改革

按照"积极、稳妥、规范、有序"的原则，扎实推进四川上市公司股权分置改革工作。一是精心组织、周密部署。提请省政府先后四次组织召开全省工作会议，贯彻落实相关精神，确保年内基本完成四川公司的股改工作。二是落实责任、完善机制。建立"四川省股权分置改革联席会议（制度）"，多次召开股改工作协调会，下发文件，明确责任，推动股改。三是分类指导，鼓励创新。针对四川上市公司的实际情况，进行分类指导：重点督促质量较好，符合股改条件的上市公司加快股改进度；对于股改工作存在一定困难的上市公司，加强指导，创新方案，有效推进；对部分经营业绩差、或处于停产状态、或处于退市边缘的公司，鼓励采取重组方式推进股改，如重组无望，则通过诉讼、破产、退市等方式解决公司遗留问题。四是规范程序，严格要求。多次召开上市公司股改工作会，督促各上市公司规范运作，坚持将股权分置改革与解

决历史遗留问题相结合、与优势资源向上市公司集中相结合、与完善公司治理结构相结合的方针，大力推进股改工作。随着股权分置改革的顺利实施，大批运作规范、业绩优良的上市公司利用资本市场实现再融资，不断做优做强。

2. 进行上市公司清欠解保

一是充分发挥综合监管体系作用，提请省政府先后五次召开清欠工作会议，下发文件，部署任务，落实责任。二是加强系统内协作，寻求上市部的指导以及两个交易所的支持，形成合力清欠的监督机制。三是"一企一策"，鼓励创新，指导公司采用以股抵债、以资抵债、红利抵债、债务对冲、现金清偿等多种方式清欠。四川长虹结合股改通过"以股抵债"方式解决了 12 亿元资金占用，沱牌曲酒和国栋建设通过"以资抵债"方式分别解决了 3.7 亿元和1.9 亿元资金占用。四是综合运用行政和法律手段，推进清欠工作，化解公司风险。通过上市公司清欠工作的完成，四川上市公司完善法人治理，建立健全公司内部控制制度，规范运作水平大幅提高，上市公司核心竞争力和盈利能力不断增强。

3. 开展证券公司综合治理

按照"加强防范、完善制度、形成机制，做到防治结合，风险处置、日常监管和推进行业发展三管齐下"的工作思路，全面推进证券公司综合治理。督促公司制定措施切实可行、责任明确到人、进度细化到月的整改计划，分三个阶段推动证券公司开展综合治理工作：第一阶段解决客户交易结算资金缺口问题；第二阶段解决股东占款、内控薄弱问题；第三阶段解决净资本达标问题。通过全面完成证券公司综合治理整改达标验收，彻底解决了证券公司历史上形成的各类风险，为四川证券业持续健康发展打下了坚实基础。

（二）多层次资本市场体系不断完善

一是稳步推出创业板。积极推动四川企业抓住创业板推出机遇，加强对后备企业的辅导培育。主动联合深交所来川辅导，一方面召开四川企业创业板上市座谈会和培训会，对企业在上市过程中遇到的普遍问题进行解答，提高企业对创业板的认识和参与的积极性；另一方面加强筛选，对部分符合条件企业开展现场调研，对公司上市辅导及申报工作进行现场指导，提高服务的针对性和有效性。2008 年，四川 3 家企业实现全国创业板首发上市。目前，四川有创业板企业 6 家，上市公司数排名全国第六，多层次资本市场体系不断完善。二是推进代办股份转让系统扩大试点准备工作。根据证监会加快场外市场建设的统筹规划，加强实践调研，召集部分证券公司及法律、会计专业人士进行座谈，听取未上市股份公司股权托管规范以及多层次资本市场建设的意见，撰写《多层次资本市场体系建设信息动态》；到成都、绵阳高新园区实地调研，了解当地企业资源及为进入代办股份转让系统扩大试点所做的准备工作，提出工作建议，提供专业指导。

（三）资本市场产品不断创新

按照证监会工作安排，稳步推出融资融券、股指期货等资本市场金融创新产品。督导证券期货经营机构做好有关业务宣传、教育引导和学习培训工作。突出风险监管、审慎监管原则，加强投资者适当性管理工作，完善标准化开户流程，建立明确的留痕机制和问责机制。创建由期货公司派出"特派员"对IB营业部中间介绍业务各环节进行督导和现场巡查的特色做法，确保各项监管要求执行到位。股指期货和融资融券推出后，坚持对四川投资者开户、交易数据进行实时统计分析，关注每家机构的风险度，熟悉、掌握投资者行为习惯和风险特征。强化现场检查力度，重点检查投资者适当性制度落实情况和开户合规性，督促有关机构进行整改。通过一系列扎实有效的工作，四川地区股指期货、融资融券顺利推出并平稳运行，未出现一起风险事故或投诉。截至2010年末，全省42家营业部开展融资融券业务，开立证券账户743户，总授信额度7.7亿元，累计发生融资融券交易25.2亿元，业务收入773.2万元。

三、 监管与服务并重，行业发展更加规范

（一）构建企业上市联合培育工作机制

构建起"政府搭台、企业参与、交易所指导、各方扶持"的企业上市培育工作机制。与多个市（州）政府签订企业上市合作备忘录，不仅包括资本市场发展基础较好的地区，还将工作方向延伸到了资本市场发展基础较为薄弱的偏远地区和民族地区，形成了全省范围内推动企业上市的工作合力。多次联合交易所、市（州）政府和省级相关部门，组织中介机构和专家团队，举办有针对性的企业上市培育座谈会。深入上市后备企业开展现场调研，有针对性地帮助企业解决改制上市过程中遇到的困难。与地方政府建立直接融资和上市公司规范运作的信息通报机制，定期通报相关信息，共同解决存在问题，形成

良性互动。通过这些工作，形成了"上市一批、辅导一批、改制一批、培育一批"的企业上市培育体系。

（二）推进上市公司规范发展

一是构建上市公司综合监管体系，明确监管部门与省直相关部门、市（州）政府的分工与协作职责，加强对重大、突发事件处理的协作与配合，成功处置和化解方向光电、明星电力、西昌电力、四川金顶等上市公司风险，维护了四川省资本市场的稳定运行。二是积极推动省内部分上市公司解决历史遗留问题，化解了长期制约市场持续健康发展的体制机制障碍，提高了上市公司质量，增强了上市公司的行业地位和核心竞争力，改善了资本市场"四川板块"的形象。坚持规范与发展相结合的思路，推动上市公司完善公司治理，强化内部控制，规范信息披露，建立现代企业制度，如协助省政府在全国率先召开上市公司治理大会，受到中国证监会的高度肯定。三是按照"提升质量、分类扶持"的思路，鼓励、帮助运作规范、符合条件的上市公司，运用多种融资方式，拓宽融资渠道；支持运作比较规范、暂不具备融资条件的上市公司，努力提高公司质量，为具备融资能力创造条件。督促风险突出、尚无融资资格的上市公司通过改善公司治理结构、加快实质性并购重组等方式化解风险，逐步形成融资能力。四是以优先支持符合国家产业政策、有利于行业整合和结构优化的并购重组活动为导向，支持四川优质上市公司通过资产重组、资产置换等方式实现资产优化，促进产业升级转型，带动产业集群发展。

（三）加强证券期货业规范发展

加强基础制度建设，深入推进证券期货业规范化建设。全面落实证券公司客户资金第三方存管上线，扎实推进账户清理工作，严格规范证券经纪业务，强化净资本监控，实施分类监管制度，通过这一系列的基础建设，省内证券公司规范经营意识明显提高，内控机制逐步完善，客户管理和服务能力大大提高，为可持续发展奠定了坚实基础。狠抓期货公司"两金监管"，防范系统性风险；督促四川省期货公司采取切实措施改善财务状况，提高净资本水平，增强抗风险能力；积极支持省内期货公司引进实力强、熟悉期货行业、经营有特色的股东进行增资扩股，提升期货市场整体竞争力。

（四）严厉打击市场违法违规行为

遵循"露头就打"、"打小打早"的思路，严厉打击市场违法违规行为，建立健全市场诚信体系，夯实资本市场平稳运行基础。着力完善适应稽查新体制的业务流程、组织架构和职责界定，提高办案效率和执法效果。以防范内幕交易、打击非法证券活动为重点，和地方政府及公安、工商等相关部门通力合作，建立工作协作机制，形成打击市场违法违规行为的高压态势，净化市场环境。强化和新闻媒体的合作，加强投资者教育工作，公布非法证券咨询机构名单，引导投资者理性投资。加强中介机构监管，引导保荐机构、会计师事务所、律师事务所等中介机构归位尽责，切实把好企业上市培育、上市公司规范运作等关口，形成市场自我约束机制。

（五）创新投资者教育方式

与上海证券报合作，成立"股民学校"四川分校，以证券营业部为授课点，帮助投资者树立风险意识，引导其理性投资、理性维权。目前，省内股民学校授课点超过40家，举办各种讲座超过200次。在全系统内率先通过地方政府网络文化和管理办公室开办的"公共信息发布平台"开展投资者宣教工作。发挥证券、期货经营机构的"正规军"作用，通过手机短信平台向投资者提示各类非法证券活动风险。积极引导电视、电台、报纸、网络等公众媒体广泛宣传证券法律法规和常识，系统报道和剖析非法证券期货活动案例。督促上市公司、证券期货经营机构、股权托管机构、未上市股份公司通过"理财大讲堂"、公司网站及公开电话语音提示等方式开展形式多样、内容丰富的投资者教育活动。

（六）构建行政监管主导下的行业自律和市场约束机制

在以行政监管为主导的前提下，建立全方位、多层次的综合监管体系。一是充分发挥行业协会功能。推动市场资深人士担任行业协会负责人，在改善行业服务的同时，延伸监管手段。以规范证券经纪业务营销人员管理，引导竞争方式转型为切入点，积极指导行业协会开展佣金自律工作。二是建立市场主体自我约束机制。继续深化"市场决策机制"、"市场联络机制"，通过定期或不定期的联席会议，搭建交流平台，建立长效沟通机制，在进行重大决策的过程中，充分听取机构及高管人员的意见，形成市场主体和监管部门有效沟通和市场主体自我约束的工作机制。三是加强舆论引导。制定《舆论引导与媒体信息监管工作意见》等工作规程；与四川省委宣传部联合下发《关于加强和改进全省资本市场新闻宣传和舆论引导工作的通知》，形成舆论监管合力；联合新闻媒体加强对资本市场的正面宣传，受到社会各界高度关注，取得良好的宣传效果。

（七）大力开展行业文化建设

针对各市场主体在抗震救灾和灾后重建中的突出表现和四川资本市场20年来取得的辉煌成绩，四川证监局指导四川省证券期货业协会，上市公司协会组织省内上市公司、证券期货经营机构开展了以"弘扬抗震救灾精神，树立证券行业新风"以及"纪念证券市场20周年"为主题的系列活动。通过巡回演讲、文艺汇演、征文摄影比赛、座谈会等多种形式，内提素质，外塑形象，增强全社会对行业的理解和认同，为推动四川资本市场持续健康发展提供精神动力和文化支撑。

四、资本市场支持灾后重建成效显著

（一）扎实开展抗震救灾和灾后重建工作

"5·12"大地震发生后，四川证监局迅速启动应急工作机制，转入应急工作状态，千方百计了解市场主体受灾情况，督促受灾上市公司做好信息披露、紧急部署确保震后首日交易的各项工作，大力倡导非现场交易，确保市场正常交易和投资者人身安全。全局同志在局党委的带领下，以攻坚克难的勇气和不屈不挠的精神，经受住了前所未有的考验，践行了"保辖区市场的稳定就是保全国市场的稳定"的诺言。

中国证监会全力支持四川省资本市场灾后重建工作，尚福林主席深入重灾区调研，会党委开辟"绿色通道"支持四川省企业上市和上市公司再融资，免除四川省4家证券公司2008年、2009年机构监管费约111万元，协调投资者保护基金公司减免四川省证券公司2008年应缴纳投资者保护基金7700余万元。四川证监局积极引导灾区企业充分用好"绿色通道"政策支持措施，加快直接融资工作进程，为灾后重建筹措资金；指导四川证券、期货公司争取创新业务资格，新设营业网点，为企业创新发展创造条件；支持灾区证券、期货经营机构通过原址修复、异地搬迁等方式快速实施重建；提出行业应对突发事件和重大自然灾害的建议。

四川证监局党委和全体干部职工在抗震救灾和灾后重建中的突出表现得到了上级组织和社会各界的高度肯定。局党委被中国证监会党委授予"证券监管系统抗震救灾先进集体"荣誉称号，局党委书记、局长杨勇平同志被中央授予"全国抗震救灾模范"荣誉称号，另有4名同志分别获得省、部级表彰。

（二）灾后重建成效显著

1. 上市公司借力资本市场重建发展

"5·12"地震中，四川省有26家上市公司受到不同程度破坏。其中，东方电气、宏达股份、金路集团、岷江水电等公司损失十分严重。面对地震灾难和国际金融危机的双重打击，受灾上市公司利用资本市场筹集重建资金，开展生产自救，成效显著。如东方电气通过"绿色通道"加快再融资进程，分别于2008年11月、2009年12月两次实现再融资共计63.78亿元，提前完成新厂址异地重建工作，树起了"灾后重建三年任务两年完成"的标杆；宏达股份、金路集团等上市公司生产能力快速恢复，超过震前水平，其中，宏达集团2010年实施新项目投资超过100亿元，金路集团2009年实现扭亏为盈，2010年公司业绩持续好转，净利润同比增长高达1336%。灾区上市公司的快速恢复重建，为四川省经济"止滑提速"提供了强有力的支撑。不仅如此，地震灾区的金路集团、宏达股份、岷江水电、四川长虹等上市公司，克服震后经营困难，践行了分红承诺，树立起灾区上市公司勇于承担社会责任的良好社会形象，得到投资者和社会各界的广泛认可。

2. 证券期货经营机构创新发展基础夯实

"5·12"大地震波及四川近1/2地区，距震中直线距离100公里以内的证券、期货营业网点占全省机构数量超过80%。震灾造成2家证券经营机构29名现场客户伤亡，其中死亡11人；证券、期货经营机构营业用房严重受损22家，部分受损58家；证券经营机构信息系统设备、办公及其他设备受损累计3364套，直接损失1708万元。面对突如其来的巨大灾难，四川省证券、期货经营机构和全体从业人员互帮互助，共渡难关，在生死关头奋不顾身保护客户的生命财产安全，在危难时刻挺身而出确保证券期货交易一刻也不中断，创造了"大灾之后不休市"的历史纪录。如国金证券都江堰营业部在震后营业用房全面坍塌的情况下，第一时间在废墟上支起一把伞，用一台笔记本电脑为客户提供服务，树立起灾区金融机构的良好形象；国信证券绵阳营业部员工在地震发生时身处北川重灾区，不顾自己生命安危抢救其他金融机构员工，在千钧一发的危急关头展示了四川证券人的良好风貌。

在灾后重建过程中，四川省证券、期货经营机构利用原址修复、异地搬迁等方式，改善营业环境，提升服务功能，转变经营方式。截至2010年末，28个因灾需重建的证券、期货网点全部完成重建，累计完成重建投资5000余万元；证券、期货法人公司建立起较为完备的应对自然灾害、突发事件的制度体系，实现重要数据的本地、同城和异地备份；探索了营业场所实施非现场交易的发展路径。

（四川证监局）

保险业改革发展与监管

"十一五"期间，四川保险业在中国保监会和四川省委、省政府的正确领导下，深入贯彻落实科学发展观，以科学规划为基础，以结构调整为重点，以效益改善为标准，努力提高科学发展水平，呈现出保险监管与市场发展相促进、行业发展与服务大局相统一的良好局面。

一、 全省保险业科学发展迈上新台阶

（一）业务平稳较快增长

四川保险业"十一五"规划实施以来，四川保费收入年均增速超过30%，从2005年的189.43亿元上升到2010年的765.77亿元，业务规模连跨6个百亿元台阶，全国排名第7位，西部排名第1位。2010年，全省保险密度达到943.83元，比2005年增长3.09倍，全国排名从2005年的第25位上升到第18位；保险深度达到4.53%，比2005年提高1.96个百分点，仅次于北京、上海而排名全国第3位，比2005年上升5位。随着保险业务持续健康发展，行业整体实力明显增强，抗风险能力逐步提高。5年来，全省保险公司总资产增长2.2倍，从2005年末的379.74亿元增长至2010年末的1224.66亿元。

（二）发展质量逐步提高

2010年四川产险公司保费收入202.27亿元，同比增长27.93%，超额完成"十一五"规划目标。全省产险公司盈亏相抵后，实现承保利润8.57亿元，承保利润率5.27%，同比增利4.74亿元，机构盈利面达到68%，承保利润规模创近年最高值，产险盈利能力明显提高。寿险公司保费收入563.50亿

元，同比增长 33.88%，高于全国平均水平 4.94 个百分点。新单保费同比增长 32.5%，达到 409.31 亿元，增长贡献率超过 70%。新单期缴率持续提高，全年新单期缴保费增长 77.11%，新单期缴率达到 12.53%，同比提高 2.89 个百分点。寿险业务结构不断调整优化，业务品质、内涵价值和持续经营能力得到提升。

（三）市场体系不断完善

"十一五"期间，四川保险市场成熟度逐步提高，形成了专业门类齐全、资本性质多元、各类机构协调同步发展的市场格局。法国安盟成都分公司改建为独资子公司，填补了四川保险法人机构的空白。截至 2010 年末，全省共有保险法人机构 1 家；省级保险机构 53 家，其中财产保险公司 24 家，人身保险公司 29 家；各级保险公司分支机构 4512 家，其中中心支公司 324 家、支公司 601 家、营业部 11 家、营销服务部 3522 家。保险业对外开放进一步扩大。截至 2010 年底，全省共有外资保险公司 11 家，其中外资产险公司 1 家、外资寿险公司 10 家。保险中介不断发育完善。2010 年底全省共有保险专业中介法人机构 88 家，保险兼业代理机构 9686 家。全省保险从业人员 17.7 万人，比 2005 年翻了一番。

（四）区域发展更加协调

"十一五"期间，四川保险业区域发展虽仍不平衡，但特大城市和大城市的带动作用得到发挥，各具特色的保险增长极逐步形成。2010 年成都市实现保费收入 309.14 亿元，占全省保费收入比重约 40%，保费规模在全国主要城市中排名第 6 位，与直辖市重庆的保费规模基本相当，名列中西部前茅，区域保险中心地位逐步显现。从增长速度看，眉山市、自贡市、广安市保费收入增幅分列全省前三位。凉山州保费收入快速增长，2010 年同比增长 40.96%，超过全省平均增速 8.71 个百分点，增幅排名全省第 4 位；保费规模超过巴中市和雅安市，成为三州少数民族地区中保费规模最大、发展最快的地区。

二、 保监部门采取新举措加强行业监管

（一）改革创新，强化监管理念

"十一五"时期，保险监管实践不断深入，科学监管理念逐步强化。一是进一步明确了保险监管目的。全行业进一步深化了对中国特色保险业发展道路

的认识，深化了对保险业发展阶段性特征的认识，统一了"为谁监管、监管什么、怎么监管"的思想，认识到保险监管必须把保护保险消费者利益作为根本目的。二是进一步明确了保险发展方向。保险作为稳定器、安全网，其核心就是保障，而不能过分铺摊子、片面追求规模，也不能偏离主业盲目跟风。三是进一步明确了监管角色定位。"十一五"期间，保险监管部门逐步实现了从"修路添车"到"维护交通秩序"的角色转变，通过监管营造公平有序的市场环境，引导市场主体在依法合规的基础上运用市场规则实现自主良性发展。

（二）建章立制，夯实监管基础

一是严把市场准入关口。针对机构和高管分别出台管理指导意见，实施高管任职资格电子化考试制度，引导保险机构按照"发展有需要、经营有效益、管控有能力、高管有人才"的原则，科学合理布局机构网点。严格高管人员任职条件，逐步强化高管履职行为动态监管。通过市场准入与现场检查、分类监管衔接互动，切实体现扶优限劣的政策导向。二是健全完善监管制度。在产险方面推行见费出单、保费批退全额转账、明示商业车险费率调整因子、车险赔案信息共享等制度，在提升保费充足率、挤压理赔水分等方面起到重要作用。在寿险方面全面推广"零现金"收付费制度，建立退保定期报告制度，有效保护投保人和被保险人利益。在中介方面推行银保业务"市场准入点对点、佣金结算省对省"制度，从源头上规范银保合作、减少销售误导风险。三是探索实行驻点监管。"十一五"期间四川保监局先后在绵阳、内江、泸州等市试行驻点监管制度，在全川范围内开展市州保险市场风险评测，探索开展区域宏观审慎监管，同时也为未来向下延伸监管机构积累经验。

（三）真抓实干，规范市场秩序

四川保监局作为中国保监会的派出机构，始终坚持结合地方实际，出重拳、动真格，从制度建设、技术管控、机构自查、行业自律、现场查处等各方面狠抓综合治理，保持高压态势。注重突出现场检查对规范市场的促进作用，特别强调行政处罚的程序和效果，严格执行查处分离的工作机制。重点组织开展保险公司中介业务专项检查，严厉打击虚假数据、欺诈误导和恶性竞争，着力整治市场秩序。在责任追究上，强调机构与高管责任同追、经济与行政处罚并究。五年来，共对保险机构和个人罚款618.4万元，责令停止接受新业务3

家，吊销许可证 2 家，处罚高管人员 88 人，责令撤换 9 人，撤销任职资格 3 人，督促公司内部处理 235 人。案件的处理和曝光，在保险机构中引起了强烈反响，起到了查处一件、警示一片、规范一方的作用。

（四）多措并举，防范化解风险

一是及时预警风险隐患。进一步加强非现场监管工作力度，细化、量化风险预警指标和分类监管规则，及时跟踪核查分类评级较低、指标明显异动、信访投诉较多的公司。对发现的风险隐患迅速采取风险提示、下发监管函、限制业务范围等应对措施，及早防止事态扩大、转化和蔓延。二是妥善处置重点风险。四川保监局坚持把违法违规行为反弹、行业重大案件和群访群诉事件作为风险防范工作的重中之重。重点关注和防范人身险投资型业务风险，督促有关公司加强对交强险、农业险业务的管控，妥善处置非正常退保风险和涉震、涉农、涉校赔案。高度重视分红保险满期给付工作，有针对性地开展专项检查，确保满期兑付工作万无一失。由于行动迅速、措施严密、要求严格、督促到位，四川满期兑付工作平稳进行，累计实现满期给付 57.67 亿元。严肃查处拖拉机、摩托车交强险"投保难"问题。切实防范电话销售、网络销售等新兴领域风险。三是强化保险公司内部管控。督促公司严格执行经报批报备的条款费率，着力提高经营数据的真实性。推进保险公司严格规范车险、大型商业保险、政策性农业保险等重点险种的经营管理，组织检查新型寿险产品信息披露制度的落实情况，密切关注保险分支机构在内控合规方面存在的风险隐患。

三、全省保险业服务大局取得新成效

（一）优化保险服务，支持经济建设

保险作为一种经济制度和经济发展要素，在国民经济建设方面发挥了重要作用。"十一五"期间，四川保险业取得长足发展，成为地方经济中发展最快的行业之一。2006 年以来，四川保险业务增速均高于 GDP 增速，保险业的影响日益广泛，渗透度不断加深。一是积极争取保险资金在川投资。近年来，各在川保险机构积极向上争取，稳步加大保险资金在川投资力度，积极支持四川省基础设施建设，"十一五"期间，保险资金在川投资总额近百亿元。9 家保险公司在川设立了 11 个形式多样的后台服务中心，积极支持西部金融中心建设。二是为地方经济发展提供保险保障。通过大力发展企财险、货运险、建工

险，为四川省重大项目建设提供保险服务。积极发展科技保险，支持科技金融服务试点区建设。介入企业风险管理，帮助在川企业提高风险管控能力。三是助推四川省外向型经济稳定发展。充分发挥出口信用保险作为政策性信用保险的特殊功能，既为四川省企业提供短期出口信用风险保障，又为中长期项目建设提供保险支持，还可以为四川省外贸企业提供保单项下融资，帮助企业拓宽融资渠道，破解融资难题。四是促进内需经济增长。各保险机构积极开办健康保险、年金保险等保障性险种，承担未来风险，降低投保人未来资金支出的不确定性，帮助扩大现期消费水平，促进内需经济增长。大力发展消费信贷保证保险，发挥经济杠杆作用，加强消费支持，帮助转移和分散银行信贷风险。据统计，2010 年全省保证保险保障金额达到 70.83 亿元，其中仅个人住房消费贷款保证保险一项，就促进个人住房消费贷款融资 41.47 亿元。保险业为四川省在地震灾后和金融危机下迅速实现经济"止滑回升"做出了积极贡献。

（二）发挥功能作用，服务保障民生

一是稳步推进政策性农业保险试点。2007 年四川省人民政府下发《关于开展政策性农业保险试点工作的通知》，政策性农业保险试点工作全面启动。近年来，农业保险为全省农业累计提供风险保障 522.76 亿元，参保农户 4942.43 万户，经营区域覆盖全省所有市（州）和绝大部分县（区）。农业保险为四川省农业生产、农民增收和农村稳定提供了有力保障，成为地方政府"三农"工作的重要抓手，得到了广大农民群众的普遍欢迎。二是积极开展农村小额人身保险试点。农村小额人身保险试点工作从 2008 年开始，四川作为首批试点省份，现有中国人寿、太平洋人寿、泰康人寿、平安养老、中邮人寿 5 家公司参与试点，经营区域已扩大到全省范围。三是实现商业养老健康保险与社会保险融合式发展。在四川省政府的大力支持下，商业健康保险纳入到全省医改总体布局。四川省商业健康保险服务平台成功上线运行。保险业参与基本医疗保障经办管理服务，覆盖了全省 176 个县市，惠及 1377.63 万人。商业保险多层次参与社会保障体系建设，有效满足了人民群众日益增长的保险保障需求。

（三）参与社会管理，维护社会稳定

每一次重大自然灾害和意外事故的善后工作中，都有保险业的快速反应和积极参与，充分展现了"服务大局、勇担责任、团结协作、为民分忧"的行业精神。"十一五"期间，全省保险业累计赔付支出达到553.38亿元，保险保障作用得到充分发挥。"5·12"汶川特大地震灾害发生后，四川保险业克服种种困难，在最短的时间内恢复营业，深入灾区查勘，主动寻找客户，积极快速理赔。到2009年底，20多万件保险案件理赔工作就已基本完成，支付赔款20余亿元，没有出现反弹风险，多起涉震、涉校、涉农的重大保险案件得到妥善处理，没有酿成群体性事件。面对特大低温雨雪冰冻灾害、成都"6·5"公交燃烧案和全川多地洪灾、旱灾等各种特大自然灾害和突发事件，保险机构主动快速反应，得到了地方党政和社会公众的充分肯定。四川保监局大力支持和引导各保险机构发展各种涉及国计民生的责任保险业务，包括环境污染责任保险、校方责任保险、医疗责任保险、旅行社责任保险、火灾公众责任保险、高危行业安全生产责任保险等，保险在教育、医疗、旅游、建筑、煤矿等领域的保障作用逐步发挥，保险的社会管理功能进一步增强。

（四）强化保险创新，支持灾后重建

"5·12"汶川特大地震灾害发生后，中国保监会出台了一系列政策措施，鼓励引导保险机构积极参与灾后恢复重建，帮助灾区早日恢复正常生产生活秩序。保险行业认真反思，召开巨灾保险国际研讨会，进一步改进和完善保险服务，加大产品创新力度。针对受灾群众开发专门的保险产品，积极提供工程、财产、货物运输、农业、意外等各类保险，并给予费率优惠，为灾区恢复重建项目提供保险保障。灾后三年来，保险业为涉及四川省重灾区的8个市州提供风险保障达到30.5万亿元。同时，保险业还积极向灾区捐款捐物，资助灾后恢复重建。全国保险业累计向灾区捐款捐物超过5亿元，其中四川保险业向灾区捐款捐物1652万元，发放关爱金3257万元。全行业还向四川灾区援建中小学校幼儿园40余所、养老院4所，向参与抗震救灾和灾后重建的有关人员捐赠意外伤害保险和医疗保险，每人最低保额20万元。保险业为"5·12"地震灾区恢复重建取得决定性胜利做出了积极贡献。

四、 全省保险业发展环境呈现新局面

（一）地方党委政府大力支持

保险业的健康发展，离不开良好的外部环境。一直以来，四川省委、省政府高度重视保险业的发展。主要领导同志定期听取保险工作汇报，多次召开省

政府常务会议研究保险工作，经常就如何做好四川省保险工作做出重要指示，帮助协调解决影响保险业发展的重大问题。"十一五"期间，四川省党政领导同志多次专门就保险业发展作出批示，肯定保险业发展取得的成绩和对地方经济社会发展做出的贡献。四川省政府以办公厅文件的形式批转《四川保险业"十一五"发展规划》，先后在"三农"保险、灾后重建等多个领域下发文件。近年来全省多个市州陆续召开了专门的保险工作会议，市州党政领导亲自出席，支持和利用保险机制服务当地经济社会发展。

（二）相关职能部门密切协作

"十一五"期间，各相关职能部门进一步密切了同保险业的联系，与保险监管部门之间的沟通协作不断加强，为四川保险业发展形成了良好合力。2008年，成都市成功申报全国第二批科技保险试点城市，成都市政府设立了1000万元的"科技保险补贴资金"。2009年，四川保监局与四川银监局、省科技厅等7部门联合举办"四川省金融机构与高新技术企业对接会"，促进科技项目与贷款、保险、投融资服务的对接，支持地方科技进步与自主创新战略。四川保监局与四川省农业厅、四川银监局联合发文，进一步完善政策性农业保险运行机制，把"推进农业产业化经营、促进农业结构调整、引导传统农业向现代农业转变"作为四川省推进政策性农业保险的支持方向和发展重点，进一步提高农业保险的参保率和渗透度。在打击"三假"工作中，保险监管部门与公安、司法部门加强沟通协作，建立起不定期的案件会商机制，形成良性互动。先后查处假机构案件2起，假单证案件13起，假赔案248起，涉案金额1567.61万元。在新《保险法》实施前，与四川省高院联合对各级法官和保险机构负责人开展培训，分析探讨典型案例，就有关问题取得了一致意见。

（三）社会各界保险意识不断提高

近年来，四川保险业先后承办和组织开展"国际巨灾风险管理研讨会"、"全省保险宣传月"活动、"保险进学校"活动、"新《保险法》实施"宣传活动等，大力推动提高全社会的保险意识，为行业健康发展营造良好的外部环境。以各地开展政策性农业保险、小额人身保险试点为契机，不断增强当地群众学保险、懂保险、用保险的意识。社会各界群众的保险意识进一步增强，主动运用保险手段安排生产生活，保险已成为人们生活中必不可少的一部分。

（四川保监局）

第三篇　经营篇

国家开发银行四川省分行

"十一五"时期，国家开发银行四川省分行业务快速发展，管理水平不断提高，有力地支持了四川经济社会的发展。截至 2010 年末，国家开发银行四川省分行资产总额 2012.53 亿元，比 2005 年末增长 153.59%，其中贷款余额 1799.38 亿元，比 2005 年末增长 132.10%；负债总额 1975.37 亿元，比 2005 年末增长 152.86%，其中存款余额 134.52 亿元，比 2005 年末增长 74.67%。

一、"十一五" 期间国家开发银行的机构改革

2008 年，国家开发银行由政策性银行改制成为商业银行。国家开发银行改革后的发展战略可以概括为两个坚持：一是坚持走有中长期业务特色的办行路子。改革后，国家开发银行主要通过开展中长期信贷与投资等金融业务，为国民经济重大中长期发展战略服务。国家开发银行要继续发挥中长期投融资的优势和平抑经济周期波动的独特作用，办成有中长期特色的商业银行而不是以吸收储蓄为基础的传统商业银行，这也是由国家开发银行面临的客观环境决定的。二是坚持推进开发性金融实践。开发性金融并不是政策性、商业性、政府定性的问题，而是适合发展中国家国情的重要而有效的金融原理和方法。针对市场空白和信用缺失，开发性金融在融资推动中加入制度建设、市场建设和信用建设的内容，构建商业金融运作的市场微观基础和传导机制，把广大非金融化、非市场化、非信用化开发性领域建设成金融的、市场的、商业银行可以进入的领域，成为市场经济的有机组成部分。鉴于此，国家开发银行四川省分行（以下简称四川分行）也积极贯彻执行商业化转型后企业发展的"四变"和"四不变"要求。

"四变"包括：经营管理和运作商业化，即由政策性银行转型为商业银

行；股权结构多元化，由国有独资变为股份有限公司，由国家承担无限责任转变为股东承担有限责任；治理结构现代化，加强党委领导，不断完善股东大会、董事会、监事会和高级管理层"三会一层"构架，探索富有中国特色的现代金融企业治理结构模式；服务功能多样化，在商业银行服务功能的基础上，新增了投资银行和股权投资这两项与中长期业务配套的、国家开发银行特有的服务功能。国家开发银行的金融服务产品将更丰富，为客户（包括政府类）服务的能力会更强。

"四不变"包括：国有性质不变，国家开发银行改制后仍然是国家的银行，由财政部和汇金公司代表国家出资并控股；基本职能不变，国家开发银行将通过开展中长期信贷与投资等金融业务，为国民经济中长期发展战略服务；市场定位不变，将继续主要从事"两基一支"等中长期投融资业务，是以中长期债券融资为主的债券银行和批发银行；合作方式不变，仍以开发性金融原理、成功实践为指导，坚持以市场化方式开展"银政合作"和"银企合作"，运用开发性方法拓展业务。

二、 开发性金融在四川的创新之路

开发性金融在四川发展，就是将开发性金融相关原理和方法运用于四川的业务项目中；而在实践中，它又必须顺应四川经济社会发展客观环境的要求及变化。"十一五"时期，四川分行在改革和发展中不断对开发性金融理论体系进行自我完善与创新发展，走出了一条创新之路，形成独具特色、内涵丰富、与时俱进的开发性金融"四川模式"。

（一）融资机制创新

1. 深入推进规划先行

一是全面支持政府做好高水平规划。2009 年以来，四川分行根据国际经验和国家"十二五"规划编制重点，结合四川发展实际，积极参与省、市、县、乡镇四级政府的"十二五"规划及专项规划编制工作。四川分行作为唯一一家金融机构被列为全省"十二五"规划编制工作小组成员，全面参与了四川省"十二五"规划编制工作。同时，以省城乡规划设计院、省社会科学院等为规划合作平台，就全省城镇化、灾后重建、成渝经济区规划等专项课题展开合作；从市（州）层面上，四川分行与全省 21 个市（州）签署规划合作备忘录，均被列入当地"十二五"规划编制工作领导小组，作为成员单位通过实地调研、专家咨询、规划论证等多种方式参与"十二五"规划编制；与达县等8个市、县合作，支持其开展交通、旅游、基础设施等8个专项规划（课题）编制；支持成都市规划覆盖到乡镇。

二是突出重点，深入做好专项规划。在配合做好四川省"十二五"区域规划编制的同时，重点做好村镇、成渝经济区、藏区等专项规划。一是村镇规划。2009年以来，四川分行积极支持成都市统筹城乡综合配套改革试点，以规划薄弱的村镇为重点，以城乡基础设施、社会民生和产业发展为主线，就村镇地区普遍存在重大和突出问题专题研究、村镇规划编制、构造规划项目库以及"十二五"规划前期研究四个方面开展合作，通过总结成都市城乡统筹的实践模式以及规划编制的经验方法，尤其是村镇规划编制的操作模式和技术路线，形成城乡规划到乡村的试点经验和案例，为全省乃至全国村镇规划提供经验和范本。二是成渝经济区规划。2009年，四川分行配合总行完成《开发性金融支持成渝经济区发展融资规划报告》；2010年，四川分行参与国家发改委组织的成渝经济区规划调研组进行的实地调研，并组织力量对《成渝经济区规划（征求意见稿）》进行研究并提出详细的修改建议。为有效支持成渝经济区四川部分一极、一轴、一区块建设，四川分行邀请外部专家组成联合课题组提前编制《成渝经济区系统性融资规划（四川）》，设计专业的投融资方案，力图通过"规划＋资金"方式做强成都都市圈增长极、壮大成渝通道发展轴、加快发展环渝腹地经济区块。三是藏区规划。四川分行通过创新机制、深化合作、规范平台、建设市场的方式，全面夯实与甘孜州、阿坝州和凉山州木里县藏区的规划合作，并在"十二五"规划方面取得显著成效，探索了一条通过规划先行支持藏区跨越式发展的道路。

三是构建多维度全方位的规划合作体系。行业规划层面，已与成都市、四川省林业厅、四川省交通运输厅分别签署文化产业、林业、交通运输业规划合作协议。战略客户规划层面，与四川高速公路集团公司、成都文化旅游集团、遂宁发展等签署规划合作协议，主导编制系统性融资规划，综合运用投、贷、债、租多种金融工具支持行业和企业发展。业务发展规划层面，已组织编制区域经济形势、金融市场环境分析、区域融资空间与结构分析、内部发展条件和能力分析等业务专项规划报告；编制完成《四川分行业务发展规划（2010—

2015）》。国别规划层面，已完成巴基斯坦、印度、阿富汗、尼泊尔四国有关规划的修编工作。

2. 推动融资主体的规范发展

2008 年下半年以来，国家出台了一系列扩大内需的宏观调控政策，地方政府融资平台出现了一些亟须高度关注的问题。四川分行在总行的统一领导下，坚决贯彻落实国务院和银监会的相关文件精神，积极开展贷款清查和统一会谈工作。在清理和会谈的过程中，按照四川银监局的统一监管要求，与省、市、县各级政府和平台进一步加大了沟通联系力度，主动提供发展顾问服务，帮助设计融资平台规范发展方案，实现平台公司的股权多元化、经营企业化、运作市场化，有效防范财政金融风险，帮助平台公司实现可持续发展。地方政府和平台公司均对四川分行的建议做出了反馈，提出了增加平台注资，注入经营性、易变现的优质资产，引入战略投资者、改制、重组、上市、资产证券化等方式，逐步增强平台的经营能力和盈利能力，提高偿债能力，逐步完善公司自身的"造血"功能的措施。

（二）金融产品和金融合作创新

近年来，国家开发银行加大了金融产品和金融合作创新拓展力度。目前四川分行已初步形成了包括表外受托、担保及承诺、财务顾问、债券承销、贸易融资、支付结算、资金交易、企业理财、票据、租赁、基金、村镇银行等金融产品及金融服务体系。其中，银团贷款、受托管理、财务顾问、债券承销等产品逐步形成四川分行特色的产品；债券承销做出了一定品牌，财务顾问收入快速增长；保理、保函、票据、保险代理等业务成功试点，实现了零的突破。截至 2010 年末，在表外业务、银团贷款、财务顾问、外汇四大主要创收业务支持下，四川分行中间业务收入超过 2 亿元。

1. 建立城乡统筹发展基金，支持城乡统筹发展

2009 年，国家开发银行、国开金融有限责任公司与龙泉驿区签订框架合作协议，建立规模为 100 亿元人民币的城乡统筹发展基金。基金将根据项目成熟度与资金实际需求分批到位。其中，成都市龙泉驿区国有资产投资经营有限公司占基金 51% 的股份，国开金融占基金 49% 的股份。国家开发银行（龙泉驿）城乡统筹发展基金是全国第一支城乡统筹发展基金。

2. 大力发展债券承销业务

四川分行基于"规划先行"、"培养客户"理念，利用自身的先进理念、人才优势和市场号召力，通过债券承销业务辅导地方融资平台完善治理结构、规范与政府关系、做实资产。2010 年 11 月 12 日，经国家发改委批准，由国家开发银行担任牵头主承销商，四川发展（控股）有限责任公司在中国银行间市场成功发行 80 亿元公司债券，是四川迄今为止单笔发行规模最大、全国单笔发行规模第二的地方公司债。

3. 稳步拓展村镇银行业务

为推动农村经济发展，增强农村金融服务能力，四川分行在系统内率先参与组建北川富民村镇银行，并在汶川大地震后进行了重建。同时，四川分行在革命老区巴中和全国财政收入百强县郫县选点筹建村镇银行，通过金融手段切实落实党中央、国务院"三农"政策，助推当地农村经济的快速发展。

4. 大力开展租赁业务

2009 年，国家开发银行充分发挥一体两翼的布局特点，大力推进融资租赁业务。2009 年 9 月下旬，国银租赁与广安恒立化工签订了《融资租赁合同》和《账户监管协议》，于当日向广安恒立化工的供货商发放了 3600 万元设备款。此后，四川分行继续推动达钢抗震钢铁生产线设备租赁项目、遂宁发展基础设施租赁项目及成都市经纬制管公司生产线设备租赁项目，协助这些客户与国银租赁进一步商谈租赁业务方案和操作细节，寻找合作契机，为今后双方扩大业务协作范围打下坚实的基础。

5. 开展非融资性保函业务

为丰富产品线，四川分行积极向客户推荐保函、信用证等担保类业务，主动了解客户的担保需求。2009 年 12 月，四川汇源钢建科技股份有限公司向四川分行提出开具支付保函的申请。考虑到客户尚有足够的流动资金，为节约时间，四川分行建议客户采用 100% 保证金的方式操作，省去了综合授信的中间环节，从申请到出具支付保函仅用了 3 天时间，同时保证了业务风险可控，还充分发挥出自身的有限担保资源服务效用。

（三）经营理念创新

2007 年年初，四川分行提出了"目标清晰、开拓创新、规范操作、持续发展"的"十六字方针"，成为开展工作的行动纲领。同年，为更好地服务省委、省政府提出的"坚持科学发展、构建和谐四川"的发展战略,四川分行又提出了"不断拓展业务领域、不断创新贷款模式、不断加强风险控制、不断提高服务水平"的"四个不断"工作原则。"四个不断"的提出是"十六字方针"在实际工作中的具体体现。2009年2月,四川分行党委在学习实践活动整改方案中,把教育全行员工树立"以效益为核心、以客户为中心"的经营理念作为长期不懈的整改工作。经过一年多的努力,四川分行紧紧围绕四川"加快建设西部经济发展高地、加快建设灾后美好新家园",建立综合营销体系,全体员工的服务意识及效益意识得到加强,四川分行也逐步迈上高位运行的轨道。

在抢抓机遇,全力支持四川灾后重建和止滑提速、加快发展取得优异成绩的同时,四川分行已发展成为四川省中长期融资领域主力银行、国家开发银行系统内大行,与2006年末相比,表内贷款余额翻了一番,资产进一步做实,结构日趋优化。面对"高位发展、跳起摸高"的新形势和新要求,四川分行认真分析内外部环境,针对性地提出要准确把握住"巩固业绩、加快发展、加强管理"的工作基调,在高位运行的基础上,进一步加快发展,进一步加强管理,全面服务四川"两个加快"发展战略。正是在这一工作基调的指导下,四川分行主动围绕省委、省政府关心的重点、难点、热点项目,在宏观政策日渐趋紧的形势下,千方百计地攻坚克难,保持了300亿元的新增贷款规模,保证了信贷投放力度不减,得到了省委、省政府的高度肯定。

三、 "十一五" 期间开发性金融支持四川经济社会发展情况

(一) 发挥政策性银行作用,支持"两基一支"

四川分行牢牢抓住国家实施西部大开发的重大机遇,积极探索和实践开发性金融理论,强化市场建设和信用建设,积极支持电力、交通、城市基础设施等"两基一支"领域重大项目开发建设,努力服务于工业强省战略,把支持企业自主创新、推进产业结构优化升级和增长方式转变作为自己的重要职责。一是支持重点企业自主创新。对二重、长虹等重点工业企业,成飞集团、九洲电器集团等各地支柱产业和骨干企业给予了重点扶持和帮助,促进了这些企业的技术更新改造、新产品开发以及企业上市等各项活动。二是支持工业园区建设。十余年来,重点支持了成都高新区和工业集中发展区、成都经济技术开发

区和绵阳高新区 3 个国家级产业园区和自贡、眉山等 14 个省、市、县产业园区和工业集中发展区的建设，其中对成都高新区的支持成为推进四川产业发展的典范。在四川分行的支持下，成都高新区的道路工程、管网工程等配套设施迅速完善，园区承载能力进一步提高，招商引资吸引力大大增强，综合效益得到了极大改善。

（二）贯彻普惠金融理念，支持社会民生领域

2006 年以来，四川分行通过以市、县合作为基础，以机制建设为手段，以市场建设为核心，以信用建设、融资主体建设、担保体系建设为支撑，以中小企业、社区金融、"三农"、教育、医疗卫生、中低收入者住房、城镇化融资为重点支持领域，完善基层融资服务体系，把金融建设与社会建设相结合，推动建设人人享有平等融资权的融资体系，最大限度地回馈社会、服务公众。

1. 缓解中小企业"融资难"

中小企业融资难，是各级政府长期以来关注的问题，四川分行率先在成都推出全新的中小企业融资模式。与成都高新区签订合作协议，搭建融资平台，完善担保机制，把国家开发银行的融资优势与政府的组织优势相结合，着力缓解中小企业"融资难"，开创了全新的中小企业贷款模式。在成功试点之后，又将该模式向全省推广，实现了中小企业融资平台在全省 21 个市（州）的全覆盖。截至 2010 年末，向全省 3730 家中小企业发放贷款 117.04 亿元，取得了良好的社会效益和经济效益。

2. 缓解中低收入者"住房难"

四川分行以政府主导、市场运作、金融支持为基本融资模式，重点支持了成都东郊惠民工程、棚户区改造、灾区安居房和永久性住房建设，缓解住房压力，取得良好的社会效果。

3. 缓解下岗工人"就业难"

四川分行在 2004 年成功完成了社区金融试点后，在"十一五"期间将该运作模式进行推广，先后支持了成都市三圣乡花农等一大批项目，帮助解决下岗工人"就业难"，摸索出了一条开发性金融支持弱势群体创业的新路子。

4. 缓解城镇居民"就医难"

四川分行逐步加大对农村、社区和民族地区医疗卫生事业发展的融资支持力度，通过创新平台模式，向成都武侯区、巴中、自贡、凉山等市州承诺医疗

卫生项目贷款，支持全省医院、卫生院、社区卫生服务中心和疾控中心的建设，为加快地方医疗服务体系建设发挥了积极作用，有效改善了城镇居民就医条件，积极缓解了城镇居民"就医难"。

5. 缓解贫困学生"上学难"

四川分行把全省中小学标准化建设纳入支持的重点，帮助成都、绵阳、德阳、宜宾、攀枝花等市建设一流的农村学校、职业教育园区和农民工教育培训基地，扩大了教育行业贷款覆盖面。同时，积极推动高校助学贷款和生源地助学贷款业务，努力解决学生"上学难"。2007 年，成都市农村中小学标准化建设工程竣工，建成的 423 所标准化中小学校覆盖成都市 14 个县（区、市），解决了近 60 万农村孩子的读书问题。同时，为改善高等教育办学条件，支持高等教育事业发展，四川分行还向西南民族大学，成都信息工程学院，广元、宜宾等市州职业技术学校以及农民工培训基地建设提供了融资支持，并积极开展高校助学贷款和生源地助学贷款业务。截至 2010 年末，四川分行与 55 个县（区、市）签订合作协议，累计发放贷款 7022 万元，支持了 13021 名贫困学生顺利就学。

6. 缓解广大农民"增收难"

为配合国家统筹城乡综合配套改革试验区的建设，推进全省城乡一体化的进程，四川分行通过创新服务模式、创新覆盖模式，大力支持农村公路、小水电、小城镇、人居工程等农村基础设施建设和农业产业化发展项目，建立"开发性金融合作联合体"，支持农村基础设施建设和农业产业化发展，主动帮助广大农民解决"增收难"。截至 2010 年末，累计发放贷款 547 亿元支持全省新农村建设。

7. 缓解县域经济"发展难"

四川分行通过创新覆盖模式，建立起以机构、机制为中心，推动规划先行、信用建设、平台孵化为特征的"开发性金融合作联合体"，并通过做实市县合作机制，加强助贷机构和合作办建设，积极解决全省县域经济"发展难"。

（三）立足长远，积极开展国际合作业务

2006 年以来，四川分行在总行的统一部署下，始终坚持贯彻国家"走出去"战略，开拓"蓝海"领域，投身境外国际合作业务。2007 年，四川分行成立了印度工作组，并完成了与巴基斯坦工作组的对接。2008 年，四川分行组建了尼泊尔和阿富汗工作组。2010 年，在国家领导人见证下，与新印度钢铁公司、巴基斯坦国家特变电工等客户签订总金额达 40.7 亿美元的合作协议；作为国际银团牵头行，顺利完成印度嘉佳火电站银团贷款项目合同签订工作，该项目融资模式被路透社《国际项目融资》杂志评选为 "2010 年度印度最佳交易"，受到外交部、商务部的高度评价。

在服务国家战略、积极开拓境外国际合作业务的同时，四川分行抓住机遇，把握四川外经企业优势，主动帮助四川企业 "走出去"，探索境外资源新兴领域。2010 年开发储备了包括东方电气股份有限公司承建波黑 STANARI 火电站 EPC 项目在内的 7 个装备出口及工程承包项目，金额 8.62 亿美元；向汉龙集团入股澳大利亚钼矿有限公司及开发澳大利亚 Spinifex Ridge 钼铜共生矿项目承诺贷款 3.8 亿美元；开发储备了宏达坦桑尼亚钒铁矿项目、开元集团老挝钾盐矿项目、福宇正公司刚果（金）龙飞铜矿项目等境外资源类项目，涉及金额不低于 10 亿美元，包括境外人民币金额 2 亿元。

近年来，四川分行国际业务保持快速健康发展态势，外汇贷款余额由 2006 年年底开展国际合作业务之初的不足 2 亿美元提升至 2010 年末的 10.35 亿美元，跃居四川金融系统第二。

（四）着眼大局，助力四川经济发展战略

1. 助力西部综合交通枢纽建设

按照省委、省政府战略部署，四川分行始终把交通枢纽建设作为 "十一五" 时期的融资重点，重点支持了都映、映汶、广南、纳黔、雅西等高速公路、二级公路、农村公路等公路项目，成绵乐城际铁路、成灌铁路等铁路项目，双流机场改扩建、四川航空购机等航运项目。早在 2005 年，四川分行就与成都地铁公司签订财务顾问协议并提供金融服务。6 年来，累计向成都地铁 1、2 号线发放贷款 80 多亿元。"十一五" 期间，分行累计向全省 120 个交通建设项目发放贷款 563 亿元，为四川建设西部综合交通枢纽提供了坚强的保证。

2. 助力四川能源建设

2010 年 12 月 26 日，国电大渡河瀑布沟水电站最后一台机组投入商业运行，标志着四川省目前最大水电站全面投产。四川分行累计向其发放贷款 78

亿元。"十一五"期间，四川分行重点支持了锦屏一、二级电站，瀑布沟水电站，大渡河泸定水电站和华电四川珙县燃煤电站以及电网改造等142个电力项目建设，累计发放贷款472亿元。

3. 支持产业结构优化升级

四川有比较好的产业发展基础，但产业结构不尽合理，产业层次较低，生产方式比较粗放，优势产业和大企业大集团带动作用不强。2010年，在积极支持四川承接产业转移过程中，国家开发银行与成都市签订了《支持富士康项目合作协议》，创造条件支持了富士康成都基地建设，发放短贷15.34亿元；为吉利集团注入20亿元流动资金贷款，促成其成功收购沃尔沃。四川分行还大力支持四川战略新兴产业发展，推动绵阳"三网"融合试点、旭虹光电PDP玻璃基板和天威新能源等项目的实施，支持长虹集团、海特高新、中核集团等军工企业推进自主创新和产业结构调整。"十一五"期间，四川分行向全省26个重点产业园区77个项目发放贷款181亿元，向35个重点企业发放产业贷款193亿元，支持产业化建设。

（五）全力支持四川抗震救灾和灾后重建

"5·12"汶川特大地震给全省乃至全国都带来严峻的考验。在这场巨大的灾难面前，四川分行党委临危不惧，坚守岗位，指挥全行员工团结奋战，无私奉献，打赢了一场又一场抗震救灾、生产自救的攻坚战，用实际行动诠释了"胸怀全局、服务发展、追求卓越、勇于创新"的开行精神。

在抗震救灾和恢复重建的岁月里，四川分行创造了多项"第一"：第一家与灾区地方政府签订抗震救灾及灾后重建贷款协议的金融机构；第一家与灾区地方政府签订《城乡统筹村镇规划合作框架协议》的金融机构，标志着国家开发银行通过规划先行，与地方政府发挥"合力"，支持受灾地区重建并优化其发展模式的长期实践迈出了重要一步；第一时间向灾区提供应急贷款9.61亿元，据四川银监局统计，四川分行首批发放的应急贷款就占全省同期发放总量的50%，发放时间、发放额均居全川金融机构第一位；第一时间与11个灾区地方政府、企业签订共计722亿元的灾后重建合作协议，灾后重建合作协议额度居全川金融机构第一位；第一时间成立9个工作组，深入重灾区调研，了解项目受损和资金需求情况；第一时间代表总行向灾区捐助，累计捐款捐物1161万元；第一时间援建都江堰中学，确保全校师生2008年9月1日按时开学，使其成为震后第一所达到新抗震标准的永久性新校舍。震后，分行98个贷款项目遭受严重损害，四川分行对都汶高速公路项目贷款本息22.4亿元实施了全额减免，成为第一家对因地震受损项目进行贷款减免的金融机构。截至2010年末，四川分行累计核减因灾受损贷款本息38.02亿元，是四川省核减力度最大的金融机构，承担了巨大的社会责任。

灾后重建的资金需求巨大，其中信贷投入是关键。仅在2008年，总行就追加了四川分行灾后重建贷款规模63亿元，占当年表内人民币贷款新增余额的40%。在灾后重建的两年多里，四川分行充分发挥大额、中长期融资优势，运用"投、贷、债、租"产品组合，全力以赴支持灾后恢复重建和灾区加快振兴，累计发放灾后重建贷款633.86亿元，累计减免本息金额达到38亿元，占全省因灾减免总量的81%，减免额度远高于其他商业银行，分行的政治使命感和社会责任感再一次得到体现。四川省委书记刘奇葆同志批示："感谢开行对四川的大力支持，分行为四川的重建和发展做出了重要贡献！"

（国家开发银行四川省分行）

中国农业发展银行四川省分行

"十一五"时期，中国农业发展银行四川省分行（以下简称农发行四川省分行）认真履行农业政策性银行职能，积极支持国家重大支农部署，不断拓展支农领域，着力强化支农功能，持续加大支农力度，信贷支农取得新的显著成效。在保障国家粮食安全、推动现代农业发展和社会主义新农村建设的同时，该行按照打造现代银行的要求，健全体制机制，规范经营管理，完善操作手段，深化内部改革，信贷规模快速增长，资产结构日趋合理，经营效益明显提高，队伍面貌焕然一新，和谐氛围业已形成，有力提升了同业竞争实力。截至2010年末，中国农业发展银行四川省分行资产总额745.58亿元，比2005年末增长141.91%，其中贷款余额704亿元，比2005年末增长169.73%；负债总额733.73亿元，比2005年末增长146.13%，其中存款余额199.35亿元，比2005年末增长865.74%。不良贷款余额和比率分别比2005年末减少0.32亿元和降低1.76个百分点。2010年资产利润率4.64%，比2005年末提高3个百分点。

一、 信贷支农做出重要贡献

"十一五"时期，农发行四川省分行牢牢抓住中央强农惠农和建设新农村的重大历史机遇，积极拓展支农空间，形成了以粮棉油收储信贷业务为主体，以农业产业化经营和农业农村中长期信贷业务为两翼，以中间业务为补充的多方位、宽领域的支农新格局，农村金融骨干和支柱作用不断增强。截至 2010 年末，全行贷款余额 704 亿元，比 2005 年末增加 443 亿元，翻了一番半，年均增长 20% 以上，其中粮棉油收购储备贷款余额 139.51 亿元、农业产业化龙头企业贷款余额 75.56 亿元、农业农村中长期贷款余额 318.55 亿元，分别增长 53.45 亿元、69.31 亿元和 117.76 亿元。

（一）传统业务得到进一步巩固

在粮食连年丰收、粮棉市场复杂、粮棉油收购市场全面放开的形势下，农发行四川省分行始终坚持把支持粮棉油收购作为业务工作的重中之重，及时足额供应收购资金，积极推动形成粮棉油购销多渠道格局。"十一五"时期累计投放收购资金贷款 340.99 亿元，支持企业收购粮食 472 亿斤、棉花 5.4 万担、油脂 69 亿斤，每年支持收购的粮食占商品粮的 60% 以上，既保证了农民增产增收，又为稳定市场供应、增强国家调控能力做出了贡献。

（二）重要农产品及生产资料储备贷款持续增加

为避免市场价格出现较大的波动，保护养殖农户利益，农发行四川省分行于 2005 年在系统内率先开办地方储备肉信贷业务，支持生猪屠宰加工企业按政府指导价收储猪肉，稳定市场价格和肉类供应。五年来累计投放国家政策性储备肉、地方政策性储备肉、商业性储备肉贷款共 52.8 亿元，支持 13 家企业开展储备，有力地稳定了猪肉市场价格，带动了生猪产业壮大和畜产品加工企业快速成长。同时，积极做好化肥储备信贷业务，引导企业理性增加储备和供应，发挥了"保供需、稳市场、调价格、促增收"的突出作用。五年来累计发放化肥储备贷款 12.5 亿元，支持 11 家企业收储化肥 114 万吨，贷款余额由 2005 年末的 2.4 亿元增长到 2010 年末的 3.38 亿元，促进了重要农用生产资料市场的稳定。

（三）新农村建设贷款突飞猛进

党的十七届三中全会召开后，农发行四川省分行大力支持农业开发和农村基础设施建设，业务开办三年多来，累计投放中长期贷款 326.55 亿元，贷款余额 309.96 亿元，占全部贷款余额的 41.76%，其中农业综合开发贷款余额 100.53 亿元，农村基础设施建设贷款余额 76.68 亿元，县域城镇建设贷款余额 91.29 亿元，农村流通体系贷款 24.53 亿元；贷款年均增速为 29.63%，在农村金融机构中名列前茅，贷款余额占全部涉农贷款比重超过 1/3。一大批统筹城乡发展、县域城镇建设、农村水电路网建设、土地整治、灾后恢复重建等重大民生项目在农发行四川省分行的信贷支持下得以快速发展。

（四）农业小企业和产业化龙头企业贷款稳中有升

"十一五"时期，农发行四川省分行积极投放农业产业化龙头、加工企业贷款和农业科技贷款，信贷支持范围不断拓展，力度不断加大。五年来累计投放农业产业化龙头企业和加工企业贷款 248.64 亿元，贷款余额 85.08 亿元，共支持企业 93 家，其中国家重点龙头企业达到 6 家、省级重点龙头企业 21 家；累计投放农业科技贷款 22.19 亿元，贷款余额 15.43 亿元，支持农业科技项目 68 个，涉及环保型肥料与农药、农用机械、种子改良、新能源利用、食品加工等多个行业，取得了良好的经济效益和社会效益。同时，还累计发放农业小企业贷款 19.55 亿元，支持企业 215 家，促进了农业小企业发展壮大。

二、 建设现代农业政策性银行取得重大进展

"十一五"期间，农发行四川省分行按照总行的内部改革纲要，转观念换思路，定规划抓实施，体制机制发生了根本性的变化，初步建立了现代银行的框架体系。

（一）组织机构体系逐步完善

先后设立了贷款审查、财务审查、内部监督、信贷资产保全等专门委员会，分别负责相关重要事项的审议和协调，以实现科学决策、有效监督和制衡。整合各级行内设机构，大力推行以落实岗位责任和激励约束机制为核心的县级支行改革。特别是 2009 年以来，农发行四川省分行积极推进二级分行经营管理基础平台建设，进一步优化了人力资源配置，强化了二级分行的经营意识，提高了办贷质量和效率，促进了业务发展；县级支行的业务骨干通过参与二级分行的中心工作，业务技能、管理水平得到提高。积极推进新设机构的申报审批工作，成都市西郊、南郊支行于 2010 年 10 月、11 月相继挂牌营业。

（二）"三项制度"改革有序推进

全面推行省市县三级行中层干部竞聘上岗制度，实行向上级行报备、本级行聘任、期限管理。自2006年起，先后组织进行了两次省分行机关正副处长和二级分行、县级支行中层干部以及二级分行副职和县级支行正副职竞聘工作。2008年，在全行全面推行业务岗位聘任管理。从2006年开始，陆续招用市场化用工413名，其中具有本科以上学历的占80%，不断充实到基层行，为员工队伍注入了新鲜血液。推行全员聘用合同制管理和员工持证上岗，实现由行政任用关系向聘用关系的转变。建立全行统一的薪酬制度，推行岗位绩效考核，使资源分配从"供给保障"转向"业绩导向"。

（三）经营机制改革不断深化

建立和不断完善绩效考评体系，实行经营资源挂钩分配，将考评结果与挂钩工资、财务资源和信贷资源等的配置直接挂钩，强化了激励约束。加强信贷基础管理，对审批项目实行省市县三级行联合调查制度，提高了调查评估质量，缩短了办贷时间。贷后管理实行上级行信贷、风险部门与开户行行长、客户部门共同责任制。认真执行贷款风险重大事项报告制度，实行贷款全程风险监测并定期开展风险排查，对风险客户进行分类排队，实施分类管理。实行审贷分离、前后台制约，建立贷前调查评估、贷中审查审议、贷后监测清收三个中心，设立信贷独立审查官。改进贷款授权管理，上收县级支行贷款审批权，实行差别授权、特别授权并动态管理。推行财会主管委派制、县级支行报账制，全面实施综合柜员制。

（四）财务会计管理日趋规范

坚持勤俭办行，加强财务收支管理，控制成本费用，优化支出结构。深化财务资源分配改革，按市场经济规律的要求，将财务资源向业务发展优、风险防控好、效益提升快的行倾斜，向基层行倾斜。探索完善激励机制，加大招待费、宣传费与各经营绩效的挂钩力度。积极稳妥推进新会计准则实施，从会计核算、业务管理、财务报告三个层面逐步适应新会计准则要求，满足外部监管需要，降低内部管理成本。加强固定资产管理，优化固定资产行际间及结构配置，加快解决基层营业办公用房和信息化建设问题。规范出租固定资产管理，加大闲置资产处置力度。抓好营业办公用房重建，确保了青川、北川、安县支行营业办公用房建设的质量和工程进度，同时加快制定了都江堰、梓潼、江油、旺苍支行的重建方案。

（五）科技支撑体系全面建立

"十一五"期间，农发行四川省分行信息化建设实现了跨越式发展，建成"两地三中心"，启动CM2006系统升级，风险监测、信贷监测等报表系统顺利上线运行，大力推广牡丹金山卡，加快推进网银业务，缩小了与区域内其他银行的差距，奠定了业务经营系统、管理与决策系统、信息化基础平台、信息化标准体系、信息化安全体系的框架和基础，为打造现代农业政策性银行提供了更加强大的科技支撑。

三、 发展质量明显提高

五年来，农发行四川省分行坚持科学发展，努力转变发展方式，注重速度、结构、质量和效益的有机统一，实现了由主要依靠财政补贴向具有较强内生性可持续发展能力的转变，朝着好银行的目标奋力迈进。

（一）筹资成本不断降低

"十一五"期间，农发行四川省分行强化与各级党政和相关部门的沟通协调，促进财政性存款和事业单位存款的增长，财政存款日均余额32.9亿元、同业定期存款日均余额46.8亿元，企业及单位活期存款日均余额91.2亿元。2010年末资金自给率达23.4%，比2005年末提高12个百分点。

（二）信贷资产质量显著改善

不断构建以信贷风险管理为核心的长效机制，一方面严格信贷准入和信贷退出，一方面积极采取措施加大不良贷款清收力度。"十一五"时期，累计现金清收不良贷款8.35亿元，核销呆账5.12亿元，不良贷款余额下降0.32亿元，不良贷款率由2005年末的2.87%降至2010年末的1.11%；经营利润从2005年的5.05亿元增长到2010年末的14.3亿元，增长288%；人均利润增加33万元，增长177%；累计实现经营利润44.05亿元、缴纳营业税及附加7.17亿元。

（三）中间业务加快发展

"十一五"期间，在信贷业务范围不断拓展的形势下，农发行四川省分行主动丰富完善金融服务品种，满足客户保险产品、代收代付、委托贷款、国际结算等中间业务需求。五年来，与多家保险公司携手搭建业务合作平台，运用保险工具覆盖了客户 30% 以上的信贷风险，累计代收保费 1.25 亿元，代理手续费收入 2800 万元，年均增长率分别达 9.25% 和 22.25%。支付结算、代收代付、委托贷款、外汇汇兑、国际结算、承兑汇票、保函等业务也实现了零的突破。中间业务收入实现了快速增长，从 2005 年末的 166 万元增长到 2010 年的 1198 万元，年均增长率高达 63.92%。

四、 队伍建设取得明显成效

五年来，农发行四川省分行坚持"两手抓，两手都要硬"的方针，扎实开展深入学习实践科学发展观和创先争优活动，着力提高系统党建工作的科学化水平，全面加强思想政治建设和员工队伍建设，"风正、气顺、心齐、劲足、绩优"的良好局面进一步巩固和发展。

（一）领导班子和基层党组织建设进一步加强

推进"四好"班子建设，按照"四化"要求选好配强各级行领导班子，加大培养使用年轻干部力度，班子结构明显改善，治行理政能力不断增强。五年里，各级行领导班子结构不断调整优化，一批政治上靠得住、业务上有本事、作风上过得硬、群众信得过的干部走上了领导岗位，累计调整二级分行和县支行班子成员 214 人次，其中"一把手"96 人次。五年里，累计发展党员 148 人，目前该行党员总数为 2005 人，占全行职工总数的 60%；7 个先进基层党组织和 18 名优秀共产党员受到总行党委表彰。

（二）员工队伍素质全面提高

通过举办专题培训、行校联合办学、参加境外培训、利用网络培训平台等形式，重点学习现代银行经营管理、风险防范、科学领导等内容，增强了创新发展意识，提升了管理水平。坚持把加强业务骨干培训作为提高员工队伍素质的重要举措，依托各条线短期业务培训，以新业务知识和相关操作技能为主，通过多渠道、多形式，对全行业务骨干和专业人才进行培训。实施人才强行战略，建立了专业人才库。鼓励各级行业务骨干参加社会职业资格考试，对员工开展全方位、大规模、多层次的现代银行知识和操作技能培训，员工队伍整体素质和业务水平明显提高。五年里，共举办各种培训 1070 期，培训人员 40023 人次，50 人参加了境外培训，945 人次通过了银行业从业人员资格认证考试，3065 人次参加了信贷和财会专业员工持证上岗资格考试并取得相应证书。

（三）企业文化氛围空前浓厚

对全行视觉形象系统进行了统一规范，统一了办公事务类用品、广告宣传类用品、公关事务类用品的制作，加强行容行貌和办公营业环境建设，有效提升了品牌形象。精心培育和大力宣传核心理念，专业文化和行为文化建设深入推进，社会美誉度显著提升。各级行通过开展职工文艺汇演、演讲比赛、体育比赛等形式多样的文体活动，丰富员工业余文化生活，不断增强了企业文化的感召力和吸引力。五年来，该行3家单位和3名个人分别被授予全国五一劳动奖状（章）和全国金融五一劳动奖状（章），总行级先进集体12家，总行级先进个人47人。

（四）反腐倡廉建设取得成效

坚持从严治行，狠抓反腐倡廉，推进"四无"创建活动，实行廉洁办贷"十不准"，建立银企廉政共建机制，出台一系列违规违纪处理办法和经济处罚规定，严格责任追究，查处案件数量比"十五"时期下降42%。深入开展"内控和案防制度执行年"活动，与贷款客户签订廉政共建协议书，健全运行制约和监督机制，构筑了党风廉政建设和反腐败工作的"防火墙"，为全行和谐银行建设提供了有力保障。

回顾"十一五"，农发行四川省分行一心一意谋发展，聚精会神抓改革，坚持政策性银行的方向不动摇，坚持改革创新不动摇，坚持科学发展不动摇，坚持以人为本不动摇，在信贷支农、科学发展、改革创新以及和谐银行建设上都取得了突出成效，已日益成为支持四川新农村建设的骨干支柱银行。

（中国农业发展银行四川省分行）

中国进出口银行成都分行

中国进出口银行成都分行（以下简称成都分行）成立于2004年，是中国进出口银行直属的全资区域性一级分支机构，服务区域覆盖四川、重庆（2006年总行在重庆设立分行）、云南（2010年总行在云南省设立分行）、贵州以及西藏自治区，按照"统一法人，授权经营"的原则开展各项业务，致力为扩大服务区内外向型企业一般机电产品、成套设备和高新技术产品出口，推动有比较优势的企业开展对外投资、境外加工贸易和对外承包工程等"走出去"

项目，提供政策性金融支持。"十一五"期间，为顺应我国改革开放的需要，中国进出口银行党委提出了向国际经济合作银行转型的战略目标。按照总行党委的工作部署，成都分行党委进一步转变经营理念、发展模式、业务重点和经营管理机制，业务发展、风险防范、内部管理和基层党组织建设均取得了突出的成绩。截至 2010 年末，中国进出口银行成都分行资产总额 176.96 亿元，比 2005 年末增长 237.37%，其中贷款余额 172.90 亿元，比 2005 年末增长 226.32%；负债总额 172.67 亿元，比 2005 年末增长 230.11%，其中存款余额 13.80 亿元；不良贷款余额和比率分别比 2005 年末减少 0.97 亿元和降低 1.85 个百分点。2010 年资产利润率 6.27%，比 2005 年末提高 5.99 个百分点。

一、 改革创新与支持经济社会发展

（一）大力发展传统业务

1. 大力支持辖内各省一般机电产品、高新技术产品、成套设备出口及企业"走出去"

一是大力支持一般机电产品、高新技术产品、成套设备以及高附加值产品出口。特别是在 2008 年国际金融危机爆发以来，针对出口大幅下滑的情况，成都分行进一步加大业务宣传力度，建立重点企业服务绿色通道，在有效防范风险的前提下进一步优化业务流程，支持了四川长虹、成飞集团、宏华科贸、宜宾丝丽雅等一大批重点企业出口，帮助企业开拓了国外市场，稳定了外需。二是全力支持企业"走出去"。对外工程承包和海外投资是成都分行重点支持的领域，近年来，特别是在金融危机爆发以来，针对四川省对外工程承包进一步萎缩的状况，成都分行加大了对企业"走出去"的支持力度，先后支持了东电集团、川铁国际、成都建材院、云天化、高深集团等为代表的重点企业开展对外工程承包及海外投资，帮助企业树立了良好的品牌形象，提高了国际竞争力，使企业在境外保持了强劲的发展势头。三是积极支持有自主知识产权和自主品牌的产品出口，提升了我国产品的竞争能力和附加值。"十一五"期间，成都分行累计发放一般机电类贷款 32.47 亿元，高新技术类贷款 90.02 亿元，成套设备类贷款 8.37 亿元，对外工程承包和境外投资贷款 48.28 亿元，累计支持机电产品、高新技术产品出口，对外工程承包和境外投资等"走出去"项目总额 179.14 亿美元。

2. 加大对国外先进技术、国内短缺资源进口的支持力度

成都分行认真落实国家宏观经济政策，按照总行党委的工作部署，进一步加大对国内短缺资源以及先进技术设备进口的信贷支持力度。一是积极支持国内短缺资源进口。"十一五"期间先后向攀钢集团、云铜集团、昆钢股份、宏达等企业提供资源类进口信贷68.86亿元，为辖内各省优化进口商品结构，促进对外贸易平衡发挥了积极的作用。二是加大对先进技术设备进口的支持。为支持辖内各省重点项目的实施，成都分行加大了对企业进口国外先进技术的支持，先后支持了成芯二期、成都天马、天威硅业、乐电天威、云南新立钛白粉等重大项目的实施。截至"十一五"末，分行先后向长虹股份、攀钢国贸、深天马、四川硅业、乐电天威、云南冶金、云南铜业等重点企业提供进口信贷流动资金和固定资产贷款143.35亿元，有力地支持了部分省市重点项目的实施。

（二）积极推动创新业务发展

1. 发挥比较优势，大力支持旅游文化国际化

一是支持了一批地方政府的重大旅游文化国际化项目。成都分行利用在客户资源方面的优势，为部分景区引入了战略合作者，先后与云南柏联和顺公司、迪庆旅游投资公司签订了76亿元的战略合作协议，向石林风景区改造、和顺古镇建设、云南迪庆虎跳峡等项目批贷34.395亿元，发放贷款8.089亿元，有效提高了景区的承载能力。二是加大对旅游文化国际化的研究。成立专题调研组，对旅游文化国际化业务品种创新、担保方式创新、风险防范手段创新等方面的问题进行了深入调研，完成了4篇较有价值的调研报告，为总行相关业务的研究提供了参考。三是进一步加大与各级政府扶贫办、旅游局等部门的合作。本着"政府主体、市场运作、金融推动、群众受益"的原则，推动老少边穷地区旅游扶贫产业发展，目前成都分行正积极推进甘孜藏族自治州、四川广元扶贫及旅游景区开发、黄龙溪古镇景区改造等项目。

2. 服务中小企业，促进劳动力就业

按照总行党委的工作部署，成都分行积极转变观念，创新工作方式，加大了中小企业的融资支持力度。一是努力拓展和培育中小企业客户。认真筛选了一批具有自主知识产权和自主品牌、产品竞争力强的中小企业开展直接贷款业务，支持了以特变电工、成都优机等为代表的一批新客户高新技术、一般机电

产品出口。二是借鉴"市场导向、合规操作、优势互补、实现共赢"的中小企业贷款模式，积极开展中小企业统借统还贷款。与成都高新技术产业开发区管委会签订了《出口小企业统借统还贷款合作备忘录》，为成都高新区小企业发展搭建了良好的融资平台。三是与商务厅联合推出了《四川省100户外向型中小企业培育计划》。旨在协调发挥该行和政府部门的优势，以择优筛选为前提，以多方合作为基础，以培育融资为落脚点，重点扶持培育一批外向型中小企业，构建中小企业信贷支持体系。该培育计划得到了总行的积极肯定，目前成都分行已与成都市中小企业担保公司签订了10亿元的战略合作协议，初步将恒力磁材、广安科塔、成都宏昌食品等10余户企业纳入培育计划支持范围，拟通过全方位、全过程、全产品的融资、融智支持，助推企业做大做强。截至"十一五"末，成都分行已采用直贷方式向中小企业客户发放各类贷款4.04亿元，支持了1万余人就业。

3. 积极支持国际物流基础设施建设

为推进四川省"西部综合交通枢纽"及云南省"面向我国西南开放的桥头堡"建设，按照四川省、云南省政府的工作部署，成都分行加大了对川滇国际物流基础设施建设的支持，先后向成都市青白江国际集装箱物流园区和散货物流园区、宜宾港项目、云南磨思高速公路等重点项目发放贷款20.6亿元，有力地促进了辖内各省开展国际经济合作，提高了进出口货物的流通效率，缓解了长期以来对外贸易物流基础设施建设落后对辖内进出口物资运输、配送构成的瓶颈制约。

4. 积极支持出口创新基地建设

为进一步支持有较强示范、带动和辐射能力的开发区、园区的建设，提升出口基地的承载能力，"十一五"时期，成都分行进一步加大了对出口创新基地建设的支持力度，累计向辖内各省发放出口创新基地建设贷款5.4亿元，有力地支持了绵阳高新区、昆明经济开发区等的建设。

5. 服务"三农"，促进农民增收

成都市获批成立统筹城乡综合配套改革试验区后，成都分行迅即成立调研组，经过认真调研并结合分行实际，初步确立了"点对点、点对面"的基本工作思路。"点对点"即是以直贷方式支持农业龙头企业发展，以龙头企业带动农业产业化基地建设、带动农民增收；"点对面"即是借助政府搭建的融资平台，为成都市现代农业发展的重大项目提供融资支持。成都分行已与成都市现代农业发展投资有限公司签订了战略合作协议，为分行广泛参与成都市试验区建设奠定了基础。成都分行涉农贷款余额由 2005 年末的零增长到 2010 年末的 41263.44 万元，截至"十一五"末，已向成都农产品出口龙头企业批贷 2.47 亿元，发放贷款 2.02 亿元，有力地支持了辖内各省优势、特色农产品出口。

二、 全力支持抗震救灾和灾后重建

一是总分行联动及时为灾区提供抗震救灾紧急专项贷款。在总行党委及相关部门的大力支持下，2008 年 5 月 18 日成都分行与成都市现代农业发展投资有限公司签订了贷款总规模为 6 亿元人民币的抗震救灾紧急专项贷款协议，并于 6 月 23 日落实了放款，成为四川省最快向地震灾区提供专项贷款的金融机构之一。二是为进一步支持抗震救灾和灾后重建，进出口银行调增 4 亿元人民币信贷规模，专项用于地震灾区救灾物资采购、灾民安置以及基础设施恢复等，有力地支持了灾区人民灾后重建，截至 2008 年 8 月末，成都分行已向成都、广元、绵阳等重灾区发放抗震救灾专项贷款 10 亿元，为夺取抗震救灾的胜利做出了积极的贡献。三是按照四川省政府"加快建设灾后美好新家园"的工作部署，加大了对地震灾区及受灾企业恢复重建的支持，先后向都江堰历史文化名城重建项目、九洲集团二次雷达系统产品科研生产条件异地重建项目提供 4.057 亿元贷款，有力助推四川省灾后重建"三年目标两年基本完成"。

三、 积极支持藏区发展

（一）认真落实中央第五次西藏工作会议精神，积极支持藏区跨越式发展

一是按照总行党委的重要指示，迅速成立了专题调研组，先后多次进藏进行调研，出台了《关于加大对西藏自治区及川滇藏区经济发展支持力度的报告》，对在西藏自治区设立分行以及建立政策性金融推动藏区旅游文化国际化试验区等方面的问题进行了深入调研，理清了工作思路。二是成立了西藏自治区及川滇藏区两个项目组，专门负责所辖地区政府重点项目以及重点企业的营销。截至"十一五"末，已向拉萨圣地天堂项目、西藏宏绩、西藏唐蕃等企业批准贷款 10.9 亿元，发放贷款 3.98 亿元，有力地支持了藏区的建设。

（二）以政策性金融支持"四川省甘孜州旅游文化国际化实验区"建设

成都分行将四川甘孜藏族自治州作为政策性金融支持藏区发展的突破点，在总行党委，国务院扶贫办，四川省委、省政府的大力支持下，按照"政府主导、规划先行、政策性金融推动、市场化运作"的原则，提出了建设"政策性金融推动甘孜州旅游文化国际化试验区"的构想，旨在将政策性金融、藏区发展和旅游文化国际化三者有机结合起来，发挥该行在资金、信息、客户等方面的优势，与国家相关部委、各级政府充分协作，探索通过金融创新在一定的区域内促进地方特色旅游资源开发，带动地方经济发展的银、政、企合作新模式，目前该工作已进入实施阶段。

四、 不断完善内部管理

（一）加强内部管理，努力夯实快速发展的基础

一是明确发展目标。提出了"依靠政府、依靠重点企业、依靠大项目"的业务发展思路，努力建设政治素质好、工作业绩好、作风形象好、团结协作好的"四好"团队，同时用上级党委满意、服务区政府满意、监管部门满意、客户满意、干部员工满意（"五个满意"）来检验各项工作的成效，最终将成都分行建设成为管理一流、质量一流、服务一流、员工素质一流（"四个一流"）的有鲜明特色的中国进出口银行分支机构。二是进一步优化业务流程，提高工作效率和质量。根据业务需要适当调整机构设置，由分行成立之初的4个处室调整为当前的7个处室，分工更明确、服务更周到。三是不断完善各种规章制度。先后制定或修订180余项规章制度，切实堵塞了管理和操作上的漏洞。四是积极配合总行"新一代业务系统"开发工作，全面提高了分行信息化建设水平。五是严格执行贷款"三查"制度，加大了贷后管理工作的力度。认真做好政府融资平台清理工作。六是扎实落实贷款新规，推动"三个办法、一个指引"的有效实施。七是不断加强分行文化建设，通过组织员工学习、培训和开展各种形式多样的活动，不断增强分行员工队伍的凝聚力和战斗力。

（二）创新管理模式，积极构建"三道防线"内控体系

为进一步提升分行内控管理水平，2009年成都分行从自身实际出发，本着"有利于业务发展、有利于经营管理、有利于风险防范"的原则，积极构建"三道防线"内控体系。通过整合优化业务流程、强化岗位设置和监督，

实现了岗位、处室内部以及处室之间的自控、互控督控、监控，探索出了适合进出口银行分支机构特色的风险管理体制。目前"三道防线"体系建设已初见成效，分行的各项业务步入了更加良性健康的发展轨道。

五、 加强基层党建工作

（一）加强基层党组织建设，为分行发展提供坚实保障

成都分行党委始终把党建工作摆在全局工作的重要位置，确保总行党建工作各项部署落到实处。坚持思想政治学习，认真组织学习各时期中央重要会议精神和积极响应党的各项活动号召，积极开展"保先活动"教育、"争先创优"等活动。加强基层党组织建设，"十一五"期间，在分行党委的领导下由早期的 2 个党支部发展为当前的 7 个党支部，发展新党员 8 名，配齐配强基层党组织带头人，举办党务工作者培训班，为基层党组织的发展奠定了基础。建立了《成都分行党建工作台账》，图文并茂地向全体员工展示了分行近年来在业务发展、风险防范、内部管理以及党的建设上所取得的成绩，增强了党组织的凝聚力和向心力。精心组织"唱红歌"、主题讨论、红色之旅、"七一"评先、"金点子"评比和向玉树、舟曲等灾区捐款捐物等形式多样的活动。深入开展反腐倡廉教育，通过精心组织观看警示教育片、参观银行业党风廉政教育巡展等，提高了员工拒腐防变的思想意识。

（二）创新工作机制，携手民营企业开展基层党组织共建活动

为进一步落实党的十七届五中全会关于"建立健全城乡党的基层组织互帮互助机制"、"构建城乡统筹的基层党建新格局"的要求，在总分行党委领导下，分行基层党组织活动有声有色地开展起来了。2010 年，分行党委、党支部先后与四家企业签订了基层党组织共建协议，支部派人陪同分行领导先后多次到共建企业开展业务探讨、金融咨询、党建座谈、知识讲座、捐赠等各式各样的活动。支部成员前往企业实地调研参与生产劳动和企业座谈，了解企业发展中的融资难题，深入探讨了政策性银行的融资、融智的方法和路径，受到了企业和地方政府的热烈欢迎。党组织共建活动为当地培育特色龙头企业，带动"老、少、边、穷"地区群众脱贫致富，真正实现了对西部企业融资、融智到融心的全方面支持。支部党员也在共建活动中感受到了基层党建的重要性，实地了解到了企业发展现状，增强了服务企业的意识和能力。

六、 积极扩大社会认知度

（一）加大对外宣传力度，提高公众认知度

一是召开银政企座谈会，积极宣传优势及特色，提高政府及企业的认知程度。"十一五"期间，为使分行辖内各省政府深入了解该行职能和业务，成都分行先后赴四川省各地市州、云南省昆明市、德宏州、迪庆藏族自治州、贵州省贵阳市、重庆市等地召开多次"银政企"座谈会，深入了解当地企业金融需求，现场解答企业疑问，有效提高了该行在公众中的认知度。二是主动深入企业宣传业务。变等待客户上门为主动上门为重点客户讲解相关金融知识，同时根据客户的不同需求，为客户量身定制融资方案，有效提高了客户的满意度。在2010年末分行组织的客户满意度调查中，客户满意率达到了99%。三是积极支持第十一届西部博览会。2010年10月，成都分行应邀参加了中国第十一届西部博览会。在总行的领导下，成都分行以高度的热情、高效的服务投入到各项工作中，克服重重困难，确保展会取得了圆满成功。国务院副总理王岐山、四川省委书记刘奇葆、省长蒋巨峰等中央和省市领导莅临该行展位，中央电视台、新华社、《光明日报》、《经济日报》、《金融时报》等多家新闻媒体对此做宣传报道，树立了良好形象，极大地提高了社会影响力。四是在总行、国务院扶贫办等部门的大力支持下，成都分行先后举办了"中国进出口银行支持西藏自治区及四川、云南省藏区发展座谈会"和"政策性金融支持四川省甘孜州特色旅游发展及项目洽谈会"，深入了解了藏区金融需求，推进了优势资源的有效对接，打开了支持藏区工作的新局面。

（二）积极支持社会公益事业，塑造分行良好形象

"十一五"时期，成都分行认真履行社会责任，积极投身公益事业，携手青岛分行、南京分行、重庆分行、陕西分行共同举办了"向汶川地震灾区儿童献爱心"活动；积极响应总行团委在全行范围内发起的"抗旱救灾爱心现场捐款活动"，支持云南干旱灾区抗旱自救；向分行共建企业捐赠急需的各类书籍，取得了良好的社会效益。

（中国进出口银行成都分行）

中国工商银行四川省分行

"十一五"时期，中国工商银行四川省分行（以下简称工行四川省分行）认真贯彻总行各项工作部署，以科学发展观为指导，坚持立足四川、服务四川、发展四川，积极响应省政府提出的发展战略规划，努力支持八大优势产业、"7 +3"产业发展和灾后产业恢复振兴，不断促进产业结构调整优化，增强消费对经济增长的拉动作用，为四川经济发展做出了积极贡献。截至2010年末，中国工商银行四川省分行资产总额 4320.70 亿元，比 2005 年末增长147.73%，其中贷款余额 2380.47 亿元，比 2005 年末增长 197.48%；负债总额 4239.17 亿元，比 2005 年末增长 142.70%，其中存款余额 3995.36 亿元，比 2005 年末增长 139.18%。2010 年资产利润率 1.76%，比 2005 年末提高1.62 个百分点。

一、 加快业务发展步伐

一是稳健发展传统银行业务。工行四川省分行一直秉承"稳健经营、科学发展"的经营理念，把传统的存贷业务作为夯实全行经营发展的基础工作，稳步发展存贷款业务。五年来，工行四川省分行各项存款增长了 2324.95 亿元，各项贷款增长了 1580.25 亿元。随着经营规模的稳健发展，工行四川省分行的经营成果也逐步显现，到 2010 年，工行四川省分行拨备后利润已达 76亿元。

二是加快推动中间业务发展。工行四川省分行充分运用金融工具为客户提供更快捷、安全的金融服务，积极推广新的金融产品，如电子银行、银保业务、投行业务、银行卡以及代理结算、理财等，进一步提升金融服务的水平。五年来，许多新产品迅速被广大客户接受，也带动了工行四川省分行中间业务收入的快速增长，年中间业务收入已增长到 21 亿元，有效优化了工行四川省分行的盈利结构，增强了工行四川省分行的抗风险能力。

三是积极推动业务和服务创新。为适应不同客户日益多元化的金融需求，工行四川省分行提出了"机制、体制、营销、科技、管理、产品、服务、手段"八大金融创新思路，不断改进现有产品、推出新产品来满足不同客户的个性化需求，到 2010 年末，工行四川省分行的金融产品数量已达 3000 多个。为解决服务效率低、网点排队难等问题，工行四川省分行对各项业务、各基层网点逐一开展了调研，通过实施信贷预审批机制、个人金融业务"两化"改革、运行管理系统改革等举措，进一步优化了业务办理流程，实行高峰时段弹性工作制，充实和优化网点人力配置，有效缓解了全行网点排队现象，业务办理效率大幅提升。

四是努力延伸服务范围和渠道。工行四川省分行积极推广电子银行业务和自助服务机具，努力把金融服务平台延伸到客户身边。到 2010 年末，使用工行四川省分行企业网上银行的客户已突破 7 万户，个人网上银行的客户已达 260 多万户，拥有自动柜员机 2000 多台，POS 机超过 2 万台，自助终端 1600 余台，分别建成了在行式自助银行和离行式自助银行 500 余家。

五是构建多层次的服务体系。加快推进财富管理中心、贵宾理财中心等中高端客户专属服务渠道建设，到 2010 年末，工行四川省分行已拥有总行级私人银行机构 1 个，贵宾理财中心和财富管理中心 121 个。

二、 积极支持地方经济建设

"十一五"时期，四川经济发展经历了重大自然灾害和国际金融危机的双重考验，工行四川省分行按照省委省政府"两个加快"的工作要求，努力满足四川经济社会发展的融资需求，以多领域、多形式、多渠道、多币种的金融产品加大信贷投入力度，支持基础设施、民生工程、灾后恢复重建等重大项目建设和地方产业结构调整优化、企业升级发展。"十一五"期间，工行四川省分行贷款规模从 2005 年末的 800 亿增加到 2010 年末的 2380 亿元。特别是 2008 年以来，累计新增贷款 1313 亿元，加上通过信贷产品创新新增的融资，三年间累计新增贷款 1598 亿元。

一是深入落实银政战略合作协议。2009 年，工行四川省分行积极促成工总行与四川省政府签署了 3000 亿元金融战略合作协议。通过密切跟踪落实协议中涉及的相关项目，截至 2010 年末，已累计授信金额约 1400 亿元，签订贷款合同金额 900 多亿元，发放贷款 540 亿元。同时，该行还积极支持全省重点推进的重大建设项目和西博会四川省签约项目，截至 2010 年末，已审批授信额度约 1700 亿元，签订贷款合同金额 800 多亿元，累计发放贷款 230 亿元。

二是积极支持地方重点项目建设。坚持续建项目和跟踪项目"两手抓"，重点加大了向四川铁路、公路、空港、电力、城建、重装、电信、优势资源以及对口援建、保障性住房等基础设施建设领域、民生工程、灾后重建重大项目、产业承接转移重大项目、战略性新兴产业重大项目的信贷支持力度。"十一五"末项目贷款余额比"十五"末新增980亿元，重点支持了沙河堡成都新客站、成兰铁路、成绵乐城际铁路、成德绵高速复线、嘉陵江亭子口水利枢纽工程、大渡河大岗山水电站、雅砻江锦屏一、二级电站、极重灾区和重灾区城镇灾损房重建等重大项目建设。

三是努力促进工业产业升级发展。按照全省大力推进新型工业化进程，积极促进产业结构调整优化的思路，工行四川省分行充分发挥传统业务优势，不断加快新产品推广应用，积极为全省工业深入实施"7＋3"产业发展规划和"八大产业调整振兴行动计划"提供融资支持。"十一五"期间，工行四川省分行累计投放流动资金贷款1700亿元，办理国内贸易融资业务170亿元，签发银行承兑汇票240亿元，开立信用证170亿元，开立保函140亿元，重点支持了东汽、二重、成飞、攀钢、长虹等一批重点优质工业企业做大产业、做强企业、做优产品。

四是大力推动全省外向型经济发展。面对国际金融危机对全省外向型经济产生的不利影响，工行四川省分行不断提升自身的国际金融服务能力，充分利用自身丰富的国际业务金融产品，加强与工商银行境外机构的联动，并通过积极向总行争取，设立了中国工商银行国际业务单证中心成都分中心，有效提升了对全省外向型企业的金融服务水平。"十一五"期间，工行四川省分行实现国际结算量和外汇资金交易量180多亿美元，为四川优势企业"走出去"提供了支持。

五是有效满足地方消费市场发展。积极为个人提供经营性贷款融资服务，大力推广银行卡消费业务，努力为广大客户提供购房、购车、家电、装修等大宗消费融资支持，有效带动了社会消费需求。截至2010年末，工行四川省分行个人消费和经营性贷款余额已达71亿元，比"十五"末新增46亿元；个人住房贷款余额达500多亿元，比"十五"末新增420亿元。2010年当年信用卡透支消费交易额超过120亿元，是2005年的7.8倍。

六是支持地方承接产业转移。主动与来川投资建厂的企业联系，努力营造优质的金融服务环境。截至 2010 年末，工行四川省分行已先后为富士康、联想等客户提供了包括结算、融资、理财、金融咨询、代发工资等一站式金融服务，有效促进了上述企业产业转移项目的落地实施。"十一五"期间，工行四川省分行累计投放贷款 7.5 亿元，支持了 20 多户承接产业转移企业在川发展，2010 年末承接产业转移贷款余额 4.8 亿元，其中电子信息、航空航天、节能环保等新兴产业企业 9 户，贷款余额 2.38 亿元。

三、 努力推动和谐银行建设

"十一五"是工商银行实施股份制改革后的第一个五年，五年来，工行四川省分行一直坚持以建设现代化一流商业银行为目标，积极推进有四川工行特色的和谐银行建设和发展。

（一）节支增效，努力提升盈利能力

不断提高自身的经营管理水平，取得了广大客户的支持与信任，各项业务取得了快速健康发展，盈利水平大幅提升。同时，为保证股东利益的最大化，工行四川省分行主动实施了节支增效工程。一方面，积极拓展各项金融业务，创新产品服务，增加盈利收入来源；另一方面，实施机制、体制改革，不断简化结构层级和操作流程，节约经营资源，提高管理效率。2010 年拨备前利润达 74 亿元，年复合增长率超过 35%，当年人均拨备前利润近 50 万元，约为 2005 年的 5 倍。五年来累计上缴税金近 90 亿元。

（二）以人为本，推进和谐银行建设

一是高度重视员工的培养和队伍建设。强力推进各层次、各类别人员的提升培训，坚持每年结合全行的发展战略开展中高级管理人员的主题教育培训，充分利用远程教育、送教上门、业余沙龙等方式开展各专业员工、一线员工、客户经理培训，并实施了中年员工转岗适岗培训计划。五年来累计开展了各类培训 14127 次，培训员工 56.3 万余人次，人均培训次数约为 37 次。实施了"星火燎原培养计划"，加快新员工的培养步伐，并通过挂职交流、挂职锻炼等形式加强了人才梯度建设和储备。二是建立了一系列常规帮扶救助机制，每年固定开展对生活困难员工的帮扶和慰问。"5·12"特大地震发生后，累计向受灾员工开展救助、发放慰问金等合计 1.38 亿元。三是积极引导员工树立正确的世界观、人生观、价值观和职业观，使"诚信、人本、稳健、创新、

卓越"的价值取向真正融入到员工行为和经营管理中，不断增强全行凝聚力和向心力，形成了有工行四川省分行特色的企业文化。

（三）开拓创新，提升金融服务水平

一是适应不同客户日益多元化的金融需求，提出了"机制、体制、营销、科技、管理、产品、服务、手段"八大金融创新思路，不断改进、提升全行的服务水平。截至2010年末，工行四川省分行金融产品数量已达3000多个。二是加强营业网点的软硬件建设。打造了更加舒适、宽敞的服务场所，加大了网点规范化服务培训力度，五年来累计开展了6.9万人次的优质服务培训，员工的服务质量显著提升。三是切实解决网点排队问题。一方面，对全行600多个基层网点开展了实地调研，梳理出运营阻塞类网点21个，重点实施"一点一策一帮扶"专项缓堵工作，通过实行网点业务高峰时段弹性工作制，充实和优化网点人力配置，有效缓解了全行网点排队现象，客户办理业务的平均等候时间大幅下降；另一方面，通过不断优化网点业务处理流程、大力开展"离柜业务率提升工程"，提高网点自助机具和网上银行使用效率等措施提升网点金融服务效率，将原有的160多个个人金融交易整合为30个综合交易，大大减少了客户等待的时间，如原来需要10分钟才能办好的基金TA账户开户和基金购买交易，现在缩短到5分钟。四是努力延伸金融服务范围和渠道。积极推广电子银行业务和自助服务机具，以高效、安全、成熟的技术赢得了市场、客户的广泛认可。截至2010年末，工行四川省分行企业网上银行客户突破7万户，个人网上银行客户达260多万户，存量自动柜员机数达2000多台，POS机超过2万台，自助终端总数达到1600台，网银自助服务机近千台，分别建成在行式自助银行和离行式自助银行500余家。五是加快财富管理中心、贵宾理财中心等中高端客户专属服务渠道建设。截至2010年末，工行四川省分行已拥有总行级私人银行机构1个，贵宾理财中心和财富管理中心121个，并打造了一支3000多人的高素质客户经理队伍。

四、 以实际行动回报社会

工行四川省分行始终坚持"企业经营与社会发展相和谐"的经营理念，把回报社会、履行责任纳入日常经营管理的核心内容，在支持抗震救灾、灾后重建、民生工程、扶贫助困、普及现代金融知识等领域积极开展社会公益活动。

（一）全力支持抗震救灾和灾后恢复重建工作

"5·12"汶川特大地震发生后，工行四川省分行党委带领全行广大干部员工，紧急投入抗震救灾工作。强震第二天，全行648个营业网点中就有583个网点在余震中对外营业。随后，该行开设了11个"帐篷银行"、"流动银行"，通过增加自助机具、合署办公、开设专柜等多种方式，以多个"第一"的速度恢复灾区金融服务能力。组织了600人的灾后金融业务指引服务队，为群众提供灾时应急金融服务，同时还为救灾部队和民政部门、红十字会等机构提供了应急金融服务。转入灾后恢复重建阶段后，该行紧紧围绕灾区交通、能源、通信等事关经济社会发展全局和长远的重大工程、民生工程、重点恢复重建项目，提供巨额融资和财务顾问服务，累计发放各类抗震救灾和灾后重建贷款486.17亿元。先后投入资金近2.4亿元对59个受损网点进行了改建和迁建，向成都、德阳、绵阳、广元、雅安等重灾区投放自动柜员机376台、网银自助服务机280台、非现金自助终端313台、POS机具4680台、PC机886台、存折打印机1380台、各类UPS电源210台（套）、网络设备970台，有力地保证了灾区金融服务需求。及时成立了对口支援金融业务工作领导小组，加强与灾区政府、援建单位沟通，提供开户、结算、融资等"一条龙"金融服务，有效保障了灾区援建工作的顺利开展。

（二）关注社会民生的焦点问题

工行四川省分行把"三农"和中小企业作为重点领域予以支持。成立了省分行小企业金融业务部，并在全辖范围内组建了35家小企业金融业务服务机构，进一步完善了中小企业融资业务相关政策、操作规范。推出了国内贸易融资、网贷通、个人经营性贷款、自然人担保下的中小企业贷款和中小企业法定代表人自然人贷款等适合中小企业特点的信贷产品，并主动深入各特色产业园区开展金融服务上门活动，充分利用富集的客户信息网络优势以及丰富的工业企业金融业务运作和管理经验，积极为广大中小企业提供财务顾问、并购重组等投资银行业务服务，帮助其优化融资结构，节约财务成本，规避汇率和利率风险，努力支持企业做大做强。该行涉农贷款余额到2010年年末达到500多亿元；2010年年末小企业贷款余额超过40亿元，是2005年年末的8倍多，其中2010年年末小企业贷款比年初新增40.3亿元，增幅达1098%。

（三）积极参与慈善和公益活动

工行四川省分行把支持慈善和公益活动作为增进与社会联系的重要渠道之一，并把组织员工参与慈善和公益活动作为建设和谐银行企业文化的重要内容之一。近年来，该行捐助各类款项 200 余万元、物品 6570 件，组织员工先后开展了"向汶川地震灾区捐款"、"向青海玉树灾区捐款"、"关爱农民工子女专项爱心行动"等活动，员工累计捐助现金 520.23 万元、物品 2.3 万多件。积极选派推荐优秀干部赴巴中、达州开展对口扶贫，四川万源、通江、南江等贫困地区是工总行确定的定点扶贫对象，通过支持当地重大项目建设，资助贫困学生和当地教育发展，着力为农民群众创造舒适的生产生活环境，引导农村群众提高掌握运用科学技术的水平，加大对农村青少年教育基础设施的投入力度等工作，逐渐走出了一条具有工行特色的"项目扶贫、智力扶贫、卫生扶贫、科技扶贫、救灾扶贫"新路子。14 年间，工行四川省分行向上述地区累计投入各类贷款资金 2.6 亿元人民币，同时通过系统捐助、员工捐款等途径先后筹集扶贫资金和物资 6000 多万元，为改善贫困地区生产、生活环境，加快当地老百姓脱贫致富提供了有力的支持。此外，还组织员工参与了扶贫帮困、助学支教、保护环境、无偿献血、抗震救灾等活动，充分展现了工商银行员工良好的精神风貌。

（四）努力普及现代金融知识

"十一五"期间，工行四川省分行各级机构先后开展了银行公众教育主题宣传日、金融理财知识宣传、反洗钱知识宣传、客户征信系统知识宣传、反假币宣传等各类金融知识宣传活动 1620 次，印发了宣传资料约 495 万份；组织广大青年员工积极开展"送金融服务下乡"活动，帮助广大社会群体掌握金融常识，了解金融风险，增强防范意识。

（五）努力维护民族团结

工行四川省分行始终把维护民族团结、支持少数民族地区经济发展摆在突出的位置，于 1992 年在凉山彝族自治州组建了中国工商银行凉山分行。在为广大少数民族同胞提供金融服务的过程中，始终强调尊重少数民族风俗、信仰、传统的民族纪律；在员工待遇、教育培训、干部任用等方面，也始终遵循向少数民族员工倾斜的原则，在 2010 年度青年后备人才培训中，将 4 名少数民族青年员工纳入了基层机构负责人后备人才培养计划。在少数民族传统节日之际，工行四川省分行始终坚持因地制宜、尊重少数民族的地方风俗的原则，比如为在凉山彝族自治州工作的员工设置了彝族新年、火把节假期，为营造彝汉民族大团结作出了应有的贡献。

五、 关注社会节能环保事业

"十一五"时期，工行四川省分行始终坚持信贷环保合规的长期经营发展战略，积极推进信贷业务结构优化工作，有效防范和化解了企业因环境保护引发的信贷风险。

一是坚持环保"一票否决"制。工行四川省分行认真落实国家环保政策法规和节能减排工作要求，将企业环保守法情况作为必要前提条件，对不符合环保要求的企业和不符合"四个必须"的项目坚决不予审批。同时，项目评估中重点加强了对落后产能的分析评价，认真查询有关媒体、环境保护部门、相关监管部门的环保信息披露情况，对项目环境影响评价报告进行严格的分析审查。对"两高"行业中属国家强制淘汰的企业严格实行信贷管理，通过逐步压缩授信、信贷规模、清退贷款，使国家和总行的行业信贷政策真正落到实处。五年来，共从不符合国家环保标准的 187 家"两高"行业企业中退出贷款 62 亿元。

二是积极支持绿色能源开发建设。坚持低碳经济、循环经济、节能减排等绿色环保的发展理念，加大对水电站建设的信贷支持，水电行业的贷款余额已达 500 亿元。近年来，工行四川省分行重点支持了锦屏一级、锦屏二级、桐子林、华电西溪河、华电泸定、长河坝、大岗山、深溪沟、枕头坝、猴子岩等十多个大型水电项目，预计完工后将新增装机容量 3000 万 kW。

三是积极倡导绿色办公和节俭办行。引导全行员工节约能源、减少污染物的产生和排放、减少办公资源浪费，倡导全行员工共同营造办公环境清洁、办公产品安全、办公人员健康的绿色办公氛围，2009 年和 2010 年用水量分别较上年度减少 18.9 万吨和 11.13 万吨。积极推广无纸化审批、无纸化公文和用印审批等系统，2009 年和 2010 年全行用纸量分别较上年度减少 166 万张和 163 万张。严格执行公务派车制度规定，2009 年和 2010 年全行公务车耗油量分别较上年度减少 287 844 升和 123 078 升。

六、 不断完善经营体制机制

一是全面实施全员竞聘改革。近年来，工行四川省分行根据"竞聘不淘汰，落聘不离行"的总体思路，在不断进行全面岗位分析和流程梳理的基础上，逐步形成了定期全员竞聘和适时空岗竞聘的竞聘机制，建立起了"能上能下，灵活择岗"的用人机制，树立了"职务靠能力、岗位靠竞聘、收入靠贡献"的经营理念。在强化机制建设的基础上，加强了管理人员的交流轮岗，实施了从业人员的跨区域流动，有效提升了人员区域配置效率，改善了全行从业人员区域分布结构。高度重视金融人才的锻炼培养，实施了"三百人才工程"，每年选派培养有潜力的年轻干部到各级机构进行挂职锻炼，有效促进了干部队伍的结构优化，拓宽了青年人才的职业发展空间。

二是积极深化组织机构改革。按照总行的机构改革要求调整了省分行本部的内设机构，以客户为中心设置了营销部门，对一些重要的非业务部门进行了合并整合，修订完善了内设部室的工作职责。改革信贷管理和信用审批体制，在二级分行设置授信审批工作组并实行垂直化管理。按照"岗位随业务走，人随岗位走"的原则要求，调整了本部相关部室及各二级分行人员编制，完成了本部重要岗位、涉密岗位的梳理工作。逐步上收二级分行财务，由省分行统一进行核算。深化完善扁平化改革和管理层次精简工作，完成了辖属二级分行内设机构调整及扁平化工作。

三是不断完善激励约束机制。改革分支行行长经营绩效考核办法，加快绩效含量制与薪酬分配改革步伐，提高绩效工资分配比例，补充、调整绩效工资分配挂钩指标。以岗位价值为基础，建立省分行本部各层级员工及省分行营业部、各二级分行经营管理者和全行员工岗位工资系数体系，对二级分行行长实施了模拟年薪制。推行以价值创造为导向的费用分配机制，引导全行以更好经营业绩获取更多的发展资源。

四是加大机构网点建设力度。坚持发展与收缩并举，科学规划辖内机构网点布局。继续推进网点综合化改造，按网点规模和区域布局情况对全辖机构网点进行分类分级管理，加大了低效网点的集并整合力度，加快了机构网点资源向市场热点、需求集中区域的投放力度。

五是加强客户经理队伍建设。制定了《客户经理聘任及晋级管理办法》，对客户经理实行持证上岗考试，规范客户经理职务序列的管理，签订了《商业秘密保密协议》，提高客户经理保密意识，强化对客户经理严格考核，初步形成了客户经理竞聘上岗、优胜劣汰的机制。目前，工行四川省分行已建成了一支拥有 3000 多人的客户经理队伍，每个客户经理能具备上岗资格认证，金融服务水平有了显著提升。

七、 提高风险管理水平

一是积极推进全面风险管理体系建设。完善了风险管理体系，分别成立了信用风险管理、市场风险管理和操作风险管理等三个专业委员会，确立了风险管理目标并制定了措施。坚持定期召开风险管理工作会议，深入分析全行风险状况，规范专业风险管理行为，初步建立了全行定期风险分析报告制度。充分运用信贷管理系统监测平台，加强信贷业务的日常监测和贷款大户的风险分析工作。

二是狠抓不良资产的清收处置和重点关注类客户贷款压降工作。通过确定不良贷款清收的重点行、重点企业和重点行业，突出现金清收、以物抵债、贷款重组等主要手段，充分发挥以物抵贷通道作用，大力清收处置不良资产。不断完善重点关注类客户贷款档案，对重点关注大户实施全面分析和动态跟踪，分解压降计划、落实压降责任。截至 2010 年末，工行四川省分行不良贷款余额 27.04 亿元，不良贷款率为 1.14%。

三是动态推进统一细分名册管理。严格执行总行行业信贷政策，坚持区别对待、有进有退，向有比较优势的经济区域倾斜信贷资源，严格控制非准入行业贷款投放，动态实施全省法人客户统一细分名册管理，形成了优质信贷市场强势进入与劣质信贷市场快速退出的大进大退新局面。截至 2010 年末，工行四川省分行 AA－以上客户贷款占比达到了 80%，信贷资产结构明显优化。

八、 坚持依法合规经营

一是加大内控工作力度。建立健全内控组织体系，在各行形成了一把手亲自抓、各部门紧密配合的齐抓共管的内控长效机制，充分发挥各级内控管理委员会对全行内控合规工作的组织领导作用。同时，不断加强特聘审计员和专管员队伍建设，聘请特聘审计员、内控专管员数百名。在全行广泛开展内控文化制度建设，牢固树立"稳健、规范、严格、科学"的内控理念，先后组织了多层次的主题教育、素质培训和业务培训，持续加强员工依法合规经营意识教育和思想状况、日常行为动态管理，内控案防"三不为"长效机制建设扎实推进。

二是完善内控合规体制。制定并实施了2006－2010年内控管理五年规划，促进全行内控建设有步骤、有层次的梯度推进。认真落实内控"一把手"责任制和各级机构、各级人员"一岗双责"制。认真开展规章制度梳理和整章建制工作，同时大力抓好制度执行落实。在认真总结历年内控评价工作的基础上，继续推动分层次内控督导和评价工作，及时完善内控档案资料，狠抓内控评价及督导发现问题的整改落实，使内控评价质量和管理水平显著提高。

三是认真开展案件专项治理重点检查。研究下发了九类重点案件防范的指导意见，进一步明确了全行惩治和预防腐败的总体规划、目标任务和工作要求，深入开展了典型案例的学习讨论、对照排查和整改提高，全行案防意识不断增强。先后在全辖范围内组织开展了信贷、票据、银行卡、结算、理财、现金管理、授信审批等业务风险点以及关键岗位、关键环节、关键人员风险排查工作的检查督导，业务部门案防主力军作用的发挥和工作针对性进一步增强。将商业贿赂专项治理工作与党风廉政建设、案件专项治理和信访举报核查有机结合起来，在全辖认真组织开展了商业贿赂、小金库等专项治理工作。

四是积极探索内控案防创新之路。充分运用科技手段开展内控工作创新，综合利用电视监控平台，将原来的大机生产运行值班、行政值班、保卫远程监控、自助机具远程管理、内控服务非现场监督检查等五个方面纳入电视监控联网系统，进行集中管理，构建起"五合一"职能的"内部管理控制中心"，安全保卫远程监控更加严密，各类违规操作现象明显减少，全行内控案防的刚性约束能力有效提升，风险控制逐步由事后防范向事前和事中控制转变。

（中国工商银行四川省分行）

中国农业银行四川省分行

"十一五"时期是中国农业银行四川省分行（以下简称农行四川省分行）成立以来发展快、质量高、效益好的五年。农行四川省分行以加快有效发展为主题，推进经营战略转型，深化内部改革，提高资产质量，提升经营效益，防范业务风险，加强队伍建设，成功应对了"5·12"地震灾害和国际金融危机的重大考验，牢牢把握住西部大开发、灾后恢复重建、扩大内需等重大机遇，各项业务保持与全省经济同步发展，全面超额实现"十一五"规划目标，综合竞争力跨上新台阶，干部员工精神面貌焕然一新，社会形象进一步提升，既为四川经济社会发展做出了贡献，也为今后的发展打下了坚实基础。截至2010年末，中国农业银行四川省分行资产总额5367.87亿元，比2005年末增长135.24%，其中贷款余额2667.79亿元，比2005年末增长81.25%；负债总额4951.58亿元，比2005年末增长128.48%，其中存款余额4813.77亿元，比2005年末增长145.00%；2010年中间业务收入较2005年增加16.8亿元。

一、 经营发展基本情况

"十一五"期间，农行四川省分行业务发展保持了同业市场的领先地位，主要指标在全国农行名列前茅。一是业务经营实现又好又快发展。截至2010年末，各项存款余额和贷款余额分别达到4814亿元和2668亿元，分别比2005年末增长1.5倍和1.6倍；五年累计实现拨备前利润309亿元，年均增幅34%；连续5年无百万元以上大要案件。二是改革取得重大突破。"十一五"期间，顺利完成了股改基础工作，成为上市银行；全行经营机制、人事制度、组织架构、流程再造等各项改革取得重大进展，保持了队伍的稳定和业务的持续快速增长。领导班子和员工队伍经受了汶川地震和国际金融危机的重大考验，更加坚强，更有战斗力和凝聚力，成为加快发展的坚强保证。三是综合竞争力显著提升。"十一五"期间，全行保持了同业市场的领先地位，主要指标在系统内进入第一方阵。"十一五"期间，先后荣获中华全国总工会"抗震救灾重建家园工人先锋号"，四川省委、省政府"四川省抗震救灾模范集体"，中央精神文明建设指导委员会"全国文明单位"等荣誉称号；在省内金融系统中率先建成"省级文明行业"，被农总行授予"三农"金融服务先进集体、"三农"综合改革先进集体荣誉称号；一批分、支行也被评为全国和省级文明单位。

二、 深化改革， 有效发展

"十一五"期间，农行四川省分行结合四川农业大省、资源大省的省情，把有效发展放到各项工作的首位：一是围绕四川经济发展优势，确立了"做大做强城市业务，深化服务三农"的市场定位。在业务发展上实现了城乡联动，坚持一手抓城市业务，一手抓服务三农，着力提高城市业务的支撑作用，充分发挥三农业务的基础作用，城市业务市场份额得到巩固和提高，成都地区名列总行城市业务排名第五位，省分行营业部、直属支行和二级分行所在地城市业务实现了发展提速，先后涌现"双百亿"支行4个。在服务三农方面，建立了以三农事业部制为中心的运行体系，完善了财务核算机制，把支持农业产业化、农村城镇化、县域经济发展作为主攻点，40个重点县域行各项贷款、存款、中间业务收入、拨备后利润分别为573.81亿元、1369.39亿元、5.84亿元、20.56亿元，分别占"三农"县域的57.51%、49.79%、52.99%、54.06%；40个重点行存款、贷款、利润均占三农事业部的50%以上。二是实施分类管理。针对四川区域广、资源禀赋差距大、发展不平衡的实际情况，确立了"分类指导、区别对待、特色经营、发挥优势"的总体思路，将各类行划分为"市区行、郊区行、特色行、农村行、山区行"五个类别，对不同行确立不同的市场定位，出台不同的政策措施加以支持，坚持把当地经济发展优势和农行优势结合起来，明确各类行业务发展方向和重点。随着服务三农的深入，提出了"一行一特色、一企一对策"的经营要求，通过分类指导，既使同类行在同一平台上竞争，激发了经营活力，又充分体现了特色经营，促进了全行共同发展。三是抓住机遇，有效发展。在股改期间，一手抓股改，一手抓业务发展和队伍稳定；在应对地震灾害和金融危机期间，牢牢把握灾后重建和扩大内需重大机遇，促进了客户结构和信贷结构的进一步优化。

（一）以加快零售业务发展为重点，调整资产负债结构

2006年7月，农行四川省分行提出个人业务要努力实现两个突破，即要把农行四川省分行建设成为省内最大最优零售银行，个人资产业务在全行资产业务的占比要达到20%以上。几年来，该行围绕重点区域、产品和客户，根据不同业务品种实行"穿透式"授权，实施个贷业务集中运作，打造个人业务的特色支行，着力推动个人业务以账户为中心向以客户为中心转变；由单一

抓负债业务向综合营销转变；由分散管理向集约化经营转变。截至 2010 年末，个人存款余额 2840.44 亿元，比 2005 年末增加 398 亿元，占资产业务的比重提高 9.7 个百分点。储蓄存款保持了同业和系统内领先地位。

（二）以加强与高端客户实施全方位战略合作为重点，调整优化客户结构

针对法人客户散、小、差，综合贡献较低的状况，农行四川省分行以增强风险控制能力和盈利能力、提高发展质量为重点，选择一批对四川经济发展具有支撑带动作用的优质高端客户，建立战略合作伙伴关系，实行全方位合作，提高综合收益。2008 年，选取 60 个客户签订战略合作协议，建立分层营销管理体制，逐步形成三级客户群，以水电、机械制造、交通、重大基础设施建设项目为重点，加大营销力度。其中，营销总行级直管客户 30 户，较 2006 年新增 17 户，用信 450 亿元；省分行直管客户 120 户，贷款余额 1142 亿元，分别增加 53 户和 527 亿。五年来，累计新营销世界 500 强和中国 100 强企业分、子公司及项目 82 户，铁路、高速路、电子产业等领域取得重大突破。九大电力公司完成授信 836 亿元，用信 298 亿元，铁路项目实现零的突破，目前已授信 308 亿元，投放 7 亿元，高速路项目授信 138 亿元，用信 19 亿元，富士康项目营销取得重大进展，使全行客户结构和资产质量进一步提升，为可持续发展打下坚实的基础。

（三）从网点和渠道建设入手，提高金融服务水平，改善社会形象

五年来，农行四川省分行累计投入 9.8 亿元用于网点硬件设施改造，完成 747 个营业网点的装修改造，建成财富中心 1 个、理财中心 45 个、精品网点 316 个、基础网点 385 个。同时加快网点软转型步伐，实施网点星级管理，大力推进优质文明服务导入，对营业网点负责人进行轮训，进一步规范理财师、大堂经理和会计主管管理。全行网点对外形象得到大幅改善，社会公众和监管部门对农行网点评价的满意度明显提高。针对柜台排队、网点营销乏力的情况，ATM 机、POS 机分别从 2005 年末的 518 台、1.2 万台增加到 2010 年末的 2641 台和 2.3 万台，转账电话从无到有，快速增加到 8.4 万台，对提高竞争力、改善网点形象发挥了巨大作用。全行电子渠道分流率达到 51.7%，在系统内排名第三，员工劳动强度大幅减轻，客户满意度普遍提高，实现了网点、效益和形象的明显转变。

（四）加快中间业务发展，优化收入结构

五年来累计实现中间业务收入 68.5 亿元，年均增速 32%；2010 年中间业务收入较 2005 年增加 16.8 亿元。在代理保险、结算、银行卡等传统领域继续保持领先优势的同时，一批新产品、新业务成为新的效益增长点，中间业务盈利模式走向多元化，投行业务实现突破性发展，新产品创收能力不断增强。

（五）加快产品创新，增强发展后劲

农行四川省分行高度重视产品研发工作，每年开发新产品和新系统数十项，着力提高金融产品的运营效益。该行被总行列为产品创新直接联系行，五年来累计开发了转账电话、第三方存管、金钥匙理财专家、公积金委托贷款、个人授信综合贷款等新产品和新系统。其中，省移动营业资金归集系统等两项新产品获得人民银行科技成果奖。相继推出 20 余个"三农"领域新政策和新产品，如针对龙头产业化企业的商标权质押贷款；支持特色旅游业发展的佛教协会收款权质押贷款；满足中小企业融资的小企业简式快速贷款、小企业自助可循环贷款；支持县域基础设施建设的农村城镇化贷款、农村基础设施建设贷款；支持县域机构类业务发展的县域医院和学校贷款；扶持农民创业的小额农户贷款和个人生产经营贷款；针对灾后重建的地震灾区农民建房贷款；发展县域中间业务的金农保一单通系统等。成立产品研发部，按城市板块和"三农"板块分别对部门岗位设置、岗位职责和工作流程等进行了梳理细化，实现了对全行金融产品创新的统筹管理，为业务快速发展打下了基础。

三、 加强内部管理能力和人才队伍建设

（一）强化基础管理，增强风险控制能力

"十一五"时期，农行四川省分行高度重视内控和风险管理，健全风险管理体系，强化重点领域风险管控，确保内控管理不断加强，经营风险得到有效控制。高度关注宏观经济政策变化和产业结构调整带来的风险，及时调整信贷政策，特别加强了政府融资平台、房地产领域、集团客户和农户小额贷款的风险管理。切实加大"两高一剩"、落后产能行业贷款的控制和退出力度，对不良贷款加大清收处置，五年累计清收不良贷款本息 167.6 亿元。切实加强"三农"业务风险容忍度管理，先后对两个二级分行和 42 个县支行部分"三农"信贷产品分别发布风险预警提示函、实施上收权限管理或停牌管理。全面完成

风险经理的派驻工作，全辖139个县域支行和36个城区支行派驻167名风险经理，派驻率达100%，6个二级分行试点派驻风险主管。会议审批、合议审批、直接审批的分层审批体系进一步完善，全行配备独立审批人94人，顺利完成了二级分行独立审批人派驻工作。建立新放贷款"回头看"机制，前瞻性化解信贷风险。加快推进后台中心建设，先后建成内江现金中心和成都后台作业中心等各类后台中心53个。按季召开案件查防会诊会议，深入组织开展"合规文化建设"、"内控和案件制度执行年"活动，持续加强员工行为管控，开展整体移位、查库"飞行队"突击检查和支付密码器的推广使用，积极稳妥推进守押市场化改革，案件防控能力进一步提高，连续五年无百万元以上大要案件发生。

（二）实施人才强行战略，加强领导班子和队伍建设

近年来，农行四川省分行始终把人才培养和队伍建设作为立行之本、强行之策，要求各级行党委重视人才培养和队伍建设，提出"衡量一个领导班子，既要看经营业绩和效益，更要看人才培养和队伍建设"，按照建设省内一流现代商业银行的要求，着力加强四支队伍建设，以机制建设为保证，以培训交流为抓手，全面提升各级领导班子和员工队伍的素质。以建设一支具有战略眼光、开拓创新、市场竞争力强、员工满意度高，具有现代商业银行经营管理能力的高效管理团队为目标，加强各级领导班子建设。

四、 积极履行社会责任

农行四川省分行在取得自身经营效益、加强内部管理的同时，努力践行社会责任，树立良好社会形象，实现了经济效益与社会效益和谐统一。大力倡导团结互助、关爱奉献的精神，积极开展扶助弱势群体、赈灾捐款等活动。2008年，配合省扶贫办举行"送电影下乡村"活动，全年放映农行专场电影1500余场，惠及农村居民75万余人，丰富了广大群众的业余文化生活和金融知识。向汶川地震灾区等捐款近1400万元，缴纳"特殊党费"290万元。

（中国农业银行四川省分行）

中国银行四川省分行

"十一五"期间，在总行和四川省委、省政府的正确领导下，中国银行四川省分行（以下简称中行四川省分行）深入贯彻落实科学发展观，紧紧抓住灾后恢复重建和西部大开发等重大战略发展机遇，迅速做大业务规模，加强风险内控管理，强化业务基础建设，积极转变经营模式和增长方式，在实现自身跨越式发展的同时，大力推动与支持了四川经济社会发展。截至2010年末，资产总额2521.35亿元，比2005年末增长157.83%，其中贷款余额1594.35亿元，比2005年末增长218.65%；负债总额2478.29亿元，比2005年末增长154.81%，其中存款余额2489.12亿元，比2005年末增长174.8%。2010年资产利润率1.83%，比2005年末提高0.79个百分点。

一、"十一五"期间经营管理情况

"十一五"期间，中行四川省分行立足行情，把握形势，抓机遇、破瓶颈、提能力、上水平，推动实施五年发展战略规划，实现了前所未有的大发展、大跨越。

（一）业务持续快速发展

1. 价值创造能力持续提升

截至2010年末，中行四川省分行实现拨备前营业利润46.04亿元，较2007年增长2.39倍，年均增幅达到33.62%。在经营效益不断提升的同时，2010年账面成本收入比为32.3%，控制在总行规定范围内，较2007年下降了7.1个百分点，投入产出效率有了明显提高。

2. 业务规模上新台阶

截至2010年末，中行四川省分行本外币存款（含表内理财）余额2489亿元，较2007年末净增1404亿元，增长1.29倍，其中公司板块增长1.97倍，个金板块增长0.75倍。本外币贷款余额1594亿元，较2007年末净增944亿元，增长1.45倍，其中公司和个金板块分别增长1.49倍和1.35倍。

3. 市场竞争能力不断提高

截至2010年末，中行四川省分行人民币一般性存款全口径市场份额为

7.48%，较2007年末提升0.22个百分点，是四大行中份额唯一提升行；人民币金融机构存款四大行口径市场份额达到41.21%，市场排名第一；人民币贷款全口径市场份额7.81%，较2007年末提升1.53个百分点，是四大行中提升幅度最大的行。

4. 系统内贡献度提高

截至2010年末，中行四川省分行人民币存款（含表内理财）余额在中行系统内排名第10位，较2007年末提升1位；系统内贡献度3.52%，较2007年末提升0.53个百分点。人民币贷款余额在中行系统内排名第10位，较2007年末提升两位；系统内贡献度为3.62%，较2007年末提升0.67个百分点。

5. 风险管理和内控体系建设取得进步

截至2010年末，中行四川省分行不良资产余额19.78亿元，不良率1.24%。关注类贷款占比、公司贷款新发生不良率、零售贷款当期新发生不良率、逾期贷款占比等各项指标均达到总行卓越目标。进一步完善三道防线建设，强化内控案防措施落地。加强内控与操作风险管理体系建设，与巴塞尔Ⅱ三大工具有效对接。研发应用"两图两表"风险评估模型，搭建异常交易风险监控体系。坚持风险管理导向稽核，突出对IT蓝图上线的稽核跟进，持续对机构和条线进行矩阵覆盖，努力推进系统性风险和突出问题的解决，稽核服务创造价值能力不断提升。派驻纪检监察专员，加强纪检监察队伍建设。全面开展"小金库"专项治理工作，建立健全财务合规长效机制。

（二）深化体制机制改革，以创新激发和提升市场竞争力

五年来，中行四川省分行不断深化体制机制改革，加强创新能动性，优化资源配置，改革激励约束机制，完善组织架构，为调动各级机构推动业务发展，提高员工服务客户、销售产品的积极性，提升市场竞争力起到积极作用。

1. 加强创新能动性，积极提升金融服务水平

中行四川省分行成立了创新委员会，确定年度创新工作目标，按季召开例会，加大对全辖有重大意义项目的研发推广，统一和规范新产品研发流程，避免造成资源的浪费和系统的复杂化。积极借助科技手段，建立全周期管理模式，密切跟踪新产品信息报送、研发、报备和后评价等环节，提高产品开发的针对性和使用率。建立产品创新推广工作机制，加大对创新产品的维护及营销力度，提升新产品的收入贡献度。充分挖掘员工最大潜能和创新意识，从

2008年起设立创新专项奖励费用，实现多层次、多维度的创新激励。产品创新有力地带动了相关业务增长，提高了产品竞争力，也在全行上下形成了鼓励创新、尊重创新的良好氛围。

2. 科学设计考核指标，充分发挥绩效指挥棒作用

近年来，中行四川省分行以扩大业务基础和客户基础为工作重心，对分支行重点突出了区域经济效益实现、当地市场竞争能力提升和客户基础拓展等方面的考核内容；针对省分行业务条线管理部门，探索符合客户关系部门和产品部门业务特点和联动要求的绩效考核模式，发挥板块联动营销的聚合效应，进一步提高考核针对性；及时对接总行的存贷比考核机制，按月计算、按季考核，鼓励核心存款发展，对一些贷存比指标完成较好分支行进行奖励，并调增其考核利润。

3. 整合优化管理架构，提升支持服务能力

按照总行组织架构管理要求，中行四川省分行整合成立了公司与金融市场部，初步构建以客户为中心，提供多元化金融服务的营销体系。完成对公人民币结算管理架构整合，成立国内结算及现金管理中心，强化营销职能，提高人民币结算产品的收入贡献度。积极争取成为总行中小企业授信模式复制试点行，成立中小企业业务部。增设养老金、投资银行团队，调整票据团队归属，将原挂靠省分行营业部的行政事业管理中心调整划入公司板块，设立独立的行政事业模块。设立集中采购中心，加强采购招投标环节控制和管理。成立基建办公室，加快推进灾后重建工作。整合成立个人业务部，强力推进个金业务战略转型。加快私人银行、财富管理中心、中银理财三级财富体系建设，不断强化客户关系管理，引导交叉销售。成立电子银行部，强化电子渠道建设。尝试在部分条件成熟的分支行增设中小企业中心、银行卡中心，扩大银行卡直销队伍，着手推进营业部支行化管理，强化渠道建设。按照"后台处理集中化、组织架构集约化、业务管理专业化、风险控制系统化"的思路，整合成立运营服务部。上收成都地区各行承担的客户对账、上门收款及离行式ATM网点现金配送等职能，实现同城现金配送集中、客户对账集中、事后监督集中和部分前台业务交易、后台集中处理，缩短管理控制半径，释放前台生产能力，提高运营服务效率。针对IT蓝图上线后的新形势，认真梳理管理流程的关键环节，深化后台集中处理。延伸调整组织架构、加强板块领导力量，规范板块工

作例会，建立产品部门与客户关系模块的跨板块沟通协调机制，有效提升业务板块整合效能。提高对郊县支行管理及服务保障水平，强化一线支行市场营销和服务客户能力。

二、"十一五"期间支持经济社会发展情况

（一）支持四川经济加快发展

"十一五"期间，中行四川省分行抓住全省打造西部综合交通枢纽、发展"7＋3"产业、深入推进城乡统筹、实施工业强省战略等战略机遇，积极加强与各级政府部门合作，大力支持了一批支柱产业、重大项目和民生工程，充分发挥专业优势，竭力解决中小企业融资难问题，全力支持西部企业"走出去"。五年来，中行四川省分行累计投放各类贷款 4844 亿元，上缴税金 53.4995 亿元，对四川经济发展起到了积极的推动作用。

1. 不断深化银政合作

继 2008 年与成都市政府签订了 500 亿元银政合作框架协议后，中行四川省分行又于 2009 年、2010 年分别与四川省政府签订 3000 亿元全面战略合作协议和全面财务顾问协议。同时，还分别与成都、乐山、绵阳、宜宾等市州政府和成都建工集团、成都海关、中航成飞、新华社四川分社等重点企事业单位签署全面战略合作协议。特别是与成都市政府签订银政合作协议后，已叙做协议项下 24 个项目，相关融资主体获批授信金额近 500 亿元，实现贷款投放 150 亿元。

2. 支持重点行业和重点项目

一是全力支持四川水电、重装、对外工程承包等重点行业、重点项目的建设。2008 年，中行四川省分行先后与东方电气集团、攀钢集团等重点客户签订灾后重建和服务保障全面金融合作协议。2008 年与四川发展建立合作关系。2009 年批准授信总量 180 亿元，目前授信余额逾 60 亿元，日均存款超过 10 亿元，为其并购机场集团项目发放并购贷款 12.5 亿元；为东方电气集团、成达等公司的海外工程项目提供了买方信贷、保函、资金结算、贸易融资、汇率避险等全方位的金融服务；与攀钢集团在其整体上市、直接融资方面开展广泛合作，三年来为其承销短期融资券、中期票据、金融债约 80 亿元；在传统授信业务合作基础上，为二滩公司叙做 5 亿元人民币信托贷款，并成功取得其 12

亿元短期融资券的主承销商资格。

二是为四川打造西部交通枢纽提供优质金融服务。为成灌快铁、成绵乐铁路、成兰铁路、兰渝铁路、成渝铁路等项目提供贷款 172 亿元，已实现投放的包括成灌快铁项目 2.8 亿元、成绵乐铁路项目 9.1 亿元等；与省交通厅、川高公司、四川交投、成都交投等交通行业优质客户开展实质性合作，确定了广甘高速、达陕高速、榆神高速、成名高速等一批重大交通建设项目，并成为遂资高速、巴桃高速、汶川至川主寺高速公路银团贷款牵头行；成功参与成都地铁银团贷款项目并为其提供 11.5 亿元贷款；为四川省机场集团提供 50 亿元授信总量，成为其"双流国际机场二跑道"项目首家融资安排行；与四川省交通厅签署了 30.6 亿元贷款合同，成为支持农村公路项目的最大商业银行。

三是承接产业转移，积极助推新兴产业发展。借助东部产业西移和跨国企业入川的机遇，积极营销富士康、仁宝、纬创、阿里巴巴、戴尔、德州仪器等知名企业。其中与富士康集团成都项目的合作取得实质进展，其在川子公司富泰华公司、鸿富锦公司等已在该行开立了 1 个人民币结算账户和 11 个经常项目外汇账户，为全面开展后续合作打下基础。

3. 缓解中小企业融资难题

中行四川省分行积极创新信贷业务模式，大力推广中小企业"信贷工厂"。2010 年 5 月与四川省经信委共同签署了中小企业信贷工厂战略合作协议，进一步加大对中小企业的授信支持，获得了良好的社会反响。截至 2010 年末，新模式中小企业贷款客户数 412 户，增速高于全行平均贷款增速，贷款余额 38.24 亿元，较年初增幅分别达到 324.74% 和 328.70%，中小企业贷款授信客户还本付息率继续保持 100%，风险分类均为正常。

4. 为企业"走出去"保驾护航

继续发挥在国际结算和保函等传统优势业务，创新开办中长期出口押汇业务、"内保外贷"保函业务、国内应付账款融资、国内综合保理项下应付账款买方保理融资业务等，实现了银企双赢。与省商务厅签署实施"走出去"战略全面合作协议，是系统内首家与省级单位开展全面系统合作支持企业"走出去"的分行；与新加坡分行就金融"新川创新科技园"项目签订合作协议书，抢占西部战略高地营销先机。截至 2010 年年末，中行四川省分行出口贸易型"走出去"客户 150 户，国际结算量 52 亿美元，同比增长 32.4%；工程承包型"走出去"客户超过20家，授信余额70亿元，各项指标均居市场领先地位。出口买方信贷业务实现历史性突破，成为系统内18家出口信贷业务重点地区分行之一。此外，与总行及海外联动，成功叙做首笔国际银团贷款——印尼龙湾4.5亿美元出口买贷项目，此笔业务被国际著名杂志《金融与贸易》评为最佳交易奖；成功叙做东方电机巴西JIRAU水电项目8200万美元履约及预付款保函业务、东方锅炉沁北项目8899.92万元人民币履约保函业务、成达公司芝拉扎电站5500万美元出口商业发票贴现业务、成达5521.54万美元中长期出口押汇业务。

（二）积极实现各利益相关者共赢

"十一五"期间，中行四川省分行坚持以人为本，以客户为中心，大力弘扬"诚信、绩效、责任、创新、和谐"的核心价值观，培育积极、乐观、团结、向上的企业文化，齐心协力为客户提供高效优质的金融服务。

1. 坚持以人为本，构建和谐企业文化

一是加快干部队伍、员工队伍和专业队伍建设。坚持"德才兼备、以德为先"的用人导向，加大通过竞争性方式对干部尤其是优秀年轻干部的选拔力度，加大通过岗位交流提高干部综合素质工作力度，优化领导班子配备，增强班子整体功能和合力。五年来，通过多种方式招录人员4200余人。从2007年实施劳务派遣择优选聘至今，共有1628名劳务派遣工转换成为编内合同工。实施学分管理和上岗证管理，积极推动理财、公司客户经理等专业序列建设，引导员工树立自主学习意识。全辖每年员工人均脱产学时累计达60小时，培训覆盖面达100%，员工持证上岗率达100%。截至2010年末，执各类总行认定专业证书共计568人次，员工职业素质及岗位胜任能力得以有效提升。

二是畅通职业发展通道，切实让员工共享发展成果。采取专题培训、进修班、公开课以及上挂下派、外派、参与重大项目等多种形式，有针对性地培养一批有潜质的专业管理人才。近年来，先后下派28人到基层机构锻炼，上挂30余人学习，外派16人到海外机构、地方政府、监管部门锻炼。推出了"固定福利＋菜单式福利"的福利管理模式，逐步建立健全补充商业保险制度，为全辖员工统一购买人身意外及重大疾病保险等。通过发放补贴、慰问金等形式，重点支持受灾员工、困难员工，并定期走访关心内退、离退休干部，帮助解决实际困难，将退休干部待遇水平的增长与银行效益紧密相连，不断提高退休干部的待遇水平。

2. 坚持以客户为中心，提供全方位金融服务

一是提供种类丰富的产品，满足个人客户多样化需要。推出"出国无忧"——个人出国保证金业务等结算代理类产品；陆续开发"理想之家·易贷宝"、"延付宝"、"随心宝"灵活还款模式贷款等个人贷款产品；积极推广人民币博弈理财产品、虎年生肖金条、集合资金信托计划等理财产品；不断研发淘宝信用卡、车行天府卡、长城国税卡等信用卡新产品。同时，积极推进三级财富管理体系建设，现已建成4家财富管理中心、近百家理财中心和系统内西部地区首家私人银行。财富管理中心荣获2009年"四川百万中产家庭首选理财品牌"和2010年"最佳财富管理银行"奖项，共有3名财富经理先后3次荣获成都金融理财节"金牌理财师"称号。

二是强化业务创新，满足客户专业化需求。如与德阳国税合作开发"自助纳税申报系统"，通过投放专用的"自助纳税申报系统"，实现申报和纳税自助同步服务，方便纳税人同时完成申报和纳税两项工作，满足税务部门的电子化改革需要。牵头和代理了宜宾福溪火电厂银团贷款，并配套叙做了首笔不超过20亿元的循环贷款。对"双流国际机场第二跑道"项目有针对性制定了首创性的结构性付息融资产品组合方案。

三是加强业务系统升级与改造，方便客户快捷办理业务。成功投产IT蓝图项目，期间未出现媒体负面报道、法律纠纷和客户投诉升级的情况，实现了"成功切换、正常营业、风险可控"的目标。新系统上线加快了业务流程再造的工作进度，逐步从"问题牵引"向"管理牵引"、"服务牵引"转型。比如通过规范客户填单和签字操作流程，新客户开户签字由原来的11个减少为3个，存量客户办理储蓄业务不需再填写单证，有效提升了客户服务效能；通过中小企业贷款账户核准项目的落地实施，各分支行不再通过手工方式传递送审贷款资料，有效提高了贷款发放效率。

四是加快渠道建设，提升客户服务质效。"十一五"时期共新建20家机构。截至2010年末，全行ATM拥有量1020台、自助终端总数411台、自助银行建设完成10家、离行式ATM投放48个。投入5亿元资金对全辖网点进行了渠道改造，目前符合总行标准化网点规范的共368家，占网点总数的79%。积极拓展电子银行业务，2010年末企业和个人网银客户数分别较年初

增长了 6 倍和 2.6 倍，企业客户覆盖率增长 8 倍，个人交易量增长 3.8 倍。强化文明规范服务，深化业务技能培训与考核，全辖能手率达到了 91.56%，星级柜员率连续三年达 88% 以上。

3. 坚持审慎经营，维护金融体系稳定

一是建立全面风险管理制度。变被动的外置式风险管理为主动、自觉的内涵式风险管理，实现了风险关口前移及业务全流程风险防控。针对电力、交通、房地产、基础设施、"两高"等行业，明确了授信投向指引与相应的管理要求，进一步夯实了风险管理基础，保障了系统安全。

二是确保存量资产安全。2009 年，对 466 户 700 亿元公司授信进行地毯式排查，对潜在风险客户按照"区别对待，有保有压"的差异化要求实施管理，累计压缩 69 户 11.03 亿元。在受外部影响较大的 48 户 39.31 亿元中，对高度风险客户通过实施名单式监控、"追加抵押担保"、"压缩周转"等措施，实现了 30 户 25.22 亿元风险贷款缓释，收回贷款 8.21 亿元。

（三）为社会公益事业做出积极贡献

1. 支持抗震救灾和灾后恢复重建

一是全力以赴做好救灾工作。2008 年 5 月 12 日下午 3：00 时即成立了抗震救灾领导小组，统一指挥抗震救灾和日常工作。肖钢董事长 5 月 13 日凌晨即抵达四川现场指挥抗震救灾工作，是最早来川的全国性金融机构负责人之一。在自身受灾严重的情况下，采用多种方式迅速恢复金融服务。开通"赈灾捐款汇款绿色通道"和"海外捐款绿色通道"，先后免费汇划本外币折合人民币 22 亿元，及时有效地保障参加抗震救灾部队、单位的资金需求。中行四川省分行向四川灾区捐款 140 余万元，缴纳特殊党费 59 万余元，为 11 户重点受灾企业捐款 145 万元和上百万元的救灾物资，协助总行定向为成都、德阳、绵阳、都江堰、广元等地划拨捐款近千万元。

二是努力支持灾后恢复重建。截至 2010 年末，中行四川省分行累计发放各类抗震救灾和灾后重建相关贷款 742.24 亿元。其中，城乡住房建设贷款 152.21 亿元，用于城镇建设贷款 171.34 亿元，用于电力、交通、通信、水利等基础设施建设贷款 246.78 亿元，用于产业恢复重建贷款 163.37 亿元，用于医疗卫生等公共服务贷款 4.97 亿元，用于农业生产贷款 3.56 亿元。

2. 抓好民生金融服务

一是支持灾区住房重建。成功创新设计"以灾区农民集中安置后节约出的集体建设用地使用权指标的流转收益权作为质押"的支持农村灾民集中安置的灾后重建专项授信项目 30 亿元，用于都江堰市、彭州市、崇州市等地农村灾毁房重建；为成都市小城镇投资有限公司提供 10 亿元银团贷款，用于成都市所辖 8 个县（区、市）34 个农村新型社区灾后重建项目的建设；为都江堰、彭州、温江区土地储备中心提供合计 14.2 亿元灾后重建贷款，用于支持受灾严重地区统筹建设。积极支持灾区城乡一体化、经适房、危旧房改造项目。

二是支持灾区"三农"发展。重点支持了生产经营良好、诚信度高的农业产业化重点龙头企业，涉及农村基础设施建设的公路、电网改造等项目。及时调整以前涉农贷款授信政策，积极配合灾区政府推进农村灾后拆迁安置工作。

三是做好助学贷款发放。积极做好 6 所部属高校和 5 所省属高校的国家助学贷款业务。截至 2010 年末，累计向 9.35 万名在校贫困大学生发放国家助学贷款 8.79 亿元。2010 年，中行四川省分行再次签订了《中央部门所属高校 2010—2014 学年国家助学贷款业务合作协议》，在"十二五"期间服务高校贫困学生，积极履行社会责任。

四是关注慈善事业。秉承服务社会、回馈社会的宗旨，中行四川省分行"十一五"期间在"5·12"汶川地震、玉树舟曲地震、泥石流抗震救灾中共计捐款 495 万元；2008 年到 2010 年期间，在捐资助学、扶贫帮困等项目中捐赠 353.35 万元。

3. 大力开展公众金融宣传

多次举办银企信息对接会、银企产品对接会，开展适合中小企业特点、形式多样的征信和金融知识宣传、教育、培训活动，增强中小企业信用意识和风险意识。举办大型奥运营销推广主题活动，将奥运精神与百年中行有效契合。开展"送金融知识下乡"活动，分赴偏远地区宣传、讲解金融知识。对助学贷款借款学生进行诚信教育，在大学校园举行"珍爱信用记录，关注信用报告"路演，加强对学生诚信意识的宣传。积极推动参与公众征信推广活动，推动社会诚信建设。积极投身公众教育服务宣传活动。

（四）积极推动节能环保事业

1. 实施绿色信贷

一是以国家节能减排相关政策为导向，按照"区别对待、有保有压"的信贷原则，将与节能减排、"两高"、落后产能相关的信贷分为重点支持、允许和禁止3个类别，积极支持清洁能源发展，重点支持节能减排工程项目建设；二是建立"绿色信贷"审批机制，对项目开工建设的"六项必要条件"（必须符合产业政策和市场准入标准、项目审核核准或备案程序、用地预审、环境影响评价审批、节能评估审查以及信贷、安全和城市规划等规定和要求）进行严格审查，实行环保一票否决制。

2. 加强"两高"行业管理

一是制定了相关行业授信政策，并下发风险提示，引导"两高"行业授信业务健康有序发展。二是根据贷款风险水平、企业信用等级、资金成本、管理成本、收益目标等因素综合确定对"两高"行业项目的贷款利率，实行差别定价。三是通过增加项目建成后的经营权、收费权作为质押，投保工程责任险、环境责任险、产品责任险等险种，组织银团贷款等措施，积极缓释"两高"行业授信风险。四是加强对"两高"行业的存量授信贷后管理力度，对"两高"存量客户进行跟踪监控，分析"两高"行业调控政策对借款人还款能力和还款来源的影响，及早制定风险防范化解措施。五是对存量授信差别管理，加大对信用等级低、不符合国家产业政策的客户和项目清退力度，优化行业授信结构。

3. 改进和完善节能环保内部管理体系

高度重视节能环保宣传工作，确定专项联络员，具体负责对口联络，为开展环保宣传工作提供组织保障。积极推动节能环保实践工作，如普及节能灯具、控制空调开启时段、采用节水龙头器材等。指派专业人员承担设施设备的操作和维护保养，确保设备的正常运行和能耗控制。大力推广无纸化办公和符合环保要求的办公用品采购，促进企业实现节能减排。

五年的风雨兼程、砥砺前行，成绩令人振奋，展现了中行四川省分行与时俱进的蓬勃生机。2006年以来，中行四川省分行先后获得212项省级以上（含省级）先进集体（个人）荣誉称号，其中全国级集体31个、个人2个，总行级集体28个、个人30个，省部级集体98个、个人23个；2008年获得中共中央、国务院和中央军委联合授予的"全国抗震救灾英雄集体"荣誉称号，是全国唯一获此殊荣的银行业金融机构；2009 年被总行确定为西部地区唯一的重点省级分行。多家分支机构获评中银协和四川省银行业协会"文明规范服务示范单位"，先后多次在四川主流媒体组织的"榜样中国"、"金融总评榜"等社会公众评选活动中，荣获"最具社会责任企业"、"最佳品牌形象"、"最佳金融服务"等多项大奖。

（中国银行四川省分行）

中国建设银行四川省分行

"十一五"时期，中国建设银行股份有限公司四川省分行（以下简称建行四川省分行）深化改革、加快发展、与时俱进、追求卓越，经营发展取得了优异成绩。截至 2010 年末，资产总额 4470.77 亿元，比 2005 年末增长 149.21%，其中贷款余额 2058.27 亿元，比 2005 年末增长 126.76%；负债总额 4496.99 亿元，比 2005 年末增长 151.10%，其中存款余额 4334.58 亿元，比 2005 年末增长 140.84%。实现拨备前账面利润 65.93 亿元，年均增幅 22.80%。实现中间业务收入 22.55 亿元，年均增幅达 45.20%。

一、 加快改革步伐， 提高管理水平

"十一五"期间，建行四川省分行紧紧抓住历史发展机遇，加快改革步伐。2006 年，全面完成风险管理体制改革阶段任务，搭建起集中、垂直的风险管理架构，改革和完善了信贷审批机制，前移了风险防范关口。稳步推进会计和营运管理体制改革，实现会计档案和稽核系统顺利上线，完成了前后台分离和后台集中工作目标。深化资产保全体制改革，建立了专业化个贷催收中心，加大了不良个贷专业化、集约化经营力度。

2007 年，改革完善全辖县级支行管理模式，增强了在二级城市和县域城市的市场竞争能力和内控管理水平。推进财务管理体制改革，顺利完成了 ERPF 系统上线推介工作，组建了财务管理中心，提高了财务收支的管理水平和核算质量。全面推进了会计和营运管理体制改革与 IT 集中改革，完成了 46 项分离与集中事项，提升了集中运营的效率和质量。

2008 年，改革与提升集团、机构客户的经营层次，将机构业务作为业务转型实践的重要平台，做到了整体推进和跨业务部门联动。改革完善绩效考评机制，优化关键业务指标考核体系，加强对系统内占比、市场份额等动态指标的评价。推进与改革前后台分离和后台集中，上线了代发业务集中处理系统和成都地区票据交换提入业务后台业务集中系统，有效防范了风险，切实减轻了前台负担。

2009 年，组织构架继续改革完善。面对市场，细分客户，优化服务，形成了公司、集团、机构、国业、小企业、评估评价的专业化经营管理模式。改革强化了营运、资金资本、风险成本管理，加大了投入产出分析，全面测算成本和效益，为科学决策和业务经营提供支持。改革风险管理工作程序，推出了重点行业信用风险监测指标体系，提高了风险管理的主动性和前瞻性。构建了贷后管理长效工作机制，细化了贷后平行作业职责和流程，提高了贷后管理的操作性和实效性。

2010 年，改革与加强信贷风险管理，夯实风险管理基础，持续改善资产质量。完善了不良资产集中经营模式，双向延伸了资产保全工作职能。强化了合规经营，梳理了规范贷前调查、合同签署、支付管理等关键环节，加强了全流程风险管理。深化前后台分离集中改革，优化成都地区同城票据交换集中提入流程、提升后台批量处理能力和上线网银跨行交易结算和对公通兑手续费自动计算功能，提高了中间业务收入核算准确性。

二、 切实提高各项创新能力

"十一五"期间，创新丰富与增添了建行四川省分行的商业银行内涵与业务经营功能，支持其走向更加广阔的市场空间，实现了超常规的更好发展。

（一）加大业务品种创新力度

在公司业务方面，相继开办和创新各种类型的企业存款和以工业、商业、建筑业、高校、社保、医院等企事业为主的各类企业存款，以及多达 100 余种的贷款产品。在个银业务方面，业务在原有居民个人储蓄业务基础上逐步发展创新，业务品种达到近 100 种，产品种类覆盖人民群众日常生活的方方面面。在中间业务方面，有效地形成了以代收代付、财务顾问、电子清算、IPO 等投行业务、国际结算、分离式保函和乾元"周周盈"、"天天盈"、"双周盈"开放型及股权投资型理财产品等为重点的 9 大类系列 200 多个产品。在房地产金融业务方面，在政策性房地产贷款业务和个人住房按揭贷款业务基础上，创新形成了以"个人住房"为主体的 10 余种住房贷款系列产品。"乐得家、乐万家"、"要住房、找建行"的房贷金融业务理念深入人心，房贷业务市场占比连年稳居全川同业榜首。在国际金融业务方面，相继开办创新了外汇存款、外汇贷款、国际结算、结售汇业务近 50 种，国际金融业务从小到大、由弱变强，外汇币间业务和国际结算收入两项继续保持全川同业第一。

（二）提高服务工具创新水平

在巩固传统存贷业务基础上，依托科技与服务工具创新，借助电子化建设网络优势，不断扩充业务领域，丰富业务服务工具，金融工具种类从以往的存款、贷款和结算发展创新到银行类、电子银行类、代理业务类以及资金类等多个大类。"CCB"、"龙卡"、"速汇通"、"乐得家"、"乐当家"、"e 路通"、"结算通"等一系列金融业务工具，受到市场广泛好评和欢迎。"十一五"末，建行四川省分行在全省广大地区安装自助金融设备计有 2502 台，其中：取款机（ATM）1250 台，存取款一体机（CRS）520 台，自助服务终端机（BSM）723 台；借记卡发卡量多达 2288 万张，借记卡发卡量多年以来一直保持全川同业前列。

（三）强化科技含量创新

"十一五"期间，科技含量的持续创新对建设银行注入了新的内涵，特别是"信息高速公路"的大力建设和成功运用，有效地促进了经营管理效率的提高和服务手段的改善，完全实现了机关办公和前台营销由手工操作到计算机操作再到管理信息处理和网络运行；储蓄存取款单个所柜由低级的电算化到高级的全行联网电子计算机系统科技平台支持；会计结算方式由信汇、电汇到网络清算、电子联行、银行卡跨行支付清算和国家支付系统电子网络运行；信息数据由基层分支行层层上报到所有业务数据集中后台经营运行中心集中并处理。该行不断完善以信息化、网络化、电子化为特征的内部运作机制与对外服务手段，基本实现了业务操作自动化、信息处理网络化、服务产品科技化、经营管理电子化，构建起现代科技创新与信息技术平台，为业务发展和各项工作提供了强大支持与有效保障。

（四）增强营销方式创新能力

围绕"思想、业务、流程"三方面转型要求，制定了"整体部署、突出重点、分层实施、先易后难"的创新方案。有计划、有步骤推进对公网点转型，促进其由"交易核算型"向"服务营销型、效益创造型"转变，优化了岗位职责和业务流程，提升了营销服务能力，适应了市场需求。完善了零售业务经营机制，从提升员工能力、改进考核模式入手，深化零售网点二代转型，建立 VIP 客户满意常态监控机制，加大转型流程和经营工具应用，推进财富中心建设，加快由营销产品向经营客户转变。优化了经营业务管理模式，围绕经营重点，构建矩阵式营销管理架构，启动对行内几大业务实践营销职能转变，逐日检测各类业务经营指标变化，逐日通报重要指标，定期梳理中间业务收入，及时总结工作经验，查找分析存在问题。不断满足市场需要，适应调整工作思路，量身定制各种营销方案，持续扩大经营产品，不断创新营销客户种类和价值贡献程度。通过以上营销方式不间断地持续创新，极大地推动了各项业务稳步、健康、快速地迈上新台阶。

三、 经营发展取得优异成绩

（一）做大做强负债业务，各项存款快速增长

争份额、占市场、增存款、上规模、千方百计增加存款，一直是负债业务经营工作的指导方针。"十一五"期间，建行四川省分行各项存款逐年攀升、快速增长。五年之中，本外币全口径存款余额、一般性存款余额、储蓄存款余额三项主要存款指标，年平均增幅分别是 21.10%、21.00%、14.50%。

表1　　　　　　　　　本外币存款情况表（单位：亿元、%）

分类 年限	全口径存款余额		一般性存款余额		储蓄存款余额	
	余额	增长率	余额	增长率	余额	增长率
2006	2060.48	16.44	2028.98	16.58	1085.52	15.47
2007	2394.12	16.19	2279.61	12.35	1090.04	0.42
2008	3098.51	29.42	2946.23	29.24	1410.54	29.40
2009	4013.15	29.52	3837.18	28.93	1681.82	19.23
2010	4434.58	10.50	4351.79	13.41	1868.02	11.07

（二）经营效益明显，盈利连年占比居前

建行四川省分行积极完善与推进经济资本和经济增加值两个核心机制，坚持以经营效益为中心，以财务价值最大化为工作目标，大力降低经营成本，努力提高经营效益。始终把实现利润作为一切经营活动的出发点和落脚点。五年期间累计实现拨备前账面利润247.46亿元，年均增幅达22.80%。连年以来一直在全国建行系统38家一级分行和省内同业市场占比中排名居前。

表2　　　　　　　拨备前账面利润情况表（单位：亿元、%）

分类 \ 年限	2006	2007	2008	2009	2010
利润额	28.95	42.47	47.04	63.07	65.93
增长率	1.30	46.70	10.70	34.10	4.50

（三）扩大贷款规模，支持全川经济建设

建行四川省分行大力发挥职能作用，千方百计筹集融通建设资金，支持全川经济建设，促进社会持续快速发展。"十一五"期间，累计发放各类贷款余额7458.51亿元，五年间年均增幅达17.60%，重点支持了省内交通、能源、通讯、科技、教育、灾后重建、城市基础设施以及商品房开发等国计民生工程建设项目，为四川省富民强省，实现跨越式发展做出了不懈的努力和极大的贡献。

表3　　　　　　　贷款余额情况表（单位：亿元、%）

分类 \ 年份	2006	2007	2008	2009	2010
贷款余额	1076.29	1194.99	1363.46	1765.50	2058.27
增长率	18.59	11.03	14.10	29.49	16.58
市场占比	25.87	25.62	26.17	24.23	23.66

（四）中间业务拓展良好，业务收入屡创新高

通过转变运营模式、完善考核机制、整合营销渠道、研发创新产品，建行四川省分行协作联动，千方百计抓收入、抢市场、占份额、比服务，积极促进

中间业务实现跨越式发展。"十一五"期间，该行中间业务收入明显，不断创出新高，市场同业占比名次始终保持第一，稳居同业榜首，五年收入累计高达70.50亿元，年均增幅达45.20%。

表4　　　　　中间业务收入情况表（单位：亿元、%）

分类＼年份	2006	2007	2008	2009	2010
中间业务收入金额	5.07	11.75	13.82	17.31	22.55
增长率	48.43	131.76	17.62	25.25	30.27
市场占比	24.31	30.81	30.55	29.19	29.16

（中国建设银行四川省分行）

交通银行四川省分行

"十一五"时期，交通银行四川省分行（以下简称交行四川省分行）在交总行、省市政府及监管部门的帮助指导下，紧紧抓住交行深化股份制改革和四川经济跨越式发展的战略机遇期，坚定不移地践行科学发展观，持之以恒地落实以"围绕提升发展速度、增强盈利能力核心，实施各项存款高增长、信贷结构大调整、中间业务快扩张战略，推进基础管理、贷后管理、科技创新、人才建设、企业文化工程，实现系统内西部一流、全国升位目标"为核心内容的经营方略，不断加快业务发展和机制创新步伐，实现了物质文明与精神文明和谐发展，争创质量效益型大行跃上新的台阶，为促进四川经济社会进步做出了积极贡献。截至2010年末，资产总额674.95亿元，比2005年末增长152.46%，其中贷款余额444.95亿元，比2005年末增长228.31%；负债总额653.8亿元，比2005年末增长145.75%，其中存款余额617.88亿元，比2005年末增长146.00%；不良贷款余额和比率分别比2005年末减少1.98亿元和降低3.3个百分点。

一、砥砺前行，实现跨越发展

2006年以来，交行四川省分行党委树立"发展是第一要务、质量是第一

117

责任、效益是第一目标、人才是第一资源"四个观念，增强"责任、危机、创新、奉献、竞争"五大意识，根据总行改革与发展要求每年制定了切合实际的发展主题和奋斗目标。2006年提出以"提升质量和效益"为主题促进发展，实现了结构、质量与效益协调统一，2007年提出以"又好又快发展"为主线高效发展，实现了三年规划各项目标任务，2008年提出2008—2010新的三年"创建全国质量效益大行"的奋斗目标，有力激发了全行外拼市场树形象、内强管理抓发展的工作积极性，营造了全行上下同欲、左右同心、共谋发展的良好局面。

在业务发展方面，全行上下始终坚持加快科学持续发展的信心和决心不动摇，抓住四川"工业强省"和成都市"加快产业发展"一批重大项目上马的机遇，准确定位目标，理顺营销机制，注重高层营销，强化激励约束，促进了各项业务健康有序发展。资产总额由2006年初的269.78亿元迅速提升为2010年末的674.95亿元。人民币各项存款余额从2006年初的243.25亿元增长为2010年末的614.25亿元。各项贷款余额由2006年初的131.04亿元增长为2010年末的443.95亿元。"十一五"时期，全行经济利润增幅达到616.67%，年均增幅为123.33%。资产质量全面优化，2010年末，不良贷款余额3.64亿元，比2005年末减少1.98亿元，不良率0.82%，下降3.33个百分点。累计上缴税金8.2亿元，为支持地方经济发展做出贡献。

二、 科学经营， 铸就发展之本

交行四川省分行追求科学发展、追求全面协调可持续发展已经潜移默化到全行上下经营管理每个细节之中。近年来，交通银行提出了打造"最佳财富管理银行"的目标，交行四川省分行亦始终坚持"以您为先，灵活稳健"的服务宗旨，践行"提供更优金融方案，持续创造共同价值"的企业使命，先后推出对公客户蕴通财富，个人客户私人银行、沃德财富、交银理财、快捷理财，国际业务领汇财富等系列特色服务品牌，不断彰显交通银行"以财富管理为特色"的品牌内涵，得到了广大客户的普遍赞誉和社会各界的好评。先后荣获《当代金融家》首届中国银行业"好分行"评选"社会责任奖"、"风险控制奖"，《华西都市报》及《成都商报》"最佳理财服务品牌"，《成都日报》、成都市金融办"五星银行"，《华西都市报》"榜样中国传媒大奖金融榜"的"最佳财富管理银行"等诸多荣誉。

三、 信贷支持， 助力地方发展

"十一五"期间，交行四川省分行积极发挥融通资金的作用，支持省市支柱产业、特色行业和优质企业发展壮大。五年来，先后向成都土储、保蓉房地产、保利（成都）房地产、二重、四川成安渝高速、四川遂宁绵遂高速、成都交投、兴蓉、兴堰安居、宜宾天原等重点单位和房地产、交通运输、公共设施管理业、电力、钢铁和石油化工等重点行业提供了累计上百亿元的信贷支持。认真贯彻国家信贷政策和总行授信业务"一行一策"指导意见，坚持区别对待、突出重点、有保有压的原则，着力调整全行资产业务结构。全行1～5级客户贷款占比不断提高，6～7级客户占比持续下降；中长期贷款余额占比持续提升。设立小企业信贷管理部，不断完善中小企业金融服务体系，帮助中小企业拓宽融资渠道。自2006年6月推出了小企业信贷品牌"展业通"以来，为小企业发展提供大力支持，初步确定了"展业通"业务品牌和市场竞争优势。截至2010年末，小企业贷款余额较年初增加12亿元，增长221%。个人消费贷款发展迅速，累计帮助超过13万名客户圆了购车梦、购房梦。截至2010年末，个人贷款余额达到187亿元，比2005年末增长5倍。

四、 客户立行， 开拓发展之源

着力提高营销能力，优质客户明显增多。设立了15家沃德客户中心，大力推广"沃德财富"和"交银理财"两大服务品牌，开通机场贵宾通道，推行大堂经理制度。设立业务发展委员会，组建重点行业和客户营销小组，加强总分行、分支行联动，提升对大客户、大项目的服务能力。成功拓展或扩大合作攀钢集团、攀煤集团、川煤集团、华西集团、川渝中烟、四川移动、四川航空、川投集团、四川石油管理局、华能电力、国电四川公司、华润电力公司、四川电力公司、双流机场、成都高新区、成都城建投资集团、成都卷烟厂、中国成达工程公司、中铁二局、德阳二重、东锅股份、南车集团资阳机车公司、中海地产、华润置地、万科地产等优质客户和大型项目，市场形象和社会影响力得到显著提升。大力拓展外汇资本金业务，营销华润置地、天府丽都喜来登酒店、富格实业、中汽联等优质客户与项目。深化与国开行、进出口银行、外资银行、城商行、农信社、财务公司等金融同业的合作，拓宽了介入优质贷款项目的渠道。

在多年的发展中，交行四川省分行逐步形成了一套以客户为核心的营销服务体系。一是以准确动态的客户筛选机制为先导，锁定客户。从强化全行市场营销规划入手，在明确市场定位、找准目标客户上下工夫，增强了客户选择的前瞻性和客户管理的针对性。二是以量身定做的差别化服务机制为手段，留住客户。优质服务最主要的是深入到客户的每个细节，提供量身定做的差别化服务，在深入了解、准确把握客户需求的基础上，该行着重为客户加强财富管理，提供一揽子金融服务方案。三是以统一协调的业务联动机制为保障，形成了以客户需求为核心，"牵一发而动全身"的传导体系。

五年来，为了不断提升客户服务体验和客户满意度，交行四川省分行构建了完善的零售客户服务体系，提供机场和火车站贵宾厅、就医绿色通道、高尔夫畅打、家政等增值服务。不断丰富金融产品，通过上门拜访、银企座谈、知识讲座等形式，与客户主动沟通，满足不同客户的融资、理财等需求，受到了客户的青睐和赞扬。

面对同业竞争，交行四川省分行按照总行"走国际化、综合化道路，建以财富管理为特色的一流公众持股银行集团"的发展战略，着重培养并增强财富管理领域的特色化经营优势，为高端客户提供高品质服务，为大众客户提供高效快捷服务，努力成为财富管理市场的主导者、最佳金融解决方案的设计者、价值业务的创新领跑者和创新成果的保有者，以最佳的服务使"交通银行，您的财富管理银行"这一观念不断深入人心，全面服务大众。

五、 创新不竭， 成就发展之道

作为2010年上海世博会全球合作伙伴，交通银行以自身在金融方面所富有的远见和探索精神，推出了一系列优质金融产品。公司业务方面推出了专门的公司金融服务解决方案"蕴通财富"，在为客户提供差异性、个性化、深层次、一站式的企业金融服务的路上，迈出了坚实的一步。针对中小企业的生产经营特点，特别推出了专项信贷和结算的金融服务解决方案"展业通"，为中小企业展业提供优质高效、快速融通的金融服务，具有金融品种全、服务效率高等诸多特点。在国际业务领域，推出"领汇财富"品牌的十余种业务产品，丰富跨境业务服务。

近年来，交行四川省分行先后针对不同客户群体推出了私人银行、沃德财富和交银理财等一揽子金融服务解决方案。该行正确把握银行业发展趋势，大力发展消费信贷业务，在整合现有个贷产品的基础上，创新推出了全新的消费信贷产品"易贷通"，给予借款人长达三年的循环使用的最高额度，最大限度满足了个人的大额消费需求，提供了高效便捷的融资通道。在国内首创的贷款电子化服务渠道"e贷在线"，创造了电子化、网络化的贷款新形式，"网络贷款专家"的服务理念创新了零售信贷客户拓展形式，受到了众多贷款客户的关注。

以大力建设电子银行为突破口，努力打造市民身边最便捷的银行，目前已经建成了包括网上银行、电话银行、手机银行、自助银行、自助通等一系列现代化的电子银行系统。其中，手机银行品牌"e动交行"率先在全省实现手机银行预约 ATM 取现，使持卡人能够实现无卡取款。

六、　网点建设，　奠定发展基础

"十一五"期间，交行四川省分行不断加快网点建设和网点改造的步伐，构建更加完善的金融服务网络，为客户提供更加舒适、温馨、便捷的金融设施和服务环境。一是着力强化网点建设，效益水平不断提高。明确网点阵地营销定位，倡导全员营销经营理念，切实把政策落实到位、资源配置到位。二是加强网点建设组织领导。建立机构建设领导小组，统一网点装修标准并规范相关程序，开展部门对口联系业务支行活动。三是加大对省辖行的紧密型、一体化管理力度。充分发挥两级联动营销效能，"辖而不管"问题根本改观；撤建并举，加快网点布局结构调整，通过撤销和歇业低效营业网点，改造网点，建立离行式自助银行的方式不断提高网点单产水平，全行人均、网均存款持续增高，集约化经营水平大幅提升。

截至 2010 年末，交行四川省分行营业网点总数已达 93 家，其中成都市 75 家，异地分支机构 5 家。成都地区设立 203 个 24 小时自助银行（含自助服务点），自助设备 283 台，基本覆盖成都城区，在各界客户和当地同业中的影响力进一步提升。

七、 和谐共赢， 创造发展之恒

"十一五"期间，交行四川省分行狠抓"四好"领导班子创建活动长效机制建设，按照总行党委要求，把先进性教育、学习实践科学发展观等活动作为重大政治任务来抓，有效解决了领导班子和党员队伍建设中存在的主要问题，党委统揽全局的政治核心作用进一步增强，各级领导班子的综合素质得到提高，党员的先进性充分发挥，促进了改革与发展的顺利推进。着力实施员工职业生涯规划，不断健全人才培养锻炼机制，持续优化员工成长通道。坚持原则、严格程序，加大了干部考察、公开选聘、轮岗交流力度。认真落实领导干部廉洁自律的各项规定，加大从源头预防和治理腐败力度，确保了党风廉政建设责任制落到实处，强化了干部监督。通过召开座谈会，实施干部定期谈话制度、建立青年论坛、开展讲座等，以互动式、立体化，上下坦诚交流的平台为重点，塑造企业文化，凝聚企业精神，活跃了氛围，激发了干部员工的积极性，逐步形成上下信任、彼此团结的和谐环境，大大增强了发展合力。

"十一五"期间，交行四川省分行秉承"源于社会、回报社会"的宗旨，持续加大履行社会责任的力度，努力将企业发展与构建和谐社会紧密联系在一起，将"企业社会责任"的理念延伸至服务、救灾、扶贫、教育、环保等众多领域。倡导"人人讲慈善、时时行慈善"，在支持社会公益和慈善事业方面不遗余力，积极投身抗震救灾和灾后恢复重建，捐款捐物，奉献爱心。

一是第一时间确定了"走访慰问—了解灾情—帮助重建—捕捉机遇—践行责任"的工作思路，行领导带领客户经理拜访客户，排查灾情，评估损失，统计需求，根据客户具体情况有针对性地拟订贷后管理措施。二是提高贷款审批效率，设立"特别通道"，优化了审批流程，加快了对抗震救灾专项贷款的审批速度。灾后即明确了立即跟进的拟新增授信及年内拟新增投放的项目17个，涉及金额约53.2亿元。其中，救灾物资包括新希望集团有限公司、四川新希望农业股份有限公司等，涉及金额1.5亿元；城市基础设施建设（灾区永久性安置房建设）包括成都工业投资集团有限公司、都江堰兴堰公司等，涉及金额10.7亿元；重装机械包括中国第二重型机械集团公司等，涉及金额5.5亿元。三是进一步细化行业政策。严格按照国家有关金融和产业政策，以救灾重建物资、电网电力、交通运输、电信通讯、供水供气、工程机械、水泥建材、医药器械、石油化工、建筑施工等十大相关恢复重建行业作为投向重点，加大信贷资金投放力度，确保灾区重建工作顺利进行。四是成立灾后重建融资支持工作小组，组织灾区信贷需求变化的调研分析，跟踪、了解灾后重建政策、规划、重大、重点项目实施进度，确定项目跟进名单和跟进方案，掌握重建信息和他行动向，订制信贷产品，提升全行产品与重建需求的契合度，积极扩大综合回报，提升全行资产业务有效竞争力；积极研究灾后保全工作的新情况、新变化，深入理解和运用地震受灾信贷核销政策，定制有效保全、处置方案，积极消化不良资产包袱，提升现金清收能力；组织灾后信贷风险变化情况的调研分析，研究灾后信贷风险控制出现的新情况、新变化，订制应对措施和方案，提升风险控制技术和水平；全面开展灾后授信支持政策的调研分析，针对灾重建授信的新情况、新变化，加强与交通银行总行的沟通联络，加强对支行的灾后重建信贷专项指导，改进信贷服务流程，最大限度平衡风险和收益，提升灾后重建项目授信支持效果，树立良好社会形象。五是在信贷规模、业务创新等方面加大对小企业的灾后重建支持力度。积极加大与地方专业担保公司业务合作，加大扶持力度。通过"小企业信贷服务中心"或"小企业信贷特色支行"的模式，为小企业提供服务。全行争取有效发挥供应链融资服务优势，借助核心企业、保险公司、物流公司等平台，通过票据、保理、动产质押等方式，加大对与重建工作重点企业有紧密配套关系的中小企业融资支持。依托全行已形成金融控股集团的优势，由金融租赁企业对与灾后重建相关的电力、通信、工程机械、城市基础建设、大型制造企业等开展融资租赁服务，拓宽重建企业融资渠道。

经过"十一五"期间的发展，交行四川省分行已步入健康快速发展的轨道。在下一个五年，交行四川省分行将以提升整体效益水平为主线，以集约化经营与精细化管理为手段，以加快业务发展、提升内部管理水平、深化员工队伍建设为重点，努力实现"二次创业、四年倍增"的宏伟目标。

（交通银行四川省分行）

中国邮政储蓄银行四川省分行

中国邮政储蓄银行四川省分行（以下简称四川省分行）成立于 2007 年 12

月9日。在省委、省政府的关心和指导下，四川省分行始终扎根于地方经济土壤，认真落实温家宝总理提出的"扩大邮储银行涉农业务的范围和领域，强化为'三农'服务的功能"的指示精神，结合自身定位，及时推出了一揽子促进"三农"和中小企业发展的重点业务品种，提升了邮储银行服务大众和民生的能力，发挥了保民生、保增长、保稳定的积极作用，着力为地方经济提供全方位、多层次的金融服务，实现了超常规跨越式发展。截至2010年末，资产总额2057.52亿元，其中贷款余额228.24亿元；负债总额2044.59亿元，其中储蓄存款余额1597亿元，列全国第5位；公司存款余额414亿元，列全国第1位；个人贷款余额达到220亿元，列全国第4位；2010年实现经营收入24.3亿元，利润6.4亿元，均列全国第2位。在2008年和2009年分别荣获"金融业社会责任特别奖"和"支持中小企业特别贡献奖"。

一、　"十一五"　期间取得的成绩

自成立以来，四川省分行坚持以科学发展观统揽全局，认真贯彻"深化改革、加快发展、内强素质、外铸品牌"的工作思路，切实践行"三个第一"工作要求，同舟共济、攻坚克难、化危为机，克服地震天灾和金融危机带来的重大影响，牢牢把握发展主动权，全面实现了"一年一小步、三年大跨步"的超常规跨越式发展目标，价值创造能力进一步突出，风险管理能力进一步增强，核心竞争优势进一步巩固，社会公众形象进一步提升。

一是结构转型取得新成绩。2010年全行自营业务收入完成24.3亿元，较2008年翻了两番，年均增长94.5%；实现利润6.4亿元，是2008年的304倍，年均增长1642.9%。截至2010年末，各项资产总额达到2057.5亿元，年均增长32.9%。收入结构进一步优化，信贷、公司等新业务收入占比62.57%。目前，全辖有12个二级分行新业务收入占比超过60%。

二是改革创新实现新突破。2008年，全省快节奏、高效率地完成了各级分支行的组建工作。积极推广二级支行损益核算，加强了成本费用项目集中管理，目前已在396个网点全面推行，有效提高了全行盈利能力。探索建立和完善会计结算工作的组织构架和制度体系，在全省对公网点实施"网点会计主管委派制"。组建和逐步壮大数据分析团队，认真梳理各个业务条线的数据结构和分析流程，完善分析平台，为客户动态管理和分层营销提供依据。坚持以开展"合规管理年"、"业务行为规范年"等活动为契机，创新审计方式，"统一方案、统一检查、统一通报"，提升了全行员工的合规经营意识，实现了三年零案件的良好成绩。

三是业务规模再上新台阶。三年来，四川省分行坚持以利润为导向，面向市场、因地制宜、突出重点、统筹兼顾，增强了各业务板块之间的协调发展。截至 2010 年末，各项存款余额达到 2011 亿元，其中，公司存款余额突破 400 亿元，绝对值和增幅双双列系统内第 1 位。邮政绿卡积存 2501 万户，列系统内第 4 位。累计发放贷款 285 亿元，余额净增 90 亿元，全行信贷资产规模达到 364.4 亿元。其中，个人贷款余额达到 220 亿元，列系统内第 4 位。

四是渠道资源发挥新作用。2008 年，四川省分行克服"5·12"特大地震带来的影响，先后组建了 21 家二级分行、1 家直属支行，建立了全省 2927 个网点的网络体系。三年来，四川省分行采取迁址改造、原址扩建、新增支行等方式，科学规划选址，精心组织施工，完成 169 个一类网点布局调整和服务功能升级工作，网点改造率达到 42.7%。通过开展"服务行为规范年"、"文明规范服务千家示范单位"等活动，共创建"全国银行业文明示范单位" 4 个，省级示范单位 7 个，总行级服务明星支行 9 个。同时，依托强大的网点网络和结算优势，坚持以"新农保"为延伸农村服务领域的重要手段，已在全省 22 个县全面开展"新农保"金融服务，惠及人群超过 1200 万人。

五是竞争能力凸显新优势。以 2008 年 4 月 12 日公司业务系统成功试点上线为标志，四川省分行步入又一商业银行重要业务领域。三年来，全省坚持"抓住机遇、创新营销、做大规模、树立品牌"的公司业务发展思路，快速突破政务类、社保类、网络型企业营销难点，构建与烟草、长虹、电信、移动、电力、四川高速等行业和企业的战略合作伙伴关系，打造具有邮储银行特色的"资金结算链"，找到了代收非税、代收交通罚没款、住房公积金、移民资金、援建资金、土地出让金、财政库银横向联网等项目的营销切入点，有力促进了公司业务协调发展。全力争取国库集中收付、公司外汇等业务开办资格，为业务稳健发展创造了良好条件。以"金雁奖"营销评选活动为契机，坚持以项目为抓手，三年来共培植总行级重点项目 6 个，省级重点项目 86 个，市州级重点项目 252 个，对各项业务形成强力推进。在全国率先试点开办个人网银业务，注册客户已达到 73.5 万户，列系统内第 2 位，交易笔数和金额列系统内第 1 位。

六是企业形象获得新提升。三年来，四川省分行坚持"进步，与您同步"的企业理念，强化"责任银行"意识，先后向汶川、玉树地震灾区捐款共 300 多万元，向灾区学校捐赠图书 20 余万册、体育用品 21 批，连续两年向全省万余家"农村书屋"赠阅《新华每日电讯》。成为第十届、第十一届两届"西博会"唯一的"金融战略合作伙伴"，在赢得认同中树立了形象。四川省分行先后荣获"省级文明单位"、"年度最佳网上银行"、"年度最佳中小企业金融服务奖"、"年度最佳理财服务品牌"等诸多荣誉。

二、 提供多元化金融产品， 满足客户不同需求

（一）关注民生，信贷富农

自 2008 年 1 月 31 日开办信贷业务以来，四川省分行已在全省 147 个县开办了小额贷款业务，县域网点覆盖面超过了 82%，超过 26 万农户成为该行信贷业务的受益者。通过银团贷款、票据转贴现等方式，累计返还四川建设资金 560 亿元，逐步实现邮储银行与农村经济发展和农村市场拓展的良性互动。一是以"助富"为使命。该行充分利用小额信贷"信用"、"灵活"、"联保"三大特点，加强宣传，深度营销，挖掘目标客户，延伸信贷触角。截至 2010 年末，累计发放小额贷款 30 余万笔，金额达到 170 亿元。坚持把小额信贷业务与支持农村专业合作组织和特色产业有机结合起来，先后重点支持了凉山烟草、资阳柠檬、龙泉水果、达州山羊等 50 多个特色农副产品基地。其中，在系统内首家开发的茶叶行业小额贷款，社会效应显著，得到了中央电视台经济频道、《东方瞭望周刊》等主流媒体报道。坚持把支持农业产业化经营与稳定销售渠道结合起来，通过与烟草等企业签订战略合作协议的方式，开发了凉山烟农小额贷款，联结产销，形成纽带。截至目前，已累计发放贷款金额超过 5000 万元，且一直保持零逾期。坚持创新思维，不断增强小额贷款的市场适应性，如在南充市南部县支行试点，将政府扶贫贴息贷款与该行小额质押贷款业务有效结合，开发了扶贫贴息贷款业务，累计向 4000 多名贫困农户发放贷款近 1 亿元；与团省委加强协作，在监管部门的支持下，创新了"四川青年小额贷款"项目，不断建设青年创业工程，激发青年带富一方的热情，已累计发放青年小额贷款金额超过 2.4 亿元，支持实施了青年创业项目近 1000 个，

受到各级党政和社会各界的一致好评。二是以"增效"为目标。十分注重发挥贷款对农业产业化龙头企业、产业延伸企业和产业服务企业的信贷支持作用，从而有效延伸了农村产业链，促进农业增产增收。为服务中小企业，加大支持四川经济建设，在已开办小额贷款、个人商务贷款的基础上，于2010年1月在绵阳试点开办小企业贷款业务。目前，该行已先后在成都、南充、德阳、遂宁等14家二级分行开办小企业贷款业务，支持制造业、批发零售业、建筑业、畜牧业等多个行业的300多户中小企业资金需求。截至2010年末，累计发放个人商务贷款3.3万笔，金额72.88亿元；累计发放小企业贷款6.7亿元，贷款余额6.62亿元，贷款资产质量良好，无逾期和不良贷款。三是以"民生"为根本。汶川大地震使全省818个邮储银行网点受损，其中63个网点垮塌，员工受伤89人，死亡8人，直接经济损失超过2亿元。在组织员工抗灾自救的同时，四川省分行更加清晰地认识到肩负的责任，一方面千方百计地恢复网点服务，及时开通抗震救灾绿色通道，另一方面全力以赴支持抗震救灾，在震后一周内就启动6个重灾市、州的小额贷款业务培训，灾后8天内发放了第一笔支持灾后重建的银团贷款，组织员工捐款200多万元支持灾区百姓重建家园。特别是通过自主开发并在四川银行业机构中率先推出农房重建专项贷款，已累计向3651名地震受灾农户发放重建贷款7342万元，建设农房60多万平方米。

（二）机制保障，服务惠民

一是延伸服务领域。不断完善绿卡的服务功能，为广大客户提供了便捷、安全、高效的银行卡服务；与人行成都分行共同推出了"农民工卡"业务，在资费方面给予优惠。二是创新服务机制。加强与同业和地方政府的合作，与国家开发银行四川省分行签订了500亿元合作协议，先后与广元、巴中、达州、乐山等10个市、州政府签订总额达近300亿元的银政合作协议，为信贷支农搭建更好平台。三是组建小贷批发中心。以现有小额贷款产品为依托，结合新农村联片开发建设规划和信用村镇建设，采用"先授信、后用信"的模式，于2010年8月在巴中试点农村小额贷款业务批发中心。截至2010年末，全省共有10个分行成立了批发中心，共计授信2270户，金额6955万元，放款3953.5万元，试点工作初见成效。省政府黄小祥副省长在视察巴中农村小额贷款业务批发中心时，对此项试点工作给予充分肯定。四是积极支持节能环保事业。该行积极推动符合国家产业政策要求的中小企业健康发展，加大对具有自主知识产品、自主品牌和高附加值拳头产品中小企业的支持，提升中小企业自主创新能力。严格控制过剩产能和"两高一资"行业贷款，鼓励对纳入环境保护、节能节水企业所得税优惠目录投资项目的支持，促进中小企业节能减排和清洁生产。目前，累计向节能环保行业发放小企业贷款 2 笔，金额 1000 万元。

（三）大力开展公共服务

一是狠抓公司业务创新，提供公共基础服务。截至 2010 年末，该行公司业务上线网点达 139 个，存款余额达到 414.79 亿元，涵盖了财政、社保、烟草、通讯、医疗、教育、商贸等重要客户。同时，始终坚持把服务公共财政、服务三农作为一项重要工作来抓，在全省积极推进非税代收、国库集中支付、代收交通罚没款、代理社保、家电下乡等服务项目，在取得显著效益的同时，树立了良好的品牌形象。截至 2010 年末，累计代收非税代收项目 55.79 亿元，累计办理国库集中支付业务 7.4 亿元，累计代收交通罚没款 1014 万元；累计代发"家电下乡"等政务类项目各类补贴资金 1.81 亿元。二是积极实施"四川烟叶收购资金代发"项目，延伸了合作的深度和广度，取得了良好的经济和社会效应。2010 年累计代发烟叶收购资金 9467 万元，发放烟草联名绿卡 3000 张，并联动"凉山州烟农小额贷款"发放近 6000 万元，持卡烟农反响良好。正因为不懈努力，该行先后荣获"年度最佳网上银行"、"年度最佳中小企业金融服务奖"、"年度最佳理财服务品牌"等三项大奖。

（中国邮政储蓄银行四川省分行）

四川省农村信用社

"十一五"期间，四川省农村信用社高举改革与发展大旗，坚持服务"三农"宗旨，攻坚破难，锐意进取，全面完成资产、效益、队伍"三个根本好转"，逐渐实现了"自主经营、自我发展、自负盈亏、自求平衡"的改革与发展目标，开启了向现代金融进军的新征程。截至 2010 年末，四川省农村信用社（含成都农商银行）资产总额 5099.84 亿元，比 2005 年末增长 222.3%，其中贷款余额 2802.80 亿元，比 2005 年末增长 204%；负债总额 4906.21 亿元，比 2005 年末增长 222.9%，其中存款余额 4214.70 亿元，比 2005 年末增长 254%；不良贷款余额和比率分别比较 2006 年下降 217 亿元和 28.47 个百分点。2010 年末资产利润率 1.13%，比 2005 末提高 0.99 个百分点。

一、　改革激发活力，　发展聚焦　"三变"

四川省农村信用社联合社（以下简称省联社）成立之初承载着两项根本任务：一是推进农村信用社体制、机制改革，从根本上扭转农村信用社生存困难的局面；二是引导全省农村合作金融机构以服务"三农"为宗旨，不断增强服务功能，改善服务水平，促进城乡经济协调发展。按照省委"要抓好班子，带好队伍，建好机制"的指示以及省政府"要通过深化改革来求发展，通过深化改革来增添活力，通过深化改革来增加动力"和"不断提高盈利能力、抗风险能力、可持续发展能力"的要求，省联社积极稳妥、求真务实、科学组织、稳步推进全省农村合作金融机构改革，取得预期的阶段性目标，实现了三个转变。

（一）深化改革促转变

2005 年 6 月省联社挂牌成立后，全省农村合作金融机构正式步入"省政府依法管理、各级银监部门监管"和"省联社进行具体管理、指导、协调与服务"新的管理体制。同时，省联社围绕"改革、发展、稳定"工作主线，以打造两个核心竞争力为助推，遵循"因地制宜、分类指导"的原则，以县为法人单位组建农村信用合作联社。截至 2010 年末，全省农村合作金融机构已建立产权清晰、治理健全的 159 家农村信用合作法人企业市场主体，除三州有 45 家县级联社和广安区联社仍为县乡两级法人外，全省共有县级统一法人联社 110 家、农商行 2 家、农合行 1 家；攀枝花市级农商行筹建和凉山州以州为单位统一法人工作进展顺利。

全省农村合作金融机构产权制度日渐清晰，内控管理科学合理。一是产权关系得以明晰。在清产核资的基础上，组织实施了增资扩股工作，优化股权结构，2010 年末股本金余额 141.09 亿元，较 2005 年末增加了 70.66 亿元。二是"三会一层"治理框架初步建立。选举产生了社员代表和理事会、监事会和经营层成员，建立健全分层授权体系。三是内控制度不断健全。本着"实效性、可操作性"原则，对原有内控制度进行修改，消除管理"断层"和制度"盲区"。四是组织构架进一步健全。"三会一层"分别设立了风险控制、人事薪酬、审计等专门委员会和业务经营类委员会，重大事项均按照法人治理要求和议事规则进行。五是管理步入科学轨道。股份合作制下的法人治理结构得到规范，决策、执行、监督相互制衡的机制已经形成，各项制度基本能够覆盖业务各领域，各种办事规则、业务操作规程科学合理，运行有序。资本集聚、权力制衡和内生动力功能得到充分发挥。

省联社党委以人为本，始终把队伍建设作为事业兴衰成败的中心来抓。一抓组织建设。在多级法人的体制下，确立了"党管干部"的原则，确立了"党委就是各级组织的核心、理事长就是班子的核心"的指导思想。建立了系统党组织，充分发挥各级党组织在全省农村信用社改革与发展中的领导核心和战斗堡垒作用。在系统大力推进"四好班子"建设，坚持"三不"评价标准，建设学习型团队。二抓廉政建设。倡导八个方面的良好风气，切实做到"为民、开拓、务实、清廉"，大力弘扬联系群众、亲民为民，开拓进取、奋发有为，求真务实、真抓实干，清正廉洁、艰苦奋斗的作风，推动全省农村合作金融机构作风建设。三抓队伍建设。坚持"以数据论英雄、以业绩用干部"的指导思想，坚持"德才兼备、以德为先、廉洁问题一票否决"的用人标准，坚持"凡进必考"和"三定"管理。五年来，全省农村合作金融机构资产与负债增加了两倍多，在岗员工总数下降了两千多人。先后招聘新员工8709人，其中本科占70%。清退临时工4058人、实行离岗退养4631人，队伍素质进一步提高。四抓行风建设。确立了"强化管理、重典治乱"的工作方针，先后纪律惩处高管人员100余人，经济处罚23713人次。

经过几年的不懈努力，全省农村合作金融机构逐渐走出困境，主要业务指标持续改善，呈现超常规、跨越式发展的态势。2010年11月12日，黄小祥副省长视察省联社时指出：过去五年，全省农村合作金融机构成绩显著，走出困境，开始进入良性发展的新阶段。

（二）加快发展见成效

经营规模实现翻番。截至2010年末，全省农村合作金融机构（含成都农商银行，下同）各项存款4214.70亿元，是五年前的3.54倍，在全省金融机构中排名从第4位上升至第3位，在全国排名从第7位上升至第6位；各项贷款余额2802.80亿元，是五年前的3.04倍，从在全省金融机构中排名第2位上升至第 1 位，在全国排名保持第 7 位。

风控能力明显增强。拨备余额由 2004 年末的 12.05 亿元增加到 2010 年末的 132.06 亿元，增长 9.96 倍；拨备覆盖率由 2006 年末的 6.86% 提高到 2010 年末的 60.49%，提高 52.74 个百分点。2010 年末，全省不良贷款（五级分类）余额 221.59 亿元，占比 7.91%，剔除地震灾害影响，不良贷款余额和占比较 2006 年（当年开始实行五级分类）下降 217 亿元和 28.47 个百分点。

盈利能力显著改善。2010 年实现利润 54.51 亿元，比 2004 年增加 51.71 亿元，增长 18.62 倍。2010 年末资产利润率 1.13%，比 2004 年末提高 0.98 个百分点；员工薪酬水平从五年前的人均 2.23 万元提高到去年的 6.98 万元，员工活力进一步激发。

（三）服务三农惠民生

五年来，省联社紧紧围绕省委、省政府富民强省的宏伟目标，全力支持新农村建设和城乡统筹发展。

以"富民惠民，改善民生"为工作主线，倾力支持"三农"经济，有效满足辖内农民的有效贷款需求，切实解决农民贷款难问题。五年来累计发放农户贷款 3314.3 亿元。认真做好春耕支农工作，累计发放春耕支农贷款 433.57 亿元。支持农业产业化经营，结合农村信贷需求主体多元化、层次多样化、总量扩大化、期限延长化等新特点，在做实做强小额农贷品牌的基础上，开发出适应农村市场变化的"四通两乐"贷款品种，着力助推传统农业向现代农业优化升级，累计发放贷款 12 亿元，支持专合组织 6582 个，向 41 万户农户发放基地农户贷款，支持特色种植业基地 1.3 万个，现代畜牧业基地 3200 多个，提高了农业生产的组织化、专业化程度。以支持农民专业合作社为切入点，为专合组织提供融资理财、信息技术、营销管理、人员培训等全方位服务，五年累计发放各类农业经济组织贷款 407.8 亿元。支持龙头企业发展，不断深化"公司＋农户"、"公司＋基地＋农户"、"公司＋专业市场＋农户"等农业产业化经营模式，积极构建"农工贸一体化、产加销一条龙"的"龙型经济"体系，五年累计向 13390 家龙头企业发放贷款 548.75 亿元，有力地支持了一批产品有市场、竞争能力强、辐射带动面广的产业化龙头企业和企业集群。

支持中小企业发展，着力建立科学的定价机制、优化信贷审批流程、完善服务机制，切实缓解中小企业融资难问题。省联社组织力量为中小企业量身定做了"跨越通"、"致富通"等40多个信贷业务产品，并以打造核心竞争力为抓手，分别在广汉、涪城、雁江、简阳进行了试点，通过不断地总结，成功开发出商城商铺贷款、会员制担保公司贷款、动产质押第三方监管贷款等信贷产品，形成了既支持中小企业发展，又有效防范风险的广汉模式和简阳经验，并在全系统推广，有力化解了中小企业融资难矛盾。同时在罗江、旌阳联社进行了微贷业务试点，推出了"惠商贷"、"惠薪贷"两个信贷品牌。五年累计发放农村工商业贷款2126.8亿元。

改善服务方式，提升服务水平。五年来，全省农村合作金融机构完成烟叶批量代付改造、财政集中支付、中国人寿借款人意外险等100多个业务项目的开发及上线工作；"蜀信卡"发卡量已达1514万张，全省平均每6个人就持有1张蜀信卡；投放ATM机580台，POS机3770台，EPOS机135台，客户数达到6800多万户，日均交易量200万笔，日均交易金额245亿元，客户数、日均交易量、日均交易额在全省金融机构位居前列。

二、 着力金融创新， 破解三大 "难题"

省联社成立后，坚持服务"三农"，服务中小企业，服务县域经济的市场定位，致力破解"农民贷款难"、"中小企业贷款难"、"农民结算难"三大难题。

（一）两个"百分百"解决"农民贷款难"

全省农村合作金融机构始终把农贷市场作为主体市场，"百分之百地满足符合条件农户的贷款需求，百分之百满腔热情服务'三农'"，为农民提供"服务最优、门槛最低、程序最少、效率最高"等一系列优惠政策。农户小额信用贷款，作为农村信用社满足农户需求的"黄金品牌"，对诚实守信、符合贷款条件的农户，开通了"绿色通道"。为动态筛选、识别农户信息，方便农户，省联社开发建设了小额农贷系统，农户在ATM机上可以随贷、随还、结息。根据农民城镇化、主体多元化、层次多样化、总量扩大化、期限延长化等新特征，将农户小额信用贷款和农户联保贷款移植到社区，丰富小额农贷内涵，助推城乡统筹发展。为适应市场需求，全省农村合作金融机构推出了"四通两乐"大力发展"公司＋基地＋农户"、"公司＋专合组织＋农户"产业化经营模式。深入开展"党员农贷快车"，"送知识、送科技、送信息、送贷款"、"新农村建设直贷快车"等三项活动，并实施了"五个一"信贷支农工程、"66211畜牧业发展"工程、农民新村建设工程、便民信息化工程、农村信用工程等五项工程，有力地支持了新农村建设。近五年来，全省农村合作金融机构以占全省金融机构14%的资金来源，发放了占全省89%以上的农业贷款、98%以上的农户贷款。四川农村信用社"贴心为农、实心帮农、真心想农"支持"三农"，实现了农户、社区、信用社"三方共赢"，获得了社会各界广泛赞誉。2006年5月，在银监会组织的"农村金融服务满意度"调查中，四川被评为"满足农户贷款需求、满足农村企业贷款需求"4个"双满意"省份之一。2007年8月16日，郭永祥副省长批示：省信用联社坚持立足农村，服务三农的工作方向，不断加大信贷产品创新、贷款方式创新、工作机制创新力度，积极支持"三农"工作，取得了较好成效。我代表全省农民兄弟向你们表示感谢！

（二）"四个创新"缓解中小企业贷款难

中小企业融资难主要难在担保抵押难、评级授信难，为此，全省农村合作金融机构在破解中小企业融资难上作了大胆探索和尝试。一是从理念创新，确立"以市场为导向、以客户为中心"的理念，转变"坐商"作风。改变传统的"抵押物万能"的信贷文化，从提高风控能力来提高溢价，来捕捉市场。针对中小企业抵押担保难，省联社先后在广汉、简阳、涪城、雁江等地探索互助式会员制担保、动产质押第三方监管、应收账款质押贷款试点，总结出了"广汉模式"、"简阳经验"，并在系统内全面推广。《金融时报》对此做了专题报道。2010年6月21日，蒋巨峰省长在省联社《工作专报》第6期《农村信用社探索"金融仓储"业务模式破解中小企业融资难题的情况报告》上批示省金融办：请对省农信社正在推广的三种创新模式进行专题调研和评估。如实践证明切实可行，则研究在面上推广力度的措施，切实破解中小企业融资难题。二是从制度上创新，以现代商业银行为标杆，全面推进业务流程化、规范化。全省农村合作金融机构以转换经营机制为契机，重设组织架构，设立中小企业专营机构，配备专职客户经理，实施前、中、后台分离，流程化作业。三是从产品上创新，根据中小企业融资需求"短、频、快"的特点，为中小企业量身定做了信用贷款、联保贷款、整贷零还贷款、积分贷款、循环贷款等"跨越通"系列信贷产品。既改变了服务中小企业信贷产品传统单一的现状，又满足了中小企业不同层次的融资需求，备受客户青睐。自"跨越通"信贷产品推出以来，已累计发放贷款 1896 户、83.46 亿元，有效缓解了中小企业融资难。四是从服务上创新，实行限时办结制、首问责任制，推行"一站式"办公，开辟了服务中小企业"绿色通道"。五年来，省联社制定了评级授信、审查审批、贷后管理等一系列制度办法，为规范中小企业信贷服务提供制度支撑，全省农村合作金融机构累计向 2.7 万户中小企业发放贷款 1185.85 亿元。

（三）"双管齐下"解决资金"结算难"

省联社成立之初，全省农村合作金融机构金融电子化建设"一穷二白"，近 6000 个网点基本上处于手工操作，服务功能单一，产品极度匮乏，农民"汇款难"、"结算难"。省联社成立伊始，即致力完善网点服务功能，建设农村信用社的"金融超市"，打破资金结算瓶颈。从硬件和产品两个方面"双管齐下"。硬件方面，先后建成全省集中的数据中心和 SC6000 综合业务系统，开通人民银行大、小额支付系统、农信银支付系统，大量投放 ATM 机、POS 机，研发了 EPOS 系统；软件方面，研发了具有自主知识产权的"蜀信卡"，开通了农民工银行卡特色服务，发行了改善地震灾区金融服务"家园卡"，全面代理农民粮食直补等项代理业务，与保险公司签订全面战略合作协议，上柜产品达 190 个。

三、 危难凝聚力量　责任勇于担当

（一）抗震救灾，共克时艰

"5·12"汶川特大地震给四川造成巨大的人员伤亡和财产损失。农村合作金融机构成为地震中网点损失最重、人员伤亡最多、财产损失最大的金融机构。灾害发生后，省联社按照中央和省委、省政府提出的"两手抓"方针，统一思想，增强信心，迅即行动，以大无畏的勇气和超常的作为积极投入抗震救灾的伟大斗争。在震后的第一时间成立了全省农村合作金融机构抗震救灾指挥部，启动重大自然灾害应急预案，省联社党委在路边中巴车上连夜召开党委会，提出"一手抓抗震救灾，一手抓支持农民恢复重建"的指导方针。党委班子冒着余震不断的危险，多次深入重灾第一线，靠前指挥，察看、了解灾情，安置、慰问和鼓励受灾员工，努力自救，勇渡难关。按照有吃、有住、有喝、有衣、有药的"五有"要求，最大程度减少人员伤亡和财产损失。

全省农村合作金融机构在奋起自救的同时，努力恢复灾区的金融服务。灾后两天，灾区部分网点开始恢复营业。灾后 7 天，灾区大部分营业网点恢复营业，1000 多顶"帐篷银行"遍布灾区，成为灾区一道独特的风景线。灾后仅10 天，四川省农村信用社就开发出了灾民生活费垫资贷款、灾民重建家园贷款等多项救灾贷款新产品，积极支持了灾区、灾民恢复生产，重建家园。震后第 13 天，灾区受损的 2986 个网点全部恢复营业，迅速承担起为灾区人民免费发放生活补助金、过渡房安置费、住房补助。灾后 50 天里，为 39 个重灾区的319 万灾民发放救灾补助资金 10 多亿元。

截至 2010 年末，全省农村合作金融机构累计投放农房重建贷款 154.36 亿元，占全省农房重建贷款的 93.3%，为 68.16 万户农户解决了农房重建所需信贷资金。全省农村合作金融机构已修缮和重建受灾营业网点 2776 个，占受灾营业网点总数的 93%。39 个极重灾县联社需恢复重建的 1041 个网点中，已建设完工 652 个。与此同时，省联社利用自身的组织资源、政治资源积极争取全国兄弟省联社对口援建，全省灾区农村信用社共接受对口援建资金 3.64 亿元。四川农村信用社抗震救灾得到了银监会和四川省委、省政府的充分肯定。银监会授予省联社"全国银行业系统抗震救灾先进集体"称号，四川省委、省政府授予省联社"抗震救灾先进集体"称号。

（二）帮扶"三州"，开源引流

四川地域辽阔，发展极不平衡，"三州"农村信用社的历史包袱最重，盈利能力最差，规模最小，风险最突出，处于"活不了，撤不掉"的状况。"三州"农村信用社如何加快改革与发展，如何改善金融服务，省联社党委十分揪心。2007 年，在黄小祥副省长的亲自领导下，经过统筹考虑和周密部署后，省联社出台对口帮扶三州方案，按照"一县一策、分类指导、分步实施、整体推进"的基本原则，开展"1＋1"结对帮扶。一是加强"三基"（基础工作、基本制度、基本操作流程）。省联社举全省之力，组织内地 11 个地市州36 个县级联社对口帮扶"三州"35 个县联社，通过落实交流干部、调剂资金、无偿援助、人员培训等一系列行之有效的措施，"三州"农村信用社基础工作得到加强，基本制度得到完善，基本操作流程得到规范。内地农村信用社累计捐赠达 2500 万元，支援"三州"农村信用社修建办公楼 45 个、装修营业网点 77 个、改建 7 个金库、安装视频监控 123 个，购买运钞车辆 21 台及计算机、复印机等大批办公用品；从内地选派 17 名优秀干部和 130 名业务骨干交流任职，帮助提高经营管理水平，安排"三州"农村信用社干部和业务人员116 名到援助联社学习锻炼，培训和储备了一批人才。二是创新机制。省联社将小额信贷推广到"三州"农村信用社，增强了其"造血"功能；制定了《支持牧民定居行动计划的实施意见》，并与阿坝、甘孜州政府签订银政合作协议，向牧民定居计划授信 25 亿元，有力支持牧民定居行动计划。五年来，全省民族地区农村信用社已累计向 36699 户农牧民发放专项贷款 7.64 亿元，向 8542 户彝区农牧民发放"三房改造"贷款 1.09 亿元。三是深化改革。在省委、省政府领导和银监会支持下，2010 年启动了凉山州农村信用社统一法人改革工作，2011 年甘孜州、阿坝州农村信用社统一法人工作也即将全面启动。2010 年，"三州"农村信用社 32 个县实现盈利。

（三）关注民生，回报社会

五年来，全省农村合作金融机构致力解决"空白乡镇金融服务"难题，2010 年全省农村合作金融机构乡镇金融服务覆盖率达 77.3%。五年来，全省农村合作金融机构每年以近 2000 万元的代价，承担了全省 1800 万农户的 23 项各类政府补贴资金代付业务。五年来，全省农村合作金融机构累计发放助学贷款 3.44 亿元，使 5.75 万名贫困学子喜圆大学梦；累计发放农民工返乡就业贷款 15.9 亿元，帮助 13.54 万名返乡农民工创业；累计发放下岗职工再就业贷款 6.97 亿元，帮助 1.84 万名下岗职工再就业。五年来，全省农村合作金融机构积极参加结对帮扶、帮扶贫困学生等各种爱心活动。结对帮扶贫困县 1个，贫困村 158 个，贫困户 1670 户，帮扶贫困学生 1960 名，累计捐赠钱物折合人民币 9032 万元。

全省农村合作金融机构把"最具社会责任金融机构"作为企业精神和核心价值追求，得到社会各界广泛认可和赞誉。在"榜样中国 2010 年度传媒大奖·金融榜"公益评选活动中，省联社获得"最具社会责任企业奖"、"最佳金融创新奖"、"最佳金融服务奖"三项大奖。

（四川省农村信用社）

中信银行成都分行

中信银行成都分行（以下简称成都分行）是中信银行在四川设立的一级分行，成立于1997年12月16日，全省共25家营业网点（其中异地支行1家），全行员工837人，本科及以上占比70.49%。截至2010年末，资产总额591.44亿元，比2005年末增长301.59%，其中贷款余额314.92亿元，比2005年末增长213%；负债总额581.4亿元，比2005年末增长296.94%，其中存款余额574.79亿元，比2005年末增长277.57%。

"十一五"期间，面对复杂多变的国际国内经济金融形势，在国家宏观经济调控和西部大开发进一步深入的背景下，成都分行始终坚持"效益、质量、规模"协调发展的经营理念，各项指标取得了显著的提升，在总行2008、2009、2010年三年的考核中连续被评为优秀行。同时，进一步确立了在成都当地主流银行的地位，规模、利润等主要经营指标稳居中小股份制商业银行前列，得到了业界和监管部门的好评。

一、 基本经营概况

（一）经营规模情况

"十一五"期间，成都分行整体经营规模迈上了新的台阶。截至2010年末，各项存款余额574.79亿元。其中一般性存款余额498.24亿元，较2005年末增加366.28亿元，增幅277.57%。规模持续保持在当地同业中的领先地位。

"十一五"期间，成都分行在当地同业中的市场排名一直保持在中小股份制银行的前三位，一般性存款余额年均增长率30.44%，高于成都地区平均水平7.20个百分点，一般性存款增长3次突破100亿。在成都市场不断新增同业机构的情况下，市场份额由2005年末的3.44%提高到2010年末的4.57%。以"又好又稳"的经营风格，得到监管当局和当地同业认同，进一步巩固了在当地中小股份制银行中领先的地位。

（二）盈利情况

利润保持快速增长。2010年税后利润（剔除地震）较2006年增加5.18

亿元，增幅479%，五年平均增幅为55.12%。效益增幅高于资产增幅23.22个百分点。在信贷规模增长受限的情况下，利润较快增长得益于净息差的快速回升。2010年，成都分行实施"以价补量"的经营策略，在要求各经营单位提高贷款定价水平的同时，控制存款成本。分行净息差在中信银行内居于前列。2010年中间业务收入占比为6.83%，较2006年提高2.75个百分点。

（三）资产质量情况

资产质量逐年提升。2010年末不良率为0.45%（剔除地震因素），较2005年末下降4.42个百分点，比中信系统内平均水平低0.18%。拨备覆盖率逐年提高。2010年末拨备覆盖率达147%（剔除地震影响后，拨备覆盖率为255.49%，较2006年提高199.02个百分点）。

（四）服务地方经济，支持西部大开发建设

截至2010年末，成都分行各项贷款314.92亿元，比2005年末增加214.25亿元，增幅213%，年均增长42%，"十一五"期间累计发放贷款643亿元。一是支持重点行业发展。包括交通运输、电力、通讯、装备制造等行业，对省内多家优质大型企业及省市两级政府主导的经济建设项目提供了信贷支持。二是支持中小企业发展。成都分行积极调整经营思路，在获取客户上由广泛获取向集中获取成长性良好的优质小企业客户转化，在目标市场上由全面营销向核心客户的上下游客户、供应链金融、特色园区、专业市场、小企业集中的行业协会等转化，在机构经营上向集中化、专业化经营方向转化，在业务平台经营上由搭建平台向经营平台转化，深化业务平台合作，形成持续批量获取优质小企业客户的能力。2010年，成都分行被总行正式批准成为小企业金融业务专营机构，在组织体系和机构设置上，为分行小企业金融业务专业化经营，奠定了良好基础。三是积极支持灾后重建。"5·12"地震以后，成都分行把灾后恢复重建作为一项十分重要而紧迫的工作，合理调配人力、物力资源，在信贷规模有限、紧张的条件下，积极支持灾后重建工作，尤其是加大对电力、交通通信、能源等基础行业重点客户的授信支持力度。建立抗震救灾"绿色通道"，对涉及抗震救灾、灾后重建的信贷需求实行特事特办、积极支持、及时审批，提高额度授信、贷款审批和发放速度。截至2010年末，累计发放抗震救灾贷款49.27亿元。

二、 主要经营和管理特点

（一）加大专业化体系建设力度，促进业务科学持续发展

1. 优化组织模式，建立专业化平台，提升专业化经营能力

为了使全行业务发展的步子走得更稳、走得更远，实现可持续发展，成都分行搭建了投资银行中心、金融同业中心、汽车金融中心，小企业金融中心、机构业务部等重点业务平台建设，各专业中心均履行管理和营销双重职能，全行对公业务平台更加健全，对公业务专业化服务能力明显提升。业务平台更加丰富，营销更具系统性，经营模式持续优化，专业化推动成效显著。相关业务发展实现了较大幅度的飞跃。截至 2010 年末，对公自营存款迈上 400 亿元台阶，达到 411 亿元，增长 92.7 亿元，总量在中小银行中排名第二。对公贷款余额 238.4 亿元，增长 36.2 亿元。国际收付汇量 10.09 亿美元，同比增速 56.25%，高于同业平均水平 11 个百分点，业务规模继续名列中小银行首位。

2. 强化零售银行体系建设

"十一五"期间，成都分行从人员、机构、投入等方面保障零售体系的建设工作。逐步建设完善了理财销售、个贷业务、代收代付、公私联动、三方存管、商户结算、出国金融、社区营销等八大渠道。目前，成都分行个贷业务稳居中信系统内前列，出国金融、理财在成都当地同业中处于优势，三方存管的进步明显。截至 2010 年末，储蓄余额达到 87.27 亿元，增长 29.61 亿元，增幅 51.38%，储蓄增量在当地股份制银行中名列第一；个人信贷余额达到 76.53 亿元，增长 37.05%。

（二）做大做强机构负债业务，进一步提升机构负债业务发展的竞争力

近年来，成都分行加大机构业务发展力度，从政府主导投资方向入手，深度挖掘，在财政资金、重建资金、援建资金的营销上取得了重大突破，机构客户发展平台进一步拓宽。从已取得的省、市财政、税务代理业务合作平台，拓展至医管局、体育局、监狱管理局等，并有纵深发展的势头，从省、市级拓展至区、郊县、从同城至异地。截至 2010 年末，成都分行机构客户存款日均余额达到 108.5 亿元，占全行对公一般性存款日均余额的 26.4%，客户数共计486 户。

（三）梳理和完善风险管理制度和风险管理体系，逐步建立起具有中信银行自身特色的风险管理文化和理念

一是树立起"追求过滤掉风险的真实利润"的风险文化旗帜。二是贯彻实施"双优"、"双主"发展战略，开发主流客户，培育优质的基本客户群。三是建立了全面、集中、垂直的风险管理体系，设立了独立的信用审查部、信贷管理部和法律保全部。全行逐步由过去较为单纯追求规模扩张，过渡到注重"规模、质量、效益"协调发展，信贷质量显著改善，市场竞争力和社会影响力大幅提升。多年的发展事实证明，坚持"效益、质量、规模的协调发展，追求滤掉风险的利润，追求稳定增长的市值，努力走在中外银行竞争的前列"的经营理念，是适合中信银行的发展道路。

（中信银行成都分行）

中国光大银行成都分行

"十一五"时期是中国光大银行成都分行（以下简称成都分行）发展历史上极不平凡的五年。面对复杂多变的经济金融形势和"5·12"汶川特大地震灾害给经营管理带来的挑战，成都分行在总行的坚强领导与省市党委、政府的大力支持帮助下，团结一心、攻坚克难、顽强拼搏，积极推进分行调整转型与发展。2010 年 5 月，总行出于战略考虑，调整了成都分行主要负责人，新班子到任后提出了"聚人气、强管理、塑形象、促发展"的工作思路，不仅提振了员工士气，增强了大家的发展信心，而且实现了分行业务发展逆势求进、低谷腾飞，有力地支持了四川经济发展与社会和谐稳定。截至 2010 年末，资产总额 391.65 亿元，比 2005 年末增长 170.23%，其中贷款余额 213.9 亿元，比 2005 年末增长 119.7%；负债总额 387.16 亿元，比 2005 年末增长 169.82%，其中存款余额 307 亿元，比 2005 年末增长 102.5%。"十一五"期间，辖下经营网点由 9 家增长到 14 家，员工由 328 名增加到 600 余名，并连年被四川省地税局授予"省级在蓉企业纳税大户"；2008 年被中华全国总工会授予"抗震救灾工人先锋号"；2010 年荣获总行"对公业务先进分行"和"先进单位进步奖"，三洞桥支行、天府支行入选"全国千佳示范网点"。

一、 全力支持四川经济巩固回升、 加快发展

"十一五"期间，成都分行始终立足四川省情，着力服务地方经济结构调整，大力支持省内骨干企业和省委、省政府确定的重大项目及传统优势行业资金需求，积极为企业提供综合金融服务，助力四川经济巩固回升、加快发展。

（一）支持地方优势行业和重大项目建设

成都分行在"十一五"期间共投放信贷总量 570 多亿元，重点支持了四川发展控股集团、攀钢集团、四川水电投资经营集团和四川公交集团等一批省内重点骨干企业；支持的重大项目有成都地铁、成灌高铁、成都高速和毛尔盖水电等；支持的传统优势行业有白酒、石化、钢铁、中药、重大装备制造行业等。

（二）支持灾后恢复重建工作

2008 年"5·12"大地震发生后，成都分行认真贯彻执行人民银行、银监会等部委出台的"四不政策"、"绿色通道"、利息减免等各项灾后重建优惠政策，充分利用总行的优惠政策和绿色通道，全力支持地方企业和政府抗震救灾、恢复生产和重建家园的信贷需求。截至 2010 年末，成都分行重点新增了灾区经济适用安置房建设贷款，"中铁"建筑系列灾后重建流动资金贷款，钢铁、工业投资企业贷款等，共计新增贷款 20 多亿元。

（三）支持统筹城乡发展

自成都市被国务院批准为统筹城乡综合配套改革试验区后，成都分行积极贯彻落实国家和省政府相关政策与要求，优先支持统筹城乡发展项目建设，如成都市兴锦现代农投、成都市土地储备和成都市兴城投资等单位的城乡改造项目，以及首开先河用于支持农村土地流转的项目。

（四）支持生态建设和环境保护

"十一五"期间，成都分行在信贷投向政策中，始终坚持"绿色信贷"经营理念，严格控制对高污染、高能耗、低效益企业的授信。一是在钢铁行业信贷政策执行中，实行企业准入制度。钢铁企业均须经分行风险管理部、公司业务管理部逐一审核同意，且实行动态调整。"十一五"期间，成都分行已全面退出 100 万吨以下的钢厂，重点支持产量在 800 万吨以上的特大型钢铁生产企业；择优支持符合国家产业政策、拥有大型矿山或依托大港口资源优势、产品

结构合理、符合环保要求，产量达 500 万～800 万吨的大型钢铁生产企业。二是在有色金属行业信贷政策执行中，实行"严控总量，择优支持、结构调整"政策。在客户投向上，不断向具有一定资源和规模优势、工艺和技术上符合国家产业政策导向的业内优势企业倾斜，退出规模小、工艺和技术落后、能耗高、环保不达标的企业。同时，针对有色冶炼过程中的废气排放、烟尘排放以及冶炼过程中的废水排放、矿渣堆积容易对大气、水源造成不同程度污染的情况，积极加强与当地环保部门沟通、合作，密切关注有融资余额企业的环保达标情况，切实防范环保风险。

二、 开展金融创新， 满足中小企业需求

"十一五"时期，按照总行的统一部署，成都分行紧密结合四川经济发展实际，以市场为导向，致力于开展小企业信贷产品创新、服务方式创新，着力为客户提供实实在在的方便和实惠，满足了小企业在不同成长阶段的多样化理财需要。

（一）推动中小企业模式化经营

近年来，特别是 2010 年来，成都分行积极响应省委、省政府支持中小企业发展的号召，着力拓展中小企业融资业务，并将该业务作为全行战略调整的重要内容，倾斜资源和配置。主要通过 1＋N 保理业务（核心企业供应商融资）、全程通业务（核心企业经销商融资）、货押业务（集聚型中小企业）、专业担保公司担保、知识产权质押授信、科技孵化器统贷模式等多种产品及服务，为中小企业融资提供有针对性、便利、高效的模式化服务，积极满足客户需求，深化银企合作关系。截至 2010 年末，成都分行共计发放中小企业贷款175 亿元。

（二）探索创新金融产品

成都分行十分重视创新理念，并贯穿于各项经营工作之中，着力服务于企业的发展需求，先后出台了相关创新奖励办法，积极有效推动金融创新和业务发展。如原酒货押，突破了中小原酒生产企业缺乏有效抵押担保物的限制；手机链，解决了手机经销商融资难的问题；抵押融易贷，解决了中小企业融资规模小限制发展的问题等等。

三、 提升服务水平， 服务公众客户

成都分行始终坚持把为广大金融消费者提供优质银行服务作为首要任务，以持续开展"阳光服务"为契机，从渠道建设、系统再造、服务管理等方面深入改进银行服务，服务效率、服务质量和服务水平均有了较大提升，客户满意度明显提高。

（一）加快网点建设步伐

"十一五"期间，成都分行加大了网点布局改造、搬迁和新设网点的工作力度。改造后的网点布局合理、流程清晰、服务规范，并分别设立有无障碍通道、客户等候区和休息区、自助服务区、电子银行体验区、流程指示牌、排号机、饮水机以及大堂引导等多项软硬件设施。多数网点已实现低柜服务，使客户从原来站着办业务改为坐着办业务。搬迁网点和新设网点以辐射周边市民金融需求为出发点，使全行网点逐步形成市区和周边全覆盖的格局。截至2010年末，该行改造现有网点4家；搬迁支行3家；累计新增网点4家。其中，2009年新增世纪城支行、蜀汉路支行，2010年新增牛市口支行和首家县域支行——龙泉驿支行。

（二）加快系统优化改造工程

2009年11月，光大银行总行对全行操作系统进行了升级改造，使客户办理各项业务更为便捷，业务品类也大大增加。此外，网上银行、电话银行、手机银行亦不断升级换代，安全操作性能进一步提高。如网上银行，从原来单一的密码登录到2006年的USBKEY电子身份认证，再到2009年升级换代的最新电子身份认证手段——电子口令牌和手机动态密码两种安全方便的登录方式，在电子化服务的进程中，光大银行不断求新奋进。

（三）加强金融知识宣传

"十一五"期间，成都分行对外宣传工作紧紧围绕"精品银行、诚信伙伴"愿景，持续加强了整体品牌的宣传，并突出公益活动宣传，着力服务和谐社会建设，不断提升光大银行社会认知与公众形象。在服务金融宣传活动中，2006年至2010年间，先后开展了理财产品、电子商业汇票、反洗钱、反假货币和世博服务宣传，参与人员累计达2284人次，发放各类宣传资料21万多份。2007年和2009年分别开展了《保密法》和"五五"普法宣传，参加人

员达 122 人次，发放宣传资料 2440 多份。2010 年首次银行业公众教育日活动中，成都分行高度重视，组织辖下各支行结合实际认真制订宣教工作计划，落实公众教育日活动的各项工作。整个活动中全行参加人员达 320 人次，发放宣传资料 25000 多份，接待公务员、教师、私营企业主、退休人员、外来打工者等各类咨询客户 3500 余人，普及了金融知识，提高了社会公众的风险防范意识。

（光大银行成都分行）

招商银行成都分行

"十一五"期间，招商银行成都分行（以下简称成都分行）立足四川经济发展，在四川省委、省政府的领导下，和全省人民同甘苦、共患难，战胜了特大地震等自然灾害，积极投身灾后建设，在促进四川经济又好又快发展的同时，实现了自身跨越式发展。截至 2010 年末，资产总额 519 亿元，比 2005 年末增长 251%，其中贷款余额 311 亿元，比 2005 年末增长 290%；负债总额 513.22 亿元，比 2005 年末增长 316.17%，其中存款余额 446 亿元，比 2005 年末增长 281%；不良贷款率为 0.74%，比 2005 年末降低 10.61 个百分点。

一、 壮大自身实力， 助力四川经济腾飞

2006 年，成都分行在新的行长班子带领下，坚持"植根四川，服务四川，与四川经济共命运、同成长"的发展思路，坚持效益、质量、规模协调发展的核心理念，明确提出了"一年打基础，两年求发展，三年上台阶"的经营目标，采取专业化策略、服务优先策略、品牌经营策略、技术手段现代化策略和持续创新策略，在"十一五"期间把成都分行打造成为零售业务当地领先、批发业务特色鲜明、资产质量优良的优秀分行。五年来，成都分行取得的业绩不仅在当地同类股份制银行中处于领先地位，在招商银行系统内也跻身前 10名，领先西部各行，谱写了与四川经济共同成长的雄浑乐章。

为更好地支持四川经济发展，成都分行不断加大资金筹集力度，有力地支持了四川经济快速发展。2008 年以支持灾后重建为主线，2009 年以保增长为重点，两年新增贷款达到 150 亿元，为成都分行历年最高。五年来，招行成都

分行紧紧抓住四川经济崛起和高新技术产业发展的契机，大力支持省内重点骨干企业、优势龙头企业、战略性新兴产业、节能减排重点工程和中小企业发展，不遗余力做到资金到位、服务到位、产品到位，助力四川经济的可持续发展。出台信贷政策、向总行争取信贷规模、发放银团贷款，积极支持成都市"五路一桥"工程、成温邛高速、成南高速、雅西高速、攀钢钒钛、成都九江环保发电等重点工程项目，为新希望、川威、达钢、船行等川内企业做大做强提供了有力的信贷支持。积极落实省委、省政府关于中小企业金融服务建设的要求，2009 年成立了中小企业金融部，实行审贷官派驻制度，提高中小企业审贷效率；率先推行了中小企业"1＋N"融资模式，有效缓解中小企业融资难题。2010 年成立了同业金融部，大力推广新兴业务和信贷创新产品，做好信贷资产经营，为支持企业腾出信贷空间。同时创新个人金融业务，推出易贷通、随借随还、物业贷款、消费易等个人金融业务，推动了当地消费信贷的发展。五年来，累计投放各类贷款超过 1455.16 亿元，无论是政府基础设施建设、惠民工程，还是重点企业（项目）、民生项目；无论是私人企业主，还是普通市民，都享受着招行优质的金融服务。

二、 致力品牌建设， 不断追求卓越

"十一五"期间，成都分行坚持科学发展，全面推进管理国际化，用创新的产品、先进的管理和优质的服务倾力打造招银品牌，使招商银行成为蓉城金融界一道亮丽风景。

（一）坚持创新，完善产品体系建设

五年来，成都分行产品服务层出不穷、日益完善。不断加强投资银行、电子银行、理财业务和新兴业务产品体系建设。推出了针对重点法人客户的现金管理、网上银行、委托理财、电子票据、人民币债务管理等产品。针对中小企业，推出厂商贷、订单贷、保荐贷、财政补贴贷等信贷产品，为中小企业发展助力。针对自然人的电话银行、个人网银、第三方存管、个人循环贷款、个人综合授信等一大批新产品、新业务，为广大客户提供了集存、贷、汇等传统业务和新兴理财业务于一体的"产品组合包"，为其资产保值增值提供了新的工具和平台。

（二）加大投入，完善服务软、硬件设施建设

五年来，成都分行倾力打造网点硬件设施和渠道建设，机构网点也从2005年末的14家支行、15家自助银行，发展到2010年末的28家支行、3家异地分行、1家私人银行中心、1家财富中心和50家自助银行，形成较为完善的物理网点覆盖网络。为提高服务档次，2006年以来共完成机构网点改造和机构搬迁17家，所有营业网点都达到星级宾馆硬件水平。在加大硬件投入的基础上，深入实施"网点创赢"工程，整合网点人员、业务流程，规范网点服务设施和服务标准，努力做到"软、硬"件同步推进，促进了柜面服务水平稳步提升。五年来，成都分行牢固树立"客户第一"、"因您而变"的经营理念，不断提高金融服务水平，不仅为支持企业发展提供信贷支持，还凭借丰富的专业金融知识，为企业提供了大量金融咨询、风险分析、融资方案、法律建议等一系列有针对性的专业化金融服务。招行的IT技术、硬件设施、服务理念、工作效率、服务质量等已成为业内标杆，是"最具竞争力"、"最具创新意识"的银行，先后被评为中国（成都）金融品牌榜"最佳营业服务奖"、"最佳品牌奖"、"最佳服务中小企业奖"；并在中国银行业"好分行"评选活动中荣获"社会责任奖"和"风险控制奖"。

三、营造企业文化，打造百年招银

对于一家追求卓越的银行，规模、质量、效益协调发展是立行之本，而企业文化、团队精神则是兴行之道。只有二者融合，才能真正具有核心竞争力，才能实现基业长青。成都分行一直在探索企业文化建设之路，积极践行"人才立行"的人本理念，强化员工绩效管理，提升人员配置科学性，推动人才队伍建设，优化薪酬福利激励体系，为员工提供良好发展平台，广大员工保持了强烈的爱行敬业精神。每年3月至4月，分行都要举办"企业文化节"，开展"行长当大堂"、员工家访、员工座谈会和建设"百年招银林"等活动。每年11月19日行庆之际都要举办"员工运动会"，进一步将招行"尊重、关爱、分享"的企业文化理念推广和深植于每一位员工中。招行的优秀文化元素得到了很好的沉淀和积累，成为企业生存和发展的动力源泉。全行干部员工在招银文化的引领下，奔走在拜访客户的路途、穿梭于往返各地的企业、挑灯夜战为客户设计金融方案，每一位员工都在为分行的发展拼搏和奉献，越来越

多的员工把招行当成自己的家园。成都分行的团队在激烈竞争的市场中茁壮成长，从 2005 年 400 余名员工发展到如今 1000 余名员工。在成都金融机构大发展，人才竞争空前激烈、其他机构纷纷以该行员工为挖角对象的环境下，该行企业文化感召力、优秀的管理文化、合理的薪酬体系和考核机制、良好的员工成才平台，使核心人才队伍始终保持稳定，员工流失率保持在 5% 以下，保持了招行持续发展的核心竞争力。

四、 履行社会责任， 回报家乡人民

五年来，成都分行积极践行社会责任，为家乡建设出力，为家乡人民分忧。"5·12"汶川大地震后，分行团委组织青年员工自愿者奔赴灾区一线，积极投身灾区抗震救灾工作，全行员工捐助救灾款 80 余万元。长期坚持对口扶贫广元朝天区，2008 年通过协调总行为遭受地震灾害的朝天区捐款 400 万元，捐建"朝天转斗招银希望小学"和"朝天招银博爱妇幼保健院"；协调总行捐款 200 万元，与四川大学华西医院共同开展"四川贫困地区先心病儿童救助计划"；长期在西南财大设立奖学金，奖励品学兼优的寒门学子，为四川培养金融人才出力；员工每年坚持为云南永仁、武定两个国家级贫困县进行定点扶贫，累计捐助扶贫捐款 60 余万元，开展"1+1"结对助学 30 人；在蒲江县开展"百年招银林"植树 400 余亩。用实际行动践行了"社会责任银行"的深刻含义。

在创先争优、合规文化建设、文明建设等多项活动中，成都分行涌现出 1 个全国级"青年文明号"、1 个全国级"工人先锋号"、3 个中国银行业"文明规范服务示范单位"、4 个四川银行业"文明规范服务示范单位"；被人行成都分行评为"合规教育"先进单位；被省公安厅和成都市公安局评为"安全达标单位"。

（招商银行成都分行）

华夏银行成都分行

华夏银行成都分行（以下简称成都分行）成立于 2002 年。"十一五"时期，成都分行始终坚持立足成都，面向全川，把支持地方经济发展当成一种社

会责任和发展机遇，凭借稳健的经营、规范的管理、完善的功能，竭诚为社会各界提供优质高效的金融服务，为支持四川经济发展和社会进步做出了积极贡献。截至 2010 年末，资产总额 254.34 亿元，比 2005 年末增长 236%，其中贷款余额 149.21 亿元，比 2005 年末增长 168.09%；负债总额 249.31 亿元，比 2005 年末增长 239.33%，其中存款余额 206.13 亿元，比 2005 年末增长 187%；不良贷款率为 1.15%。

一、 业务发展步伐明显加快

"十一五"时期，面对各种困难和复杂局面的考验，成都分行积极响应省委省政府的号召，认真贯彻落实总行一系列工作部署和要求，始终按照质量、效益、速度、结构协调发展的经营指导思想推动各项工作，经过全行员工的共同努力，全行规模较快增长，业务结构逐步优化，资产质量不断改善，创新能力明显增强，各项业务发展态势良好，发展速度逐年加快。

（一）经营规模实现翻番

截至 2010 年末，成都分行资产总额 254.34 亿元，比 2005 年末增加 178.69 亿元，增幅 236%；一般性存款余额 206.13 亿元，比 2005 年末增加 134.35 亿元，增幅 187%，其中 2010 年增加 56.33 亿元，当年增量相当于前三年增量之和；累计实现表内外信贷投放达 955 亿元，比上期增加 574 亿元，增幅 151%；表内外信贷资产余额 302.9 亿元，比 2005 年末增加 197.21 亿元，增幅 86.64%。

（二）经营效益明显增长

累计实现拨备后利润 6.95 亿元，比上期增加 5.52 亿元，增幅 386%。

（三）信贷资产质量继续改善

2010 年末，成都分行不良贷款较年初减少 0.71 亿元，逾期贷款较年初减少 0.18 亿元，关注类贷款较年初减少 1.43 亿元，欠息贷款较年初减少 0.1 亿元，贷款不良率为 1.15%，较年初下降 0.94 个百分点，均控制在总行计划以内。

（四）机构建设力度加大

新建了金沙支行、神仙树支行、德阳支行、天府支行和锦江支行，顺利完成了分行营业部和青羊支行的迁址营业，营业机构总数达到了 12 家；新建了客户部 11 个，客户部总数达到 15 个，其中特色客户部达到 4 个，并成立了票据中心、供应链金融中心、中小企业信贷分部，突出了机构特色，增强了业务发展后劲。

（五）内控基础不断增强

通过查漏补缺，完善制度和流程，不断健全内控管理体系，加大了全员合规教育、职业操守教育、制度培训及对重要岗位、重点部位、关键环节的风险排查、风险处置、问题整改和对违规行为的处理，形成了全员主动合规、人人合规、全过程合规的良好风气。2010 年，该行在四川银监局的内控综合评级为 2 级，排名当地 11 家全国性股份制银行第 6 位，较上年上升 4 位；在系统内的内控评价为 1 级，较上年得到较大幅度上升。

（六）内外品牌形象持续提升

2010 年度，成都分行班子位于系统内先进行列。2010 年，成都分行在当地同业一般性存款全年增速高于中小股份制银行平均增速 7.4 个百分点、高于全部金融机构平均增速 15.1 个百分点；公司业务目标责任制评价在系统内一个季度居第一、两个季度居第二；信托、票据和物流金融发展速度在系统内处于领先地位，中小企业信贷业务发展速度居全省前列；贯彻落实"三个办法、一个指引"富有成效，首批获准成为四川银行业金融机构、高管和业务准入解冻单位，并成为四川省"双十佳单位"；营业部和武侯支行从全国 20 余万家"千佳"网点参评单位中脱颖而出，成功入选"中国银行业文明规范服务千佳示范单位"，营业部还被总行评为"青年文明号"示范单位；信贷档案管理成为总行一级单位，对部分机构会计人员同时实施强制休假、依托"三个办法、一个指引"强化风险管控、落实银监会"五十个严禁"及总行内控与案件制度执行年活动等工作举措和具体做法先后被总行在全国总结推广；60 余名员工分别在人民银行、四川外管局、四川银监局、四川省银业协会和总行等组织开展的各类专项工作评比竞赛中获奖并受到表彰。

二、 新业务和新产品创新能力不断增强

"十一五"期间，成都分行在积极推广总行统一研发的现金新干线、银关通、理财系列新产品和国际业务融资代理行、出口卖方信贷代理行等新业务基础上，结合当地市场需求，创新推出了"原酒质押"融资产品、率先在系统

内成功推出并发行了首笔股权信托理财新产品、与铁投合作推出了中期票据融资和股权收益权转让业务。新产品的推出既丰富了产品线，完善了服务功能，加快了业务转型，又大大提升了该行品牌形象和市场竞争力。成都分行在新浪四川 2010 年金麒麟高峰论坛上荣获了"四川年度最具成长性银行"和"四川年度最佳中小企业服务奖"两项大奖，"原酒质押"融资产品被评为"2010年度四川银行业金融机构小企业金融服务特色产品"。近期经过成都分行的牵线搭桥，华夏银行总行还与中国白酒协会成功签订了战略合作协议。

三、 客户服务质量明显提升

"十一五"期间，成都分行始终秉持"以客户为中心，以市场为导向"的经营理念，不断完善服务机制，强化服务管理，提高服务水平。在服务监督上，坚持每旬调阅查看营业网点监控录像，监督检查前台人员服务情况；坚持以电话访问的方式，不定期抽查前台营销人员服务情况，并实行及时通报。在服务培训上，注重在日常培训工作中加强员工业务知识、操作规程和业务技能的培训，确保前台人员熟悉业务流程，并定期、不定期外聘专业人员，从商务礼仪、语言沟通等多方面对前台人员进行培训，提高了办理业务的质量和效率。在服务标准上，先后制定印发了营业网点柜台会计人员服务行为标准规范、营业网点服务人员礼仪形象标准规范和营业网点环境标准规范，实现了网点服务统一化、标准化、规范化。在处理客户投诉上，高度重视客户意见，按照总行规定时限处理投诉问题，并以"客户体验至上、真实准确完整、客观公平公正、处理投诉协调配合"为基本原则，制定并实施了投诉管理人制度、客户投诉接待日制度、投诉"首问负责制"和投诉限时处理制，强化和规范了客户投诉管理。在服务形象上，以争创"千佳"网点为契机，着力从网点布局、窗口服务、投诉处理、电子化服务、产品宣传和文化建设等环节着手，优化了业务流程，拓宽服务领域，塑造了成都分行良好的服务形象。

四、 支持地方经济社会发展力度加大

（一）积极支持重点行业和重点项目

"十一五"期间，成都分行加大了对四川铁路、公路、空港、电力、城建、重装、电信、优势资源等基础设施建设领域、战略性新兴产业重大项目的

信贷支持力度，重点支持了成兰铁路、宜自泸赤高速、成德绵高速等基础设施项目建设以及国电、华电、川发展、中铁、川高、攀钢、川煤、长虹等大型企业的业务发展。先后与德阳市政府、达钢集团、青羊工业、长虹集团、川发展、川铁投、九洲电器、丰谷酒业、攀钢集团等签署了战略合作协议，意向性融资金额累计达 800 亿元，其中"十一五"期间已累计授信 2200 亿元，发放贷款 11005 笔，发放表内外贷款 1153 亿元。

（二）积极支持小企业发展

为更好地支持小企业业务发展，2007 年成都分行推出了"小型私营企业主贷款"和"个体工商户贷款"。2009 年及时挂牌成立了集中小企业授信审批、放款与贷后管理功能于一体的中小企业信贷分部和供应链金融中心、物流金融中心等中小企业专营部门。2010 年 6 月，以中小企业为主营业务的专营支行锦江支行开业。为充分体现小企业信贷服务"小、快、灵"的特点，成都分行坚持实行差别授权审批，保证了受理企业授信申请的答复时间最短为 1 个工作日内，审批时间最短在 1 天以内，平均审批时间 1.5 个工作日，极大地提高了小企业贷款审批效率；为更好地满足小企业信贷需求，该行实行独立的信贷规模计划和风险资产总量计划、独立的信贷评审系统和小企业客户认定标准，并在信贷资源有限的情况下，对其加大风险资产配置倾斜力度，优先保证了小企业信贷需求；为切实解决小企业因抵质押不足带来的融资难问题，成都分行积极引入担保公司，不断探索创新担保模式，搭建风险共管平台。截至 2010 年末，成都分行中小企业客户占比超过 70%，中小企业信贷占比超过 60%，累计实现中小企业信贷投放 1200 多亿元；小企业在客户总量中的占比达到了 60%，累计授信金额达到 57.08 亿元，信贷余额 23.83 亿元，贷款增量在华夏银行 26 家小企业分部中排名第二；贷款增速在成都 16 家股份制银行中排名前茅。

（三）积极支持"三农"等民生工程建设

成都分行先后对通威集团、四川隆生集团、成都三旺农牧、四川高金食品等农业产业和四川海特农业发展等农业产业化龙头企业给予了信贷支持，累计发放涉农贷款 1.5 亿元。同时积极研发和创新适应农村金融和城乡统筹发展的信贷产品，通过发行信托理财产品的方式，解决了"温江区国际医学城"项目资金需求。该行还向总行上报城乡统筹授权实施方案及风险管控措施，积极争取总行将部分城乡统筹优势业务纳入绿色通道予以支持，密切关注集体经营性建设用地使用权的流转和抵押等进展情况，努力探索集体土地抵押的可操作性，以更好地服务"三农"。

五、 社会责任得以充分体现

（一）坚持诚信纳税

"十一五"期间，成都分行坚持依法经营，诚信纳税，共向国家缴纳税款30288万元。

（二）支持抗震救灾和灾后恢复重建

成都分行在踊跃捐款捐物的同时，加大信贷支持力度，努力帮助灾区人民渡过难关和恢复重建。实施了抗震救灾和灾后重建授信"绿色通道"，优化了信贷准入、信用评估、授权授信、信贷审批、资金管理、操作流程等流程，为灾后重建信贷服务提供了可持续运行的制度基础；及时调整信贷准入标准，对因地震灾害造成偿债企业暂时下降的优质企业，确定合理的缓冲期，在一定期限内暂不调低其信用等级，并根据需要积极给予新增授信支持，在保证信贷资金安全的情况下，尽量简化手续，提供方便、快捷服务。"5·12"汶川特大地震发生后，该行在第一时间向四川长虹、九洲电器、二重等受灾企业提供了信贷支持，并积极参加四川省、成都市以及省内各市州举办的灾后重建项目银企、银政沟通会、推介会，先后与川发展、川铁投、达兴焦化等企业，金堂县、德阳什邡、龙泉驿区等县级政府，成（都）阿（坝）工业园等园区项目以及四川省钢材协会签订了合作协议，以实际行动为抗震救灾和灾后重建提供了信贷支持。截至2010年末，累计审批灾后重建授信客户近百户，授信金额120余亿元。2010年10月，甘肃、四川部分地区因强降雨发生特大山洪泥石流灾害，及时为受灾群众提供了政策和金融业务咨询及信贷服务。

（三）积极关心和支持慈善事业

2006年，在"四川银行爱四川"慈善公益活动捐赠仪式上，四川省银行业协会代表四川省银行系统全体职工向省慈善总会捐款57万余元，其中成都分行职工捐款12790元。2008年汶川特大地震灾害发生后，全行党团员和干部员工踊跃参与向社会和客户"献真情、送关爱"活动，捐款捐物，担当志愿者，个人捐款额近30万元，其中113名党员缴纳"特殊党费"7.26万元，向灾区人民和受灾客户捐赠帐篷、食品、药品、衣物、饮用水等各类救灾物品12余万元，同时还代表总行捐款 500 万元援建了什邡市蓥华镇华夏银行小学，捐款 400 万元援建了江油市武都镇"华夏博爱卫生院"，用真诚、热情、爱心回馈了客户和奉献社会。2009 年和 2010 年，成都分行分别组织了"共产党员献爱心"活动、向北京市慈善协会和玉树地震灾区捐款活动，全行党员和群众捐款 16.5 余万元。

六、 公众教育服务活动日益丰富

为提高社会公众金融安全意识和全民金融素质，成都分行先后举办了反洗钱宣传月活动、票据管理法律知识集中宣传活动、支付清算系统宣传活动、银行卡安全用卡宣传活动、公众教育服务日活动、西博会参展活动等，采取张贴海报、分发折页及宣传画、滚动播放视频宣传片和现场接受咨询以及运用报纸、广播、网络媒体等形式持续开展宣教活动，既丰富了公众金融知识，又拉近了成都分行与客户的距离，提高了成都分行形象和声誉。

（华夏银行成都分行）

深圳发展银行成都分行

一、 总体发展概况

截至 2010 年末，深圳发展银行成都分行（以下简称成都分行）资产总额216.29 亿元，比 2005 年末增长 481.11%，其中贷款余额 139.12 亿元，比2005 年末增长 515.03%；负债总额 213.52 亿元，比 2005 年末增长 509.84%，其中存款余额 160.35 亿元，比 2005 年末增长 361.06%；不良贷款余额 232 万元，不良贷款率为 0.02%；分支机构数量从 3 个增加到 9 个，从业人员从 120人增加到 409 人。

二、 对四川经济发展的贡献

（一）依法纳税

"十一五"时期，成都分行累计上缴各种税金近 2.2 亿元。

（二）支持重点行业和重点项目发展

"十一五"期间，成都分行积极支持成都地铁二号线、成都锦江中强国际商城项目、华电珙县电厂等四川重点工程建设总计给予授信 23 亿元。

（三）支持中小企业发展情况

成都分行积极实施总行"面向中小企业、面向贸易融资"的战略部署，积极开展以供应链金融业务为主的贸易融资业务，业务种类包含现货抵押、先票后货、担保提货、国内保理、应收账款池融资等特色产品业务，押品范围包含钢材、汽车、轮胎、纸品、汽油、粮油、沥青等。2009 年和 2010 年，成都分行对中小企业客户发放表内外授信分别达到 65.67 亿元和 47.83 亿元。通过加强同专业担保公司合作，缓解中小企业担保难问题，通过建立中小企业专营机构，加强"六项机制"建设等，对中小企业信贷实行差异化的发展策略。截至 2010 年末，中小企业已使用授信余额 144.96 亿元，占比 73%，中小企业授信户数占比达到 88%。

（四）加大涉农贷款投放力度

2010 年新增涉农贷款 20 亿元，年末涉农贷款余额达到 25 亿元，占公司贷款余额的 25%，为支持农村经济做出了应有贡献。

（五）对利益相关者的尽责情况

1. 企业文化建设方面

关爱员工，关心员工职业发展，推行以必要的管理职衔为补充的专业职衔体系，拓展员工的职业发展通道。为员工提供培训和发展的机会，使每位员工向客户提供服务前，得到与工作岗位需求相应的适当培训，帮助员工提升综合素质、职业技能及绩效水平，实现社会、银行、员工共同发展。提供富有竞争力的薪酬待遇、科学的岗位管理、绩效管理文化和卓越的培训，建立了开拓进取、勇于创新、诚实守信、团结协作的企业文化，培育了一支具有良好职业素养、出色专业技能和高度团结协作精神的优秀团队。

2. 客户服务方面

坚持以客户为中心，致力于提供专业化、特色化的金融服务，不断改进产品和服务手段，提升客户体验，彰显服务品牌。一是积极向总行申请扩大基本授权区域。成都分行发挥成都市作为西部中心城市之一，辐射范围广的优势，积极向总行申请扩大基本授权范围，目前基本授权区域已覆盖除阿坝和巴中外的四川全境，提高了服务地方经济的效率。二是增加服务网点，改善网点软硬件条件。"十一五"期间，分支机构数量从3个增加到9个。三是完善银行服务操作标准以及投诉、检查的服务管理标准，以投诉控制为中心，全面推行服务标准、服务工具、服务评分和持续改进。四是开展客户等候时间管理。实施弹性管理错时服务制度，建立客户排队叫号机数据分析体系，量化管理客户等候时间，提高客户服务效率。五是积极提升运营服务意识。开展"服务质量月"活动，提出"用心服务、快乐你我"的服务口号，设计并佩戴服务铭牌，每季度评选运营服务明星。六是提升电子渠道交易替代率。个人网银交易替代率和公司网银替代率大幅提高。

（六）对社会公益事业的贡献

1. 抗震救灾和灾后重建方面

成都分行根据灾区恢复重建需要和实际情况，积极支持灾区的基础设施和产业重建工作，在风险可控的前提下，尽量满足这些行业及客户灾后重建资金需求。截至2010年末，成都分行灾后重建贷款余额16.2亿元，累计发放贷款35.62亿元，较好地支持了全省灾后重建恢复工作。

2. 支持弱势群体发展方面

对社会低收入的下岗再就业弱势人群，专项发放个人小额担保额度贷款，并根据该类客户的特性，有针对性地设计不同形式的贷款本息偿还方式，让其最大限度利用宝贵的银行信贷资金进行生产及创业。在零售贷款的个人经营性贷款中，重点支持环保、低碳、高效能的中小微型企业，无论是贷款方案的设计，贷款产品的选择，或者是贷款审批的时效上，都给予快速通道的特殊办理，以达到促进企业快速、健康发展的目的。积极响应国家大力发展保障性住房贷款的政策号召，解决中低收入阶层住房问题，2010年累计发放保障性住房贷款金额1268万元。

3. 支持慈善事业方面

成都分行坚持履行企业社会责任、致力于投入慈善和环保事业。2007年12月，组织开展"携手发展·共享未来"——爱心捐助成都SOS儿童村活动，向SOS儿童村捐赠物资和资金。2008年，组织员工参加公益劳动和义务献血等活动，累计向汶川地震灾区捐款捐物近50万元。2009年9月，深圳发展银行捐资1300余万元建设都江堰市玉堂小学，该项活动由成都分行具体落实和办理。2010 年 4 月，向玉树地震灾区捐款达 6.8 万元。2010 年 11 月，组织开展了"书送爱心 亮绿未来——捐书赠节能灯"活动，200 余名平武县土城藏族乡中心小学的师生得到了来自社会各界的关怀和帮助。

4. 金融宣传方面

2006 年至 2010 年，成都分行坚持开展"个贷、理财进社区"宣传咨询活动，为市民普及宣传金融知识；连续五年认真组织开展人民银行反假币宣传活动，坚持在各营业网点设立反假告示牌，在柜台、宣传台陈列了宣传资料。同时多次入住社区、校园进行反假货币宣传，收到了良好的效果。2007 年，积极参加由中国人民银行成都分行、四川银监局和四川保监局主办的《中华人民共和国反洗钱法》现场宣传活动。2010 年"银行业公众教育服务日"系列活动中，分行领导带头、全员参与，积极向社会公众普及金融知识、宣传金融服务。重视内部宣传，在内部网开展"安全金融，理性金融，诚信金融"的学习课程，提升全体员工的公众教育意识和责任意识，从而切实承担起金融消费的公众教育主体责任，努力提升客户满意度和社会美誉度。

（七）对节能环保事业的贡献

1. 践行绿色信贷方面

严格按照国家产业调整的政策，对"高能耗、高污染、资源消耗性"的"两高一资"企业制定严格的发放贷款指导原则，致力于逐步推进、全面建设符合该行发展战略的绿色信贷文化体系。强调环保准入关，把环保达标和节能减排合规作为对客户授信准入和审批的基本依据，严禁介入国家环保部公布的流域限批地区、环境敏感地区的污染企业或项目。建立名单管理制，对高污染、高耗能行业采取严格的名单制管理，即严格禁止对列入国家发改委、环保部门公布的不符合环保标准和节能减排要求的企业或项目进行信贷投放；对央行、银监会重点关注的高污染、高耗能行业，强调注重区别对待、扶优限劣，坚持环保政策底线。

2. 践行节能环保方面

切实减少水电资源消耗，车辆运营实施监控管理，倡导"无纸化"办公。自 2003 年开始实行 OA 网上办公系统，大量节省了纸张、通信、邮寄等费用。2009 年至 2010 年，连续两年号召全行员工参与"地球一小时"全球熄灯活动，广泛宣传和践行环保理念。2008 年 5 月 4 日，成都分行积极响应总行号召开展了"绿色发展'包'容环保"活动，在各营业网点向市民免费发放环保袋，支持环保事业。

（深圳发展银行成都分行）

兴业银行成都分行

"十一五"时期，兴业银行成都分行（以下简称成都分行）以科学发展观为指导，牢记"为金融改革探索路子，为经济建设多做贡献"的历史使命，积极推行赤道原则，走可持续金融发展之路；紧紧围绕西部大开发战略，深入贯彻落实省委、省政府"三个转变"、"两个加快"、"一枢纽三中心四基地"等重大战略决策，不断调整优化信贷投向，积极参与抗震救灾，大力支持灾后重建和灾区产业恢复振兴以及中小企业、节能减排等信贷需求，在实现自身跨越式的科学发展同时，为促进四川经济社会又好又快的均衡发展做出了应有贡献。"十一五"时期，成都分行累计向四川发放贷款450亿元，其中发放灾后重建和灾区产业恢复振兴贷款100多亿元，发放节能减排贷款24亿元。累计向国家上缴税金3.5亿元。

一、 加强自身建设， 发展机构网点， 立足成都服务全川

"十一五"时期，成都分行各项业务实现快速健康发展。截至2010年末，资产规模达735亿元，是2005年末的7倍，平均增幅为51%；一般性存款达366亿元，是2005年末的6倍，平均增幅为44%；贷款规模268亿元，是2005年末的5.7倍，平均增幅为44%，存贷款规模在成都地区各股份制商业银行中排名前列。不良贷款率从2005年末的0.71%下降到2010年末的0.035%，公司类不良贷款率为零。二是网点建设稳步推进。截至2010年末，成都分行下辖19家支行，20个对外营业网点，已设立27个离行式自助银行，布设158台自助服务机具，基本形成了较为完善的服务网络。其中乐山支行、郫县支行、青羊支行、金堂支行和人民南路支行先后开业，德阳支行顺利升格为德阳分行，泸州分行开业获批并实现试营业。开通了7家股份制商业银行联网的"七行柜面通"业务，发展了成都市2000多家企业、商家成为POS消费

的特约商户，基本形成了较为完善的虚实结合，以物理营业网点为主、自助银行为辅，辐射成都市区周边和省内二级城市的服务网络。三是员工队伍发展壮大，企业形象不断提升。在 2010 年第二届中国银行业"好分行"评选活动中，成都分行获得"社会责任奖"。先后荣获中国（成都）金融总评榜最佳成长型银行等多项荣誉。分行"自然人生理财卡"获成都市"最受欢迎银行卡"奖。此外，磨子桥支行、金牛支行还荣获中国银行业协会 2010 年"全国银行业文明规范服务千佳示范网点"称号。

二、 加快金融创新， 提高服务水平

"十一五"时期，成都分行创新金融产品和服务，在服务"三农"和灾后重建、支持中小企业发展等方面进行了有益探索。

（一）成功推出"能效融资，绿色信贷"、"兴业财货智星""银银平台"、"自然人生"等金融品牌

针对中小企业制定了名为"金芝麻"的专门扶持可持续发展的中小企业金融服务方案；为优质客户、优质项目开辟贷款审批"绿色通道"；与政府及四川省内各大优质大型企业建立良好合作关系，在银行基础业务中加入客户理财，吸引更多的、稳定性强的 VIP 客户。率先在四川二级城市设立专营机构，并在分行本部和绵阳支行创设中小企业金融服务中心，更好地服务于中小企业。

（二）率先进入支持农村土地、集体土地综合整治领域

为支持和推进成都市城乡统筹协调发展，盘活农村土地资产、加快新农村建设，改善农民生产条件，成都分行受成都市人民政府的委托，为成都市"全域农村土地综合整治项目"提供信贷支持。在总行的大力支持下，开创了全国商业银行的先河，进入农村土地、集体土地综合整治领域。首先在成都市的金堂、大邑、彭州等地先行试点，以农村土地整理复垦开发和城乡建设用地增减挂钩为平台，推动农村田、水、路、林、村、房综合整治，促进耕地规模经营、人口集中居住、产业集聚发展，在严守耕地红线的同时，积极破解新农村建设和产业集聚区发展等用地难题，腾出耕地和集体建设用地指标，较好地满足成都部分经济高速发展区域的城镇建设用地指标需求，推动城乡统筹协调的发展。从 2009 年 7 月份开始，成都分行多次深入金堂县农村现场调研和进

行持续艰苦的相关资料的收集工作，于2010年2月对金堂县土地整治中心发放了农村土地整治项目贷款3亿元。土地综合整治后，闲置和抛荒的土地重获生机，拓宽了农民增收渠道。

（三）创立"扶贫捐款＋小额农户贷款＋生产援助"模式

与大邑县金星乡部分因病致贫的农户签订了对口帮扶协议，创立了"扶贫捐款＋小额农户贷款＋生产援助"的模式，将农户的土地集中兴建了兴业园艺厂，通过小额扶贫贷款方式支持苗木种植，出资为农民聘请农技人员传授园艺技术，多方介绍销售渠道，引导农户参与苗木种植的整个产、供、销现代农业产业链条，达到时间短、投入少、见效快和从根本上解决农户困难的目的。

（四）积极支持灾区"三农"建设

在支持"三农"恢复重建方面，成都分行不断加大信贷投放力度，积极搭建"银行＋政府＋担保机构"模式和"银行＋担保公司"模式的融资平台，切实支持"三农"建设。

（五）打造服务品牌，积极开辟中小企业服务新领域

成都分行积极探索中小企业融资产品与四川区域经济相结合的发展道路，把拓展中小企业市场作为转变经营模式的重要途径，充分用好、用足、用活兴业银行扶持中小企业发展的业务政策，解决其融资难问题，为中小企业培育"造血"、"输血"机制，运用中小企业产品组合方案，带动了一批中小企业的平稳较快发展，进一步巩固和强化中小企业主力银行地位。成都分行的"能效贷款"突破了原有企业贷款注重担保条件、期限较短等固有模式，采取与贷款企业节能项目现金流匹配的融资方式，适当降低担保门槛。

三、　倡导绿色信贷，　推广节能减排

成都分行作为国内首家"赤道银行"——兴业银行的分支机构，积极支持四川优化产业结构，转变经济发展方式。2010年1月18日，成都分行与四川省经济和信息化委员会签署节能减排贷款业务战略合作框架协议，携手搭建"绿色"投融资通道。成都分行将在未来5年提供50亿元，支持四川省推广节能减排、资源循环利用、清洁生产等先进技术，为重点行业、重点企业节能减排重点工程建设提供融资服务。2010年11月1日，成都分行与双流县水务建

设投资有限公司签署协议，将在未来10年内提供10亿元资金支持双流县的污水处理管网建设、污水处理厂建设和河道整治。整个工程完工后，双流县每天将有31.86万立方米的污水变成清洁水。四川内江黎山化工与英国瑞碳有限公司合作的酒精废液沼气利用项目（预计年减排量6万吨）、峨边金光巴溪电力开发有限公司、四川瓦屋山电力实业有限公司、四川巴蜀电力开发有限公司、成都市全域乡镇水务投资有限公司等四川一大批企业已相继获得成都分行的绿色信贷支持。成都分行以金融手段支持节能减排、提高能源使用效率、开发利用清洁能源和可再生能源的实际行动生动诠释了"赤道银行"理念，为可持续金融理念在全省的普及和推广起到了积极作用。

四、 全力支持抗震救灾和灾后恢复重建

北川羌族自治县是"5·12"汶川特大地震的极重灾县，也是唯一一个整体异地重建县。为支持北川新县城加快建设，2010年，兴业银行总行一号文件批复向北川新县城建设授信人民币14亿元，成都分行和绵阳支行以最快的速度落实各项手续，第一时间投放贷款10亿元。第一时间向都江堰市发放贷款，用于灾后205个居民安居点的基础设施建设。截至2011年3月末，成都分行累计向德阳、绵阳、都江堰三地的实体企业投放信贷资金近40亿元，支持绵阳科技城发展投资（集团）有限公司防灾减灾科技产业园（一期）项目、长虹、蓝星机械、二重等大企业生产经营。

五、 自觉履行社会责任， 支持公益惠民事业

兴业银行成都分行在充分发挥金融职能支持四川经济发展的同时，非常注重富民惠民，关注民生，履行社会责任。

大邑县金星乡是成都地区周边最贫穷的乡镇之一。五年前，当成都分行得知成都大邑山区的孩子们纷纷失学，其原因竟是家离学校太远或校舍太危险被迫关闭时，立即找到相关部门，主动兴建了一所希望小学。由于校舍质量过硬，这所小学在"5·12"地震期间不仅毫发无损，还成为了当地村民的避难所。兴业人的爱守护的不仅仅是山区孩子受教育的权利，更是山区人民的生命。此外，成都分行还为大邑县金星乡修建了一个兴业卫生院、一个兴业敬老院、一个兴业图书馆。

近两年来，分行先后捐款捐物 400 余万元，支持四川抗震救灾和慈善社会公益事业，帮助困难群体脱贫。通过一系列、持续性的社会公益活动和不断创新金融支农、帮扶救助体系，成都分行总结出金融业关注民生，实现城乡统筹、和谐发展的新思路，即以关注贫困学生、捐资助学为起点，支持社会弱势群体，提高帮扶救助覆盖面，继而发挥金融职能，助推农业和农村公共服务设施建设均衡发展，逐步缩小城乡差距，达到社会和谐。

（兴业银行成都分行）

上海浦东发展银行成都分行

"十一五"时期，上海浦东发展银行成都分行（以下简称成都分行）秉承"笃守诚信，创造卓越"的理念，以"服务社会，支持四川经济持续、健康发展"为己任，在为地方经济建设做出积极贡献的同时，自身也取得了长足的发展，市场份额不断上升，经营效率不断提高，资产质量不断优化，创造了"高速、高效、低险"的经营佳绩。

一、　主要发展成就

（一）业务规模高速发展

截至 2010 年末，成都分行资产总额 729.05 亿元，比 2005 年末增长 424.76%，其中贷款余额 457.42 亿元，比 2005 年末增长 535.8%；负债总额 714.18 亿元，比 2005 年末增长 423.13%，其中存款余额 708.23 亿元，比 2005 年末增长 522%。存贷款规模和增长速度均处于同业领先。

（二）经营利润高效提升

五年来，成都分行累计创利 33 亿元，其中 2010 年实现利润 12.37 亿元，人均利润突破 300 万元；利润总额、人均利润均创分行历史最好水平，2010 年在总行的人均能效排名和综合竞争力排名双双位居第一。

（三）资产质量保持良好

分行创造了开业以来前六年无欠息、无逾期、无垫款、无不良贷款的记录，近两年来资产质量也保持良好。八年来全行安全责任事故为零。

（四）积极开展业务创新

五年来，成都分行不断加大优质业务营销力度，下大力气承销中短期融资债券、推出中小企业集合债券、牵头发放银团贷款，积极创新产品和服务。"十一五"期间，四川省创业板和中小板上市和发审通过的企业，绝大部分是与该行合作或培育的资本化客户。2009年四川32户福布斯上榜民营企业中有28户是与该行长期合作的企业，其中14户是与该行由小到大、共同发展起来的客户。2008年，成都分行为上海援建资金量身定做的以网银和账户管理系统为核心的资金封闭管理系统，确保援建资金管理安全、拨付高效、信息全面、便于监督，得到了党和国家领导人、中纪委、审计署和中央媒体的高度肯定和赞扬，有力地支持了灾后恢复重建。2009年以来，成都分行先后签约43户资本化客户，锁定近20亿元的募集资金，主承销西部最大一笔70亿元中期票据——四川高速中票成功发行。2010年成功锁定上市公司募集资金50亿元。分行通过融资债券的发行、资产转让等方式，新增中间业务收入超过亿元。

（六）个金业务占比不断提升

截至2010年末，成都分行一般性存款余额647.42亿元，其中对公存款580.82亿元，储蓄存款66.6亿元，个金业务占比为11.47%。拥有贵宾客户2500多户，薪资代发单位近千家，拥有客户30余万户；合作楼盘43个，发放个人按揭贷款1.2万户，贷款余额33亿元。在积极发展对公业务的同时，个金业务也得到了较好的发展。

二、"十一五"期间支持地方经济发展

（一）信贷投放增量情况

"十一五"时期，成都分行新增贷款302.49亿元，主要投向灾后重建、重点行业企业以及支持培育区域优势产业发展、企业生产流动资金、服务业和终端消费渠道市场整合等领域，促进了四川经济持续平稳健康发展。

（二）支持灾后重建工作情况

"5·12"汶川特大地震后，成都分行及时调整了信贷政策，对重点受灾地区的贷款业务制定了"区别对待、专项扶持"的管理政策，并在分行经营计划中强调加大对灾区吸纳就业强、产品有前景、守信用的中小企业、灾后重

建中的重大基础设施建设项目、国家需要扶持的重点企业、灾区支柱产业及水、电、道路、通讯等有收入来源的受损公共设施修复的信贷支持力度，新增贷款规模向重点受灾地区、行业和企业倾斜。

1. 在灾区新设机构

地震后，成都分行先后在极重灾区绵阳、都江堰设立支行，在绵竹发起设立村镇银行。截至 2009 年末，绵阳支行累计向绵阳地区投放贷款 28 亿元，主要投向灾后重建安置房、公路、市政等公用设施和灾后重建急需的水泥、建材以及当地重要的电子、装备制造等产业恢复；都江堰支行累计投放 39.95 亿元；绵竹浦发村镇银行累计投放 8 亿元。

2. 改善金融服务水平

在贷款审批、规模安排、资金支持等方面提供"一揽子"支持和服务。主动向总行争取到新增 100 亿元信贷规模，其中 81.5 亿元为灾后恢复专项规模。地震发生一年后，成都分行累计向灾后重建和产业恢复投放贷款 160 多亿元，主要投向灾区公路、铁路、电力、公用基础设施等灾后恢复重建和产业恢复。

（三）支持四川经济止滑回升和加快发展

"十一五"期间特别是 2008 年以来，成都分行紧紧抓住四川灾后重建和国家支持扩大内需的机遇，积极支持全省重点行业和重大项目建设，向四川高速、华电四川公司、四川水电集团、地方铁路集团、四川铁路投资集团、成都文旅集团等公路、铁路、电力、旅游基础设施重点工程项目投资建设单位新增贷款累计超过 100 亿元，为促进四川经济止滑回升作出了应有的贡献。

1. 支持科技产业园区建设

以融智支持为先导，协助政府制定科技产业和科技园区长期发展规划以及政策扶持长期规划；加强银政合作，共同搭建科技产业和科技园区良好的金融服务环境。"十一五"期间，成都分行共向科技园区投入基础设施建设贷款约 20 亿元，支持绵阳、绵竹、新津、龙泉、金堂、青白江、都江堰、新都、江油、广汉、内江等地园区建设和基础设施配套。积极支持科技型企业发展，重点支持以"两高六新"（成长性高、科技含量高；新经济、新服务、新农业、新材料、新能源和新商业模式）为代表的企业持续发展，为三泰电子、硅宝科技、川润股份、新筑路桥、丹甫制冷、吉峰农机、成都九州电子、海尔斯生物技术、景明科技、宁江机床、宏明电子、科伦医药、金达隧道等科技型企业提供及时信贷支持，帮助其整合发展壮大。同时，针对科技产业和科技园区，创新信贷管理制度、审批流程、金融产品和服务方式，提供特色产品组合。

2. 支持城乡统筹改革试点

有效扩大服务半径，健全服务城乡的机构体系，以金融服务为先导支持县域经济发展。先后在都江堰、绵阳、邛崃、温江、乐山、内江以及龙泉等成都周边经济区域设立分支行，有效提高金融服务覆盖能力，健全城乡金融服务机构体系。提升区域基础设施，改善区域金融服务环境，为区域产业集聚发展创造良好的金融条件。

3. 支持中小企业发展

落实小企业金融服务"六项机制"要求，推进小企业金融业务稳步发展。一是抓专营机构建设。建立中小企业专营服务机构，专门负责小企业的经营管理和金融服务工作，建立审批快速通道，在业绩考核方面给予倾斜。创新培训机制以及建立中小企业利率的风险定价、独立核算、违约信息通报等配套机制，有效保障了小企业金融业务的稳步发展。二是抓服务创新。鼓励一线营销人员和授信管理人员根据市场变化特点，创新小企业服务方式，创新把握小企业风险关键点的手段方法，通过特色产品组合，优化担保方式，提供高效授信服务流程等一系列手段，有效解决了小企业融资品种单一、担保难、资金需求急、融资成本高的问题。针对区县优势产业有市场、有基础、有龙头，但缺资本、缺资金、缺规划的现状和特点，坚持以批量开发为主、散户开发相结合的方针，按照抓县域、抓园区、抓特色的要求，初步建立了以"三资"为纽带、"三专"为平台、"三线"为保证的中小企业产业集群开发模式。按照"筛选、培育、加力、上市"四个环节的标准制定中小企业客户阶梯推进战略，与中小企业共同成长和发展。三是抓队伍建设。下大力气培训一支中小企业专业队伍，包括产品队伍、营销队伍以及业务管理人员，同时建立郊县支行管理团队以及业务队伍。截至 2010 年末，成都分行小企业授信客户数 153 户，较"十一五"初期增加近 120 户；授信余额合计 19.99 亿元，整体资产质量保持良好；小企业表内贷款余额 7.41 亿元，增幅 32.31%，高出全行贷款平均增速 17 个百分点，达到了"两个不低于"要求。

三、"十一五"期间对利益相关者尽责情况

（一）税收贡献

"十一五"时期，成都分行累计缴纳各种税金 7.56 亿元，为支持地方财政经济建设做出了应有贡献。

（二）上缴总行利润情况

五年来共向总行上缴利润 33.68 亿元，平均每年增加 1.75 亿元，增幅达 127.69%。

（三）员工培养及企业文化建设

"十一五"期间，成都分行积极践行"行之以礼、出之以仁、成之以信、守之以诚"的企业文化内涵，在业务发展中形成了具有成都分行特色的企业文化。一是坚持"真心实意、真抓实干、真才实学"的"三真"标准，不断弘扬浦发精神。二是坚持"走正道、讲正气、做正事"的"三正"准则，确保正确的经营方向。三是坚持"营销上的排头兵、管理上的责任人、行为上的垂范者"的三个表率，锻造一支过硬的领导队伍。四是坚持开展自上而下的谈心活动、形式多样的文化体育活动和丰富多彩的青年员工的社会实践活动，激发员工的认同感和归属感。开业以来，100 余名员工成为各级技术能手，17 名员工获得总行"平凡岗位成就奖"，28 名员工受到总行爱心捐助表彰。

（四）支持社会公益事业

"十一五"期间，成都分行持之以恒地开展了各类慈善募捐和扶贫助弱活动，先后捐建了剑阁县姚家希望小学、凉山州普格县浦发希望学校，多次组织志愿者深入地震重灾区开展捐赠慰问活动，捐助了绵竹地震受伤致残的学生、孤老人员、孤残人员共 512 人，助养了 4 名孤儿。五年来累计捐助资金超过 200 万元。

（五）开展优质文明服务

五年来，成都分行通过建立完善的服务体系，狠抓规范化管理，推进网点转型增效，在优化客户服务方面取得了成效。一是抓好现场管理。一线柜面深入推进、细化"6S"标准化服务规范，通过开展外语、手语和反假能力培训、应急演练、技能比赛、规范投诉处理、加强自助设备管理、设置双语指示标识

等一系列措施，显著提升了网点服务能力，取得了五年来运营服务无重大客户投诉、无媒体负面报道、无监管机构问责的优异成绩。二是推进网点转型。改变所有处理环节均由网点串行操作的原有模式，将业务流程各环节进行有效分割，并依托网络通讯、影像传输和工作流控制等成熟的 IT 技术，采取业务环节的并发式同步处理，实现了业务受理端与业务处理端的空间分离和业务处理规范化、标准化、工厂化运作，既通过专业分工提高了管控能力，又减少了前台柜员的工作量，后台支撑能力日益增强，"小前台、大后台"的运营优势日益显现。三是提升网点效能。积极推进厅堂管理一体化，探索网点坐销模式，提升运营服务价值；从网点运营形态调整、前端系统与网点服务流程整合和制度配套等三方面入手，制订了"新一代网点平台及服务流程建设项目"的实施方案，极大地提升了网点服务效能，减少了冗余环节。四是提升运营服务支撑能力。积极推进第二代支付系统的建设和开发；加快建设电子商业汇票系统，优化银承托收业务和银承查询业务流程，进一步提高自动化处理效率；完成人民币资金集中运营、外汇交易中心净额清算业务项目、理财 TA 项目、黄金交易所清算银行及自营黄金业务、跨境贸易人民币结算业务、客户关系管理等重大运营支撑工作。五是完善运营服务管理体系。编发运营条线网点规范化服务手册，统一了全行服务标准。制定网点服务评价指标体系，探索了全行柜面服务评价管理工作。制定《特殊客户上门服务业务操作流程》，将做好为严重老弱病残等特殊客户提供人性化服务和上门服务工作落到实处。

（上海浦东发展银行成都分行）

中国民生银行成都分行

一、 主要成就

（一）主要经营数据实现快速增长

"十一五"期间，中国民生银行成都分行（以下简称成都分行）各项经营指标快速增长。截至 2010 年末，资产总额 521.07 亿元，比 2005 年末增长404.43%，其中贷款余额 387.98 亿元，比 2005 年末增长 428.5%；负债总额503.53 亿元，比 2005 年末增长 339.41%，其中存款余额 440.32 亿元，比

2005 年末增长 296.5%。2010 年资产利润率 0.94%；五年间共新设分支机构 18 家，分支机构数从 7 家增加到 22 家，其中二级分行 1 家，支行 21 家，增幅为 214%。

（二）金融体制改革不断推进

1. 实施事业部制改革，专业化经营和业务转型初见成效

"十一五"期间，成都分行公司业务事业部制度改革取得初步成效。该项改革是在借鉴国际银行业事业部利润中心运作经验的基础上，按照公司化运作理念实行的责权利结合，激励约束配套，运营机制优化的体制改革。改革前，民生银行实行传统的分支行架构，分支行采取"大而全、小而全"的经营模式，公司业务因涉及的行业过多，对各个行业的把握深浅不一，向客户提供的服务严重同质化，不利于银企关系的深化。在总行的直接领导下，2007 年全行公司业务事业部改革正式启动，成都分行成立了能源、冶金、交通、地产、贸易金融五大事业部，事业部由于集中精力进行专业化经营，对行业更为了解，对行业风险状况更易把握，能适应不断变化的外部环境，应变能力加大、应变速度加快，可实现对客户更为全面的金融服务。在总行推行事业部经营管理体制改革后，成都分行经营由过去拼资本重规模的粗放型增长方式向资本节约、效率提升的集约型增长方式转变，继而成为特色公司业务经营者、零售业务管理推动者和公共服务平台"三位一体"的经营单位。专注于开发特色业务、中小企业和零售业务，从而实现了分行业务的全面转型，不但有利于成都分行调整信贷结构、稳定客户基础、提高收益水平，实现可持续发展，也有利于提高成都分行对区域经济的服务能力，提升分行的市场形象。

2. 实现零售业务专业化改革，深化服务培育高端客户

"十一五"期间，在全行公司业务事业部制改革顺利完成后，成都分行将支行平台留给零售业务，明确了支行作为零售业务主渠道的定位，并在流程、团队、资源配置上给予充分保障，取得了良好效果。专业化改革明确了分行零售业务主要服务"中高端客户"的市场定位，将财富管理和消费金融作为零售业务发展重点，并逐步实现从单纯产品销售向为客户提供财富规划和综合咨询服务的模式转型，在全行进一步推广了全面金融解决方案。零售业务专业化改革以来，支行单产能力逐步提升，尤其是零售专业化团队逐步建立和扩大，团队作战能力持续提高，网均金融资产快速提升。民生零售品牌建设不断深

入，品牌认知度提高，"非凡财富"品牌在业界崛起；财富管理模式逐步形成，逐步实现从单纯产品销售向为客户提供财富规划和综合咨询服务的模式转型。商户融资业务全面启动，截至 2010 年末，"商贷通"发放量已达到 53 亿元；支行标准化作业模式（SOP）在全行推广，金融服务提升逐步深化；网点建设逐步科学化、体系化，培训逐步体系化。

3. 全面推进业务转型，深化中小企业金融服务

"十一五"期间，成都分行进一步加大中小企业和小微企业信贷投放力度，以中小企业金融服务专营机构为抓手，深化"六项机制"建设取得了一定成效。2009 年被总行统筹确定为重点推动中小企业业务的首批试点分行，成立了专业化经营机构——中小企业金融部，并于 2009 年 8 月底正式运营。在审批流程上，成立评审官制度，设立中小企业专属审批通道，每笔业务从调查到审批通过只需"双人调查—审查—审批"等三个环节，从资料收集到贷款发放最快可以在一周之内完成。在授信产品上，陆续推出"循环贷"、"组合贷"、"联保贷"、"易捷贷"四个标准化产品，以及"动产融资"、"小额信用贷款"、"商贷通"等多项专门针对中小和小微企业的融资服务新品。2008年下半年开始，成都分行将支持小微企业作为自身战略转型的核心业务之一，2010 年年初成立小微企业贷款专营服务机构——小微企业金融部，小微企业信贷支持力度不断加强。截至 2010 年末，成都分行小微企业贷款规模达 44 亿元，支持了 4100 余户个私企业的发展，并保持了较快的业务增速，在市场中树立了良好的口碑，中小企业（含小微企业）贷款余额 70 亿元，保持健康快速发展的良好势头。

二、金融产品不断丰富，服务方式和手段不断创新

（一）有序开展金融产品创新，提升核心竞争能力

"十一五"期间，成都分行始终根据市场需求及自身特点，走特色化、专业化的发展路线，有序推进金融产品创新。在深入研究客户需求、细分市场、控制风险的基础上，结合自身业务特点陆续将交易融资、国内信用证、保理代付、信托理财业务及高收益新兴市场业务、中小企业"财富罗盘"、小企业主"商贷通"等产品组合推向市场并获得认同，实现了自身与客户的双赢。

（二）以客户需求为出发点，多种举措强化服务创新

成都分行在进行充分市场调研的基础上，结合自身经营实践，不断寻求切实可行并能有效解决企业需求的产品组合；加快引进高素质的人才，积极推动人才储备及各项培训工作的开展，确保方案实施者的专业素质。

1. 实施产品经理制度

成都分行通过建立稳定产品经理团队，明确产品经理职责，重塑团队作业模式，形成总行产品部门的专业高级研发经理、隶属总行跨区作业的高端产品销售经理，服务于固定经营机构的一般产品经理的多层级产品经理梯队，并使之不断成长提升，最终形成一支专业的高素质团队。

2. 加大业务培训

成都分行结合确定的重点产品体系进行各种专项培训及案例分析讨论，提升业务人员的综合素质。

3. 构建多层次服务体系

成都分行在为客户提供公司业务方面咨询的同时，也为行内对公条线的市场人员提供业务支持及服务监督。

三、 金融基础设施不断改善

（一）信息技术水平快速提升

"十一五"期间，成都分行共计完成了小额支付系统、支票影像系统、小额通存通兑系统、税库银横向联网系统、电子验印系统、一票一密系统等 7 个新业务系统的建设，电子支付渠道不断完善；完成了柜面通、电信、煤气、自来水、车购税、银证通、三方存管、新股自由打、EPOS、公积金、银联公共支付、存贷通等 12 个本地特色业务产品的开发，科技保障能力有效提升。

（二）系统建设步伐加快，为内部管理提供数字化支持

一是先后开发了分行的 V1.0、V2.0 两个版本信息管理系统，实时展示所有员工、机构的业绩情况，为分行的业务管理、考核、计划指标等工作提供数字化支持。二是开发了反洗钱、银承签票管理、大额资金进出查询等专项管理系统，为相关管理部门控制资金风险、提升工作效率提供系统支持。三是严防IT 风险，实现了建行以来 IT 风险零事故的目标。

（三）配合总行的业务流程化改革，完善 IT 相关系统建设

一是建设支行－分行的零售业务标准流程作业系统（SOP），实现零售业务的销售与管理的流程化和标准化。二是完成会计业务集中处理系统的上线，实现了会计业务集中处理、会计风险流程控制，降低一线柜台的操作风险。三是为配合总行新核心系统的推进，开始实施外围业务的集中上收，实现分行特色业务在总行统一平台集中接入与处理，开发标准化、模板化，特色业务产品全行共享。

（四）支付结算系统不断完善，助推业务快速发展

"十一五"期间，成都分行积极完善支付结算系统，助推业务快速发展。依托小额支付系统办理银行本票，代理付款行与出票行依托小额支付系统实现银行本票信息的实时比对和资金清算的业务；大额实时支付系统实现了跨行资金清算的零在途；小额批量支付系统，支撑集中代收付系统、跨行通存通兑系统等多种支付工具的应用，实现了 7×24 小时不间断运行，以低成本、大业务量的服务为特点，提供公共跨行支付平台。网银落地汇划业务，境内外币支付系统和支票影像交换系统等进一步促进了业务发展，繁荣了社会经济活动。

（五）银行卡产品不断丰富，品牌效应大大提升

"十一五"期间，成都分行推出了国内首张针对少年儿童理财需求进行服务与功能整合的全新产品"小鬼当家卡"，发行了以太平洋远东联名信用卡为代表的多款有多种附加功能和优惠活动的民生信用卡，并与中国银联合作建立了金卡系统，可为特约商户提供 POS 机具，为社会增加了银行卡的受理范围。民生银行卡以产品创新、功能全面、优惠丰富而在业界获得了良好的品牌效应。

四、 全力支持四川经济发展

"十一五"时期，成都分行致力于支持地方经济发展，全力支持四川灾后重建，重点加强对城乡统筹和重点产业金融支持。各项贷款余额从 2006 年初的 73 亿元增长到 2010 年末的 356 亿元，增长了近 4 倍，信贷投放在区域股份制银行中居于前列。

（一）支持四川灾后重建取得明显成效

"5·12"汶川大地震后，成都分行积极通过信贷支持灾后重建，取得了

显著成效。一是加强组织领导，确保灾后重建工作有序开展。地震后迅速启动紧急预案，成立以分行党委书记、行长熊津成同志为首的成都分行应急领导小组，统一指挥成都分行的抗震救灾工作。随着灾情的进展，成立了灾后重建工作领导小组，由党委书记、行长熊津成同志任组长，办公室、公司、评审、资产监控、零售、会计等部门一把手作为成员，负责灾区重建和信贷资金支持方案的调研和方案的制定，并统一协调与总行相关部门的联系，及时组织制定落实各项灾后重建政策和安排督导具体工作。二是加强政策保障，大力支持灾后重建。"5·12"地震发生后第四天，按照总行下达的《关于支持地震受灾地区灾后重建和加强金融服务的紧急通知》（民银发〔2008〕259 号）有关文件精神，全力贯彻落实支持抗震救灾和灾后重建的八项措施。设立受灾地区和灾后重建"专项信贷审批绿色通道"；加大对受灾地区和灾后重建项目的资金支持；对受灾地区和灾后重建项目给予优惠的政策支持；及时组织研究对受灾地区和灾后重建项目的特色新产品；密切关注灾情进展，对灾区贷款项目在期限、还款方式等方面给予合理灵活安排。在 2008 年大力发放灾后恢复重建贷款的基础上，成都分行在 2009 年和 2010 年的授信政策中继续将灾后重建作为投放重点。同时，分行还将灾后重建相关业务纳入分行重点发展的区域特色业务，并获得总行认可，为大力支持灾后重建争取了更有力的政策保障。三是加大对灾后重建的信贷投放。截至 2009 年末，成都分行累计新增灾后重建授信额度 55 亿元，累计发放灾后重建贷款 50 亿元，核销因地震灾害产生的不良贷款 2.22 亿元。此外，还积极帮助灾区中小金融机构筹备债券的发行工作以补充自身资本金，更好地为灾后重建服务，目前已成功承销发行了 1.5 亿元德阳市商业银行次级债券和攀枝花市商业银行 2.5 亿元次级债券等。

（二）支持城乡统筹发展和重点产业工作取得明显成效

成都分行自成立以来，一直坚定不移地服务地方经济，积极支持成都统筹城乡建设，多年来一直大力支持成都市政府融资平台，有力地支持了城乡统筹改革试点和重点产业发展。一是通过事业部制改革和专业化分工，集中力量积极支持成都市的城市建设、商贸、机械、电子、医药等优势行业发展。二是逐步健全服务城乡的金融体系，先后成立并筹建了民生彭州和资阳村镇银行；三是进一步加强对四川重点产业的支持力度，重点加强城建、建筑、交通、文教卫、重装、白酒、交易融资等七大主要细分市场的金融支持力度。以白酒产业为例，成都分行积极研究适应行业特色的金融合作方案，以泸州老窖为合作切入方，通过"期酒理财"、动产融资差额回购等创新性产品成功满足了该企业在筹集资金、压缩银行负债、扶持下游经销商方面的多种金融需求。在此基础上，及时总结合作经验，进一步将与泸州老窖的合作模式复制推广到郎酒、水井坊等其他品牌白酒厂商，再将合作延伸到白酒上游的原酒企业，对整个白酒产业集群提供了全方位的金融支持。

（中国民生银行成都分行）

成都银行

"十一五"期间，在省委、省政府和成都市委、市政府的关心与支持下，在监管部门的指导与帮助下，成都银行努力克服"5·12"汶川特大地震以及国际金融危机带来的复杂影响，变害为利、化危为机，结合自身实际，不断加快改革创新步伐，各项业务实现高速增长，经营利润连年翻番，超额完成了"十一五"期间的各项目标任务，为实现自身长远发展打下了坚实的基础。

——经营规模和综合实力持续增强。截至 2010 年末，成都银行资产总额达到 1512 亿元，存款余额 1225 亿元，贷款余额 679 亿元，分别是 2005 年末的 5.2 倍、4.7 倍和 4.1 倍。五年来各项业务年均增长率达到 30% 以上，经营规模和综合实力连续五年位居中西部城市商业银行首位，连续三年被中国银监会监管评级为 2 类行，2010 年监管评级由 2009 年的 2C 晋升为 2B。此外，还连续跻身"全球商业银行 1000 强"、"亚洲银行 300 强"、"中国银行业 100强"等国内外商业银行综合实力排行榜。在 2010 年 12 月公布的亚洲银行竞争力排名中，成都银行综合竞争力位居亚洲中小银行（总资产规模在 100 亿 ~ 400 亿美元之间）第 11 位；在 2010 年 8 月英国《银行家》杂志最新"全球商业银行 1000 强"排名中位居第 478 位，同时位居中国商业银行第 34 强，中国城市商业银行第 12 强。

——资产质量和经营效益大幅提升。"十一五"期间，成都银行资产质量得到显著改善，经营效益大幅提升。截至 2010 年末，成都银行资本充足率为 13.12%，较 2005 年末上升 7.11 个百分点；不良贷款余额 4.9 亿元，不良贷款率 0.73%，较 2005 年末下降 10.06 个百分点；拨备覆盖率 360%，较 2005

年末上升315.15个百分点。同时，随着历史包袱彻底化解、资产质量大幅改善，"十一五"期间，成都银行盈利水平屡创新高，2010年全行实现净利润16.4亿元。

——业务结构日益改善。"十一五"期间，成都银行积极加快业务结构的调整与优化。截至2010年末，全行涉政类贷款233亿元、企业类贷款325亿元、个人贷款121亿元，占比分别为34.4%、47.8%、17.8%，较之2005年个人贷款10亿元、企业贷款154亿元，占比分别为6.1%、93.9%的信贷结构，全行业务结构调整取得阶段性成果，特别是信贷业务结构明显改善。

一、 发展好字当先， 从 "负担重重" 走向 "硕果累累"

（一）"引资借力"，创造发展条件

由于承接原汇通城市合作银行等历史原因，成都银行一度背上了沉重的发展包袱。虽然2004年以来成都银行将业务发展成果主要用于化解历史资产损失，并且加大不良资产的清收处置力度，但到2006年末，各项资产损失仍高达约26亿元。因此，成都银行在加快内部消化的同时，积极酝酿借助"外力"消化历史包袱。2007年下半年，在省委、省政府、成都市委、市政府和监管部门的支持下，成都银行成功实施增资扩股，以1:3的溢价水平增加20亿股，一次性募集资本金60亿元，引进了包括马来西亚丰隆银行在内的境内外战略合作伙伴。为进一步化解历史包袱，投资者从认购价款中拿出10亿元资金，帮助成都银行按账面值剥离了10亿元不良资产。此次增资扩股一方面化解了长期制约成都银行发展的资本瓶颈问题，另一方面彻底解决了历史包袱，使得成都银行资本充足率不断提高，不良资产率大幅下降，为未来的持续健康快速发展奠定了良好的基础。此次增资扩股，成都银行不仅引进了外资银行，还引进了境内外上市公司、大型国有企业、大型民营企业等，优化了股权结构，为成都银行进一步完善公司治理创造了良好条件。

（二）开展战略合作，提升发展能力

在引资的同时，成都银行积极加强与马来西亚丰隆银行的战略合作，成立合作委员会，双方高层领导定期召开会议，研究推进合作事项，合作领域主要涉及风险管理、人员培训、财务管理、业务发展、信息技术等。通过开展战略合作，充分借鉴外方的先进经验和做法，成都银行公司治理、经营管理、人才

培养水平得以大幅提升，进一步推动成都银行由传统银行向现代银行转变。

在人才培养与交流方面，成都银行与丰隆银行积极推进人员培训合作事项。截至 2010 年末，双方合作开展培训 61 期，共 1308 人参加培训。此外，丰隆银行还根据成都银行的需要，专门从花旗银行等国际知名机构聘请专家长期派驻成都银行开展技术支持和指导，目前，在成都银行的会计、财务、风险管理、个金、资金业务等部门或条线都有丰隆银行的专家常驻成都银行协助开展工作。

在公司治理及管理方面，成都银行引进外方推荐的两名具有丰富境外银行管理经验的董事，其中何维忠先生作为风险管理专家同时当选为副董事长，并担任董事会风险管理委员会主任，进一步增强了董事会的风险管控能力。此外，成都银行借鉴丰隆银行以及其他境外银行的做法，成立了董事会授信审批特别授权委员会，专门负责对超过行经营管理层审批权限授信业务的特别授权管理工作，并在行经营管理层下增设了 IT 委员会和资产负债管理委员会，强化全行的 IT 建设、资产负债和流动性管理工作。

（三）实施跨区域战略，扩大发展空间

为进一步拓宽业务领域，实现规模效应，全面提升经营管理水平，自 2008 年以来，成都银行先后实施了一系列跨区域发展举措。2008 年由"成都市商业银行"正式更名为"成都银行"，打破了原行名中的地域性色彩限制，2009 年开设首家异地分行——广安分行，实现跨区域发展实质性突破，2010 年成功开设首家省外分行——重庆分行，此外，资阳、眉山分行也相继开业，初步形成了覆盖成渝、辐射西部的分支机构布局。与此同时，按照"做精成都、做实四川、做强西部、辐射全国"的战略规划，全力推进西安、上海、深圳等分行的筹建工作，力争将业务范围逐步扩展到珠三角、长三角、环渤海等地区。目前，西安分行即将正式开业，上海分行筹建申请也已获上海银监局审核同意。

（四）探索多元化经营，拓宽发展领域

2010 年，在地方政府以及监管部门的支持下，成都银行尝试多元化发展，与战略投资者丰隆银行进一步加强合作，共同出资 3.2 亿元发起设立了四川锦程消费金融公司。借此，成都银行正式进入消费金融领域，迈出了探索综合化经营的第一步。

锦程消费金融公司于 2010 年 3 月 1 日正式开业，为银行无法惠及的个人客户提供新的可供选择的金融服务，满足了不同消费群体不同层次的需求。通过与成都银行开展交叉销售等创新营销模式，该公司初步打开了市场，业务量逐月提升，业务规模不断扩大。截至 2010 年末，公司累计发放贷款 2685 笔，总金额人民币 3157 万元，贷款余额 2958 万元。

此外，为建立持续的资本补充渠道，进一步完善公司治理结构，在"十一五"中后期，按照建设"全国一流上市银行"目标，成都银行着手酝酿上市准备工作。2008 年下半年，成都银行提出了上市规划并启动了部分前期准备。鉴于各方面条件基本成熟，2010 年初成都银行全面启动了上市准备工作，通过大力优化监管指标以及加紧推进股权清理、确权，瑕疵资产的清理、处置等基础准备工作，目前成都银行各项监管指标全面达标，股权、资产的确权率已满足申报要求，上市申报条件基本成熟，预计近期将向监管部门提交上市申报材料。

二、改革快马加鞭，从"底子薄弱"走向"基础扎实"

（一）积极完善公司治理，治理结构进一步优化

公司治理是确保银行持续健康快速发展的基础制度平台，"十一五"期间，成都银行不断加大公司治理建设力度，特别是在成功增资扩股、引进境外投资者后，成都银行抓住股权结构优化等有利条件，进一步加快了公司治理建设步伐，全行公司治理水平和能力大幅提升。2010 年初，成都银行进行了"两会一层"的换届选任工作，随着境内外新股东推荐的一批具有丰富从业经验和专业知识的董事、监事进入成都银行董事会、监事会，成都银行董事会、监事会成员结构得以进一步优化、层次更加合理，为成都银行公司治理建设注入了新的活力。

（二）大力推进组织架构变革，组织结构进一步完善

近年来，成都银行围绕提升市场竞争力和风险管控能力，在组织架构方面进行了一系列探索。比如，剥离公司业务部小企业业务管理职能，专门设立了中小企业部，并选取了 3 家支行、10 个营业网点开展专营支行试点，全面提升成都银行中小企业服务水平；整合原有资金业务和票据业务职能，成立了资金部，使成都银行的资金运作效率和收益大幅提升；成立电子银行部，进一步

完善成都银行网上银行、手机银行等服务功能，更好地向客户提供方便、高效、优质的金融服务；将稽核审计部划归董事会直接管理，有效提升了内部审计监督职能；实行分支行财会科长、风险官由总行直接委派，向总行负责，极大地增强了总行的垂直管控能力。此外，在"十一五"末期，为更好地适应内部管理及业务发展需要，成都银行还积极推进设立合规管理部和投资银行部，进一步优化成都银行组织架构。

（三）加快人才队伍建设，员工素质进一步提升

通过外部引进和内部培养相结合的方式，成都银行加快推进人才队伍建设，"十一五"期间，累计招聘应届大学毕业生400余名，并引进了一批信用审批、数据分析方面的专业技术人才。同时积极加强对现有人才的培训、培养，在加强自身培训体系建设的同时，积极与丰隆银行开展人才培养、培训合作，累计选派1200余名各级管理人员、业务骨干、优秀大学生参加在海外或本地举行的各层次专业培训。通过上述措施，成都银行员工队伍结构大幅改善，整体素质显著提升，促进了全行的改革与发展工作。

（四）全力推动IT系统建设，技术支撑水平进一步提高

为全面提升成都银行的信息科技水平，打造核心竞争力，"十一五"期间，成都银行加大了信息技术建设力度，并对全行信息技术发展进行了系统、全面的规划和设计。2009年成都银行正式启动了新一代核心业务系统的开发建设工作，同时通过完善财务管理系统、健全信贷管理系统、优化资金业务系统等，提升成都银行基础管理系统对业务发展的支撑水平。

（五）注重企业文化建设，品牌影响力进一步强化

2008年，以正式更名"成都银行"为契机，成都银行设计了全新的企业形象标识，并在专业咨询公司的帮助下，经过梳理、提炼，形成了完整的企业文化理念体系。"十一五"末期，成都银行把品牌宣传和企业文化传播相结合，不断加强企业品牌文化建设。尤其是2010年，成都银行加快推进企业文化理念体系的落地工作，全行干部员工的精神面貌焕然一新，成都银行的品牌知名度、美誉度大幅提升。

（六）抓好风险管控，抗风险能力进一步增强

"十一五"期间，成都银行始终坚持将抗风险能力增强与资产规模增长放在同样重要的位置，在保持各项业务快速发展的同时，大力提升抗风险能力。

截至 2010 年末，全行各项监管指标全面实现达标，其中资本充足率、拨备率、资产收益率、净资产收益率等部分主要指标已达到或超过上市银行平均水平。同时，成都银行还保持了合理的流动性水平。截至 2010 年末，成都银行流动性比例为 41.55%，远高于 25% 的监管要求，人民币超额备付金率为 10.41%，高于 5% 的监管要求。

三、 创新提速升级， 从 "被动模仿" 走向 "主动创新"

（一）加快创新步伐，支持中小企业发展

1. 创新管理模式，稳步推进中小业务事业部制改革。结合自身中小业务发展实际，成都银行于 2009 年 6 月成立中小企业部，统领中小业务发展，选定沙湾、科技、体育场路支行由直属支行转型为中小企业专营支行；稳步推进中小业务事业部改革，对 3 家专营支行贷款业务进行了独立的成本和利润核算，专门制定不同于其他支行的绩效考核办法，鼓励支行在风险可控的前提下大力发展中小业务。一系列创新举措，持续增强成都银行中小企业服务能力，进一步助推中小企业发展。截至 2010 年末，成都银行中小企业专营支行贷款余额合计 33.56 亿元，年末户数 176 户，笔数 443 笔，全行信贷支持的中型和小型企业贷款总户数为 1229 户，中小企业贷款总余额 396.1 亿元（含分行），占全部贷款总余额的 58%。

2. 创新审批流程，提高审批效率。为适应中小企业信贷需求"短、小、频、急"的特点，成都银行重新制定了中小企业信贷业务审批权限。将中小企业部的审批权上限定为 2000 万元，专营支行的审批权限提高到 1000 万元，实施流程再造，以"一次尽调、一次审核、一次审批"为原则，实行业务双签审批制度，确定了既重风险控制又精简、高效的审批流程。2010 年，成都银行进一步优化信贷审批流程，给予专营支行行长个人 500 万元的审批权，超过个人审批权限的部分进入双签审批流程，为微小企业的顺利融资开辟了便捷通道。

3. 加强产品创新，丰富中小业务产品种类。针对中小企业有效抵（质）押物少以及融资难的特点，成都银行为中小企业量身定做了适合其需求和发展的金融服务综合品牌——"财富金翼"。目前，成都银行已陆续推出了财富金翼系列"抵贷易"、"知识产权质押"、"物业通"、"互保贷"、"动产质押第三

方现场监管业务"、"应收账款质押贷款"等贷款新产品，有效地解决了部分中小企业融资难的问题。目前，"财富金翼"新产品在3家专营支行的营运中效果良好，其中，"知识产权质押"、"互保贷"和"动产质押第三方现场监管业务"贷款品种已成为成都银行拳头特色产品。同时，在创新型信贷产品的支撑下，成都银行3家专营支行的各项业务得到了全面发展，已形成了各具特色的经营局面。

4. 创新合作模式，扶持工业园区内中小企业的发展。针对园区属地政府对园区内企业扶持意愿高、信息掌控能力强等特点，成都银行按照"责任共担、利益分享"的合作原则，创造性地提出了由银行、工业园区属地政府、担保公司"三方合作模式"，充分利用地方政府的信息优势和管控优势以及担保公司的担保优势，共同支持园区内中小企业发展。

5. 设立科技支行，全面提升对科技型中小企业的服务能力。针对科技型企业普遍存在技术风险、市场风险以及经营风险，缺乏有效资产抵押，现金流量小等困扰其发展的难题，成都银行在地方政府和监管部门、科技部门的支持下，设立科技支行，积极探索为科技型企业提供全方位的金融服务，先后在成都市高新区推出软件企业平台"集合融资模式"，与成都市科技局合作开展知识产权质押贷款业务，与市中小企业局和高新区合作开展科技型企业信用贷款业务，初步形成了科技型企业特色业务体系。

6. 创新服务方式，成立"小企业金融服务中心"。2010年11月，成都银行"小企业金融服务中心"正式开业，主要服务对象为融资需求在500万元（含）以下的小企业、微小企业、个体工商户及私营业主，通过单一的业务、规范的管理、创新的服务方式，做到以"专注"促进"专业"，进一步增强"中小企业伙伴银行"品牌形象。

（二）加快创新步伐，助推城乡统筹改革

2007年，成都获批全国统筹城乡综合配套改革试验区，作为地方金融机构，成都银行以创新为抓手，大力支持成都城乡统筹改革，积极为"三农"发展提供金融服务。

1. 创新"三农"服务产品。紧紧围绕农民增收和农业综合生产能力提高两个基本点，并根据"三农"的资金需求特点，积极开发针对龙头企业、"公司＋农户"、"大户＋农户"、"基地＋农户"的信贷产品，推出农村专业合作社贷款、农业订单贷款、农户小额信用贷款等贷款品种，满足涉农客户多元化的资金需求。

2. 探索农村产权抵押担保方式。随着成都市政府2008年1号文件的出台，成都市农村产权确权和流转工作逐步推进，成都银行积极跟进农村产权制度改革，探索农村产权抵押担保方式，创新农村融资模式，先后出台了《成都银行农民专业合作社贷款管理办法（试行）》、《成都银行成都市农村产权抵押担保管理办法（试行）》、《成都银行林权抵押担保管理办法（试行）》、《成都银行个人农业生产经营贷款管理办法（试行）》，接受农村房屋、土地承包经营权、集体建设用地使用权、林权等作为抵押物，推出农村产权抵押融资服务、林权抵押融资服务，并加强与市县两级担保公司合作，发放农业担保贷款。如成都银行温江支行与温江区三联融资担保有限公司合作，开展对温江区从事花木种植的农业从业人员提供贷款。

（三）加快创新步伐，提升个人客户服务水平

1. 升级和优化个人传统业务

"十一五"期间，成都银行针对个人传统业务进行升级优化，根据不同类型客户的金融需求，进一步完善产品服务功能。2006年推出具有"安全、灵活、便捷、高效"特点的"汇金理财——定活一卡通"借记卡，实现了客户活期、定期以及国债等多个账户的集中管理，并为客户提供了智能型理财方案。2007年，在经过广泛调查研究的基础上，针对中老年客户，专门开发出"夕阳红"储蓄新产品，受到了中老年客户的广泛好评。

2. 创新业务品种，丰富个人业务产品线

在银行卡业务方面，与成都住房公积金管理中心共同发行公积金锦程卡——金卡，与四川省人民医院共同发行锦程金康联名卡；与成都市建委联合推出了全国首张建设领域农民工工资代发银行卡——锦程建设卡，并与成都市红十字会合作推出锦程——红标爱心卡。此外，成都银行还推出既具有普通信用卡授信消费功能，又具有财政财务管理功能的锦程公务信用卡。目前，成都银行锦程系列银行卡已形成包括锦程卡系列金卡、锦程卡系列普卡、锦程——钻石卡白金卡以及公务卡4大系列的10余种卡种。

在个贷业务方面，通过产品优化和创新，成都银行已形成以个人住房按揭贷款、个人综合消费贷款、个人生产经营贷款和个人汽车消费贷款为主，个人

信用贷款、农户生产经营贷款和直客式房贷为辅的产品体系，以满足广大金融消费者需求。成都银行还对业务办理模式进行创新改造，2009 年起对个人按揭贷款业务实行了集中受理、审批、发放，为客户提供"一站式"服务。

在服务渠道方面，目前，成都银行已搭建了较完善的服务渠道，在全市率先推出储蓄延时服务，开通 7×24 小时全方位、多渠道、多功能的 96511 电话银行服务，并顺应市场发展趋势，开通手机银行以及网上银行业务，丰富了客户服务渠道，更好地为客户提供优质、高效、便捷的金融服务。

为满足客户理财需求，成都银行自 2009 年起开始发行与市场同期同类型理财产品相比，在预期收益率、风险控制、产品期限、投资方向上具有明显优势的锦程系列人民币理财产品，收到了良好的市场反响；2010 年，正式开办保险代理业务，为个人客户提供保险产品销售、保费收取和保险金支付服务。

四、 服务地方经济建设， 助力 "两个加快"

在落实科学发展观，努力实现自身持续健康快速发展的同时，成都银行紧紧围绕"两个加快"的奋斗目标，针对全省投资工作重点和实体经济的有效需求，积极调整信贷投放结构，综合运用各种融资工具，创新金融服务，助推地方经济结构调整、产业优化升级，不断加大对战略性新兴产业、基础设施、灾后重建项目、民生工程、"三农"、扩大就业等的支持力度，逐步形成与地方经济良性互动的又好又快发展格局。

截至 2010 年末，全行四川地区各项贷款余额 647.14 亿元，较 2006 年末增加 428.42 亿元，增幅 196%。其中，公司类贷款余额 512.73 亿元，较 2006 年末增加 330.41 亿元，增幅 181%；个人贷款余额 120.97 亿元，较 2006 年末增加 104.49 亿元，增幅 634%。"十一五"期间，成都银行缴纳各项税款共计 18.23 亿元，为地方经济社会建设做出了应有的贡献。

（一）大力扶持重点行业、重点项目

作为地方性商业银行，成都银行以国家发布十大产业振兴规划为契机，重点关注全省八大优势产业和"7＋3"产业发展状况，在信贷额度较为紧张的情况下，重点支持了装备制造、汽车制造行业发展。

截至 2010 年末，八大优势产业在成都银行贷款余额 24.11 亿元，较 2008 年末增加 21.91 亿元，增幅 996%，其中，装备制造业 0.7 亿元，汽车制造 10

亿元，石化行业 5.38 亿元，电子信息产业 8.03 亿元；"7+3"产业在成都银行贷款余额 29.24 亿元，较 2008 年末增加 24.06 亿元，增幅 465%，此外，成都银行还大力支持了能源电力、饮料食品、现代中药等行业；重点支持了成都 4.5 代 TFT-LCD 玻璃基板生产线项目、青白江区祥福镇现代生态农业示范园区建设项目、华诚数字娱乐软件园二期等一批重大项目，有力地支持了地方经济发展。

（二）及时为地震灾区提供金融服务

2008 年，"5·12"汶川特大地震发生当天，成都银行迅速行动，立即启动了应急处置预案，设立了临时应急指挥中心，及时启动受损网点建筑质量检测、紧急加固维修以及自助银行机具检测工作，还抓紧抢修计算机线路和设备，以保证成都银行生产系统的安全运行。5 月 13 日下午，成都银行恢复了 74 个网点的正常营业，约占网点总数的 64%，5 月 14 日恢复了 80% 网点的正常营业，5 月 19 日全面恢复营业。为及时向地震灾区提供金融服务，成都银行第一时间将大巴车改装的"流动银行"开到了灾区，不久又在地震重灾区都江堰市以及受灾较为严重的大邑县开设"板房银行"。中国银监会主席刘明康在视察成都银行公交"流动银行"时，称赞成都银行积极发挥金融机构在抗震救灾工作中的作用，在金融机构中起到了表率。

（三）积极服务于地震灾区恢复重建

震后，成都银行积极响应人民银行、银监会的号召，投身到灾后重建的工作当中，按照人民银行、银监会《关于汶川地震灾前贷款因灾延期偿还有关政策的通知》要求，坚持执行优惠政策。截至 2010 年末，成都银行累计投放灾后重建贷款达 46.30 亿元，灾后重建贷款余额 43.41 亿元，个人灾后重建贷款余额 1795 万元，贷款户数 317 户。此外，2010 年考虑到都江堰地区灾后重建的实际情况，在政策允许的条件下放宽业务办理条件，同意都江堰支行办理安居房项目灾后重建贷款，支持了都江堰支行的灾后重建工作。

（四）认真落实地方就业促进工作

为贯彻落实财政部、中国人民银行、劳动和社会保障部《关于推进下岗失业人员小额贷款工作财政支持政策具体实施意见的通知》和成都市政府《关于应对当前经济形势做好稳定就业工作的意见》等相关精神，成都银行制定了《成都市商业银行下岗失业人员小额担保贷款管理办法》，规范成都银行下岗失业人员小额担保贷款的办理。目前全行开办小额担保贷款业务的有都江堰支行、锦江支行、成华支行等10家支行，2010年10月1日至年末，成都银行发放个人小额担保贷款130万元，共计26笔。成都银行还指定19家经办行向符合认定条件的劳动密集型小企业发放流动资金贷款，2009年全年累计发放29笔，贷款金额4245万元，2010年全年累计发放52笔，金额7240万元，有效地支持了成都市的就业促进工作。

（五）大力支持产业优化升级

成都银行以国家产业政策和环保政策为导向，全面加强绿色信贷建设，加大对节能减排、淘汰落后产能工作支持力度。截至2010年末，成都银行绿色信贷新增授信额度18000万元，授信总额达129367万元，新增贷款投放19005万元，贷款余额达117207万元。从信贷投向来看，成都银行支持绿色信贷主要体现在能效贷款和再生能源方面，其中，能效贷款余额97267万元，循环经济贷款余额3940万元，再生能源贷款16000万元。从淘汰落后产能行业看，截至2010年末，电力行业在成都银行贷款余额3.98亿元，较2008年末减少1.5亿元，成都银行对电力行业的信贷支持主要集中在企业日常流动资金需求上，涉及企业扩大产能的项目贷款已得到有效压缩。

成都银行还严格执行国家对产能过剩行业的宏观调控政策，逐步压缩在钢铁行业的信贷投放。截至2010年末，钢铁行业在成都银行贷款余额0.65亿元，且全部为流动资金贷款，较2008年末减少0.85亿元。

（六）服务全省新农村建设

"十一五"期间，成都银行采取优化网点布局、建立"支农资金保障机制"等措施，积极支持全省新农村建设。通过撤并整合城区网点，将有限的网点资源向县域经济圈倾斜，实现对全域成都的覆盖，部分经济发展较快的县域支行，还增设了第二网点、第三网点，以此进一步完善和提升对这些区域的金融服务功能。为保证新农村建设资金需求，成都银行每年还安排专项资金用于支持新农村建设，确保每年新增信贷投放总量中不低于10%资金用于新农村建设；要求县域支行分支机构在当地吸收存款的70%以上必须用于支持所在县域经济的发展和当地新农村建设。

成都银行省内异地分行也坚持立足本地，支持区域经济建设，致力于服务当地产业优化升级、农业产业化发展以及中小企业做大做强，为推动当地乃至全省经济发展做出了积极贡献。广安分行积极参与广安区滨河路市政工程项目和广安区东南片区基础设施建设项目，有力地促进了广安的城市建设和当地社会经济的发展；先后支持广安华腾塑料线袋包装有限责任公司、广安先科新世纪电子有限公司等中小企业，在广安市政府中小企业金融服务月活动评比中，成效显著。资阳分行抓住资阳纳入全省汽车产业"一心两翼"规划布局进行重点发展的契机，拟贷款4亿元支持南骏汽车联手韩国现代打造具有全球竞争力的世界级商用车基地；立足当地产业优势，支持涉农企业提质增速，将资金重点投向生猪、纺织、饲料、酿造和果蔬等资阳优势特色产业，全面支持资阳市传统农业向现代农业跨越。

（成都银行）

成都农商银行

"十一五"期间，成都农商银行在四川省委、省政府，成都市委、市政府的领导下，在人民银行、监管部门的指导下，紧紧围绕改革和发展两条主线，坚持服务"三农"、中小企业和城乡统筹的经营宗旨不动摇，大力拓展市场、创新业务模式、完善内控管理机制、推进业务转型，致力于支持地方经济发展，为成都城乡统筹和建设世界现代田园城市做出积极贡献。截至2010年末，资产总额1602.69亿元，其中贷款余额825.53亿元，比2005年末增长3.90倍；负债总额1480.5亿元，其中存款余额1314.85亿元，比2005年末增长4.13倍。

一、 开启新征程， 迈向新辉煌

"十一五"期间，成都农村信用合作社联合社不断深化改革与发展。在市委、市政府的领导和支持下，确立了"先组建股份公司、再成立农商银行"的"两步走"改革思路和改革方案，经四川省政府和国务院有关部门同意，最终得到了国务院的批准。

2009年1月16日，成都农信社完成以市为单位统一法人改革，组建了成都市农村信用合作联社股份有限公司；2010年1月15日，进一步规范改制为成都农村商业银行股份有限责任公司（简称成都农商银行），成功实现从农村信用社向产权明晰、治理完善、管理科学的现代股份制金融企业的转变。截至2010年末，成都农商银行资产总额1602.69亿元；存款余额1314.85亿元，较2005年增长4.13倍；贷款余额825.53亿元，较2005年增长3.9倍，当年末存贷款规模居四川省地方金融企业之首。在英国《银行家》杂志公布的2010年全球1000家大银行中，成都农商银行按一级资本排序排名431位，在84家国内上榜银行中排名27位。2010年10月，被第五届金融市长年会组委会、中国金融研究院、中国金融网评为"最具社会责任中国农村金融机构"。

（一）建立健全法人治理结构，为持续健康快速发展奠定基础

站在新的历史起点上，成都农商银行严格按照《公司法》、《商业银行法》等相关规定，构建了股东大会、董事会、监事会和高级管理层的"三会一层"治理架构，引入了独立董事、外部监事制度，建立健全《章程》、"三会"议事规则、专委会工作规则、基本管理办法等相关制度，明晰了"三会一层"职责权限，初步形成了权责明确、有效制衡、独立运作的公司治理结构，理顺了一级法人、统一核算、分级管理、授权经营的经营管理机制，有效维护和保障股东权益。明确提出了"三、五、八年发展战略目标"的构想：在三年内达到国家二级银行标准和公开上市条件，五年内跨区域设立分支机构、引进战略合作伙伴、启动申报程序并力争上市，八年内建成一流现代商业银行，达到国内外先进银行水平。制定了对今后一段时期的改革与发展具有指导意义的纲领性文件和行动指南——《三、五、八年发展战略规划》，在"立足成都、服务全省、跨区域发展"的市场定位下，矢志通过八年不懈努力，把成都农商银行建设成为"资本充足、治理完善、内控严密、财务优良、服务高效"，让党和政府放心、让客户满意、让出资人受益的一流现代商业银行。

（二）加强网点建设，改善金融服务水平，提升社会形象

股份制改革完成后，成都农商银行在城区新设13家城区支行。一级支行（含总行营业部）达28家、网点达629个，其中在乡（镇）级的有383个，基本建立了覆盖成都市、区（县）、乡（镇）、村多层次的金融服务网络，是成都地区网点最多、覆盖范围最广的银行业金融机构，让广大客户特别是农村客户，充分享受到家门口的金融服务。通过设立异地分支机构和建设村镇银行等方式，不断延伸覆盖范围和服务领域。在自贡发起设立的全国首批地市级总分行制村镇银行——自贡农商村镇银行已于2010年12月28日顺利开业，标

志着成都农商银行跨区域发展在"十一五"期间迈出了实质性步伐。目前，达州、遂宁分行，山东胶州村镇银行也已纳入筹备计划。

五年来，成都农商银行完成了全行629个营业网点的标准化建设，建立了统一、规范的形象标识。不断规范提升服务水平，打造星级服务团队。先后有数名员工荣获"四川省五一劳动奖章"、"四川省劳动模范"、"四川省灾后恢复重建先进个人"、"成都市劳动模范"等荣誉；数个营业网点荣获"全国五一劳动奖状"、"成都市模范集体（班组）"、"成都市工人先锋号"、"千佳服务示范单位"、省市级"文明窗口单位"等荣誉称号。2009年，成都农商银行被成都市金融办、成都日报评为市民心目中的"五星银行"。总行营业部荣获中国银行业协会"2010年度中国银行业文明规范服务千佳示范单位"称号。

（三）加强信息技术建设，满足多元化金融需求

"十一五"期间，成都农商银行以科技带动服务，完成了数据仓库与报表系统、电话银行系统、"成渝柜面通"、"省市柜面通"、"银保通"、"民工汇"、天然气实时代收、集团客户自助查询系统等项目建设，完善了小额银行本票业务、小额支付系统、电子汇票系统、电话POS、股权管理系统等项目建设，完成了综合业务系统优化、代工交易系统改造、对账中心系统改造等项目，让广大城乡居民享受到了便捷、优质、高效的金融服务。

（四）大力引进人才，开展多种多样培训，提升员工素质

"十一五"期间，成都农商银行根据业务发展需要，按照"事业选拔人、制度规范人、情感凝聚人、待遇吸引人"的"二十字"用人方针，通过招收应届毕业生、引进归国留学人员、社会招聘、派遣用工等多种形式，引进人才，员工学历、年龄结构进一步优化。截至2010年末，全行在岗员工人数5686人，其中本科以上学历人员占比达到32%，专科学历人员占比达到22%。

在引进人才同时积极加强对现有人才的培训、培养。2006年，开展了223个培训项目，参训人数1.3万人次，到2010年，培训项目和参训人数分别达到了1151个和4.08万人次。对新进员工、专业人才、各级管理层和执行层人员，除依靠自身力量外，还积极与西南财经大学、四川大学等高等院校、专业公司开展人才培养、培训合作，帮助员工提升水平。

（五）大力拓展中间业务，优化盈利模式

"十一五"期间，成都农商银行累计实现中间业务收入52085万元。2010

年实现中间业务收入 25208 万元，较 2005 年增收 24359 万元。在银行卡、结算、代理保险等传统领域继续保持增长趋势同时，积极开发理财产品、推进电子银行建设，开发了商汇通、商盈通等银行卡新产品，大力拓展商旅平台、分期付款、高端客户增值服务等银行卡业务功能，实现了从最初的网点单一服务模式到今天以网上银行、电话银行和 ATM 等自助终端相结合的服务模式的转变。五年来，全行共计投放自助设备 365 台，其中成都市二、三圈层农村地区有 259 台，占总量的 70.95%，极大地改善了农村支付环境。

（六）加强内控建设，提高风险管控能力

"十一五"期间，成都农商银行将合规建设和风险管控能力提升作为业务经营的保证，在保证各项业务又好又快发展同时，不断强化合规管理，通过完善风险管理架构，改进风险管理技术等手段，持续提升风险管控能力。五年来，全行不良贷款实现持续双降。截至 2010 年末，全行表内不良贷款余额由 2006 年末 64.61 亿元下降至 8.58 亿元，不良贷款率由 2006 年末 23.28% 下降为 1.04%，资产质量大大提升；流动性比例、核心负债比例、流动性缺口率、授信集中度等指标均控制在监管要求范围内。

二、 加大三农支持力度， 服务统筹城乡发展

解决好农业、农村经济和农民问题，事关全面建设小康社会大局，始终是党和政府工作的重中之重。作为在统筹城乡发展进程中应运而生的成都农商银行，坚持服务"三农"和统筹城乡的经营宗旨不动摇，连续 10 年开展"支农服务月"活动，涉农贷款投入力度逐年加大。

（一）逐年加大支持"三农"力度

"十一五"期间，成都农商银行涉农贷款平均增幅为 31.68%。截至 2010 年末，涉农贷款余额为 572.32 亿元，在各项贷款中占比为 69.33%，其中农村企业及城市企业涉农贷款余额为 458.82 亿元；农村经济组织贷款余额为 47.10 亿元。

通过发放小额农户信用贷款、农户联保贷款等，积极满足农民生产生活融资需求。截至 2010 年末，农户贷款 65 698 户，余额 66.41 亿元，其中发放农户小额信用贷款 2.51 亿元。2010 年 12 月，在中国社会科学院、金融时报社联合举办的中国金融机构金牌榜"金龙奖"评选活动中，被评为"年度最佳

'三农'服务农商行"。

（二）以农村产业化为突破口，带动"三农"发展

农村产业化是增强农业竞争力、提高农民收入的必由之路。随着新农村建设和农业产业化经营的发展，对农村金融需求也日新月异。"十一五"期间，成都农商银行围绕现代农业建设和县域支柱产业发展，加强与农业产业化担保公司的合作，拓宽担保渠道，解决龙头企业担保难问题；适时推出了川芎产业贷款、特色农家乐贷款、茶产业贷款等品种，大力支持生猪产业、食用菌、川芎、茶叶等特色农业。截至 2010 年末，生猪产业贷款余额 26235 万元，累计投放 34904 万元；食用菌产业贷款余额 9200 万元；川芎贷款余额 3100 万元；茶叶产业贷款余额 7030 万元，累计发放茶叶加工企业贷款 7 亿元，支持了省级龙头企业如四川嘉竹茶叶有限公司、四川绿昌茗茶叶有限公司等加快发展。

（三）务实创新，助推新农村建设

随着城乡统筹的深入，成都农商银行积极配合各区（市）县强化新农村示范片建设的统筹推进机制，结合资源禀赋、地域优势等因素，印发了《成都农商银行关于加强对场镇改造和特色乡镇金融服务的通知》，推出了农村新居工程（场镇改造）个人贷款、特色乡镇（场镇改造）个人住房担保贷款、农民集中居住区建设贷款，支持新农村示范片土地适度规模经营，努力实现场镇建设有特色、产业发展有优势。截至 2010 年末，发放特色乡镇个人住房（商铺）担保贷款 25 户，余额 1090 万元；农村新居工程个人贷款 730 户，余额 2987 万元；农村新居工程个人贷款 730 户，余额 2987 万元；农民集中居住区建设贷款余额 58.46 亿元。

三、 优化营销模式， 加大创新力度， 提高中小企业金融服务水平

"十一五"期间，成都农商银行对中小企业贷款翻了近 5 倍，年均增幅超过 30%，远高于同期贷款的平均增速，且保持稳步增长的良好态势。2006年初，全行中小企业贷款余额为 132 亿元，占贷款总额的 20.85%。截至 2010年末，全行中小企业贷款余额 641.23 亿元，占贷款总额的 77.68%，其中小企业贷款余额 266.87 亿元，占比为 40.43%。新增小企业贷款主要集中在制造业，批发和零售业，水利、环境和公共设施管理业等传统优势行业，在优化经

济结构、增加就业方面发挥了重要作用。

（一）完善制度建设、优化营销模式

"十一五"期间，成都农商银行先后制定了《小企业客户信用评级办法》、《小企业信贷准入风险控制管理办法》、《小企业信贷调查管理办法》、《授信后管理办法》、《成都农商银行扩大小企业金融服务试点工作实施方案》等，初步形成了一套包括小企业信贷准入标准、信用评级办法、信贷调查标准、审批流程和授信后检查等系统性强的业务实施方案。在多家支行分别成立了专门的中小企业金融服务团队、销售团队和风险管理团队，专营中小企业金融服务，及时满足了中小企业"短、小、频、急"的融资需求。2010年，该行按照事业部制着力打造的微贷中心顺利挂牌营业，该机构将进一步优化该行微小企业融资环境，为小微企业成长壮大提供更加便捷、高效、安全的融资途径。

（二）加强产品创新，满足不同企业融资需求

针对不同行业中小企业的融资需求，成都农商银行加强了对商贸、物流等专业市场的精细化管理模式探索，完善产品研发机制，积极创新金融产品，为中小企业客户"量身定做"符合企业经营特点的业务品种，逐年推出了经营性物业抵押、土地取得权质押、天府随心贷、保函、仓单质押、保兑仓、小企业联保贷款、土地取得权质押贷款、股票质押贷款、商位租赁贷款、"汽车经销商网络服务"、"餐饮服务业贷款"和商标专用权质押贷款等一系列中小企业信贷新产品，公司类信贷产品达到18种，产品服务体系日臻完善，较好地满足了客户的融资需求。

四、 加大金融服务力度， 积极助推城乡统筹

（一）推出农村产权融资业务，推进农村产权制度改革

随着成都市农村产权制度改革的深入，成都农商银行根据成都统筹城乡发展实际，从服务世界现代田园城市建设、支持农业产业化及完善农村金融服务体系等角度出发，积极搭建与成都市小城镇建设投资公司及各类区县小城镇建设投融资合作平台，选择区位条件好、产业支撑有力、还款来源稳定的小城镇建设项目予以信贷支持。及时推出农村房屋所有权、集体建设用地使用权、农村土地承包经营权及林权在内的农村产权融资业务。2010年12月，在崇州市发放了成都市第一笔农村土地承包经营权抵押贷款，并初步确定在崇州、青白

江、都江堰、邛崃等地先行试点。至此，包括农村房屋所有权、集体建设用地使用权、农村土地承包经营权及林权在内的所有农村产权融资业务均已开办。截至 2010 年末，农村产权融资 1082 笔，余额 10.22 亿元，较好地支持了新形势下农村金融需求多元化的需要。

（二）搭建公共服务平台，努力推动城乡服务均等化

成都农商银行致力于将现代金融服务推广到成都郊县（市）各个乡镇，并为此搭建了众多服务平台。自 2006 年起，全行开办代理发放耕保基金、粮食直补、集体公益林生态保护资金、代收代缴社保资金等服务。截至 2011 年 6 月末，已发放耕保基金 171.25 万户，金额 19.79 亿元；发放林保基金 1741 户，金额 259.90 万元；使用耕保基金缴纳社保 4.89 万笔，金额 2106.43 万元；代收社保资金 7.46 万笔，金额 2.47 亿元。

五、 抓重大项目， 促进地方经济发展

作为一家地方性金融机构，"十一五"期间，成都农商银行根据地方区域战略，把握成都"统筹城乡综合配套改革试验区"的政策机遇，依托地方政府的平台优势，积极推行"因行而异、分类指导"的信贷管理政策，为当地金融发展和经济建设注入新的活力。在贷款投放中，加强对基础设施、重大工程等项目的投放力度，支持公路、铁路、电力、水利等重大工程项目建设。2008 年参与都江堰、彭州、崇州、大邑重灾区农业和水利设施重建项目，授信 195000 万元。截至 2010 年末，已向成都重灾区农业重建项目授信 174900 万元，余额 131000 万元。先后对成都国际商贸城、成都红牌楼商业广场、成都量力钢材物流中心提供贷款支持，授信总金额达 79500 万元；对成都高原汽车工业有限公司改装车项目提供贷款支持，授信 42000 万元；对成都交通建设提供了贷款支持，包括对金堂大道三星至土桥段授信 4000 万元。

六、 倡导 "绿色信贷"， 重点支持国家 "十大产业振兴规划" 相关行业

"十一五"期间，成都农商银行将自身经营理念与环境公益、节能减排事业紧密结合，积极支持产业结构调整，严控对高耗能、高排放和过剩产能行业的贷款。重点支持节能产业中新兴节能输出型企业，得到国家和地方财税等

政策性支持的企业和项目，节能减排效果显著并得到相关部门表彰、推荐、鼓励的企业和项目。截至 2010 年末，全行仅有造纸、水泥行业贷款余额 12790 万元，涉及 6 家企业（均不属于落后企业）；电子信息产业的贷款余额为 5910 万元；能源电力产业的贷款余额为 88800 万元；油气化工产业的贷款余额为 9650 万元；饮料食品产业的贷款余额为 29590 万元；现代中医药产业的贷款余额为 15170 万元；航空航天产业的贷款余额为 500 万元；汽车制造产业的贷款余额为 26600 万元；新材料产业的贷款余额为 9985 万元；装备制造产业的贷款余额为 17060 万元。

七、 承接产业转移， 银企携手打造 "西部经济高地"

"十一五"期间，成都农商银行积极配合地方政府大力承接东、中部产业转移工作，探索开发符合承接产业转移的金融产品，积极开办土地取得权质押贷款，产业园区固定资产贷款等，积极为东部企业落户成都提供信贷支持，贷款项目范围涵盖电子信息产业、汽车制造产业、装备制造产业、新材料产业等。截至 2010 年末，全行用于支持成都市承接产业转移、各类园区开发和基础设施建设等的余额为 556400 万元。

八、 积极支持抗震救灾和灾后恢复重建

2008 年，"5·12"汶川特大地震灾害发生后，成都农商银行第一时间组织抗震救灾，部署恢复营业。5 月 15 日，原都江堰联社营业部在临时搭建的帐篷内正式恢复营业，成为都江堰恢复营业的第一家金融机构。

为支持灾区恢复重建，成都农商银行及时推出"重建房屋贷款"、"抗灾生活贷款"、"恢复农业生产贷款"等贷种，对受灾企业实行不受原授信额度限制、不受担保方式约束、不受担保机构局限的"三不"机制，开通了贷款绿色通道，对新发放抗震救灾贷款实行压缩程序、限时办理和首问责任制。按照"三年目标两年完成"的灾后恢复重建要求，积极抓好信贷支持灾后农房重建和城镇住房重建工作。截至 2010 年末，累计发放农房重建贷款 10.8 亿元，支持受灾家庭 23695 户；发放城镇房屋重建贷款 6060 万元，支持受灾居民 1066 户。

九、 以社会责任为使命， 助推社会经济发展

（一）积极履行纳税义务，自觉承担社会责任

"十一五"期间，成都农商银行纳税额呈快速上升趋势，为地方财政收入和中央财政收入增长做出了较大贡献。2010 年在成都市武侯区人民政府评定的"十强纳税大户"中排名第一。2006 年至 2010 年，累计缴纳各项税费23.57 亿元。

（二）大力支持民生重点工程建设

扩大与成都市住房保障中心合作领域，支持保障性住房建设，在解决城市低收入家庭住房困难、改善市民居住条件和人居环境方面发挥积极作用。2010年向成都市住房保障中心授信 6 亿元，用于成都市青羊区武青路政府保障性住房建设项目。该项目建成后，将为成都市提供 3384 套保障性住房，其中廉租房 306 套，经济适用房 428 套，限价房 2650 套。截至 2010 年末，保障性住房建设贷款余额 5.4 亿元。

（三）支持弱势群体发展

一是积极支持城乡青年创业，与市委组织部、团市委深入合作，开展"党员农贷快车"、"银团互动工程"活动，创新下岗失业人员小额担保贷款业务。截至 2010 年末，"党员农贷快车"贷款 1696 笔，余额 1019 万元；银团互动工程贷款余额 752 万元；下岗失业人员担保贷款余额 2419 万元，为广大城乡青年创业之路提供了坚强支撑。

二是积极开展生源地信用助学贷款，支持贫困学生解决入学难题。截至2010 年末，发放"生源地助学贷款"1879 笔，金额 1019 万元。

三是配合成都市建设行政主管部门，积极支持成都市整治拖欠农民工工资工作，为建筑农民工设计制作了专用银行卡"天府建设卡"。截至 2010 年末，累计发卡 6000 余张，代发民工工资 1700 余万元。

（四）支持慈善事业

一是汶川大地震发生后，成都农商银行组织辖内分支机构、内设部门及职工捐款 1595 万元，分批拨付给受灾地区的人民群众和受灾联社的干部职工；为台湾风灾、青海玉树地震、甘肃舟曲泥石流等捐款达 127 万余元。

二是积极投身社会公益活动。成都农商银行成立对口帮扶工作领导小组，

深入扶贫点落实帮扶计划和措施，确保帮扶工作质量。除重大节日对特困户和老年人进行慰问外，总行筹措专项基金帮助扶贫点发展生产，改变贫穷落后面貌。2008年，总行筹措资金5万元，帮助都江堰翠月湖镇清江村修建1100余米灌溉渠，保障了灾后农业生产。2009—2010年，筹措资金20万帮助大邑出江镇雷山村修建了人畜饮水工程，解决困扰当地几十年的饮水难题。此外，员工捐款10万余元，购买种苗，帮助该村发展生产。

（五）开展金融宣传，普及公众金融知识

"十一五"期间，成都农商银行深入到各区、县、镇（乡）积极开展多种多样的宣传，使广大民众了解金融基础知识、反假币知识、征信知识等和理财产品、保险产品等新业务。

至诚者成，自胜者强。成都农商银行将在"十二五"期间，围绕"新体制、新机制、新观念、新举措"的经营管理理念做好科学发展的文章，按照《三、五、八年发展战略规划》有序推进业务转型，以崭新的形象、高效的服务、稳健的经营、辉煌的绩效，开拓创新，超越自我，朝着建设一流现代商业银行的目标奋勇前行，为支持地方经济持续快速发展做出更大贡献！

（成都农商银行）

华西证券

华西证券有限责任公司（以下简称华西证券）成立于2000年7月13日，是在合并重组原四川省证券股份有限公司和四川证券交易中心的基础上，通过增资扩股而规范组建的四川省首家跨区域大型证券公司，注册资本14.13亿元，注册地为四川省成都市。目前经营范围涵盖证券经纪业务、证券投资咨询业务、证券承销与保荐业务、证券自营业务、资产管理业务、证券投资基金代销、财务顾问以及证监会批准的其他业务。拥有证券营业部52家，营业网点遍布四川、北京、上海、天津、重庆、广州、深圳、大连和杭州等地，经纪业务规模在川内居于相对领先。公司员工3066人，是四川省乃至西南地区规模最大的综合类券商。

一、"十一五" 期间经营管理情况

（一）保持了连续盈利的发展势头，企业形象在业内得到明显提升

进入"十一五"尤其在 2007 年泸州老窖入主后，华西证券进入了快速发展的轨道，共实现利润 43 亿元，净利润约 26 亿元，其中，2009 年净利润创历史新高。公司净资本从 2006 年的不足 20 亿元上升到 2010 年末的 32.33 亿元；净资产达到 42.26 亿元，比 2007 年提高了 3.5 倍。同时，经过近几年规范管理，公司的各项经营指标全部达到并符合中国证监会风险监控的要求，在中国证监会最近一次分类评级中，公司取得 AA 级的良好等级，在近期中国证监会的经纪业务检查中获得好评，华西证券经纪业务管理被作为先进经验在全行业推广，进一步提升了公司形象。华西证券在全国证券行业中已具有较强的综合实力和区域竞争优势，在西南片区的领先地位已经初步显现。

（二）各项业务资格得到全面恢复，并争取到其他新的证券业务经营资格

"十一五"以前，由于种种历史原因，公司大股东缺位，法人治理结构不健全，中国证监会基于安全评估，全面暂停了华西证券除证券经纪业务之外的其他所有业务资格，华西证券由一家综合类券商变为了单一业务的证券公司。2007 年 9 月，泸州老窖入主后，通过综合治理，健全法人治理结构，全面梳理和重新架构公司各项管理制度，在申请并获得证监会现场检查验收后，公司自营投资业务、包括债券的承销与发行在内的固定收益业务、资产管理业务、承销与保荐业务先后得到恢复。同时公司抓住"5·12"地震后国家有关灾后重建特殊政策，争取到了川内直接投资业务资格、省内新设并逐步跨区域新设证券营业部资格、期货中间介绍业务资格，同时成功收购了一家期货公司。目前，华西期货在四川辖区内所有期货机构中代理成交额占比在 35% 以上，在上海期货交易所代理成交额占比达到 46%，在中国金融期货交易所占比达到 40%，处于四川辖区第一名。至此，除融资融券业务资格正在申报外，华西证券拥有全部证券业务资格。

（三）主营业务竞争实力进一步增强，其他业务在恢复后得到良好发展

1. 经纪业务已初步构建了全国性的发展格局

按照"立足四川，辐射全国"的经营思路，华西证券多家营业部在当地市场占有率排名靠前，其中，成都高升桥营业部市场占有率排名稳居四川省第一，

北京营业部在北京地区市场占有率排名前五，深圳营业部在深圳的市场占有率中排名前十。公司现已基本搭建起科学合理的客户服务体系，定位一流的客户服务中心建设也进展顺利，积极探索投资顾问服务模式，以期迅速适应新形势下的经纪业务竞争态势。目前，公司经纪业务在同行业中具有较强的核心竞争力。

2. 投行业务进入全面拓展阶段

投行业务资格恢复后，公司按照"立足四川、面向全国"的发展策略，完善了相关业务制度并持续引进优秀保荐代表人，投行业务全面启动。在省、市有关领导的协调和中国证监会的支持下，公司已取得川内直投业务资格，成立了华西金智投资有限责任公司开展川内直投业务。充分利用地缘优势，公司与川内众多地市州政府达成了战略合作协议，共同寻找有发展潜力的优秀地方型企业，力求深度挖掘目标公司价值，与之建立有深远影响的战略合作客户伙伴关系。通过多种渠道，广泛发掘客户资源，公司已与四川多家企业签署了合作协议，并有条不紊地推进相关工作。

3. 资产管理业务打响华西品牌

2009年，公司先后取得了定向资产管理和集合资产管理业务资格，开始全面拓展资产管理业务。本着三方多赢的经营理念，全方位、多层次地满足客户个性化理财需要，公司首次发行集合理财产品"融诚1号"，首次募集资金高达21亿元，在同期券商集合理财产品中名列第一。公司随后顺利发行了第二只集合理财产品"锦诚1号"，产品规模实现了突破。两只集合产品的成功发行和良好的投资回报，提升了公司形象，成功拓展了资产管理业务。

4. 坚持"审慎经营、合规管理"的思路稳健发展

公司对自营投资业务严格控制风险，制定止损点，稳健投资。债券承销与发行等固定收益类业务利用各方面优势，积极承揽项目，同时构建营销网络，保证项目顺利完成，实现盈利目标。期货业务在区域竞争中创造了市场品牌，成为华西证券新的业务突破口。公司还在创新业务方面进行了研究和部署，并抓紧落实融资融券业务资格申报。

（四）公司各项管理得到规范和理顺，市场化用人机制和意识得以建立和强化

1. 加强风险管理和内部控制机制

公司坚持贯彻落实监管要求，开展各项合规培训，不断提高全体员工的合

规管理意识。同时，根据业务发展需要，进行了合规风控部门的合并重组，有效整合公司法律合规和风险控制资源，加大对业务部门的监控力度，主动化解合规风险，实现了零违规，形成规范化健康发展的态势。

2. 解决历史遗留问题，推进企业改制工作，为建立市场化的用工机制奠定基础

泸州老窖入主后，为推进华西证券改革，按照 2007 年 3 月省政府常务会决定重新启动企业改制工作，专门成立了改制工作领导小组，统筹工作部署，落实责任制，通过大量的工作，公司改制"转换职工国有身份、解除劳动关系、给予经济补偿、重新签订劳动合同"596 人，占应参加改制员工人数的98.3%，取得明显成效，为公司全面建立市场化用工机制，进一步深化企业改革、创新发展铺平了道路。

3. 探索目标管理机制，确保实现公司年度经营管理目标

华西证券依据未来发展战略，逐年制定公司年度经营管理目标，并从上至下，与各部门签订了年度目标责任书。各部门根据年度目标责任书，将工作任务层层分解至个人，形成了人人有责的工作局面。同时，各部门按月对照目标责任书检视目标完成进度，从而确保各部门年度目标能够顺利完成，有力推动公司战略目标的达成。

4. 全面完善管理制度流程，强化执行水平提升

为有效提升管理水平、提高运行效率，公司不断建立健全内部管理制度和风险控制体系。三年来，公司对各项管理规章制度进行了全面、系统的修订，并为适应组织变革和业务发展的需要制定了新的管理制度。目前已形成"管理制度"、"实施办法或规定"、"实施细则或操作流程"三个层次的制度体系，努力达到标准化、流程化的要求，具有可操作性，公司的整体工作效率和质量将得到有效的提升。

5. 革新组织架构，建立新型用人机制

公司按照"精简高效"完成了定岗定编工作，部门（营业部）负责人原则上按"双向选择，适才适用"的思路来选聘人员，实行绩效考核管理，以结果为导向，市场化的用人机制和评价体系得以建立，激发了华西证券的内在活力，公司的市场竞争力稳步提升。

（五）大力推进证券研究所、信息技术部业务支撑部门建设，取得显著成效

一直以来，华西证券高度重视信息技术建设，不断加大投入力度，全面完善了"两地三中心"建设，加强了网上交易建设。通过改扩建，信息技术防风险能力达到了国内一流券商的水平。同时，公司积极进行研究所的建设，力争打造一流的研究团队，为投资者提供最优质的证券服务。目前，公司证券研究所初具规模，研究理念、技术和方法已经走在了行业前列，研究人员调研活跃，形成的行业研究报告，不仅是经纪业务客户从事证券业务的重要参考，而且对公司直投、投行、资产管理业务起到重要的支撑作用。

（六）积极开展企业文化建设，启动品牌建设工作，公司凝聚力不断增强，品牌影响力不断扩大

大力推动品牌建设工作，先后举办了"华彩人生"新闻发布会、"四川省证券投资者教育"大型巡回活动、"投资者教育暨大型投资策略报告会"以及参加"四川证券业纪念中国证券市场成立二十周年"文艺汇演等活动，切实履行了社会责任、提高了公司品牌形象，充分展现全体员工高度的责任感和凝聚力。随着各项活动的成功举行，公司在四川地区证券行业的领先地位得到巩固，企业品牌效应进一步显现，员工的自信心和归属感得到增强。

二、 对社会经济做出的贡献

（一）投资者教育深入人心

公司集中人才和资讯资源，积极主动地开展投资者教育。配合交易所在辖区开办股民学校，鼓励证券营业部积极参与。以印制宣传资料、开办学习讲座、打击非法证券活动手机短信平台、投资者教育专栏等方式广泛进行投资者教育，极大地提高了投资者对证券市场的认识水平，有效地防范了投资风险。

（二）投融资服务助推企业发展壮大

作为川内最大的券商，华西证券坚持优先为四川地区优质中小企业提供直接投资业务。在再融资、IPO上市、并购整合、战略规划、组织与流程设计、金融财务专业人才培训、资本市场长期战略规划等方面为川内企业提供了全方位的增值服务，为企业持续发展提供多重保障。同时华西证券拥有广泛的客户网络和全国性市场基础，为众多客户引入更多的投资者及产业上下游合作伙伴，有力地推动了本地区企业的加速发展。

（三）积极推进企业上市发展

公司积极为资产优良、发展潜力巨大的企业提供改制辅导，通过规范企业财务、法律、业务技术、关联交易等各个方面，培育企业规范运营，推动企业发展壮大。严格企业信息披露，培训企业董事、监事等高级管理人员，协助企业健全法人治理，实现上市融资。

展望未来，华西证券将秉承"立足四川，面向全国"的战略观，坚持市场化和专业化发展方向，坚持大胆改革和创新，再通过五年的奋斗，将华西证券打造成为"盈利能力领先、风险管控有效、市场品牌一流、极具投资价值"的证券公司，为四川金融、经济发展做出更大的贡献。

（华西证券）

国金证券

国金证券股份有限公司是一家资产质量优良、专业团队精干、创新能力突出的综合类上市证券公司，注册资本金 10 亿元，前身为成都证券，于 1990 年 12 月经中国人民银行批准成立，是国内第一批从事证券经营的证券公司之一。公司于 2008 年 2 月在上海证券交易所上市，是沪深 300、上证 180、上证 180 金融股指数和上证中型企业指数成分股，注册地在四川省成都市。控股国金期货有限责任公司，在北京发起设立国金通用基金管理公司。国金证券股份有限公司成立以来，尊崇"责任、共赢、和谐"的企业精神，秉承"规范管理、稳健经营、深化服务、科学创新"的经营理念及"专业创造价值，诚信铸就未来"的服务理念，取得了良好的经营业绩。公司成立至今，连续保持 20 年税前盈利。

一、"十一五" 期间经营管理情况

（一）经营理念不断得到社会认可，经营业绩不断得到市场证明，在多项行业评选中获取殊荣

2010 年 5 月，国金证券在中国证券报、上海证券报、证券时报、证券日报联合主办的"1990—2010：走向资本强国——中国证券市场 20 年回顾与展望暨第四届中国上市公司市值管理高峰论坛"活动中，荣获"中国 20 家最具

影响力证券公司奖"。2009年，在21世纪报系《理财周报》主办的"2009年中国券商实力榜"中，荣获最佳证券公司第三名。2008年，在由新浪网主办的2008年金麒麟奖中，荣获"证券行业最具服务精神奖"。

（二）主营业务发展迅速，市场影响力逐步增强，在合规中稳健发展

研究咨询业务方面，公司研究所在"新财富最佳分析师"评比中，2009—2010年蝉联"本土最佳研究团队"评选第四名，继续保持业内一流研究机构的地位。

经纪业务方面，公司确定了打造"差异化增值服务供应商"的战略目标，完成了系统资源的整合，形成并推出了"国金太阳"服务产品，市场占有率呈较快上升的态势。

投资银行从无到有、从弱到强，现有保荐代表人47人，列全国第11位，2010年股票承销家数14家（含IPO 9家和再融资5家），列全国第11位，被深圳证券交易所评选为"2010年度优秀保荐机构"；公司已获得债券主承销商资格，有望在债券承销上实现新的突破。

权益类证券的自营业务一直秉承稳健经营的策略，五年来累计实现自营业务收入15.9亿元，并成功规避了行情剧烈波动带来的投资损失。在债券及衍生品业务方面积极开展研究和技术、人才的储备，并已获得参与股指期货套期保值交易资格。

（三）管理不断规范，资产结构优化，品牌影响力渐强

1. 公司治理结构完善，风险控制能力突出

国金证券已建立了健全的法人治理结构，股东大会、董事会、监事会、管理层职责明确，建立了以公司《章程》为核心的法人治理规则。董事会决策程序和管理议事规则科学、透明，管理层执行董事会决议高效、严谨，监事会对公司财务的检查和对董事、高级管理人员的监督健全、有效。按照"健全、合理、制衡、独立"的原则，建立了五层级的风险管理架构，严格控制风险，成立以来未发生一起重大风险事故，是国内首批合规试点券商之一。公司已建立并实行了合规管理制度，董事会聘任合规总监，并充分保证合规总监能独立履职。公司审计稽核部和合规管理部为公司风险控制的专职部门，两部门根据国家法律法规、公司《章程》和公司相关制度的规定，通过对事前、事中、事后风险点的把握，及时发现、处理和化解风险。目前已实现合规管理在公司

各部门和业务流程的全面覆盖与顺畅运转，规范经营的水平明显提高，风险控制能力进一步得到加强。

2. 资产质量优良

资产主要以现金及易于变现的证券类资产为主。同时，净资本/负债比例及自营证券/净资本比例远远优于监管标准，各类风险敞口保持合理水平。优质的资产质量使公司具有较强的资产流动性和较强的抗风险能力。

3. 具有融资平台

作为上市公司，公司有资本平台通过公开增发、非公开定向发行、发行次级债等方式增加公司净资本，从而增强公司资本实力，为公司获取新的业务资格、扩大经营平台、投入技术开发、吸引优秀人才提供坚实后盾。

4. 多元化战略初具

截至 2010 年底，公司经纪业务收入在公司整体收入中占比 54.4%，投行占比 39%，固定收益类占比 3.3%，经过多年的努力，基本形成较稳定的多元化收入结构。同时，公司控股了国金期货，已获取并开展股指期货经纪业务。作为主要股东之一发起设立的基金管理公司等待中国证监会的审核批复。两家子公司的发展将使收入结构进一步优化，经营抗风险能力进一步增强。

5. 组织管理规范

通过多年的努力，公司已经初步形成了较为科学规范的组织架构和管理体系。"1+3 模式"的战略管控体系已初具雏形，全面预算管理和经营分析工作渐入佳境，信息化工作无论是从 IT 治理还是软件研发都具备了相应的实力。证券行业是一个智力密集型产业，人才是业务发展的核心资源，公司高度重视持续完善人力资源结构，建立了完善的人才培养体系，创建了适合业务发展需要的通用素质模型和领导力素质模型，并启动"国金学院"的建设。同时，建立了较为规范的绩效考核和激励机制。企业组织氛围和谐、员工团结协作、积极奉献，对业务的发展提供了较为坚实的人才保证。

6. 品牌影响渐强

无论是公司的研究所在行业内的研究排名，还是公司的投行业务均跻身行业第 11 名、率先在创业板实现成功保荐项目，抑或是公司推出的"国金太阳"服务产品，都使得国金证券在机构投资者、潜在上市公司及零售经纪业务参与者中逐步形成强大的品牌效应。

（四）为四川经济发展贡献的力量

1. 诚信经营依法纳税

国金证券历年均为成都市纳税大户，五年来共计纳税 12.88 亿元。

2. 帮助四川优质企业上市融资，提高直接融资比例

组建了强有力的投资银行队伍，聚集了丰富经验的专业人才，为本地企业服务。通过这几年的不断努力，已经与地方企业的发展形成了互动、双赢的良好局面。在国金证券成立的短短几年间，已为成飞集成、川润股份、科伦药业、天齐锂业、升达林业、银河磁体等企业募集资金近百亿元，覆盖了主板、中小板和创业板等各个板块，其中川润股份已经实现两次融资。

3. 在"5·12"汶川特大地震中坚持营业

作为"5·12"汶川特大地震中的受灾企业，国金证券在危急时刻挺身而出，奋不顾身保护投资者的生命财产安全，用几台笔记本电脑，几张残缺的桌子，几顶破损的伞搭起"废墟上的营业部"，感动了无数的投资者，用生命和尊严捍卫行业的光荣，在大灾面前不怕牺牲、敢于拼搏。在损失较大的情况下，号召全体员工向灾区捐款 167 万元。

二、公司"十二五"发展战略规划

（一）公司愿景

国金证券的愿景是成为"受人尊重的公众公司"。为达成这一愿景，公司就必须充分履行社会责任，与所有利益相关者包括全体股东、企业员工、公司客户、所在社区、自然环境和谐相处、共赢发展。为此，公司将超越把利润作为唯一目标的传统经营理念，致力于建立一套与所有利益相关者和谐发展的长效机制，包括建立配套的组织、制度、资源、设备、文化，以实现对股东权益、员工利益、客户愿望、社区要求、自然环境的兼容尽责，实现多边利益最大化。

（二）总体战略定位

公司确定 2011—2015 年的总体战略定位为：公司建设成为"差异化增值服务商"。要实现这个目标，必须以"差异化"为方向、以"增值"为手段、以"服务"为基础、以"聚焦"为约束。

1. "差异化"是公司战略定位的现实选择

从目前的市场环境来看，券商的同质化竞争行为严重，同质化经营模式不

能够满足客户日益增长的多样化服务需求，也是造成公司之间低水平、恶性竞争的主要原因。

以经纪业务为例，目前虽然有不少券商开始推出增值服务产品、整合经纪各类金融产品，但简单的交易通道收入仍是经纪业务收入结构中的重头，而且随着网点的增加、竞争的加剧，券商在经纪业务上竞争的首要手段仍然是价格竞争，经纪业务传统利润空间将不可逆转地被压缩。简单地采取价格竞争将严重挤压证券公司的生存空间，是一条不归路。

从投行业务来看也是如此，随着国内证券发行体制的改革、保荐通道的进一步扩张，股票及债券承销的竞争将日趋激烈，企业上市的发行市盈率将进一步下降。简单依靠牌照垄断和通道优势的竞争方式必然面临极大的挑战。公司的投行部门目前已经有47名保荐代表人，而且在市场上、在监管部门都逐步取得了相应的认可，在企业项目内核、资本市场发行等方面也具备了一定的经验，具有一定的先发优势。

公司将根据实际情况，按照客户需求和市场发展的趋势，围绕资本市场中介服务，确定市场定位和发展战略，与其他券商错位竞争，实行有选择、有区分的差异化经营模式。

2.　"增值"是实现公司战略定位的手段

差异化战略意味着公司需要付出较总成本领先战略更高的经营成本，而要保证公司的总盈利水平，必然需要公司对客户保持较高的议价能力。而客户在决策时也会按照证券公司提供的让渡价值来进行选择，所以，为客户提供更多的让渡价值，也就是为客户提供更大的增值就成为差异化战略的必要手段。为客户的增值有很多手段，证券行业为客户提供增值归纳起来包括财富增值、知识增值、感受增值三种方式。公司在为客户提供上述三类增值方式也进行过很多的尝试：

在财富增值方面，公司经纪业务为客户提供"三金"产品等一系列服务产品。近年来，公司托管的客户资券较之全行业托管资产在行情下跌时跌幅较小，在行情上涨时增幅较大，这一方面有公司市占率持续上升的原因，另一方面也能证明公司为客户提供了有效的财富增值服务。国金投行所承销的项目，其平均发行市盈率一直排在行业前列，这也证明了国金投行为客户提供有效财富增值的能力。

在知识增值方面，公司开展了大量的投资者教育工作，同时在对客户分类后，尝试为客户提供除交易通道之外的其他差异化服务产品和金融产品，提升投资者的投资水平和能力。

在感受增值方面，公司通过建设全国呼叫中心、整合终端交易软件、提升交易便捷程度等方式，提升客户的体验，让客户在公司的交易更方便、舒适、快速、安全。

3. "服务"是实现公司战略定位的基础

国金证券深刻认识到，券商作为金融中介行业的市场主体，其本质是服务商。因此，服务能力高低是券商任何竞争战略能否实现的基础。客户的各类增值也是在公司为客户提供服务的过程中实现的。以投行业务为例，如果不能在常规的保荐承销工作外为客户提供财务顾问、并购重组服务、直投服务、股票发行等一站式的投行服务，投行的竞争空间将被进一步挤压，今后仍然需要在客户服务、客户再服务等工作上下工夫。在中国证券业协会 157 号文出台后，中国证监会已逐步将新设营业网点与券商的客户服务、交易佣金政策进行了挂钩。这说明提升客户服务水平是实现公司战略的基础要求，也是监管政策的必要要求。

同时，定位于服务商，也意味着公司会在直接参与市场交易这一角色上有所舍弃。意味着公司在自营业务策略上会继续坚持稳健的、以量化研究为基础、程序化交易为手段、风险可控、中收益低风险的交易；在公司的整体自营规模上也会保持相对谨慎的风格。

4. "聚焦"是公司战略定位的必要约束

整体而言国金证券还是一家中小型券商，目前公司的净资本规模、人员规模、网点数量等资源都还是相对有限的。这就决定了在实施差异化的时候不能期望全面差异化、全面胜出竞争对手，只能有选择地在特定客户对象、特定竞争能力和工具上去营造我们的差异化。

（三）公司五年发展战略总体目标（2011—2015）

在全面分析证券市场宏观环境、全面掌握公司基本情况的基础上，公司明确今后五年发展战略的总体目标，即立足四川、走向全国、放眼国际，努力将公司建设成为"治理健全、管理规范、业务精湛、资质齐备、技术领先"的国内证券行业，具有一流竞争力和影响力的上市券商，为最终实现"成为受人尊敬的公众公司"的战略愿景奠定坚实基础。

三、 继续为四川经济建设贡献更大力量

中国证券业经历多年的发展，对地区经济增长的作用越加明显。国金证券将在自身壮大的同时，为四川人民的理财需求，为优秀企业的融资需求，为上市公司的规范运作提供差异化增值服务。在目前已开展的证券经纪、证券投资咨询、财务顾问、证券承销与保荐、证券投资基金代销业务之外，积极争取更多的业务牌照，利用自身资源与优势，为机构客户、个人客户提供多元化服务，为四川地区经济的发展贡献全部力量。

（一）服务证券市场，提高金融行业服务水平

服务是金融行业赖以生存的根本，国金证券将积极整合内部资源，形成研究所提供基础研究服务，财富管理中心提供投资顾问服务，客户服务中心提供标准化客户服务的格局。在客户分类的基础上，不断健全完善投资者风险承受能力评估机制，做好投资者的教育工作，为四川金融市场的发展，为提高金融行业的服务水平，为证券市场和金融投资者服务。

（二）发展多层次资本市场体系，提高企业直接融资比例

作为本土券商，贴身、贴心、优质、专业地为西部经济的发展服务，是国金证券义不容辞的责任。接下来，国金证券将重点并展中小企业板、创业板、股份代办转让系统（三板）等市场融资的投资银行业务，进一步帮助西部企业上市融资，以更好地服务于西部经济。

国家"十二五"规划明确提出，要发展多层次资本市场体系，显著提高直接融资比重。公司投行业务将紧紧抓住五年的战略机遇期，秉持客户第一的原则，继续坚持为中国重点区域内高速成长的中小企业提供最适合客户发展的针对性专业服务。在做好股票承销保荐工作的同时，在债券承销项目上实现跨越式的发展；在国家产业结构调整、行业整合的大背景下，加强对上市公司并购重组业务的研究；紧跟证券市场发展动向，对新的交易品种和业务类型进行前瞻性分析。力争进入中小企业上市服务券商第一梯队，成为市场声誉良好、专业创新能力突出、独具竞争特色的国内一流投资银行，市场排名稳定在全国前十位。

（国金证券）

人保财险四川省分公司

"十一五"时期，是四川经济社会发展极不平凡的五年，也是中国人民财产保险股份有限公司四川省分公司改革与发展极不平凡的五年。人保财险四川省分公司在省委、省政府的正确指导和大力支持下，以改革创新的精神，推进了一系列开创性工作，为助推地方经济发展、服务大众民生、促进和谐四川建设发挥了应有的作用。截至 2010 年末，下辖市分公司 22 家，支公司 159 家，营销服务部 669 家，从业人员 12985 人。2010 年，实现保费收入 81.78 亿元，同比增长 19.72%，是 2005 年的 3.09 倍；赔付支出 41.93 亿元，同比增长 14.34%，是 2005 年的 2.71 倍。

一、 服务大局： 大力拓宽覆盖领域， 较好满足了人民群众日益增长的保险需求

五年来，作为国有保险骨干企业，人保财险四川省分公司始终秉承"人民保险，服务人民"的企业宗旨，积极履行社会责任，不断扩大保险的覆盖面和渗透度，服务范围几乎涵盖了全省经济和人民生产生活的各个领域。2006—2010 年，公司累计承担风险保障 11.95 万亿元，较"十五"期间增长 2.24 倍。特别是自 2007 年政策性农业保险工作开办以来，公司积极响应党和政府的号召，切实参与政策性农业保险试点工作，承担了全省 90% 以上的政策性农险工作任务，2007 年至今累计为 8000 多万参保农户提供了种植业和养殖业风险保障，承担风险责任 738 亿元，在全国人保系统排名第一，将现代金融理念播撒到了田间地头。通过率先推动四川机动车交通事故责任强制保险和开展校园方责任保险、高危行业安全生产责任保险等途径，提升了保险参与社会管理的能力。配合地方基础设施建设，为成都地铁、向家坝水电站等地方重大项目提供了充分的保险支持，公司的服务范围更宽、服务覆盖面更广、风险保障程度更高。为了更好地服务地方经济建设，2010 年，人保财险四川省分公司与全省 GDP500 亿元以上市州政府签署了全面战略合作协议。

二、 保驾护航： 积极履行补偿职能， 有力促进了地方经济建设、 社会安定局面

五年来，人保财险四川省分公司积极履行补偿职能，努力为经济社会发展保驾护航，累计处理赔案 412.57 万件，较"十五"期间增长 1.15 倍；累计支付赔款 143.32 亿元，较"十五"期间增长 86.61%，占全省财产保险行业赔款总额的 46%，其中，支付政策性农险赔款 20.84 亿元。面对一系列重大自然灾害和突发事故，人保财险勇担社会责任，迅速展开抗险救灾，及时进行查勘理赔，充分发挥了保险的经济补偿功能，为受灾群众尽快恢复生产生活提供了有力支持，树立起了良好的企业公民形象。特别是面对汶川"5·12"地震灾害的挑战，系统上下广大干部员工本着对社会高度负责的态度，舍小家、顾大家，深入危房查勘，上门送达赔款，胜利完成了抗灾理赔的攻坚任务，累计支付赔款近 5 亿元。在 2010 年"7.17"特大洪灾泥石流灾害中，面对首次大面积农险理赔工作，公司坚持把广大农村居民的利益放在首位，采取边查勘、边定损、边理赔的方式，累计支付涉农赔款 1.32 亿元，占到公司洪灾赔款总额的 72%。

三、 开拓创新： 不断提升服务效率， 着力实施了保障民生的各项服务举措

深化客户经理制建设，建立起与客户的沟通渠道，让客户感受到公司的贴心服务。实施"金牌服务工程"，结合各地实际，推出针对不同保险群体的多样化服务举措。开展"五一"、"十一"黄金周自驾游保险跟踪服务活动，开创了全国保险增值服务的先河，被系统内公司纷纷效仿，在保障黄金周安全、服务四川和谐大局上做出了有益的尝试。围绕客户满意度、服务标准和客户投诉处理效率，开展理赔服务标准化建设工作，进一步提升了理赔服务效率。

四、 和谐奋进： 主动规范市场秩序， 带头维护了保险在服务经济社会中的形象

充分发挥行业优势，主动规范市场秩序，带头贯彻落实中国保监会 70 号、90 号文件精神，认真开展商业贿赂专项治理，并对违规行为进行内部追加处

理。发挥国有大公司的引领作用，促进全省行业协会建设，积极推进行业自律，引导区域市场有序竞争。认真开展自查自纠工作，规范自身经营行为，落实后续整改措施，切实提高自我约束、自我净化能力，起到了较好的表率作用。

立足全局、心系民生、造福一方，在庄严履职的不懈追求中，较好地把握了社会利益与企业利益的最佳契合点。2006 年至今，持续保持了"省级文明行业"荣誉称号，先后被四川省政府、当地媒体评为"保险工作先进单位"、"消费者最信赖的保险公司"等，并被省政府通报表扬为"十一五"期间"服务四川经济社会发展先进保险机构"，用实际行动履行了国有控股企业的社会责任。

（人保财险四川省分公司）

太平洋产险四川分公司

中国太平洋财产保险股份有限公司四川分公司成立于 2000 年，前身是成立于 1991 年的原中国太平洋保险公司四川分公司。截至 2010 年末，公司下辖中心支公司 14 家，支公司 10 家，营销服务部 70 家，从业人员 2312 人。2010 年，中国太平洋财产保险股份有限公司四川分公司共实现保费收入 15.7 亿元，同比增长 49.43%，是 2005 年的 4.11 倍；赔付支出 5.65 亿元，同比增长 12.06%，是 2005 年的 2.72 倍。

一、 防风险、 转方式， 推动和实现公司可持续价值增长

在科学发展观指引下，太平洋产险四川分公司实施了"一二三四"发展战略，即一条红线、两项考核、三大战役、四个集中。

一条红线，即守住合规和风险防范这条红线。建立健全了营运管理和业务制衡体系、风险监测和预警体系、合规达标评价考核体系、违规问责和重大事件应急体系、守信激励和失信惩戒体系；深入持久开展了保险市场秩序整顿，财务、业务数据真实性检查，中介业务检查，摩托车、拖拉机承保等各项检查，严查即处，保证了公司健康发展。

两项考核，即加强综合成本率和增长率考核。实施了"以综合成本率管

控为主攻方向，推动和实现公司可持续价值增长"的发展战略。2010 年，综合成本率控制在 94.37%，其中车险综合成本率控制在 91.79%，市场份额稳步提升，实现了又好又快发展。

三大战役，即打好业务精细化管理、提高客户服务水平、拓展营销渠道攻坚战。分机构、分市场、分险种、分渠道、分性质地实施了差异化的承保政策和销售策略；推行了客户服务承诺制度，开通了理赔绿色通道；推行了车险电话销售和产寿险交叉销售，改革了车商渠道管理模式。

四个集中，即推进业务、财务、理赔、人力资源集中。保证了承保工作的严肃性和权威性，强化了理赔过程控制，增强了财务的预警功能和费用的杠杆调节作用，统一了岗位编制和薪资发放标准，为公司可持续价值增长夯实了基础。

二、 保民生、 促发展， 积极服务地方经济建设

（一）积极发挥保险职能作用

"十一五"期间，太平洋产险四川分公司先后承保了以锦屏、良拥、二滩、木里河、亭子口、杂谷脑为代表的大型电力项目；兰渝铁路、成绵乐铁路、广甘、成绵及川南高速等交通基建重大项目；长虹、东汽、泸天化等大型国有制造业财产险项目等上百个重大项目，为地方经济建设提供了坚实的保险保障。

（二）大力承担保险给付责任

"十一五"期间，面对汶川地震、泥石流等特大自然灾害，太平洋产险四川分公司第一时间启动紧急预案，抗灾理赔。2007 年，赔付阿坝州明珠电力公司因泥石流造成的损失 1139 万元；"5·12"汶川地震后，先后投入查勘人员 124 人，调动查勘车辆 54 台，应赔尽赔、即赔速赔，支付赔款 9206 万元；2010 年遭遇洪灾和泥石流，受理报案 700 余件，标的物损失近亿元。

（三）关注社会民生

2010 年针对个别地方出现的摩托车、拖拉机承保难问题，太平洋产险四川分公司积极按照保监会、公安部的要求，不以任何理由拒保、不以任何方式搭售。针对备受社会各界关注的环保问题，在德阳开办了环境污染责任保险，得到德阳市政府、环保局的一致肯定。2010 年，按照交管部门和四川保监局

的规定，积极实施《轻微交通事故自行协商快撤快处快赔暂行办法》，为保障城市道路交通有序畅通提供了支持。

（四）打造服务品牌

制订了《窗口服务规范与质量标准》，实行了"小额案件、1日赔付，万元案件、3日赔付"等十项客户服务承诺制度。2010年7月31日，达州发生13死9伤的特大交通事故，第一时间按照规定预付赔款200万元，受到当地政府和客户的一致赞赏。打造了功能强大的95500客户服务平台和客户自主查询系统，每周对95500电话服务、现场查勘等环节进行服务质量暗访，并借助第三方机构开展了"迎世博·访万家"客户满意度调查。建立健全投诉处理机制，对消费者投诉，做到第一时间知晓、第一时间解决。坚持开展了"3·15保险服务月"主题活动，联手国际SOS，为VIP个人客户提供全球旅行电话医生、医疗救援系列增值服务。加大理赔基础设施、设备投入，"十一五"期间共投入查勘车辆110余台。创新服务方式，2010年，利用3G移动技术，初步实现现场实时查勘、估损，大大地缩短了查勘、理赔时间。深入持久地开展了创建"双十佳"服务明星活动和技能比武竞赛，95500电话服务中心被总公司评选为"双十佳服务团队"。

（五）热心公益事业，担当社会责任

——2008年汶川地震，捐款22.67万元，缴纳特殊党费2.21万元，捐赠救援物资折合人民币100万元。太保系统各类捐赠累计超过5100万元，同时还为所有参加抗震救灾一线的广大医护工作者提供保险总额为100亿元的人身意外伤害保险。2008年5月，向崇州市怀远镇中学"英雄教师"吴忠洪捐款5万元。

——2010年玉树地震的第二天即派出专人专车，52小时星夜驰援玉树，捐赠帐篷、行军床等救灾物资20余万元，捐款9万余元。

——汶川地震一周年之际，组织看望了成都儿童福利院的儿童，捐款10万元，物资5万元。举办了"乐行天下"活动，即以交响乐演出为主要项目的客户服务活动，推出了"保险让生活更美好"大型客户讲座等一系列暖心活动，得到了广大客户的一致好评。

风物宜长放眼量，百舸争流勇进击。随着A＋H股的相继上市，太保集团将目光更多地投向了四川，将在成都高新区建设太保集团灾备中心、培训中心、电销中心，总投资达 16 亿元。届时，太保将以崭新的形象，更大的作为，为四川经济建设添砖加瓦！

（太平洋产险四川分公司）

中国人寿四川省分公司

中国人寿保险股份有限公司四川省分公司成立于 2003 年，前身是成立于 1949 年的原中国人民保险公司四川省分公司。截至 2010 年末该公司下辖市分公司 19 家，支公司 158 家，营销服务部 1691 家，从业人员 40453 人。2010 年，中国人寿保险股份有限公司四川省分公司共实现保费收入 164.52 亿元，同比增长 16.37%，是 2005 年的 2.79 倍；赔付支出 26.66 亿元，同比增长 18.5%，是 2005 年的 3.99 倍。

"十一五"是新中国历史进程中波澜壮阔的 5 年，改革开放和现代化建设取得了新的伟大成就。伴随国家经济和社会发展，中国人寿也走过了辉煌的发展道路：集团总资产规模突破万亿元大关，连续 8 年入选全球企业 500 强并屡创新高，2010 年位列第 118 位。中国人寿成为首家在纽约、香港、上海三地同时上市的中国金融企业。在北京奥运赛场、"神七"发射、"5·12"汶川特大地震以及全球金融风暴中，中国人寿凭借专业、爱心、真诚和责任，树立起了行业中流砥柱的良好形象。中国人寿正以自己特有的稳健、坚定和自信，在通往国际顶级金融保险集团的征程上实现大发展、大转变、大跨越。在总部的正确领导和全系统员工的努力下，中国人寿保险股份有限公司四川省分公司（以下简称中国人寿四川省分公司）也走过了极不平凡的发展道路。

"十一五"是保险业面临形势最为复杂、经受考验众多、综合实力提升快速、行业地位和社会影响力大幅提高的 5 年，是中国人寿四川省分公司发展极为特殊、极为艰辛、极不平凡的 5 年，也是栉风沐雨、备受考验的 5 年。面对"5·12"汶川特大地震和国际金融危机的阴霾，中国人寿四川省分公司以从悲壮走向豪迈、以人为本的经营理念、风雨同舟的团队精神、果敢高效的执行能力、共克时艰的发展能力持续推动着公司前进。

业务规模不断扩大。2010 年，公司实现保费收入 164.52 亿元，是 2005 年的 2.79 倍；首年期交保费、续期保费分别是 2005 年的 3 倍和 2 倍。保费总量在中国人寿全系统的排名从"十五"末的第9位提升至了2010年底的第6位。在异常激烈的市场竞争中，公司市场份额继续以较大优势稳居四川寿险市场第一。

整体实力显著提升。"十一五"时期，全省系统总资产增长了2.44倍，准备金增长了2.33倍。"十一五"末，公司员工和营销员队伍达到4.05万人，较5年前增长24.17%；全省县以下营销服务部从1198个增加到1691个。

保险保障功能更好发挥。"十一五"期间，公司产品不断丰富、升级，新推出了"美满一生"、康宁系列、福禄系列等品牌险种，上市了新简身险、小额农村保险等惠民险种，受到社会公众极大欢迎，为四川保险保障体系的提升和完善做出了积极贡献。"十一五"期间，全省长险承保429.9万件、保额743.16亿元，短险承保2.33亿人次、保额21.6万亿元，赔款27.68亿元，各类给付82.27亿元，缴纳各类税款7亿多元。

服务民生、促进社会和谐不断深入。"十一五"期间，公司积极履行行业和社会责任，不断扩大保险的覆盖面和渗透度，服务民生，促进和谐，保障发展。公司服务"三农"的深度和广度持续扩大，小额保险从试点到超常发展，至2010年底已承保340万人，小额保险各项指标在中国人寿全系统名列首位，在省内领先同业公司，取得良好的社会效益。公司还利用自身优势，积极拓宽服务领域，承接全国首例新农保服务外包工作，在四川德阳办理全国第一份政府采购服务模式经办新型农村社会养老保险协议，所属德阳市分公司负责了旌阳区新农保项目全程具体服务。

内部管理和客户服务能力极大提升。"十一五"期间，公司深化省级集中管理，全面推进以高效管理、高效服务为重要内容的改革与创新，推行收付费非现金管理，提高管控水平。推动"保单转移直通车"、"多对多"服务和农村服务网点延伸工作。对内优化理赔程序，对外以推广"医保通零距离服务"、"小额赔款立等可取"等特色服务为突破口，打造"中国人寿为你方便理赔"品牌，为城乡客户提供近距离服务，全面提高理赔效率。公司积极实践"经营客户"理念，通过开展"国寿大讲堂"、"健康好帮手"、VIP绿色通道等服务持续推进"国寿1＋N"品牌建设，公司服务范围更加宽泛，服务内涵更加深远，整体服务大众的能力和水平持续得到提升。

防范和化解经营风险的能力持续增强。"十一五"期间，公司成立了内控合规部、销售督察部，有效防范了销售误导、弄虚作假、贪挪保费等风险。实现了 404 条款遵循工作连年合规达标；内控管理、合规管理、风险管理和反洗钱等工作扎实开展；案件防范和查处力度不断增强，有效维护了公司正常经营秩序和社会稳定大局。

担当社会责任之路步履坚实。作为负责任的国有控股保险企业，在举世震惊的"5·12"汶川特大地震发生后，公司勇担社会责任，全力做好理赔及善后服务，共计赔付 1.5 亿余元，捐款 256 万元，受到上级公司和省委、省政府高度评价。公司在川援建希望小学、国寿博爱学校 19 所，国寿博爱卫生站 7 所，援建资金达 1300 多万元；志愿者协会活动方兴未艾，员工志愿者与地震孤儿结对 443 对，中国人寿爱心夏令营等活动持续蓬勃开展。

"十一五"跨越式发展为公司积累了宝贵经验。中国人寿四川省分公司青德蓉总经理对此高度概括为：经营好企业，关键在思路，成败在执行，方法在苦干。着力在"五个必须"上下工夫。一是必须坚持以科学发展观为指导。用发展的眼光、正确的思路、科学的办法解决前进中的问题，踏踏实实践行中国人寿特色发展之路。二是必须坚持在改革中创新。保险业发展日新月异，只有不断解放思想、更新观念、拓宽新思路、增添新动力，以更快为先导，以更好为方向，以苦干为钥匙，才能在变革与创新中寻找到先机，掌握主动权。三是必须增强"四个能力"和"两个认识"。"四个能力"即把握市场稳健发展的拼搏能力，经营公司组织发展的创新能力，经营客户提升品牌的进取能力、上下协同高效执行的责任能力。"两个认识"是维护全局利益和局部效益追求之间的关系认识，履职尽责、积极作为和殚精竭虑、务实奉献之间的关系认识。四是必须坚持防范风险和依法合规经营。只有牢固树立依法合规经营自觉意识，提高防范化解经营风险能力，才能促进公司持续健康稳定发展。五是必须始终保持强烈的事业心和责任感。发展民族寿险，责任重大，使命光荣，强烈的事业心和履职尽责尤为重要。

（中国人寿四川省分公司）

中铁信托

"十一五"期间，中铁信托积极发挥信托灵活的投融资功能，相继发展并完善了资金信托、财产管理、直接投资等多项业务，重点服务地方重大工程项目、基础设施建设、房地产、市政工程、能源交通、大型工矿企业等多个领域，较好发挥了金融信托的投融资优势。信托作为金融改革的轻骑兵，充分发挥其金融创新之功能，近年来在产品创新、制度创新、组织创新、业务创新等方面都取得了很大的进步，已经成为促进地方政府发展经济的一支重要力量。

一、 经营成绩斐然

"十一五"期间，中铁信托的经营活动取得优异成果，各项财务经营指标增势明显。经过持续努力，近四年来的经营业绩年均增长超过100%，为股东实现了良好的投资收益。尤其是在汶川地震和金融危机的严重影响下，公司仍取得了不俗的经营业绩，其中2010年公司实现营业收入4.44亿元，是2005年的24倍；实现利税总额3.7亿元，是2005年的57.16倍。五年累计纳税超过3亿元。

二、 积极支持四川经济建设

"十一五"期间，中铁信托有效发挥信托灵活的制度优势，进一步合理调整信托资产的行业配置，积极参与四川及其他西部省份、各市（州）政府基础设施建设项目，以实际行动支持西部大开发。

公司与成都市所属各区县级政府进行了多轮广泛的业务合作，为当地市政建设、土地整理、污水处理、灾后重建等领域提供了大量的资金支持。同时，在相关部门的指导下，还先后与成都市、资阳市、巴中市等地方政府进行了广泛的业务研讨和合作，参与了四川省交通路网建设、水电能源开发、科技园区建设等。

在基础建设投资领域，中铁信托通过丰富和灵活多样的金融服务，积极支持了旧城改造、城乡统筹建设、收购存量房、安置拆迁户。另外，公司正研究与地方政府财政资金、担保公司合作发行"中小企业信托基金"，充分利用政府扶持资金，实现放大效益，支持本地优质中小企业发展，为促发展保就业做出贡献。

"十一五"期间，公司在四川省内共开发各类基础设施建设信托项目超过100个，规模超过150亿元，投资领域涉及灾后重建、旧城改造、水电建设、高速公路建设、物流、环保等多方面。

三、 主动实施业务模式转型

与其他类型的金融机构相比，信托公司的主要优势和特色在于业务功能的多样性、涉足领域的广泛性、金融工具的丰富性和运作方式的灵活性。信托公司的业务跨度大、经营范围广，在金融职能方面具有综合化、多样化的优势，能提供集融资、融物、服务为一体的中长期金融服务，从而为构建信托公司独特的业务模式提供了深厚的土壤。"十一五"期间，中铁信托稳步推进业务模式转型和业务结构升级，加强与客户沟通，深入细致地挖掘其潜在需求，不满足于向客户提供简单的、与银行同质化的贷款服务，而是按照监管导向的指引，充分利用信托公司业务功能的多样性和金融工具的丰富性的特殊优势，向企业提供有别于其他类型金融机构的金融解决方案。如2009年新发行的35亿元集合资金信托计划中，贷款类产品规模为14亿元，占比为40%，比上年下降9个百分点，表明公司综合运用各类金融工具的能力进一步增强。

四、 内控管理全面优化

"十一五"期间，中铁信托经营面貌大为改观，管理信托资产规模不断增长。为了适应快速增长的业务，中铁信托适时提出了"强化内控管理、优化合规体系"的战略部署，显示出一家成熟的金融机构应有的社会责任和全面的管理能力。重点在业务合规体系建设、改进风险管控模式等方面进行了持续深入的探索实践，实行"业务横向流转、风险纵向监管"的运行机制，构建"横向到边、纵向到底"的矩阵式风险控制体系，努力提高公司驾驭经营风险的能力。

在合规管理模式方面，创新性地改进内部审计模式，将审计嵌入业务全流程，使审计稽核向工作过程、事中延伸，由静态事后复审向动态预警分析转变，将风险控制前移至最前端，从而形成有效的过滤机制，全面实现实时监督。该模式的建立大大降低了公司业务风险，运行一段时间后注重对新模式的执行、实施情况和实际效果进行评价和检查，兼顾协调控制风险与运行效率。

在内控管理机制方面，建立了合规绩效考核机制和问责与激励机制，通过完善部门绩效指标体系、管理事故问责机制，强化风险责任意识，营造全员防范风险的文化氛围，极大地调动员工的积极性和主动性。

五、 品牌形象显著提升

过去五年，中铁信托坚持"创新、服务、可持续"的核心经营理念，实施"大优客户"、"走出去"两大发展战略，经过持续努力，公司与一大批行业龙头企业、金融机构、专业理财机构建立了全面合作关系，并在北京、上海、广州、深圳等经济发达地区建立了区域业务中心及财富管理中心，发展领域不断拓宽，从一家西部中小金融机构发展为立足四川、辐射全国、业绩一流、信誉卓著的特色金融服务机构。

综合理财能力的行业排名持续提升，由 2008 年底的第 6 位升至 2009 年底的第 4 位。资产管理规模首次进入行业前 10 位，风险控制、信息透明度等指标则继续领先。经营管理受到监管部门的充分肯定，在中国银监会对信托公司监管评级中，中铁信托从"3C"上升为"3B"。2009 年 4 月，在第二届"金贝奖"评选活动中荣获"年度优秀信托公司"、"年度优秀信托品牌"两项大奖；在 2009 年度"中国（成都）金融总评榜"评选活动中，公司总经理蝉联"行业推动力大奖"，公司再度入选"最佳理财服务品牌"称号。2010 年 7 月，中铁信托被评为"中国优秀信托公司"，成为中西部地区唯一入选的信托公司。

中铁信托作为一家公众性的央企控股非银行金融机构，勇于承担社会责任。自 2008 年汶川特大地震发生以来，中铁信托发挥信托"凝聚力量、传递爱心"的独特制度优势，将信托与公益相结合，组织发起了一系列公益活动，推出了"衡平爱心系列"、"普益爱心信托"、"精瑞爱心信托"等多个公益信托。近三年来，先后共筹集善款 700 余万元，产生了良好的公益示范效应。2009 年，中铁信托在国家民政部主办的"2008 中国金融慈善榜"评选活动中，荣获"信托业突出贡献奖"和"社会公益奖"两项大奖。

（中铁信托）

第四篇　地方篇

成都市

"十一五"期间，在成都市委、市政府的正确领导和大力支持下，全市金融业实现了持续快速健康发展，金融组织体系不断完善，市场规模不断扩大，金融服务不断创新，发展环境不断优化，金融对全市经济发展的贡献不断增强，金融业初步成为全市重要支柱产业，成都西部金融中心地位得到了进一步巩固和提升。截至 2010 年末，全市共有金融机构 339 家，其中银行业机构 48 家，证券、期货、基金公司 68 家，保险公司 54 家，小额贷款公司 27 家，融资性担保公司 129 家。2010 年，全市金融业实现增加值 437 亿元，占 GDP 的 7.9%，是 2005 年的 3.87 倍，年均增长 31%。

一、金融业"十一五"发展主要成就

（一）建立起较为完善的政策支持

"十一五"期间，全市在制定金融业发展规划，加强政策支持方面取得了重要进展。市委、市政府先后出台了《成都市人民政府关于进一步加快金融业发展的若干意见》、《成都市人民政府办公厅〈转发市政府金融办市财政局关于进一步加快金融业发展若干意见实施细则〉（试行）的通知》，明确把金融业作为全市支柱产业大力发展。同时，成都市金融办配合省金融办制定了《西部金融中心建设规划（2010—2012）》，出台《成都市金融产业规划（2010—2012）》、《关于进一步加强全市金融生态环境建设的若干意见》、《促进全市股权投资基金业发展的意见》、《关于全市西部金融中心建设近期重点工作安排的意见》等大量措施，为金融业的大力发展提供了强有力的政策保障和支持。

（二）载体建设全面启动

成都市确立了以成都金融总部商务区作为西部金融中心建设的主要载体，规划面积约5平方公里，主要吸引金融监管部门、金融机构总部、区域总部和金融要素市场等入驻。成都市政府成立了由分管市领导为组长的金融总部商务区建设领导小组，专门组建了成都金融城公司作为金融总部商务区的开发建设运营主体和投融建管平台，实行"领导小组＋办公室＋金融城公司"的管理体制。目前，金融总部商务区已完成产业发展规划、城市设计以及总体规划和控制性详规，重大基础设施建设项目及招商引资工作已经全面启动，初步形成以金融监管机构为核心、以金融机构总部为龙头、以金融要素交易平台为重点、以中小金融机构为补充的金融产业集群。

金融总部商务区一期以原行政办公中心转型作为起步发展区，更名为"天府国际金融中心"，已引进金融机构31家，包括四川银监局、四川保监局在内的金融监管机构3家，上市银行1家，包括中国人寿等在内的全国性保险机构3家，金融要素交易平台5家以及其他金融机构19家。

金融总部商务区二期以引进有重要支撑作用的功能性机构为重点，包括中国进出口银行、中信银行、民生银行、成都银行、成都农商行等5家银行总部或区域总部，中国华商金融贸易中心、泰达时代金融广场、中航瑞赛国际金融交流中心、中国林权交易所等10余家以金融为主要业态的城市综合体项目。金融总部商务区二期计划总投资200亿元，目前已到位资金120亿元，完成投资80亿元。

（三）金融组织体系不断完善

"十一五"期间，成都金融组织体系不断完善，成为中西部地区金融机构种类最齐全、数量最多的城市。截至2010年底，共有银行机构48家，其中政策性银行3家，全国性股份制银行26家，地方法人银行（含村镇银行）8家，外资银行11家，银行机构数量比2005年增加19家；国内42家证券公司在蓉设立了79家营业部，其中4家证券公司注册地在成都，证券公司数量比2005年增加28家；期货经营机构9家，其中本地法人期货公司3家；54家保险公司在蓉设立了地区性总部或分公司，保险公司数量比2005年增加26家；国内14家金融机构在蓉设立了全国性或区域性金融后台服务总部；信托公司、金融资产管理公司、财务公司等其他金融机构也实现了快速发展。

（四）金融市场规模不断扩大

金融业增加值大幅增加，截至 2010 年底，全市金融业增加值 437 亿元，占 GDP 比重为 7.9%，占服务业增加值比重 15.9%，比 2005 年增长 324 亿元。信贷市场发达，截至 2010 年底，全市金融机构人民币存款余额 1.53 万亿元，贷款余额 1.2 万亿元。资本市场活跃，截至 2010 年底，全市共有上市公司 45 家，其中境内上市公司 43 家，香港 H 股上市公司 4 家（含 2 家 A + H 公司），上市公司数量比 2005 年增加 14 家，位居中西部前列。2010 年全市证券交易总量 2.5 万亿元。保险市场规模增长迅速，截至 2010 年底，全市保费总收入 309 亿元，保费总收入比 2005 年增长 3.12 倍，其中，财险收入 91 亿元，同比增长 29.7%，寿险收入 218 亿元，同比增长 36.5%。

（五）金融改革创新与对外开放不断推进

1. 地方法人金融机构改革创新不断深化

设立成都投资控股集团公司，对地方金融机构资源进行了合理归集和管理。成功设立锦泰财产保险公司，实现地方法人保险机构零的突破。成都银行成功增资扩股并引进境外战略投资者，跨区域发展快速推进，目前已经设立重庆、广安、资阳、眉山等分行。市农信社在以市为单位统一法人改革的基础上，成功组建成都农村商业银行，监管评级达到了二级银行标准，资产规模位居全市银行机构第 3 位。成功设立了四川锦程消费金融有限责任公司，是国内首家中外合资消费金融公司。国金证券完成了对控股子公司国金期货的增资扩股，获得股指期货中间介绍业务资格。

2. 新兴金融产业得到快速发展

一是金融外包及后台服务业初步形成集聚发展态势。截至 2010 年底，全市已有独立的第三方金融服务外包企业近 30 家。澳新银行中国运营中心落户成都市高新区，成为全市第一家外资银行独立第三方运营中心。二是股权投资基金得到迅速发展。抢抓私募股权投资基金（PE）和创业（风险）投资基金（VC）向西部发展的机遇，各类投资基金已达 30 余家，为构建西部股权投资基金基地奠定了坚实基础。三是其他新兴金融机构发展迅速。"十一五"期间，新设立村镇银行 6 家，新增小额贷款公司 27 家，融资性担保公司总数达到 129 家；成都工投融资租赁有限公司和成都金控融资租赁有限公司正式开业，其中成都金控融资租赁有限公司是四川省首家中外合资融资租赁公司。

3. 地方产权市场蓬勃发展

组建全国首个农村产权交易所——成都农村产权交易所，搭建了包括土地承包经营权、林权、农村房屋产权等重要产权在内的农村产权交易平台。与深圳证券交易所合作设立的西部路演中心正式挂牌，成为辐射西部地区的上市路演中心、股权融资路演中心和信息发布中心。设立中国林权交易所西南交易中心、中国技术交易所成都交易中心和北京黄金交易中心四川分公司。

4. 农村金融产品和服务方式不断创新

一是积极探索开展农村产权抵押融资工作，农发行、农行和成都农商银行3家主要涉农银行机构在县及县以下经营网点共有800余个，基本实现了全市农村区域全覆盖。二是积极扩大政策性农业保险试点范围，开展水稻、玉米、生猪、奶牛等政策性农业保险业务，水稻、玉米、生猪承保面不断扩大；积极开展农村小额人身保险试点，试点区双流县投保农村居民投保率达30%以上。三是完善农业担保服务体系，加快发展涉农担保机构，设立市和区（县）两级涉农融资性担保机构，支持开发涉农融资性担保产品和服务，创新担保方式，为"三农"经济发展提供增信服务。四是鼓励全市农业龙头企业和农业科技型企业利用证监会灾后重建政策支持，通过上市融资筹措资金。2009年，吉锋农机在创业板上市，募集资金约3.8亿元。

5. 金融对外开放取得积极进展

一是积极吸引外资银行、外资保险机构入驻，共吸引3家外资银行和7家外资保险公司入驻，外资银行和外资保险公司总数分别达到了11家和13家，分别比2005年增加6家和7家；引进国际知名会计师事务所2家，外资金融机构数量在西部地区名列第一。二是外资银行、外资保险市场规模不断扩大，截至2010年底，驻蓉外资银行存款余额为106亿元，同比增长65.6%；贷款余额为139亿元，同比增长133.6%；外资保险机构财产险保费收入6190万元，同比增长158.5%；寿险保费收入为148 790万元。三是与成都经济区内德阳市、绵阳市、遂宁市、资阳市、雅安市、乐山市和眉山市等7市签订金融合作协议，建立金融合作推进机制。四是成功获批跨境贸易人民币结算试点，截至2010年底，全市共有16家商业银行为60家企业办理了跨境贸易人民币结算业务，业务金额达到8.3亿元，首次开立了非居民企业人民币账户并开展相应业务，办理了首笔人民币融资性保函。五是搭建了与国外金融中心的交流学习平台，与伦敦金融城建立了长期金融人才交流培训合作机制，与迪拜国际金融中心的交流合作取得积极进展。六是成立了成都西部金融中心建设专家咨询委员会，邀请境内外知名金融专家学者参加，围绕成都金融业发展、西部金融中心建设以及金融创新等课题开展研究。

6. 金融环境不断优化，风险控制能力增强

先后出台了《成都市金融突发事件应急预案》、《成都市处置非法集资局际联席会议制度》和《关于进一步加强全市金融生态环境建设的若干意见》等规章制度，构建了良好的风险控制机制，成立了市政府有关部门联席会议制度及其日常工作机制。组织了"金融生态示范区（市）县"创建活动，进一步加快征信系统建设，搭建成都市社会信用信息系统，接入了工商、税务、质检、法院等市级成员单位信息，成立了企业信用信息管理中心。

二、 金融支持地方经济社会发展

（一）金融支持地方经济快速发展

快速发展的金融产业对全市经济发展提供了强有力的支撑，其对经济的支持作用主要表现在以下几个方面：

1. 加大信贷投放，支持产业发展

截至 2010 年底，全市金融机构人民币存款余额 1.53 万亿元，比年初增加 2861 亿元，同比增长 23.1%；贷款余额 1.2 万亿元，比年初增加 2270 亿元，同比增长 23%。在金融机构的支持下，"十一五"期间，全市产业发展迅速。一是工业快速增长。规模以上工业增加值 1600 亿元，增长 23.5%。新增销售收入过百亿企业 3 户。实施亿元以上重大工业项目 425 个，完成投资 680 亿元。二是服务业持续提升。2010 年实现服务业增加值 2700 亿元，增长 13% 以上。仁恒置地、富力天汇等 16 个重大商贸项目竣工投用，成都国际商贸城、百扬大厦等 121 个重大商贸项目加快建设。全市接待国内外游客 6680 万人次，旅游总收入 601.6 亿元，分别增长 19.9% 和 20%。三是农业优化发展。2010 年农业增加值 290 亿元，增长 4%。新增市级以上农业产业化龙头企业 90 家、农民专业合作组织 325 个，建成现代农业示范园区 133 个、标准化农产品生产示范基地 230 个。新增无公害、绿色和有机农产品认证 161 个，农产品新获得中国驰名商标、地理标志保护产品等名牌称号 44 个。彭州濛阳农产品批发市

场等农业物流基地初步建成，乡镇农业综合服务站建成 49 个。四是重点产业不断壮大。大力发展循环经济，加强节能减排和落后产能淘汰，积极推广低碳技术，加快技术改造和技术创新，2010 年全市完成技改投资 1000 亿元，完成重点项目投资 1800 亿元，三次产业结构不断优化。

2. 积极支持全市灾后重建

"5·12"汶川大地震后，为及时有效开展灾后重建工作，满足政府平台公司和各类企业的资金需求，各驻蓉银行加大了对全市信贷投放工作力度。成都银行、成都农商银行在抗震救灾期间率先开展"汽车银行"和"帐篷银行"为灾区群众提供金融服务。进出口银行省分行、工行省分行等 18 家驻蓉银行在大地震发生后 1 个月内纷纷与全市签订灾后重建项目融资合作协议，支持全市灾后重建。据统计，截至 2010 年底，各驻蓉银行累计向全市两级政府和平台公司发放贷款 2355 亿元。

在各驻蓉银行的大力支持下，全市灾后重建取得了决定性胜利。一是灾后重建任务基本完成。全市灾后重建项目累计完成投资 827 亿元，占估算总投资 93.6%。城乡住房重建全面完工，分别累计完成 4.3 万套和 13.7 万套，建成灾后重建集中居住点 749 个。公共服务和基础设施重建基本完成，169 所中小学校和 239 个卫生重建项目投入使用，电力、通信、交通等重建项目全面竣工，首个灾后重建重大项目成灌快铁建成运营，二王庙古建筑群抢救保护工程全面完成。"新家园、新生活、新风尚"文明活动深入开展，建成农村新型社区 180 个。完成 50 万亩大熊猫栖息地生态修复工程，灾区生态环境逐步改善。二是灾区经济振兴发展。工业重建项目 403 个全部开工，竣工率 98.5%，完成投资 116.8 亿元。旅游重建项目开工 18 个，完成投资 20 亿元。商贸服务和粮食流通重建项目开工 906 个，完工率 98.2%。农业重建项目 16 个全部开工，完成投资 52.9 亿元。对口援建项目 380 个完工 376 个，都江堰"10 万亩现代生态农业集聚区"、"闽彭产业园"等合作园区加快建设，具有灾区地域特色的旅游品牌和绿色生态农业加快发展。都江堰、彭州、崇州、大邑等重灾市（县）三次产业全面恢复并超过震前水平，经济发展全面恢复并超过震前水平。

3. 积极扶持中小企业发展

"十一五"期间，各金融机构加大了对全市中小企业的扶持力度，有创新性的开展金融服务。

一是积极开展"社区金融"试点。为破解全市工业园区内中小企业因缺乏抵（质）押物贷款难的问题，2004 年，国开行省分行在武侯工业园启动"社区金融"试点，随后向全市各工业园区推广，通过工业园区内中小企业联保、平台公司承贷、国开行批发贷款的这一模式，目前已累计向全市工业园区中小企业发放贷款 16.9 亿元，有效地支持了工业园内中小企业的发展。

二是担保机构加大融资性服务力度。为进一步破解中小企业缺少有效抵（质）物的难题，融资性担保机构积极为银行和企业牵线搭桥，为中小企业提供融资担保服务。截至 2010 年底，全市共发展融资担保公司 129 家，实收资本总计 124.76 亿元，在保余额 887.4 亿元，同比增长 33.87%，其中融资性担保在保余额 813.6 亿元，同比增长 65.46%，为全市中小企业发展提供了有力支撑。

三是积极开展中小企业股权质押贷款。从 2009 年起，全市部分驻蓉银行在全市范围内推行企业股权质押贷款和中小企业动产抵押贷款，截至 2010 年底，各类企业共办理动产抵押登记 756 份，向驻蓉银行融资 110.5 亿元；办理股权出质登记 1872 件，出质金额 224 亿元，担保金额 787 亿元；办理股权出资登记 22 户，涉及股权金额 5.8 亿元；办理债权转股权登记 57 件，融资金额 40 亿元。

四是利用资本市场实现直接融资。2009 年，全市 4 家企业在中小板和创业板上市融资，其中 3 家小企业成功在创业板上市，首批创业板上市公司数量位居全国第 2 位。2010 年，全市又新增上市公司 5 家，实现首发融资 76.6 亿元，创单个年度首发融资新高。截至 2010 年底，全市有境内外上市公司 47 家，其中 A 股上市公司 43 家，数量居中西部城市首位、全国各大城市第 6 位。

五是积极参与设立股权投资基金加大直接投资。2009 年，中国进出口银行与全市共同设立了总规模为 15 亿元的创业投资引导基金，并依托该基金吸引境内外投资机构在蓉设立各类创业投资基金。目前，该基金已与韩国产业银行、韩国 KTB、德同资本等投资机构合作，共同设立 7 支子基金，募集资金近 20 亿元，重点投资全市中小企业尤其是中小高新技术企业。此外，2009 年，各驻蓉金融机构还协助全市运用信托理财、集合债、中期票据、短期融资券等方式筹集资金 70 亿元，并在 2010 年协助全市组织的 9 家中小企业发行中小企业集合债，融资近5亿元。

六是组建科技银行、中小企业事业部，为中小企业发展提供支持。"十一五"期间，成都银行、建行省分行等各驻蓉银行加快科技银行筹建工作，并选取部分具备条件的支行和网点进行中小企业事业部制改革试点，打造中小企业特色支行，对不同行业实施差异化服务，实行中小企业条线的独立运作和独立核算，真正形成中小企业贷款的营销动力。同时，在信用评级体系、授信管理模式、授信审批机制、风险容忍度、尽职免责机制、风险分类标准和违约信息统计制度等方面，建立适合中小企业特性的制度。

4. 加大城乡基础设施建设重大项目支持

"十一五"期间，全市城乡一体化项目、东郊惠民工程项目、地铁项目、三环路项目、小城镇新农村建设项目、80万吨乙烯项目等重大项目建设得到了国开行省分行、工行省分行营业部等驻蓉银行的大力支持。随着这些项目的动工兴建和一些项目的如期建成，极大地提升了成都城市整体形象，增强了城市综合竞争力。

在驻蓉银行的支持下，2010年，全市中心城区"两轴四片"新开工重大项目19个，完成投资220亿元，东郊企业生活区危旧房改造惠民工程、城中村改造分别完成投资10.2亿元和32亿元。成灌快速路、成德大道、川陕路改造、机场路东延线上跨红星路南延线立交桥、三环路龙潭立交桥、天府大道新会展中心下穿隧道等工程顺利竣工，中心城区打通断头路7条、建成投用人行天桥42座，一环路西门车站等3座上跨立交桥开工建设，成郫灌干道等市域快速通道加快建设。重点镇完成固定资产投资264亿元，一般场镇改造完成投资30亿元，黄龙溪、安仁、街子等古镇建设成效明显。新居工程安置房和新型社区分别新增竣工230万平方米、216万平方米。自来水六厂C厂建成投产。

（二）助推统筹城乡综合配套改革

1. 加快了涉农贷款资金投放

目前全市逐步形成了以农发行、农行、邮储银行和成都农商银行为主，村镇银行和小额贷款公司为辅的农村金融服务体系。截至2010年底，各驻蓉银行机构在县及其以下的经营网点共有800余个，全市已设立6家村镇银行和27家小额贷款公司，基本实现了农村地区金融服务全域覆盖。"十一五"期间，随着金融机构对农村地区的网点设置不断增多，不断加大了对"三农"经济发展的信贷支持，涉农贷款呈逐年递增趋势，并根据"公司＋农户"、"公司＋中介组织＋农户"、"公司＋专业市场＋农户"等农业专营模式，创新性地开发了农业订单贷款、大型农机具担保贷款、"信贷＋保险"等中长期信贷产品，支持龙头企业和农户生产。截至 2010 年底，全市金融机构涉农贷款余额 2201 亿元，比年初新增 508 亿元，同比增长 30.02%，增幅高于全市贷款7.02 个百分点。

2. 配合产权制度改革，深入推进农村产权抵押融资

为解决农村有效担保物不足的问题，全市在不断完善农业担保服务体系的同时，积极探索农村产权融资的新途径。2009 年 11 月，出台了《成都市农村产权抵押融资总体方案及相关管理办法》（以下简称总体方案）。按照《总体方案》有关要求，市级相关部门出台了农村产权抵押融资相关配套政策。

各金融机构积极响应全市农村产权抵押融资实践，逐步开发农村集体建设用地使用权、农村房屋、农村土地承包经营权和林权抵押贷款产品。2010 年12 月，成都农商银行在崇州市向杨柳土地承包经营权股份合作社发放了全市首笔农村土地承包经营权抵押融资 16 万元，农村产权抵押融资实现了新的突破。截至 2010 年底，全市金融机构和小额贷款公司共计发放农村集体建设用地使用权、农村房屋、农村土地承包经营权和林权抵押融资 556 笔，金额 9.8亿元。其中发放农村集体建设用地使用权抵押融资 2 笔，8.07 亿元；土地承包经营权抵押融资 4 笔，329 万元；农村房屋抵押融资 494 笔，6837 万元和林权抵押融资 56 笔，10508 万元。有效地扩大了农村抵押物范围，为"三农"经济发展提供了强有力支撑。

3. 大力发展新型涉农金融机构

2008 年以来，民生银行、交通银行等商业银行作为主发起人，在全市分别设立了邛崃国民村镇银行、彭州民生村镇银行等 6 家村镇银行。截至 2010年底，全市村镇银行注册资本金 4.26 亿元，各项人民币存款余额 27.3 亿元，贷款余额 21.8 亿元。目前，全市村镇银行试点效果良好，营运正常，增强了农村金融服务功能。

4. 组建专业化公司，支持统筹城乡发展

2010 年，国开行省分行和龙泉驿区政府开展合作，由国开金融公司和龙

泉驿区政府平台公司共同出资设立国开四川（龙泉驿）城乡统筹发展投资公司，注册资本金6亿元，专项开展区域城乡统筹、农村基础设施改造以及重大功能区建设等。

5. 积极开展农户补贴发放

从2009年开始，成都农商银行通过基层网点每年为全市约180万农户提供代理发放政府补贴和支取服务，目前累计代理发放耕地保护基金金额19.64亿元，发放粮食直补资金15.4亿元。下一步，还将代理发放集体公益林生态保护资金。

6. 积极扩大农业保险范围，支持银（行）保（险）合作

2007年，全市通过政府补贴、市场化运作的方式，引导和鼓励驻蓉保险机构开展水稻、玉米、生猪等政策性农业保险业务，人保财险、法国安盟等保险公司积极响应，开发政策性农业保险产品，水稻、玉米、生猪承保面不断扩大。截至2010年底，生猪承保面分别达到55%、100%和100%，并在原有基础上，新增马铃薯、猕猴桃、食用菌和水产品等保险品种，承保面均超过55%，全年共实现保费收入1.4亿元。

7. 加快农村信用体系建设

"十一五"期间，全市涉农金融机构积极推动农户经济档案更新和农户授信评级工作，逐步建立健全农户信息数据库，并加快"信用户"、"信用村"评定工作。截至2010年底，共评定信用户超过15万户，信用村（组）115个，推动了农村信用体系建设。扩大ATM、CRS、多媒体查询终端等自助设备和POS机具在乡镇的布放，抓紧开发推广网上银行、电话银行和手机银行业务。

（成都市金融办）

自贡市

"十一五"期间，自贡市金融业全面贯彻落实国家金融方针政策，金融改革步伐加快，风险防范能力提高，以市场为导向的资源配置能力不断增强，在实现自身平稳较快发展的同时，有力地促进了地方经济持续健康快速发展。截至2010年末，全市共有金融机构40家，其中银行业机构14家，证券、期货

营业网点 2 家, 保险公司 19 家, 小额贷款公司 1 家, 融资性担保公司 3 家, 分公司 1 家; 金融从业人员 9338 人, 是 2005 年末的 1.3 倍; 金融业总资产达 595.45 亿元, 是 2005 年的 2.3 倍。2010 年, 自贡市金融业实现增加值 15.54 亿元, 占 GDP 的 2.4%, 是 2005 年的 1.8 倍, 年均增长 8.8%; 金融业对经济增长的贡献率为 0.8%, 拉动第三产业增长 0.4 个百分点。

一、 深入推进金融业改革创新

(一) 深化地方法人机构改革

全市国有商业银行分支机构积极推进各项改革, 工商银行、农业银行、中国银行、建设银行和交通银行的股份制改革基本完成。中国邮政储蓄银行自贡市分行挂牌营业, 结束了邮政储蓄机构 20 年"只存不贷"的历史。自贡市商业银行实现增资扩股, 跨区域发起设立了金堂汇金村镇银行, 做大了业务规模, 提高了经营能力和服务水平。农村信用社基本完成了增资扩股, 认购中央银行专项票据, 组建以区县为单位的统一法人联社等工作, 专业经营能力与风险管理水平明显提高。

(二) 积极推进证券营业网点优化和业务创新

一是抓住证监会放开券商新设营业部管理的机遇, 优化网点布局, 成功将富顺、贡井两家证券服务部升级为证券营业部, 增加业务办理权限和开户功能。根据实际情况, 华西证券在自贡设立 4 个营业部, 满足客户投资需要。二是自贡证券营业部凭借总公司实力, 相继取得代办股份转让资格、基金代销资格、期货中间介绍业务 (IB) 资格、融资融券业务资格。营业部强化客户需求及投资风格调查, 举办相关知识讲座辅导, 适时为投资者介绍新兴投资工具, 进行相关风险揭示和讲解, 不断拓展业务范围。

二、 金融业基础环境不断优化

(一) 大力推进信用环境建设

1. 明确地方社会信用体系建设架构

2009 年 7 月, 市政府成立了以人行自贡中心支行为牵头单位, 市委宣传部、市发改委、银监分局等 24 个部门为成员单位的自贡市社会信用体系建设联席会议制度。联席会议负责统筹协调全市社会信用体系建设工作, 研究拟订体系建设的政策措施，协调体系建设工作中的重大问题，指导、督促、检查体系建设相关政策措施的落实。同时，下发了《关于加强自贡市社会信用体系建设的意见》，要求全市各区、县政府和市级部门要共同着力加快推进企业信用、农村信用、社区信用、中介信用等地方信用体系建设。

2. 扎实推进企业和个人征信系统建设

遵循"立足金融、服务社会，立足全国、服务地方"的原则，2006 年全国统一的企业和个人征信系统在全市相继建成并投入使用，系统先后录入了企业和个人的信贷交易、银行卡、结算账户全部信用信息以及银行领域以外的部分信用信息，在全国范围内连接所有银行业金融机构，实现了在线数据更新和适时联网查询。截至 2010 年末，除新组建的村镇银行和小额贷款公司以外，全市银行业金融机构均已接入企业和个人征信系统，初步形成了覆盖各类企事业单位和自然人经济行为的征信网络。同时，征信系统还为全市 0.98 万户企业、58.51 万个人建立了信用档案，涉及信贷余额 232.75 亿元，占全市信贷余额的 93.36%，累计提供查询 68 万余次。

3. 逐步扩大农村信用体系建设试点

为改善农村金融信用环境，更好地发挥金融服务"三农"的作用，2009 年 7 月，市政府制定下发了《关于印发〈自贡市农村信用体系建设实施方案〉的通知》，并于 2009 年 9 月和 10 月先后在荣县保华镇和富顺县石道乡启动农村信用体系建设试点。截至 2010 年末，两个试点乡镇已采集农户信用档案 11009 户（占全部农户的 91.38%），评定信用村 13 个（占全部行政村的 76.47%）、信用户 6181 户（占全部农户的 51.31%），有力地促进了自贡市农村信用体系建设从试点到应用、从应用到推广、从推广到跨越的不断发展。

4. 稳步推进中小企业信用体系建设

从 2006 年起，全市分阶段认真开展了中小企业档案采集、信息更新、信用培育等相关工作。五年来，人行自贡中心支行和各银行业金融机构已为全市 5364 户中小企业建立信用档案，并按年及时更新了 619 户中小企业的信用信息。2009 年自贡市中小企业信用培植培训会议召开以来，各银行业金融机构积极履行对中小企业的培植责任，召开银企座谈会、融资对接会、培育辅导会等数十场，对培育企业进行信贷知识辅导，采取有效措施加大对诚信中小企业的信贷支持，实现银企合作对接。2010 年，通过对诚信中小企业的信用培植，市农行、市中行、自贡市商业银行和大安区农村信用合作联社向自贡市输送机械制造有限公司、自贡市海滨化工有限公司等 8 家企业协议授信 6.32 亿元。

5. 有序开展行业信用体系建设

"十一五"期间，自贡市行业信用建设步伐加快。2010 年 7 月 31 日，全市银行业金融机构举行了金融诚信服务公约签署仪式，向社会郑重做出了金融行业自律承诺。同时制定了《自贡市银行业金融机构金融诚信服务公约执行情况季度监测分析制度》和《自贡市银行业金融机构金融诚信服务公约执行情况年度考核制度》，对公约执行情况进行按季分析、按年考核，确保金融机构诚信建设取得实效。多次开展诚信中介机构、A 级纳税信用等级企业、A 级社会保险信用等级单位评荐活动，促进了中介、税收、社保等行业的信用评价可和信息交换应用。

7. 不断深化征信知识宣传教育

"十一五"期间，全市不断完善征信宣传教育方式方法，以人大代表、政协委员、大中小学学生、社区群众、农民朋友、贷款个人和企业为重点宣传对象，先后组织开展了"两会"召开期间宣传活动、征信知识进校园、征信知识进社区行、征信知识进乡镇、"大学生与征信"征文活动等宣传活动 50 余次，活动形式多样、内容丰富、载体新颖。通过对征信知识和征信理念持续不断地宣传教育，全市社会信用环境有效改善，公众信用意识明显提高。

（二）大力推进支付结算体系建设

1. 不断完善支付清算基础设施

"十一五"期间，人民银行支付清算系统建设成绩斐然，大额实时支付系统、小额批量支付系统、支票影像交换系统、电子商业汇票系统和网上支付跨行清算系统在全市先后建成。截至 2010 年末，自贡市共有 153 家银行业金融机构接入现代化支付系统。各类现代化支付结算系统的建成运行，为全市经济社会事业加快发展提供了有力的支持和推动作用。

2. 广泛应用非现金支付工具

经过五年的不懈努力，全市已基本形成适应全社会需要的、多样化的非现金支付工具体系。传统票据业务不断创新，票据电子化稳步推进，为票据支付的推广、普及和发展提供了广阔的空间。银行卡业务快速发展，受理环境不断改善，市场秩序逐步规范，银行卡已成为居民个人使用最为广泛的支付工具。截至

2010 年末，自贡市银行卡发卡 373.28 万张，特约商户 1678 户，POS 机具达到 3000 余台，ATM 机 291 台。非现金支付工具的广泛应用，对减少现金使用、降低交易成本、培育社会信用、促进金融创新、方便生产生活发挥了重要作用。

3. 不断完善银行结算账户管理体系

"十一五"期间，人民银行加强银行结算账户管理，建立健全了银行结算账户管理法规制度，建成运行银行结算账户管理系统，建成运行联网核查公民身份信息系统，组织开展银行账户清理核实工作，规范银行账户的开立和使用，加大银行结算账户业务监管力度，银行账户实名制取得重大进展。截至 2010 年末，全市共开立各类银行结算账户共计 497 万户。

三、 金融业实现大发展

（一）银行业

1. 银行业服务体系逐步完善

"十一五"期间，随着自贡经济发展和金融改革逐步深化，自贡银行业金融机构体系建设取得了新的发展，机构种类增多，服务功能日趋完善，初步形成了包括政策性银行、全国性商业银行、地方法人中小机构的金融服务体系。截至 2010 年末，全市各类银行业金融机构由 2005 年末的 12 家增加到 14 家，其中政策性银行二级分行 1 家，大型银行二级分行 5 家，邮政储蓄银行二级分行 1 家，城市商业银行 1 家，村镇银行 1 家，县级农村信用合作联社 5 家，成为四川省 21 个市（州）中银行业金融机构种类较为齐全的地区之一；营业网点 488 个，从业人员 4299 人。

2. 银行业务快速发展

五年来，自贡银行业金融机构各项业务增长迅速，资产负债规模增长速度创历史之最。截至 2010 年末，全市银行业金融机构总资产 595.45 亿元，比 2005 年末增加 335.75 亿元，增幅 129.28%；总负债 581.02 亿元，比 2005 年末增加 326.29 亿元，增幅 128.09%。全市本外币各项存款余额 560.5 亿元，比 2005 年末增加 293.2 亿元，增幅 109.76%；各项贷款余额达 251.9 亿元，比 2005 年末增加 135.5 亿元，增幅 116.4%。银行产品包括存贷款、网银、银行卡、票据承兑、信用证、保函、代客理财和代理保险等，产品涉及资产业务、负债业务、中间业务、账户管理类、投资理财类及金融衍生工具等。

3. 经营效益、资产质量明显提高

全市银行业金融机构加大对不良贷款的清收处置力度，充分利用不良资产剥离和央行票据置换等政策，总体资产质量不断提高，不良贷款余额和比例连续5年实现"双降"，2009年不良贷款率首次降到个位。截至2010年末，全市银行业金融机构不良贷款余额和不良贷款率分别比2005末减少3.31亿元和下降14.76个百分点。2006年至2010年分别实现利润1.10亿元、2.46亿元、3.59亿元、3.90亿元和5.96亿元。

4. 服务地方经济社会发展取得明显成效

一是重大项目信贷投放明显加大。银行业金融机构加大了对全市重大项目特别是市政府确定的重点推进项目、重大产业及能源项目建设的信贷支持力度，将信贷资源优先配置到优势产业集群、骨干企业和重点项目。截至2010年末，全市银行业金融机构共对列入市2010年重大项目计划表中的48个企业项目提供了62.01亿元信贷支持，比年初增加13.57亿元，贷款余额30.69亿元，比年初增加14.67亿元，增长91.58%。

二是中小企业金融服务成效显著。银行业金融机构不断完善小企业"六项机制"建设，落实"四单"管理，中小企业授信惠及面进一步扩大，2009年、2010年中小企业贷款增速均高于同期全部贷款增速。截至2010年末，全市中小企业贷款余额86.38亿元，比年初增加18.34亿元，增长26.95%，高于同期贷款平均增速4.11个百分点。其中，小企业贷款余额46.46亿元，比年初增加9.81亿元，增长26.75%，高于同期贷款平均增速3.91个百分点。自贡工行、农行、中行、交行和自贡市商业银行先后成立了中小企业贷款中心，专业化服务水平不断提升，为中小企业融资提供了有力保障。

三是涉农金融服务积极性不断增强。银行业金融机构在网点布局、业务发展、风险防控等方面积极采取有效措施，不断改善"三农"金融服务，创新农村金融产品，着力支持农业产业化项目和龙头企业，加大小额农户贷款投放力度，有力推动了城乡统筹一体化建设步伐。2009年、2010年全市涉农贷款增速均高于同期全部贷款增速。截至2010年末，全市涉农贷款余额93.66亿元，比年初增加19.79亿元，同比多增0.33亿元，比年初增长26.79%，高出同期贷款平均增速3.95个百分点。

四是银行业服务水平得以改善。银行业金融机构从服务制度、服务措施、

科技支持、网点业务和人力资源等方面切实加强和改善服务水平，合理增加服务资源投入，努力提升一线业务办理质量和效率。

（二）证券业

1. 证券市场规模不断扩大

截至 2010 年末，自贡有华西证券和中投证券两家证券公司入驻，设立证券营业部 5 个。2010 年，全市有证券投资者账户 12 万户，累计实现证券交易额 834.63 亿元。

2. 投资者教育不断深入

充分发挥股民学校的功能，积极开展投资者教育。"十一五"期间，累计举办证券知识讲座 680 期，参加培训的人数达到 28680 人次。组织投资策略报告会和客户联谊会 40 多次，参加的投资者超过 8000 人次。通过公布栏张贴各种证券知识、法律法规以及播放光碟等，大力宣传证券市场法律法规，进行风险揭示，提高投资者风险控制意识。同时，每年举办证券宣传及反洗钱宣传月活动，通过发放宣传资料，现场咨询等方式，帮助投资者了解证券市场知识、风险及反洗钱的社会意义。

3. 顺利完成"账户清理"工作

按照中登公司要求，完成账户清理工作，进一步规范和健全各类业务流程和复核机制，辅之录音、摄像、回访等方式，确保开立账户的准确、合格，符合客户交易结算资金第三方存管要求。通过账户清理，明晰账户权属、资金与证券流向，强化监管和风险控制，提高投资者管理和服务水平。

4. 反洗钱工作深入推进

紧紧围绕健全完善反洗钱内控制度，落实客户身份识别和客户身份资料与交易记录保存要求，建设优化反洗钱信息技术系统。加强反洗钱内部审计监督，报送反洗钱非现场监管信息。定期审核客户基本信息，并对重点客户进行风险等级划分，根据不同的风险等级确定相应的身份识别信息，建立客户动态的信息数据库，加强对重点客户定期回访，对可疑交易进行分析甄别，提高反洗钱工作的针对性和有效性，将反洗钱工作常态化。

（三）保险业

1. 保险业规模不断扩大

2005 年，自贡有 12 家保险分公司、中心支公司，支公司和营销服务部 39

个，从业人员 3000 人。至 2010 年末，保险分公司、中心支公司达 19 家，149 个机构网点分布四区两县。同时还有代理公司 3 家，从业人员 4888 名。"十一五"期间，全市保险业规模增长迅猛，年均增速达 40.04%。截至 2010 年末，保费收入已达 19.7 亿元，同比增长 37.1%，超额完成"十一五"目标 83.78%。

2. 保险服务功能不断完善

"十一五"期间，自贡保险业为全市提供了 13 386.62 亿元保险保障，人均保险保障 8.24 万元；累计处理各种赔（给）付案件 525 875 件，赔（给）付金额 14.74 亿元；上缴营业税金及附加 7474.9 万元；5 年代收代缴车船税 5631.3 万元，收缴率达 100%。在城镇职工补充医疗保险、农村小额人身保险、学生平安保险、企业年金保险、新农合保险等方面均有一定成效，服务地方经济社会发展的作用进一步凸显。

3. 推进社会保障体系建设

"十一五"期间，全市的意外险保险保费收入从 2077.42 万元增至 4160.03 万元，增幅达 100.26%；健康险保费收入从 4218.33 万元增至 4959.74 万元，增幅达 17.58%。截至 2010 年末，全市的保险深度达 3.18%，保险密度达 606.1 元，较"十五"末分别增长了 1.13% 和 427.3 元。商业保险的快速发展，有效补充了社会保险体系，促进了社会保障体系不断完善和发展。

4. 灾害事故应对处理能力提升

加强对保险标的的安全检查和对各大承保企业的风险管理服务，积极配合公安、消防、交通、气象、安监等部门做好各项防灾防损工作，有效地防止了部分灾害事故的发生。不可预计的突发事件和重特大灾害事故发生后，保险公司及时勘察现场，快速理赔，为安抚受灾群众、扶危救困起到积极作用。"5·12"汶川特大地震发生后，全市保险业共赔付震灾受损案件 101 件，赔付金额 93817.97 元。"十一五"期间，全市保险业共处理 5 万元以上赔案 2459 件，切实提高政府行政效率，有效化解社会各方矛盾。

（自贡市金融办）

攀枝花市

"十一五"时期，攀枝花市金融领域干部职工在各级党委、政府的坚强领导下，锐意进取，克难奋进，金融业改革与发展取得卓越成效，有力地支持了经济社会发展。截至 2010 年末，攀枝花市共有金融机构 41 家，其中银行业机构 9 家，证券、期货营业网点 4 家，保险公司 14 家，小额贷款公司 6 家，融资性担保公司 12 家；金融从业人员 6928 人，是 2005 年的 1.35 倍。

一、 金融业改革与发展取得明显成效

（一）金融组织体系进一步完善

一是银行业机构由 8 家增至 9 家，新增机构为邮政储蓄银行攀枝花市分行。截至 2010 年末，攀枝花已拥有政策性银行、国有大型银行、城市商业银行、农村信用社、邮政储蓄银行等 5 大类、9 家银行业金融机构，营业网点达到 217 个，从业人员 3142 人，较 2005 年末增加 115 人，基本形成以商业性银行为主体，政策性银行、合作金融机构并存，城乡统筹发展的银行业服务体系。

二是市级证券期货业机构由 2 家增至 4 家，新增机构为华西期货攀枝花营业部与广发证券攀枝花营业部。从业人员从 33 人增至 96 人，增长 1.91 倍。

三是市级保险业机构 12 家增至 14 家，新增机构为泰康寿险攀枝花中心支公司和阳光财险攀枝花中心支公司。市级保险业机构中财产保险公司 8 家，人寿保险公司 5 家，代理公司 1 家。保险业机构网点由 49 个增至 80 个，增长 63.26%，从业人员从 2070 人增至 3500 人，增长 69.08%。

四是新增地方准金融机构 18 家，从业人员 190 人。其中，新增融资性担保公司 12 家，新增小额贷款公司 6 家。目前，全市已初步形成了银行、证券、保险、期货和其他地方准金融组织并存，功能日渐完备、运行比较稳健的金融体系。

（二）金融市场规模不断扩大

一是银行业存贷款规模大幅度增加。至 2010 年末，全市各项存款余额 639.81 亿元，比 2005 年末增加 408.49 亿元，增长 176.58%；各项贷款余额

399.13 亿元, 比 2005 年末增加 224.96 亿元, 增长 129.16%; 表外业务余额 244.86 亿元, 比 2005 年末增加 216.83 亿元, 增长 773.57%。

二是保险市场快速发展。至 2010 年末, 全市实现保费收入 163086 万元, 比 2005 年增加 106551 万元, 增长 1.88 倍; 保险密度由 632 元上升为 1125.5 元, 保险深度由 2.35% 上升为 2.64%。

三是证券交易规模迅速扩大。至 2010 年末, 全市证券交易投资者账户 10.94 万户, 比 2005 年末增加 2.01 万户, 增长 37.5%; 客户资产 43.51 亿元, 比 2005 年末增加 37.57 亿元, 增长 3.85 倍; 证券交易额 495.11 亿元, 较 2005 年末增长 16 倍。

四是直接融资规模迈上新台阶。"十一五"期间, 全市企业从资本市场累计实现股票融资 71.925 亿元人民币和 5.5 亿美元, 实现债券融资 32 亿元人民币和 6.5 亿美元; 在银行间市场累计发行短期融资券 30 亿元, 累计发行中期票据 40 亿元, 发行企业债券 7.6 亿元, 累计签发商业承兑汇票 56.12 亿元。

(三) 金融改革创新不断推进

一是全市农村信用社县级统一法人改革顺利完成, 获准兑付央行票据 4436 万元, 3 家联社合并组建市级农村商业银行已经国务院同意, 有关筹建工作正在顺利推进。二是攀枝花市商业银行通过增资扩股、发行次级债券使资本充足率进一步提高, 成都分行顺利开业, 牵头发起组建的都江堰金都村镇银行稳健发展, 跨区域发展战略顺利实施并稳步推进。三是农业银行攀枝花市分行"三农金融事业部"改革试点工作顺利推进并正在抓紧推进进一步深化实施。四是金融机构信贷产品和服务方式不断创新, 通过大力倡导"绿色信贷", 建立中小企业服务专营机构, 开展"三农"金融服务创新试点, 积极运用多种金融工具和信贷产品特别是农户小额信用贷款, 联保贷款, 林权抵质押贷款, 仓单、订单、应收账款质押贷款等进一步加大了对中小企业和"三农"的金融扶持力度。五是融资性担保公司进一步规范发展。在清理规范的基础上, 全市获得经营许可证的融资性担保公司达到 12 家。六是大力发展新型微型金融机构。全市新成立小额贷款公司 6 家, 注册资本金达到 6.03 亿元。

(四) 金融业抗风险能力显著增强

一是银行业法人机构公司治理的架构基本建立。董事、监事配备逐步到位, 议事规则、程序不断完善, 薪酬管理体系建设开始起步, "以客户为中心"的服务理念逐步树立，资本与风险相匹配的理念得到广泛认同。二是银行、保险、证券机构高管人员履职能力提高，服务地方经济发展的大局意识不断增强，转变发展方式思路不断拓宽，主动研判形势、主动纠错和执行监管政策能力得到提升。三是银行、证券、保险机构内控能力进一步提高，合规化管理明显增强，操作风险得到有效控制，案件防控长效机制逐步建立，"十一五"期间金融业无大要案件和责任事故发生。四是银行业机构抗风险能力持续提高。截至 2010 年末，全市银行业机构不良贷款余额 3.95 亿元，不良贷款率 0.99％，分别较 2005 年末减少 7.66 亿元，下降 5.64 个百分点，在全省 21 个市（州）中最低。

（五）银行现代支付结算体系进一步完善

一是支付服务网络体系进一步完善。"十一五"期间，在同城票据交换系统持续稳定运行的基础上陆续建立并广泛推广应用票据支付系统、银行卡支付系统、外币支付系统、小额支付系统、支票影像交换系统、银行账户管理系统，进一步完善了全市支付、结算、清算服务体系。二是支付工具日趋多样化，非现金支付体系初步形成。以借记卡为主、贷记卡为辅的银行卡市场迅速发展。2010 年，全市银行卡发卡总量达到 237.79 万张，全年交易 13.21 万笔，金额 4.07 亿元，创历史新高。银行卡消费在全市社会消费品零售中所占比例大幅提升。三是电子商业汇票的正式启用为企业间的融资结算提供了更安全、方便、快捷的方式。四是支付环境得到有效改善。东区"炳草岗大街东段"和米易县"锦宏步行街"两个市级"刷卡无障碍示范区"的建立进一步扩大了银行卡的社会影响，改善了用卡环境质量。2010 年 11 月，四川柜面合作机制正式建立，实现了地方性商业银行跨行、跨地域为个人客户办理资金转账、现金存取和账户信息查询的可能。

（六）金融服务质量进一步提高

一是普遍开展以开拓创新、爱岗敬业、无私奉献为主要内容的企业文化建设和纠正行业不正之风，进一步提升了金融从业人员素质，金融机构员工服务态度明显改善。二是大力推行办事程序公开制度、首问负责制度、限时办结制度、廉洁从业承诺制度，金融机构服务效率明显提高。三是大力添置机具设备优化网点布局，金融机构服务能力显著增强。"十一五"期间，银行机构新增ATM 机 225 台，POS 机 1693 台，自助银行 7 个。同时，银行机构采取上门服务、定时服务等方式，实现了所有乡镇金融服务全覆盖。四是不断改善服务理念，优化业务流程，大力探索开展个性化、电子化服务及延伸性服务，积极推广网上银行、手机银行、电话银行服务，进一步丰富了金融产品和服务方式。五是积极开展多种形式的"送政策进企业"、"融资项目对接"、"送金融知识下乡"、公益培训及公众教育宣传等多种形式的活动，普及宣传金融知识，增进银行业机构与企业的信息交流与合作，实现银行业务和地方经济发展互利共赢、同步发展。

（七）金融生态环境进一步优化

成立政府金融工作机构，出台支持金融发展的政策措施，积极建立健全风险应急处理机制和案件防控机制，及时化解各类风险，搭建金融服务平台，规范发展金融中介服务，深入推进信用体系和金融生态环境建设，严厉打击恶意逃废银行债务行为，加大金融涉诉案件受理和执行力度，大幅提升公众信用意识，逐步扩大征信运用领域，金融生态环境进一步优化。

二、 金融业支持地方经济社会发展成绩显著

"十一五"期间，全市金融机构切实加大金融支持力度，努力改善金融服务，有力地促进了全市经济社会发展。至2010年，全市地方生产总值突破500亿元大关，实现523.99亿元，比"十一五"期末翻了一番；完成地方财政收入56.49亿元，比"十一五"期末增长1.75倍；城镇居民可支配收入达到16882元，比"十一五"期末增加了7758元，增长13.1%，农民人均纯收入达到6293元，比"十一五"期末增加了2830元，增长了12.7%。

（一）切实加大"三农"金融支持力度，有力地促进了新农村建设和农民增收

2010年末，全市涉农银行业金融机构涉农贷款余额59.29亿元，较2005年末增加50.39亿元，涉农贷款占全部贷款总额的比重为58.21%。一是大力促进农业产业结构和产品结构调整。紧紧围绕农民增收、农业生产增长和农村经济发展，积极采取利用农户小额信用贷款、农户联保贷款、扩大抵押担保范围等措施，切实加大对农户种养殖业、特色农业、农业专业合作社、农业产业化、农村流通市场、个体工商户、特色资源开发等领域的信贷支持，大力发展政策性农业保险。二是大力支持农村城镇化和新农村建设。米易、盐边新农村

示范片区建设正式通过省级验收，米易白马镇、盐边红格镇等城镇化建设顺利完成，盐边台湾农民创业园挂牌并启动建设。三是大力支持农业基础设施建设。农田水利基本建设、中低产田土改造、农村土地整理、人畜饮用水工程建设加快推进，仅 2010 年就新增节水灌面 2 万亩，整治病险水库 17 座；农村水、电、路、电视、电话"村村通"工程顺利完成。四是大力支持县域经济不断发展壮大。2010 年，东区、西区、仁和区、米易县、盐边县地区生产总值分别增长 12%、18%、23.8%、18.7%、14.8%，县域经济实力迈上新的台阶，社会事业发展支撑能力明显增强。

（二）优化信贷结构，有力地促进工业经济结构调整和经济增长方式转变

加强信贷政策与财政政策、投资政策和产业政策的协调配合，不断优化信贷结构，有力地促进了钒钛、钢铁、能源、化工四大支柱产业不断发展壮大和矿业、机械加工产业的加快发展。2010 年，全市共完成工业增加值 364.3 亿元，比 2005 年增加 205.87 亿元，增长 1.3 倍。一是大力支持重大产业化项目建设。"十一五"期间，攀钢 18 万吨高钛渣一期工程、攀钢百米重轨、钢城集团 120 万吨球团、攀煤集团 100 万吨焦炭等一大批重大产业化项目全面竣工投产。五年间仅 2010 年就完成重大产业化项目投资 74.79 亿元，目前富邦1000 万件含钒刹车制动毂、润莹 300 万件齿轮技术改造扩能等机械制造项目前期工作顺利推进。二是大力支持循环经济和节能降耗减排。全市单位 GDP能耗"十一五"期末比"十五"期末下降 22%。其中仅 2010 年就支持实施二氧化硫减排项目 19 个，新增削减量 4 万吨，支持实施化学需氧量减排项目 10个，新增削减量 1500 吨。三是大力支持中小企业和民营经济发展。截至 2010年末，辖内银行业中小型企业贷款余额（不含贴现）154.86 亿元，其中小型企业贷款余额 92.64 亿元。四是大力支持外贸出口。"十一五"期间，全市累计完成出口 8.7 亿美元，是"十五"期间的 1.36 倍。五是大力支持钒钛产业园区和县（区）工业集中区发展。截至 2010 年末，钒钛产业园区完成工业总产值 82.38 亿元。

（三）大力支持第三产业发展

一是大力支持旅游基础设施建设和提高接待能力服务设施建设，促进了旅游业快速发展。2010 年，全市实现旅游总收入 42 亿元，比 2005 年增加 31.55亿元，增长 3.02 倍。二是大力支持房地产业发展。银行对房地产开发贷款和

居民购房消费贷款大力支持。"十一五"期间，金融机构 2010 年住房按揭贷款余额达到 177988 万元，比 2005 年末增加 124566 万元。三是大力支持服务业发展和提高居民消费能力。2010 年，全市社会消费品零售总额达到 140.17 亿元，比 2005 年增加 78.16 亿元，增长 1.26 倍，居民短期消费贷款比 2005 年末增长 12%。

（四）大力支持城市基础设施建设

一是大力支持交通基础设施建设。支持西攀高速、攀田高速公路建设并顺利竣工通车，结束了全市境内无高速公路的历史；支持国道 108 线迤沙拉至平地、省道 310 线李家沟至和爱段改造等道路建设。二是大力支持能源基础设施建设，提高了供电保障能力。攀煤集团 2 乘 13.5 万千瓦煤矸石发电站、石峡电站等电站顺利竣工投产增强了全市供电能力；石板箐 500 千伏扩建工程、岩神山、新钒等输变电工程新建、改扩建工程和配网工程的顺利完工，大幅度增强了电网运行的安全可靠性用电保障能力。三是大力支持城市污水处理、医院、体育文化设施等公共基础设施建设和城市新区建设。2010 年，全市建成区面积由 2005 年末的 41.9 平方公里提高到 60.7 平方公里。工矿城市配套滞后的格局有了显著改观，区域性中心城市的发展构架初步形成。

（五）支持灾后恢复重建任务顺利完成

一是农村信用社对因攀枝花"8·30"地震灾害影响的 2348 户受灾农户及时发放灾后农房重建贷款 11354 万元，帮助受灾群众尽快地恢复了生产生活能力。二是市工行及时对各县（区）政府发放了 6.5 亿元中小学学校灾后校安工程搭桥贷款，确保了校安工程的顺利推进和按时完工。

（攀枝花市金融办）

泸州市

"十一五"期间，泸州市金融业实现了平稳快速发展，金融资源不断丰富，金融业规模不断壮大，金融体系逐步完善，金融生态环境建设取得积极进展，金融改革稳步推进，金融业对经济社会支持力度不断增强，金融对促进泸州市经济发展和社会进步发挥了重要作用。截至 2010 年末，泸州市共有金融机构 65 家，其中银行业机构 11 家，证券、期货营业网点 7 家，保险公司（含

代理公司）25家，小额贷款公司2家，融资性担保公司20家；金融从业人员
15300人，是2005年末的0.8倍；金融业总资产达1500亿元，是2005年的
1.2倍。2010年，全市金融业实现增加值17.42亿元，占GDP的2.38%，是
2005年的0.9倍，年均增长13.9%；金融业对经济增长的贡献率为0.9%，拉
动第三产业增长0.2个百分点。

一、 金融业规模不断扩大

（一）金融机构存贷款业务迅速扩张

"十一五"期间，银行业金融机构年均存贷款增长速度分别为21.9%和
22.4%，其中，短期贷款年均增速13%，中长期贷款年均增速36.9%。截至
2010年末，全市银行业金融机构存款新增154亿元，余额达到827亿元；贷款
新增96.8亿元，余额达407亿元。

（二）社会融资规模不断壮大

"十一五"期间，全市上市公司已达3家，拟上市企业5家，证券化率由
"十五"末的26.15%上升至"十一五"末的100%；积极推动国资公司发行
企业债券，兴泸投资集团继2008年发行十年期企业债券7亿元后，2010年底
又发行了第二期10亿元企业债券；积极推动上市公司开展并购，泸州老窖成
功控股华西证券。证券交易量逐年上升，2010年，全市实现股票交易额827.8
亿元。

（三）保险市场较快发展

"十一五"期间，保险机构由2005年的13家增加到2010年的22家，保
费收入年均增长31.2%。其中财产险保费收入年均增长23.3%，人身险保费
收入年均增长34.9%；保险赔付、给付金额年均增长27.6%；保险深度年均
3.65%，保险密度年均348.03元/人。

二、 金融体系不断完善

（一）市场体系初具规模

"十一五"期间，金融市场规模不断壮大，结构日趋合理，基本形成了中
长期信贷市场为主导、货币市场和资本市场协调发展的格局。以银行信贷市场
等为代表的中长期信贷市场业务交易稳步提升。

（二）组织体系逐步健全

初步建立起以数量较多的各类商业银行、信用社和保险、证券机构等为市场主体，以村镇银行、小额贷款公司等新型农村金融机构、融资担保公司、信托、典当等其他金融组织为补充，功能较为齐全的金融组织体系。到 2010 年末，泸州银行业金融机构及营业网点数量 562 家，从业人员 5547 人；保险公司网点 198 个，从业人员 5500 人；证券营业部 8 个，从业人员 120 人。

（三）监管体系日趋完善

建立和完善了中国人民银行泸州市中心支行、中国银行业监督管理委员会泸州市银监分局的金融服务监管协调体系；建立了保险、证券行业协会自律组织体系；建立了市政府相关部门与金融组织的信息共享机制、沟通协调机制、联动机制，协调调度各方面金融资源服务于全市经济社会发展；建立了对金融机构的考核奖励机制，积极推动金融业与经济的有机结合，相互促进，为打造泸州市"金融安全区"搭建了一个较为合理的监管、组织和协调框架。

三、　金融生态环境和社会信用体系建设成绩显著

（一）金融生态环境建设成果丰硕

"十一五"期间，以政府为主导，人民银行人力推进金融生态环境建设，努力构建"诚信泸州"，初步建立健全了金融、法院、公安、工商共同参与的处置非法集资部门联席会议制度，加强金融知识的宣传和普及，不断抓好金融环境的整治与改善工作，促进经济金融良性互动。2009 年泸州合江县成功跻身四川省首批五个"金融生态环境示范县"之一。

（二）社会信用体系建设取得较大进展

在泸州市政府的大力推动下，泸州社会信用体系建设在组织领导体系、征信平台搭建、信用信息名录、信息库采集录入和信用评级市场等建设方面取得较大进展。以中国人民银行信贷征信系统为平台的征信体系得到进一步充实完善。截至 2010 年末，"企业和个人征信系统"已为泸州市 1 万多户企业和其他组织建立了信用档案，涉及企业信贷余额 223.5 亿元，为泸州市 48.88 万个人建立了信用档案，个人信贷客户达 75.40 万户，涉及信贷余额 144.32 亿元。非银行信息方面，采集了法院判决信息、环保信息、企业拖欠工资信息、住房公积金信息等。全市个人征信系统日均查询 560 次，企业征信系统日均查询

32 次。

四、 金融业改革创新不断深化

（一）政策性银行商业化改革不断推进

银行在商业化改革中切实加强了资金来源的组织工作，努力为信贷支农提供更多的支持；搭建风险防范框架，提高对风险的防范和应对能力；积极开展业务营销，大力争取信贷规模，及时为符合条件的企业和项目建设提供信贷支持。农业发展银行泸州支行在做好粮油收购信贷业务的同时，积极为农业综合开发和农村基础设施建设项目提供中长期贷款，大力支持农业产业化龙头企业、农业小企业和酒类企业，成效显著。

（二）国有商业银行改革不断深入，产品服务创新能力提升

深入推进工、农、中、建四大国有银行泸州分行股份制改革，进一步改革银行业组织机构、管理体制和经营机制。"抓大、抓富"传统业务，针对中小企业贷款"少、快、急"特点，成立专门的业务部门，不断开发新的信贷产品和服务，积极探索个性化的营销模式。2009 年工行联手泸州老窖推出了"世博"概念金融理财产品。国有商业银行的业务领域不断扩展，服务水平不断提高，金融网络化、信息化建设取得了较大进展，信贷和资产结构进一步优化。

（三）地方商业银行改革创新步伐不断加快

泸州商业银行不断完善自身建设，积极支持中小企业融资，全力服务地方经济建设，通过增资扩股，资本充足率不断提高，经营机制逐步完善。2010年末，泸州市商业银行资本总额达 5 亿元，资本充足率达到 17.78%。

（四）农村信用社改革取得阶段性成果

建立健全全市 7 家农信社的法人治理架构，优化股权结构，提高资本充足率，增强抗风险能力，综合实力不断增强。截至 2010 年末，农信社股本金余额较 2005 年底增长 99%，存贷款余额分别增长 90% 和 65% 以上，经济效益不断改善，对三农和县域经济支持力度不断加大。农信社改革的阶段性成功为农村信贷业务创新，积极探索农村金融机构改制，提升农村金融服务水平打下了坚实的基础。

五、 金融业对经济社会发展的支持力度不断增强

（一）重点支持泸州市基础设施建设，逐步完善区域性中心城市的构建

"十一五"期间，金融业积极为重点项目提供中长期贷款支持，为泸州经济的快速发展，城市建设的跨越式发展，区域性中心城市的构建完善提供了有力的支持。截至 2010 年底，支持竣工及在建重点交通运输基础建设项目 7 个，包括在建的国家高速公路网和四川省高速公路网泸州境内段、叙大铁路、泸州港码头二期续建工程等 5 项省级重点项目，总投资 269.82 亿元；重点城市建设及通讯项目 8 项，包括省级重点泸州"两桥"建设工程项目；其他还包括城市道路蓝安路二期、城市污水处理、电力、通信、蓝田旧城改造等重点项目，总投资超过 41 亿元。

（二）大力支持泸州市重点、特色产业项目和"七大产业园区"的优化发展

"十一五"期间，泸州金融业支持力度继续向酒业、能源、机械、化工等重点和特色产业项目、企业进行倾斜，积极支持全市"1525 工程"建设，主要围绕"七大产业园区"建设及优化等项目展开。2010 年支持工业重点项目20 项，总投资 341.13 亿元，其中已竣工及在建省级重点项目 5 项；支持能源重点项目 8 项，总投资 37.9 亿元，其中已竣工及在建省级重点项目 4 项。产业集群发展初具规模，各类特色产业园区建设取得新进展，基本形成了专业化、规模化、集群化的园区特色和产业特征。

（三）积极支持泸州经济社会薄弱环节建设和发展

1. 金融业大力配合"三农"改革

"十一五"期间，泸州金融系统配合和参与了各项统筹城乡及"三农"改革深化的工作，对当地基础设施建设、农村经济发展和改革做出了积极贡献。如积极支持江阳区统筹城乡综合配套改革试点工作的深入开展，支持合江、叙永、古蔺作为全省第二批扩权强县改革试点，支持农村综合改革及畜牧体制和水务体制改革，支持集体林权制度主体改革。

2. 金融业着力支持中小企业及个人贷款

积极支持包括酒类、包装、商贸类等中小企业及个人贷款业务，缓解中小企业融资难，支持泸州地方经济发展。银行金融机构开展了"小区金融"试

点、小额贷款等对下岗职工、失地农民创业和再就业提供金融支持，扶持农村贫困人口 9.8 万人。

3. 金融业积极保障民生工程建设

大力支持保障型民生工程建设，全面完成 68 项民生项目。其中重点社会事业项目 6 项，包括泸州医学院附属医院相关建设项目、泸州大剧院及相关项目等，累计投资超过 5 亿元。教育助学贷款业务量稳定增长，"十一五"期间累计发放各项助学贷款 0.66 亿元。政策性农业保险全面展开，2007 年以来为全市 26 万户受灾农户支付了 1.15 亿元的灾害赔款。农村小额人身保险及各类城乡商业保险迅速发展，弥补了社会保险保障程度较低的缺陷，满足了居民不断增长的多样化保险需求。

4. 金融服务功能不断增强，金融服务覆盖面不断拓宽

一是支付清算系统基础设施进一步完善，系统使用效率大大提高。2010 年底，全市共有近 150 个银行机构营业网点直接加入大小额支付系统，70 多个银行机构网点加入支票影像交换系统，80% 以上的银行机构网点实现电子通汇。二是票据业务得到大力推广，企业、个人融资渠道进一步拓宽。2010 年末，全市银行票据融资 8.32 亿元。三是拓展银行卡的应用领域，发挥银行卡作为个人支付手段的主体作用。加大了 ATM、POS 等机具的投放力度，促进了银行卡在税款缴纳、公用事业缴费以及医院、交通等与社会公众生活密切相关领域的应用。此外，网上支付、电话支付等新型电子支付业务近两年也得到迅速发展，为电子商务的发展提供了有力的支撑。四是不断推进财税库银横向联网建设。2009 年 11 月 23 日，泸州辖区内所有国税机构、国库机构、事业银行及信用社正式接入财税库银横向联网系统，泸州地税也已被人总行确定为 2010 年上线单位，初步构建起泸州税款入库的"高速公路"，更有力地支持地方经济的发展。五是跨境贸易人民币结算试点工作实现突破。已办理进出口人民币结算业务各 1 笔，金额合计 352 万元。六是保险业全力推进通保通赔、万元以下小额赔款一日内赔付、电话投保、网上投保等服务新举措，提供事故救援、事故替代车、风险咨询与管理和防灾防损等增值服务和附加服务，全市保险业服务经济社会和人民生活的水平上了一个新台阶。

（泸州市金融办）

德阳市

"十一五"时期，是德阳金融改革与发展历程上最辉煌的五年：现代金融体系初步形成，经营规模快速扩张；打造西部金融生态环境最佳区域实现质的飞跃；金融对外开放迈上新的历史起点；在应对汶川特大地震和重建美好新家园中发扬了伟大的抗震救灾精神，书写了浓墨重彩的一笔。

一、 现代金融组织体系初步形成

截至"十一五"末，德阳初步形成了以政府金融办为行政服务与管理，人民银行和银监部门为金融业监管，银行信贷市场为主导，证券、保险、融资性担保市场协调发展，保险行业协会自律，功能较为齐全的现代金融组织和监管体系。截至 2010 年末，全市金融业机构达 90 家，比 2005 年末增加 64 家。其中：全市银行业金融机构达到 19 家，较 2005 年末新增 13 家；保险业机构达到 25 家，较 2005 年末新增 12 家；证券交易机构达到 7 家，较 2005 年末新增 4 家；融资性担保机构 39 家，较 2005 年增加 35 家；金融从业人数达到 1.6 万余人，较 2005 年增加 4500 余人。

二、 金融业规模不断壮大， 成为推动经济社会发展的重要产业

（一）银行业

截至 2010 年末，全市银行业机构人民币存款余额达到 1388.03 亿元，比 2005 年末增加 907.4 亿元，增长 1.9 倍；人民币贷款余额 592.4 亿元，比 2005 年末增加 380.9 亿元，增长 1.8 倍。银行业金融机构资产质量和盈利能力大幅提升。截至 2010 年末，全市银行业不良贷款余额和占比分别比 2005 年末减少 17.1 亿元和下降 19.32 个百分点。2010 年实现盈利 21.42 亿元，比 2005 年增长 10.1 倍。2010 年，德阳市商业银行更名为德阳银行，并在成都设立分行。截至年末，该行各项存款达到 265.17 亿元，贷款余额达到 128.29 亿元，利润 4.55 亿元，分别比 2005 年末增长 5.5 倍、3.8 倍、90 倍。

（二）保险、证券业

截至 2010 年末，全市保险业机构保费收入达到 38.5 亿元，比 2005 年末增加 28.52 亿元，增长 2.85 倍。全市证券交易机构年末开户总数达到 21.42 万户，比 2005 年末增加 11.62 万户，交易额达到 1288.83 亿元，比 2005 年末增加 718.33 亿元。

（三）融资性担保业

"十一五"末，全市融资性担保机构已累计为 811 户中小企业、69815 户个人提供贷款担保 82.61 亿元，在保贷款余额 46.68 亿元。其中：会员互助式担保机构 21 家，已累计为 529 家中小企业提供了 51.8 亿元的贷款担保，在保贷款余额 27.07 亿元。

"十一五"末，全市金融业增加值（含银行、保险、证券、融资性担保业）已占整个服务业增加值的 18% 以上，与"十五"末的 8.62% 相比，增长1.22 倍。德阳金融业已成为推动全市经济社会发展的重要产业。

三、 金融业在特大地震和灾后重建中献大爱， 建奇功

在"5·12"汶川特大地震中，德阳金融业遭受重创，直接损失 6.67 亿元，遇难 20 人。截至 2010 年末，全市银行业累计发放灾后重建贷款 535.84亿元，其中重点企业（项目）和基础设施贷款 299.44 亿元；发放城乡居民住房重建和维修加固贷款 103.24 亿元，其中累计发放农房重建贷款 15.74 万户30.96 亿元；发放中小企业和"三农"灾后振兴贷款 133.16 亿元，灾后重建各项贷款余额 311 亿元。累计为受灾贷款企业核销和减免贷款本息 5.8 亿元。全市金融业舍小家献大爱，累计为汶川地震灾区捐赠现金和物品价值 4160.6万元。

四、 金融生态环境实现质的飞跃

（一）金融创新取得重大突破

"十一五"期间，全市金融机构坚持以改革谋生存，在创新中求发展。先后推出"中小企业信贷中心"，"汽车流动银行"、"背包下乡上门服务"、"村镇电话银行"、"中小企业和农户专用 POS"、"'三农'金融示范基地"、"金融咨询服务中心"、"送金融知识下乡"等 10 余种新的服务方式，研发出 40

余种金融新产品。"公司＋农户—联保贷款"、"按揭下乡—产权抵押贷款"、"惠农卡—新农居贷款"、"中国幸福家园—惠农循环贷款"、"中国幸福家园—安居乐贷款"、"动产质押第三方监管"等创新金融产品，得到省委省政府高度肯定，并在全省范围引起广泛关注。中国人寿和人保财险在罗江和旌阳开展的以新农保为主要品种的"保险县"建设取得重大进展。2010 年，德阳银行的"会员制担保贷款"获"全国服务中小企业和三农十佳特优金融产品"殊荣。2010 年 11 月，什邡市被人民银行成都分行授予"金融生态示范县"称号。

（二）银行业服务功能显著增强

"十一五"期间，全市银行业先后推出星级服务、女子银行、财富中心、电话银行、网上银行、信用卡等多种金融服务与理财方式，大量增设商用 POS、ATM 等自助服务设备。截至 2010 年末，全市银行业累计发放各种信用卡 524. 9 万张、安装 ATM 机 518 台、商用 POS1230 台，分别比 2005 年末增加 392. 5 万张、371 台、843 台；银行卡交易量达到 2526. 8 万元，网上银行交易量达到 2557 万元，分别比 2005 年末增加 1629. 1 万元和 1655. 7 万元。

（三）历史遗留问题得到妥善解决

截至 2010 年末，国家公职人员拖欠金融机构不良贷款（含信用卡透支）已由 2005 年的 1362 万元下降到 380 万元；待执结金融胜诉案件金额已由 2005 年的 3. 16 亿元下降到 0. 94 亿元；金融"三乱"待处置金额已由 2005 年的 2. 67 亿元下降到 1277 万元；全市企业改制涉及金融债权已由 2005 年末的 10. 6 亿元下降到 7. 24 亿元；农村信用社接收原合作基金会遗留问题金额已由 2005 年的 5. 38 亿元下降到 3. 6 亿元。

（四）政府服务金融工作长效机制得以建立和完善

银企对接、金融联席会议、金融支持地方经济发展评价考核、金融生态环境建设等制度进行修改完善；市政府出台《德阳市金融工作五项制度》，《德阳市金融业"十二五"发展规划》；组建德阳市中小企业信贷服务中心，标志着政府务实解决中小企业融资难迈出了坚实的一步。

五、 金融业对外开放迈上新的起点

2010 年，成都经济区八市正式签订了《成都经济区金融合作备忘录》，按照这份备忘录，全市将与成都、绵阳、遂宁、乐山、雅安、眉山、资阳等七个地（市）在金融发展上进行深度合作。内容涵盖了建立金融资源共享机制，促进金融资源合理配置，推动金融系统信息共享平台建设，建立健全区域金融风险处置联动机制等二十一个方面，标志着德阳金融将进入更加开放、合作发展的新阶段。

（德阳市金融办）

绵阳市

"十一五"期间，绵阳金融业克服了"5·12"汶川大地震和全球金融危机等不利因素的冲击，努力服务省政府"两个加快"和科技城建设，总体保持了良好发展势头，有力促进了绵阳经济社会又好又快发展。截至 2010 年末，绵阳市共有金融机构 95 家，其中银行业机构 12 家，证券、期货营业网点 10 家，保险公司 27 家，小额贷款公司 6 家，融资性担保公司 40 家；金融从业人员 25000 人，是 2005 年末的 2.2 倍；金融业总资产达 1956.2 亿元，是 2005 年的 4.6 倍。2010 年，全市金融业实现增加值 13.4 亿元，占 GDP 的 1.4%，是 2005 年的 1.16 倍，年均增长 3.2%；金融业对经济增长的贡献率为 0.63%，拉动第三产业增长 0.27 个百分点。

一、"十一五"金融发展主要成就

（一）金融组织体系不断完善

截至 2010 年末，全市共有国有商业银行 5 家，股份制商业银行 4 家，政策性银行、城市商业银行、村镇银行和贷款公司各 1 家，小额贷款公司 6 家，县级农村信用合作联社 9 家，证券（期货）经营机构 8 家，保险公司 27 家，初步形成了多种金融机构并存、大中小型机构协同发展的格局，基本能够满足各种层次经济主体的金融需求。

（二）金融市场规模不断扩张

一是银行信贷市场快速发展。截至 2010 年末，全市银行业机构存款余额 1792.3 亿元，是"2005 年末的 3.3 倍；贷款余额 877.3 亿元，是 2005 年末的 2.8 倍，存贷款总量均居全省二级城市之首。"十一五"期间，全市金融机构累计签发银行承兑汇票 480.71 亿元，余额 54.61 亿元，贴现余额 10.17 亿元。辖内 5 家银行业机构开办跨境贸易人民币结算试点业务 32 笔，涉及金额 9353.4 万元。

二是跨境外汇收支不平衡状况有所改善。"十一五"期间，绵阳市跨境外汇收入 28.16 亿美元，跨境外汇支出 26.44 亿美元（含异地付汇），跨境外汇收支顺差 1.72 亿美元，国际收支不平衡状况有所改善。全市银行结汇 19.46 亿美元，售汇 18.18 亿美元，结售汇顺差 1.28 亿美元。

三是资本市场融资平稳发展。全市共有上市公司 7 家、总股本 33.4 亿股，通过股票市场累计融资 121.4 亿元；近两年先后发行 15 亿元公司债和 30 亿元分离交易可转债，债券市场融资取得历史性突破。

四是保险市场业务规模快速增长。"十一五"期间，全市保险业累计实现保费总收入 140.6 亿元，是"十五"期间的 3.4 倍。保险深度从"十五"末的 2.3% 提高到 4.5%，保险密度从 210 元/人增加到 780 元/人。

五是新型金融机构稳步发展。目前全市已有村镇银行 1 家、小额贷款公司 6 家，贷款公司 1 家。截至 2010 年末，村镇银行贷款余额 3.3 亿元，小额贷款公司贷款余额 5.4 亿元，实现经营收入 2781.3 万元，上交税金 452.6 万元，没有出现不良贷款；融资性担保公司担保额 81.2 亿元，年末在保余额 77.7 亿元。

（三）金融基础设施不断增强

"十一五"期间，绵阳市金融服务基础建设取得明显成效，金融支付结算体系建设、征信体系建设和反洗钱工作稳步推进，金融电子化、网络化水平不断提升，为促进绵阳金融业健康发展、维护区域金融稳定提供了基本条件和重要保障。

一是支付清算系统平稳快速发展，新型支付业务有序推进。上线运行了大额支付系统和小额批量支付系统，同时完成了会计集中核算系统、人民币结算账户管理系统、支票影像交换系统、联网核查公民身份信息系统、电子商业汇票系统的推广应用，确保了资金汇划渠道通畅。推动绵阳辖区商业承兑汇票试点。2010 年，由绵阳市商业银行给予全程业务指导及支持的首位客户——四川长虹欣锐科技有限公司成功签发 6 笔商业承兑汇票。银行卡产业快速发展。"十一五"期间全市银行卡发卡数量、发卡机构、持卡交易额等快速增长，银行卡受理环境持续改善，公众对持卡消费的认知程度提高。截至 2010 年末，全市共发行各类银行卡 750 万张，较 2005 年末增长 398.8 万张，人均持卡量 1.36 张；各金融机构和专业化服务公司布放 POS 和 ATM 机具数量 8086 台，全市银行卡特约商户 4754 户，在辖内北川、江油和三台三地成功创建 3 个刷卡无障碍示范街区。2010 年全市刷卡消费额 174 亿元，占当年社会消费品零售总额的 29.6%，较 2005 年上升 13.6 个百分点。

二是开通了财税库银横向联网，扩大国库直接收付业务的范围。截至 2010 年末，全市累计签约户数 5322 户，办理网上缴税业务 26591 笔，金额 151085.9 万元。努力拓展国库直接支付资金的种类和地域范围，到 2010 年底全辖各支库均开展了国库直拨业务，共办理行政事业单位工资、失地农民生活补助、大学生村官工资、社区干部工资等 5 个项目的财政资金直接支付 11867 笔，金额 561.69 万元，实现了资金从国库部门通过小额支付系统快速直达收款人账户。

三是征信系统建设进一步加快。目前，人民银行企业和个人信用信息基础数据库已覆盖全市所有县（市、区），为绵阳市 2.1 万户企事业单位和其他组织建立信用档案，涉及信贷余额 587.65 亿元；为绵阳市 116.72 万人建立信用档案，其中个人信贷客户达 90.3 万人，信贷余额 249.83 亿元。采集入库公积金缴交信息 39 万条，实现了全市公积金有效账户信息全覆盖，完成法院判决信息金额 1287.51 万元、企业欠税信息金额 73.2 万元和环保处罚信息金额 45.7 万元的信息采集。辖区 6 个县和绵阳、江油公积金中心开通了个人征信系统查询业务。

四是建成了绵阳钞票处理中心。该中心的建立使钞票处理实现了从传统型、单一型向机械化、自动化、规范化和多功能发展的历史性跨越，中心担负了辖内 7 县 4 区和川内十余个市的残损券抽查、销毁、流通券清分及发行基金调拨任务，形成了多功能、跨行政区域的系统性服务格局，是全国省会中心城市外的少数市（州）建立的钞票处理中心之一。

五是反洗钱工作稳步推进。建立并完善全市反洗钱内外部协调机制，反洗钱监管不断强化。银行、证券期货和保险业机构认真贯彻落实反洗钱法律制度，严格执行大额和可疑交易报告制度，加大反恐融资工作力度，洗钱风险预防体系初步形成。

（四）区域金融生态环境不断改善

市委、市政府先后出台了《关于创建绵阳金融生态环境模范城市的意见》、《关于加快全市金融业发展的意见》、《绵阳市社会信用体系建设实施方案》等一系列政策措施，金融业发展的外部环境不断优化。行业信用体系建设取得明显进展，绿色信贷工程、企业拖欠工资信息披露机制建设有序推进，建筑企业拖欠农民工工资行为得到整治。农村和中小企业信用体系建设成效显著：开展了"万户诚信企业创建活动"，评选公布了 222 户诚信中小企业；以信用园区创建为载体，"信用园区建设及诚信中小企业融资培育计划"稳步推进，全市 8131 户中小企业建立了信用档案，办理贷款卡 870 户；"金融机构认定的诚信企业"评选活动持续开展，评定并面向社会公布 4 批诚信企业；农村信用创建活动蓬勃开展，全市 55.93 万农户建立了信用档案，纳入人民银行征信系统，评定 24632 户信用户、34 个信用村、3 个信用乡（镇）；信用评级市场健康发展，到 2010 年末全市引入全国性评级机构 4 家。评级业务稳步增长，评级公司累计签约企业 805 户，完成评级报告 738 份，信用评级已在信贷、担保、汇票签发、短期融资券等业务领域发挥重要作用。区域金融生态环境的不断改善，增强了地区对资金的吸纳能力，促进了全市经济金融的良性互动和协调发展。

二、　金融业支持经济社会发展成就

（一）金融对经济的贡献度增加

支持国民经济实现持续较快发展。截至 2010 年末，全市银行业贷款余额达到 877.3 亿元，是 2005 年末的 2.8 倍，全市贷款余额占 GDP 的比重从 2005 年的 65.8% 提升到 2010 年的 92.8%。2010 年，全市地区生产总值达到 945 亿元，"十一五"期间年均增长 12% 以上，增速超过"十五"时期 2 个百分点；人均地区生产总值突破 17000 元，超过 2500 美元；财政总收入达到 120 亿元。推动经济结构调整取得积极进展。工业实现较快增长，基本形成以电子信息产业为主导，以汽车及零部件、食品及生物医药、冶金机械、材料及新能源和化工环保等产业为支撑的现代工业体系；现代农业建设成效显著，特色优势产业体系基本形成；服务业发展水平稳步提升，现代服务业加快发展。三次产业结构由 2005 年的 23：41：36 调整为 2010 年的 17.4：48.3：34.3。人民生活水平显著提高。城镇居民人均可支配收入达到 15516 元，农民人均纯收入达到 5939.9 元，城乡居民收入提前一年实现"十一五"规划目标；城镇职工基本养老保险和医疗保险覆盖面进一步扩大，城乡最低生活保障体系基本建成；城乡居民的居住、交通、文化、卫生状况和环境条件明显改善；贫困地区和民族地区发展取得长足进步。

（二）金融支持科技城建设取得进展

"十一五"期间，人行成都分行与市政府签订了《绵阳科技城金融服务与创新合作框架》，全市各金融机构积极开发信贷新产品和金融市场新工具，重点支持科技含量高、产品有市场的成长型企业。试点银行已发放专利权质押贷款 1490 万元，向 22 家高新企业新增授信额度 2.6 亿元，增加对科技城的有效信贷投放。截至 2010 年末，银行业金融机构对科技城贷款余额达到 524.52 亿元，比"十五"末增加 315.92 亿元。积极组织"中国科技城市绵阳创建金融生态环境模范城市银政企共谋发展融资洽谈会议"，仅 2006—2007 年在融资洽谈会上，省、市金融机构与科技城签订融资项目达 772 个，各类协议融资总额 198.36 亿元。各市、县政府设立政府类投融资平台 12 家，绵投集团成功发行企业债券 15 亿元，有效解决资本金短缺不足问题；合理引导金融机构通过政府投融资平台增加对交通、城乡环境整治、城市管网、教育等公共基础设施建设等信贷投入 80 余亿元，有效破解地方政府融资困境。绵阳市商业银行在全国银行间债券市场以簿记建档集中配售私募方式成功发行了 1.1 亿元次级债券，极大地增强了地方中小金融机构支持科技城实力。四川长虹发行 10 亿元短期融资债和 30 亿元分离交易可转换债券，企业负债结构优化、融资成本降低。争取国家外汇管理局批准长虹公司开办外汇资金内部集中营运管理业务，同意四川世纪双虹显示器件有限公司按跨国公司进行非贸易售付汇管理，支持了科技城外向型经济发展。到 2010 年，科技城地区生产总值从 2005 年的 300.3 亿元增加达到 604.9 亿元，"三新城"与三大新兴产业集聚区建设全面展开，"一院所一园区一产业"的军民融合新格局正在形成，培育了一批具有自主创新能力的创新型企业，形成了军转民高技术产业的群体优势和局部强势。

（三）金融支持灾后重建效果显著

"十一五"期间，全市金融机构落实灾区金融支持政策，持续推动金融支持重建和灾区发展振兴，推进支付体系和信用体系建设，着力改善灾区金融服务。累计发放灾后农房重建贷款 57 亿元，落实城镇居民重建住房首付 3 成、0.6 倍利率的贷款优惠政策，北川农行、信用社累计发放贷款 2.5 亿元，有效满足了北川新县城居民购房贷款需求，保障了符合条件居民的顺利、平稳入住新县城。全市新增产业恢复重建贷款 80 余亿元，攀长钢、绵阳烟厂、长虹、九洲等一批重点骨干企业的技术升级和产能扩张得到支持。各金融机构重点通过政府投融资平台对交通、城乡环境整治、城市管网、教育等灾后公共基础设施建设等投入信贷资金 150 余亿元。落实助学贷款和"金融春雨行动"，2010 年末助学贷款余额 7476 万元，村官创业贷款 70 万元。信贷资源继续向中小企业和"三农"领域倾斜，2010 年末中小企业贷款余额 408 亿元，涉农贷款余额 392 亿元。积极运用地震灾区支农再贷款优惠政策，灾区中小法人金融机构执行 9% 的倾斜性准备金政策，截至 2010 年末，人民银行支农再贷款余额 20.3 亿元，惠及 9 家地方法人机构。着力推动灾区支付和信用环境的改善，在极重灾区实施"金融绿洲"计划和"农户增信增收金融行动"，北川、江油和三台"刷卡无障碍示范街区"建设已通过验收，加强农房重建贷款的贷后管理和清收工作，及时防范和化解信贷风险。金融业自身重建进程加快，2010 年底全市金融机构维修加固和重建项目完工率 84.4%。金融支持灾后重建效果显著，截至 2010 年末，共开工建设 7300 多个项目，完成投资 2060 多亿元。居民住房重建全面完成，基础设施建设实现跨越式发展，产业恢复重建成效明显，生态恢复重建有序展开，困难群众帮扶措施落实到位，对口援建项目拓展深化，城乡面貌发生巨大变化。

（绵阳市金融办）

广元市

"十一五"期间，广元市金融工作按照省委、省政府的总体部署，以促进金融更好地支持广元经济发展为主线，狠抓金融基础建设；以金融生态环境示范县（区）创建工作和清收党政机关及其工作人员到逾期贷款活动为载体，着力改善区域金融环境，支持地方经济发展和金融支持灾后重建；以"招商引行"、培育地方融资组织和金融中介机构为抓手，狠抓区域性金融服务体系建设，培育金融市场竞争机制；以金融创新、银政合作为切入点，完善政、银、企各项联动机制，提升金融服务水平。"十一五"期间全市金融业安全稳健运行，呈现银行存贷款较快增长、保险业、证券业迅速发展，社会信用环境明显改观，金融业态逐步提升、金融中介机构不断完善的新局面，全市金融工作取得了历史性突破，为"十二五"经济金融协调发展奠定了良好的基础。截至 2010 年末，广元市共有金融机构 27 家，其中银行业机构 15 家，证券营业网点 2 家，保险公司 11 家，小额贷款公司 4 家，融资性担保公司 8 家；金融从业人员 1.25 万人，是 2005 年末的 1.45 倍；金融业总资产达 1052.24 亿元，是 2005 年的 3.1 倍。2010 年，全市金融业实现增加值 5.74 亿元，占 GDP 的 1.8%，是 2005 年的 1.82 倍，年均增长 16.56%；金融业对经济增长的贡献率为 0.41%，拉动第三产业增长 0.15 个百分点。

一、 "十一五" 金融业发展概况

（一）金融服务体系较为完善

截至 2010 年底，全市有市级银行业金融机构 6 家，农村信用社县级联社及苍溪益民资金互助社 7 家，证券营业部 2 家，保险经营机构 13 家，小额贷款公司 4 家，融资性担保机构 8 家，初步建立起较为完善的金融服务体系，能够满足广大人民群众的金融需求。

（二）金融业实现较快发展

1. 银行信贷较快增长

截至 2010 年末，全市银行业金融机构各项存款余额达到 717.33 亿元，比 2005 年底增加 553.06 亿元，增长 336.68%；各项贷款余额 275.53 亿元，比 2005 年底增加 141.18 亿元，增长 105.08%。全市银行业金融机构不良贷款余额降至 29.61 亿元，不良贷款占比降至 12.44%，下降 30 个百分点。银行业经营效益明显提升。

2. 保险业跃上新的台阶

全市保险机构从 2005 年的 7 家发展到 13 家，保费收入从 2005 年底的 3.65 亿元增加到 17.25 亿元，年均增幅达到 30% 左右，共承担各类风险责任 4500 亿元，初步形成了功能互补、统一开放、公平竞争、共同发展的保险市场体系。在经济补偿、社会管理、防灾防损、分散风险、维护社会稳定等方面发挥了越来越重要的作用。农村小额保险从无到有，已向220万农民提供了意外、疾病等风险保障。政策性农业保险范围进一步扩大，累计聚集保费约1.6亿元，承担农业产品风险9.72亿元。

3. 证券交易总量大幅提高

证券服务机构发展到两家，独家经营的格局被打破，形成了良性竞争态势。不仅提升了服务质量，还实现了投行业务的突破。截至2010年底，全市证券开户数累计33038户，实现证券交易额145.27亿元，年均增长16.82%。

4. 金融基础设施逐步健全

"十一五"期间，国有商业银行如期成功改制，机构网点建设成效明显，业绩实现了翻天覆地的变化。邮政储蓄银行改制工作全面完成，从单一的储蓄机构改制为全功能的银行机构，市县两级56家分支机构全部组建并挂牌开业。建行、工行、邮储银行等国有商业银行先后在部分县区增设了5家支行，3个农村金融服务盲点得到有效填补。"招商引行"工作取得实质进展。包商贵民村镇银行落户剑阁；绵阳商业银行广元分行已获准筹建；广元市贵商村镇银行获银监会批准，已进入前期筹备阶段。现代金融结算工具不断普及。各类银行卡发卡量超过200万张，POS机、ATM机保有量分别达到1918台、200余台套。

5. 农村信用社产权制度改革取得阶段性成果

全市7家县区农村信用社加快改革，于2009年成功兑付4.23亿元央行专项票据，成为全省第一个完成兑付工作的地区，按期完成了统一法人社的组建工作，走上了健康发展的轨道。

6. 新型农村金融组织日益丰富

2006年至今，小额贷款公司、村镇银行、农村资金互助社、扶贫资金互助社等农村新型金融组织先后试点成功，逐步成为全市农村金融市场的重要补充力量。目前，全市已获准成立了4家小额贷款公司，组建了包商贵民村镇银行、苍溪岳东镇农村资金互助社等新型农村金融机构。各类新型金融组织累计放贷9.52亿元，贷款余额2.1亿元。中小企业融资担保体系从无到有初具规模。市、县（区）两级融资担保公司已发展到8家，注册资本金增至7.24亿元，在保余额达10.83亿元。

7. 金融环境持续改善

"十一五"期间，广元市委、市政府高度重视金融生态环境建设，出台了一系列有利于金融生态环境建设的政策、文件和措施。全面推开金融生态环境示范县（区）创建活动，个人征信体系初步建立。启动了清收党政机关及其工作人员到逾期贷款活动，截至 2010 年底，已累计清收欠贷本息 1.61 亿元，占全部欠款的 25.74%，社会信用环境明显改善，一举甩掉了"金融高风险区"的帽子。银行贷款质量明显提高，全市银行业金融机构不良贷款实现双降，不良贷款余额降至 29.61 亿元，不良贷款占比降至 12.44%，较 2005 年底下降 22 个百分点。建立健全了银、政、企对接合作机制。"十一五"期间举办 12 次银企项目融资对接会，对接融资项目 325 个，协议金额近 300 亿元，签订银政战略合作协议 610 亿元，促进了银政、银企有效合作。

二、 金融对广元经济社会发展的支持

"十一五"期间，尤其是"5·12"特大地震灾后，全市金融系统攻坚克难、抢抓机遇、开拓创新、真抓实干，为广元灾后恢复重建，经济金融协调发展做出了不可磨灭的贡献。

（一）参与抗震救灾，银行信贷支撑有力

"5·12"特大地震发生后，全市银行业金融机构积极支持灾后重建。人民银行广元中心支行第一时间开通国库汇路；农业银行广元分行和青川县农村信用社冒着强烈余震危险，先后将大量现金运到青川极重灾区；农村信用社、市邮储银行、市农行创造性地采取"帐篷银行"、"板房银行"、"集装箱银行"、"汽车流动银行"和异地办理业务等方式，迅速恢复了青川极重灾区的存款支付业务，促进了灾区社会稳定。据统计，2008 年全市银行机构发放抗震救灾和灾后恢复重建贷款近 30 亿元，占当年贷款净增额的 76%，有力地支持了抗震救灾和灾后重建工作。26 家省级或区域政策性银行、国有商业银行、股份制银行和外资银行共向广元地区授信 120 亿元，签订合作协议 99 亿元、贷款合同 17 亿元，极大地提升了全市人民战胜特大灾害的信心和决心。

（二）积极创造条件，加快灾后农房重建进度

进入灾后重建阶段以来，全市银行业勇于承担社会责任，积极服务于地方经济社会建设。人民银行广元中心支行向上级行争取增加支农再贷款额度

2. 06 亿元，并对全市的支农再贷款利率下调 0. 99 个百分点。按震前标准对全市农村信用社改革专项票据进行考核，使 4 家联社 3. 7 亿元的专项票据在 2008 年 12 月顺利兑付，成为全省第一个完成改革票据兑付工作的地区，及时壮大了农村信用社灾后信贷支农的实力。各涉农金融机构积极开辟贷款绿色通道，采取小额信用贷款、农户联保、基金担保等贷款方式，适度放宽贷款条件和借款期限，迅速扩大农房重建信贷业务，对有效需求做到应贷尽贷。三年来累积发放灾后农房重建贷款 20 万户、42 亿元，保证了全市农房重建的需要，使全市提前完成全部农房重建工作，农房重建工作走在全省 6 个重灾市（州）前列。

（三）贯彻灾区特殊政策，支持民生经济和产业重建

全市金融管理部门和银行业机构认真贯彻落实"一行三会"关于地震灾区特殊金融政策，树立"保企业就是保经济，保企业就是保发展，保企业就是保民生"的理念，加大对全市基础设施、重点企业、中小企业、因灾失业人员等的信贷支持力度，累计发放抗震救灾、灾后恢复重建贷款 176. 3 亿元。截至 2010 年末，全市银行业金融机构各项贷款余额达到 275. 53 亿元，比地震前增加 142. 52 亿元，增长 107. 15%，有效支持了广元经济止滑回升、向好发展。一是加大城乡基础设施和传统薄弱环节的信贷支持。截至 2010 年末，基础设施、产业重建、农村建设、公共服务贷款分别增长了 30. 16 亿元、20. 27 亿元、8. 2 亿元和 5. 68 亿元。二是加大对中小企业的信贷服务。到 2010 年底，全市银行业机构建立中小企业客户档案 6881 户；中小企业、个体私营业贷款余额达 61 亿元，分别新增 18. 16 亿元、3. 68 亿元，超过全部贷款增幅 7 个百分点。三是加大灾后重建融资项目对接力度，银行机构先后四次参与政府主导的银企项目融资对接活动，共对接融资项目 205 个，签订贷款合同及协议金额 305 亿元，银行已审批贷款 95. 6 亿元，向企业发放 46. 2 亿元。截至 2010 末，全市灾后重建规划项目 6307 个中，开工 6212 个、开工率 98. 49%，已完工 5838 个、完工率 92. 56%，完成投资 1087. 9 亿元，占规划总投资的 89. 13%。

（四）履行社会职责，经济补偿作用突出

"5·12"地震后，全市保险业金融机构积极开辟绿色理赔通道，及时将 4800 万元保险赔款送到参保受灾群众和受损企业手中，为安抚灾民心理、及时恢复生产、维护灾区社会稳定发挥了重要作用。保险机构还积极履行社会责

任，组织志愿者参与抗震救灾，义务献血，向灾区捐款捐物和捐建学校、敬老院，认领灾区遗孤，奉献爱心。截至 2010 年底，全市保险业保费收入达到了17.25 亿元，比地震前增长 118.3%，三年共赔（给）付 7.2 亿元，在灾后恢复重建经济补偿、防灾防损、分散风险、维护社会稳定等方面发挥了重要的作用。灾后农村小额保险试点逐步扩大，现已为 220 万农民提供了意外、疾病等风险保障。政策性农业保险加快推进。累计聚集保费约 1.6 亿元，承担农业产品风险 9.72 亿元。

（五）强化服务理念，改进金融服务

"5·12"特大地震对全市金融机构的服务网点和信贷资产造成了巨大损失，严重削弱了灾区金融服务质量和本地区经济持续发展的后劲。省级金融主管部门积极帮助制定金融业恢复、发展规划，并给予倾斜政策。各金融机构不等不靠，积极筹集网点恢复重建资金搞好自身重建。截至 2010 年末，全市金融机构恢复重建工作取得较大进展。金融服务功能基本恢复。95% 以上的金融机构网点维修加固工作得以完成；总投资约 1.75 亿元的重建项目开工率达到86.7%。批准设立的包商贵民村镇银行、苍溪益民资金互助社和广元市贵商村镇银行等农村新型金融组织成为全市金融组织体系的有益补充。

（广元市政府金融办）

遂宁市

"十一五"时期，在省政府金融办的大力指导下，在市委、市政府的正确领导下，遂宁市金融系统用科学发展观统揽金融工作全局，积极应对金融危机和频繁重特大自然灾害的冲击，紧紧抓住西部大开发战略实施机遇，有力地支持了全市经济又好又快地发展。"十一五"期间既是银行贷款净投放最多的 5年，也是银行、证券、保险业金融机构业务发展最快的 5 年，更是金融支持地方经济发展作用发挥最好的 5 年。截至 2010 年末，遂宁市共有金融机构 52家，其中银行业机构 12 家，证券、期货营业网点 4 家，保险公司 16 家，小额贷款公司 4 家，融资性担保公司 16 家；金融从业人员 3400 人，金融业总资产达 603 亿元，是 2005 年的 2.43 倍。2010 年，全市（州）金融业实现增加值7.46 亿元，占 GDP 的 1.5%，是 2005 年的 1.89 倍，年均增长 10.8%；金融

业对经济增长的贡献率为 0.68%，拉动第三产业增长 0.33 个百分点。

一、金融业改革创新不断深入

"十一五"期间，金融业以加快转变经济发展方式为主线，充分聚集资金资源，优化资金配置，激活资金市场，取得了自身改革与发展的新突破，为强力助推全市经济金融持续健康协调发展奠定了良好基础。

（一）银行业改革有序推进

中行、工行、农行 3 家国有商业银行的股份制改革取得成功，国有商业银行服务功能进一步完善；农村信用社统一法人社改革顺利完成，认购的 22381 万元专项中央银行票据获得兑付；遂宁市城市信用社成功翻牌组建遂宁市商业银行，并完成异地设行筹建；中国邮政储蓄银行遂宁市分行顺利挂牌；1 家村镇银行筹建营业中。目前，遂宁银行业初步建立了以政策性银行农发行，工、农、中、建 4 家国有独资商业银行，邮储、城商行，农村信用社 8 大类机构为主体的银行组织体系，银行机构网点覆盖城乡，服务体系不断健全。截至 2010 年 11 月末，共有营业网点 463 个，从业人员 4255 名。

（二）产品和服务方式不断创新

银行业机构不断增强服务意识，积极拓展服务领域和创新服务品种，持续改进服务方式，积极利用手机银行、网上银行等电子信息网络延伸服务边界，新设自助银行 24 个，安装柜员机 284 台，极大地方便和满足了不同层次的金融消费需求。2009 年，7 家银行机构开展了农村金融产品和服务方式创新试点，共创新信贷产品 18 个，新增贷款 17.13 亿元，金融服务焕发新活力。

（三）创新培育机制，强力推进改制上市

以"做大做强遂宁板块，打造区域证券强市"为战略目标，竭力培育上市后备资源，加快规范改制步伐，努力把遂宁建成优秀企业与资本市场结合的最佳孵化地。

1. 深化认识，创新领导机制

一是设立企业上市培养工作协调小组，党、政一把手任组长，"一线指挥"，相关职能部门主要负责人各司其职，确定市政府金融办为负责领导小组日常工作的常设机构；二是议事制度化。由过去零敲碎打讨论企业改制上市变为议事经常化、制度化。实现了市委常委会、市政府常务会议一年一大议

（讨论年度目标和决策部署）、一季一小议（根据工作进展研究推进措施）、遇事临时议（帮助上市后备企业协调解决遇到的问题，排忧解难）的工作机制。三是问责严格，对进入领导小组的13个政府职能部门，按照打造区域证券强市的总体目标，细化职责任务，纳入目标管理，年终考核逗硬奖惩。

2. 合作联动入手，创新共育机制

市委、市政府积极争取证券监督管理部门和交易所的支持，合作联动。2007年1月，市委、市政府和四川证监局、深圳交易所就培育优质上市后备资源达成共识，三方签署合作备忘录，共同培育上市后备企业，打造企业上市"共育机制"。这在四川省内尚属首家。实现合作后，三方共抓企业上市培育，取得了立竿见影的效果。高金食品、天齐锂业成功上市，高金食品还成为股改后四川首家上市企业。

3. 转变作风，创新服务机制

市委、市政府要求各职能部门切实转变作风，积极推进条件成熟企业早日上市。一是变背靠背指点为面对面服务。借力证券监管机构和交易所，先后举办30余次专题辅导培训，邀请行业专家当面指点"秘经"，为市直部门面对面服务上市后备企业做出典范。二是变群体式指导为一对一服务。对符合产业政策、业绩优良、成长型、有上市意愿的企业，除按照有关规定进行一般性指导外，同时"一对一"会诊，增强辅导的实效性。三是变远距离指挥为第一线服务。改制上市过程中，经常遇到涉及财政、金融、税收、国土等多方面、解决难度很大的遗留问题，市委、市政府领导亲自深入企业现场办公，召集多部门协调，及时解决问题不留"后遗症"。四是变抓点滴帮助为全过程服务。对上市后备企业，在规范改制、结构调整、优化重组、项目准备、业绩提升、遗留问题处理等方面，实行全程服务，夯实上市基础。

4. 积极引导，创新激励机制

改变以往单一物质鼓励的做法，创新激励机制。一是在股市低迷，新股上市尚未启动时抓紧做好高金食品改制上市的准备工作，在中小企业板块开市以后选择经过培育条件成熟的天齐锂业为上市对象，两企业准备充分，成功上市，为一大批渴望通过资本市场融资发展的企业树立了良好的榜样。二是为加速上市后备企业培育，努力提高成熟度，市委、市政府帮助精选融资项目，并从地方政府能够确定的涉及财政、税收、信贷、国土、能源、环保、工商等有关政策措施方面予以扶持，鼓励企业上市。三是制定并严格兑现奖励政策，调动改制上市积极性。制定《遂宁市企业资本经营及中小企业上市培育工作实施方案》，奖励上市企业企业管理团队 100 万元，并积极兑现奖励。随着新的激励机制的建立，积极搞好规范改制，主动争取上市融资的企业不断增多。目前，业绩较优的科技型、成长型上市后备企业已达 20 多户，后备资源充足。

截至 2010 年末，遂宁上市企业达到 6 家，流通总市值 187.28 亿元，上市公司数量在全省市（州）中排第一。

（四）建立中小企业信贷支持长效机制

从 2006 年开始，市政府每年开展金融守信红名单企业评选活动，逐步建立起了"守信获益，失信受惩"的机制，同时建立中小企业紧急贷款协调小组，协调解决中小企业紧急贷款问题，每季度将有市场、有技术、有信用、有发展前景、有资金需求的企业推荐给金融机构对接。2009 年，全市启动 102 户中小企业金融培育工程，通过融资咨询、辅导和培育等措施，使从未获得金融机构贷款支持的中小企业达到申贷条件和要求。2010 年末，各金融机构已对培育中的 93 户企业完善了档案，信用评级 41 户，其中 101 户获得银行信贷支持，贷款余额 10.9 亿元，比去年初新增 4.59 亿元，支持了小企业发展，目前全市将培育的小企业增加到 150 户，将进一步加大支持中小企业加快发展的力度。

（五）不断完善银、政、企深度合作工作机制

成立金融与项目对接工作领导小组和争取落实特殊金融扶持政策协调领导小组，统筹全市项目融资对接工作。分区县园区、分产业建立银政企对接机构，坚持每季度召开一次融资对接会议，组织项目业主、金融机构和有关部门参加对接，做到市区县政府搭建平台，银政企合作融通资金。建立金融机构融资工作机构，各金融机构主动介入协助做好项目储备、筛选、申报工作。2005 年以来，全市加强与国开行省分行合作，达成贷款协议 19.96 亿元，目前已到位 19.56 亿元。通过政府增信，存入保证金 1.1 亿元，共为 203 户中小企业提供打捆贷款 6.3 亿元；开发区基础设施建设与省开行合作，累计融资贷款 6.4 亿元。2006 年，市政府与省农发行率先签订了 21 亿元政策性金融授信协议，最终获 25.8 亿元贷款支持，无一笔存在风险。工业园与农发行合作，省农发行授信 4 亿元，目前已获得贷款 2 亿元。

二、 金融业发展环境不断优化

市委、市政府把金融生态环境建设视为经济发展不可或缺的重要资源，2006年以来，按照建设"诚信政府、诚信企业、诚信中介、诚信执法、诚信金融、诚信社会"的创建目标，在全市深入扎实地开展社会信用体系建设和"金融生态环境优秀市"系列创建活动，初步建立起了企业信用筛选与评价、行政与金融资源相配合、信用激励与惩戒并举三大机制。遂宁市被评为"全国金融生态环境优秀城市"，并成为"全国中小企业信用体系建设试验区"。

（一）搭建金融环境建设平台

一是搭建组织协调平台。市委、市政府及区县园区、行业主管部门成立金融与项目对接工作领导小组和争取落实特殊金融扶持政策协调领导小组，统筹项目融资对接工作，做到市区县政府搭建平台，银政企合作融通资金。

二是搭建舆论宣传平台。注重金融文化环境建设，开展形式多样的金融生态环境建设宣传活动，将学习掌握金融知识列入全市干部职工解放思想工作的重要内容，并开展金融专题讲座。在《遂宁日报》上开设金融专栏，印发《金融百问》数万册，发送到全市区县乡镇级重点企业，全面普及金融知识，努力营造打造"诚信遂宁"的良好氛围。

三是搭建信用信息共享平台。市人民银行在征信体系建设上取得了突破性进展，进一步加强了工商、税务、环保、国土等部门的信息沟通，为诚信建设提供基础的信用信息平台。

（二）大力支持银行业金融机构化解风险

率先在全省将公安、法院保护金融机构权益的结案率纳入政府奖励考核，加大对金融资金产的护航力度。政府出面担保，拿出优良土地抵押，法院强力介入，历时半年，成功解决华纺银华山东母公司逃避银行金融机构金3亿元贷款资金事件。市政府主要领导亲自协调，从市财政借款，解决市收费路贷款不能还本付息事件，切实维护银行权益。截至2010年末，不良贷款余额16.48亿元，占比5.98%，较2005年末减少9.53亿元，下降36.64个百分点，实现盈利6.89亿元，较2005年净增5.42亿元。

（三）强化制度建设，推进"一库一网"工程

全市高度重视中小企业信用信息"一库一网"建设工作，统筹各方资源，

出台《遂宁市中小企业信用体系试验区"一库一网"建设方案》、《遂宁市中小企业信用信息数据库建设方案》、《关于建设遂宁市中小企业信用信息数据库的通知》等制度性文件，扎实推进数据库的开发和建设。建立不同于大企业的贷款审查、信用评级和资金定价机制，推动工商部门将中小企业涉及工商、税务、环保、用地、用水电气、招商履约等信息纳入企业信用信息平台进行综合管理，为政府、企业、银行决策提供信息参考。市政府督查室、人民银行遂宁中支与市金融办联合开展中小企业金融培育工作的督查工作，并纳入目标考核。

（四）抓好信用平台建设，发挥典型引导的正向激励作用

整合税务、国土等信息进入人行征信系统，继续抓好金融守信"红名单"企业的评选和金融服务工作，2007 年至 2010 年全市评选金融守信"红名单"企业达到 88 户，贷款余额达到 32.8 亿元。

三、 金融业实现大发展

（一）银行业规模不断壮大，实力显著增强

五年来，遂宁银行业务迅猛发展。创造了"存款快速增加、信贷投放超常增长"的骄人业绩。截至 2010 年末，全市金融机构各项存款余额达 523.78 亿元，较 2005 年末增加 309.02 亿元，年均增长 24.97%；各项贷款余额达 276.35 亿元，较 2005 年末增加 172 亿元，年均增长 20.27%，增速均超过全省平均水平。票据、贸易融资等其他业务也有较大幅度的增长。

（二）银行资产质量不断优化，盈利能力持续增强

不良贷款持续"双降"。截至 2010 年 11 月末，不良贷款余额 16.48 亿元，占比 5.98%，分别比 2005 年末减少 9.53 亿元，下降 36.64 个百分点。实现盈利 6.89 亿元，较 2005 年增盈 5.42 亿元。金融机构抗风险能力不断增强，银行机构按照"准确分类—提足拨备—做实利润—资本充足率达标"的审慎经营原则，持续改善资本质量，完善公司治理，强化内部控制，夯实抵御风险的实力，监管指标持续向好。截至 2010 年 9 月末，城商行资本充足率、拨备覆盖率分别达到 11.61%、168.75%，比改制前（2007 年末）减少 2.47%、76.93%。农信社资本充足率、拨备覆盖率分别达到 8.04%、46.32%，比统一法人前（2007 年末）增长 10.68%、36.69%。银行业运行稳健，连续两年无

案件和安全事故。

（三）金融服务水平不断提升

"十一五"期间，全市金融基础服务设施得到更新，金融服务体系日趋健全完善。央行支付体系功能齐备，大、小额支付系统上线运行良好，实现了资金汇划"零在途"，大大缩短了异地资金的汇划。网上银行、电话银行和自助服务等电子银行业务得到较快发展，银行卡受理环境进一步改善。全市金融机构安装柜员机达 284 台、自助银行 24 个、POS 机 1678 台，综合金融服务模式初步形成，金融服务质量和水平不断提升。

（四）企业通过上市实现大发展

企业通过上市发展壮大，面貌一新：原为县属"小氮肥"的四川美丰建成了西南地区重要化工基地；原为乡镇"小作坊"的沱牌曲酒正向全国白酒10强目标迈进；原为地方"小水电"的明星电力成长为以发供电为主、综合发展的大型企业；原为城市"小纺织"的华润锦华由几万纱锭扩张到10万纱锭以上，成为全国同行业排头兵；原为民营"小屠宰"的高金食品建成了全国十大肉类食品外贸出口企业；原为金属"小材料"的天齐锂业成为国内最大锂电新能源核心材料供应商、全球最大的矿石提锂生产商。

（五）上市公司业绩良好，融资能力强

全市上市公司均具有比较稳定、持续的高盈利能力，股票在市场流通中的表现较好，多只股票系"绩优股"。有的上市公司还成为交易所评定的"无星级"（最佳）企业。据统计，上市企业累计实现首发融资 17.76 亿元，通过配股、可转债等多种方式，实现资本市场再融资 23.13 亿元。同时，美丰、沱牌大力探索债券市场融资渠道，取得良好效果。上市公司通过资本市场融资完成企业基建、技改，促进产业优化升级和企业发展方式转变，盈利能力不断攀升，市场竞争力不断增强。

四、 金融业推进社会经济又好又快发展

（一）上市公司带动相关产业实现发展

截至 2010 年末，全市拥有明星电力、华润锦华、沱牌曲酒、四川美丰、高金食品、天齐锂业 6 家上市公司，总股本 187 000 万股，资产总额 133.76 亿元。2010 年上半年上市公司主营业务收入 56.94 亿元，占全市规模以上工业

企业营业总收入的 16.55%，实现利润总额 2.49 亿元，占全市规模以上企业利润总额的 12.82%。上市公司作为实现遂宁工业经济新跨越的龙头，带动并促进了相关产业的快速发展，催生了纺织、机电、化工、食品、电力等企业集群的形成，为遂宁经济社会发展做出了积极贡献。

（二）上市公司盈利水平高，社会贡献大

四川美丰从 1997 年上市至 2009 年末，累计创造利润 21.34 亿元，纳税 3.65 亿元，分红 6.75 亿元，公司分红派现金额达到历次募集资金总额的 1.34 倍，分红比例位居国内上市公司前列。沱牌曲酒 2009 年实现营业收入 7.23 亿元，净利润 5379 万元，利税 2.26 亿元，生产能力已列全国同行业第 14 位，销售收入居第 15 位。天齐锂业 2009 年总资产达 3.88 亿元，净资产为 2.32 亿元，实现利润 4296 万元。上市公司在自我发展的同时，注重回报社会，汶川、青海玉树地震，这些企业不但踊跃捐款捐物，伸援手、献爱心，而且积极践行分红，回馈社会，树立了良好的社会形象。沱牌公司成为全国慈善总会命名的慈善先进集体。

（遂宁市金融办）

内江市

"十一五"期间，在内江市委、市政府的领导下，内江金融工作紧紧围绕"实现新跨越，建设新内江"、"每年有新变化、三年上大台阶"的奋斗目标，大力引进域外银行业金融机构，不断完善金融服务体系；全面推行诚信服务和先进的金融管理理念，不断提高金融服务的质量和水平；加快金融信贷市场培育和征信管理工作，不断改善金融生态环境；狠抓企业直接融资工作，实现了企业上市工作零的突破；加强政银企合作，不断搭建政银企对接平台，规范多层次的政银企项目对接工作流程，促进了内江金融与经济协调发展，为全市经济建设和社会事业的发展做出了应有的贡献。截至 2010 年末，内江市共有金融机构 39 家，其中银行业机构 10 家，证券营业网点 4 家，保险公司 19 家，融资性担保公司 6 家；金融从业人员 9535 人，是 2005 年末的 1.24 倍；金融业总资产达 1199.4 亿元，是 2005 年的 2.26 倍。2010 年，全市金融业实现增加值 10.43 亿元，占国内生产总值（GDP）的 1.5%，是 2005 年的 1.88 倍，年均增长 13.5%；金融业对经济增长的贡献率为 0.5%，拉动第三产业增长0.4 个百分点。

一、 改革创新， 金融服务体系不断完善

（一）金融机构改革创新取得明显成效

1. 银行业金融机构改革稳步推进

一是推进国有商业银行改革。不断完善国有商业银行股份制改革情况定期监测报告制度，及时监测国有商业银行改革与发展及有关政策措施落实情况。特别是在充分结合内江实际的基础上，积极推进农村金融改革。一方面加强对农业银行改革问题的调研，在试点的基础上，积极支持农业银行面向"三农"的金融服务工作；另一方面，积极支持农业发展银行在农村市场业务的拓展，加强对政策性业务开展情况的监测，关注农村金融机构准入试点进展情况和有关农村信贷业务与保险业务、担保业务多方合作情况，积极探索可持续发展的农村金融运行模式，促进了农村金融市场的发展。二是积极推进邮储银行改革。按照全国、全省的统一安排部署，及时完成组建邮储银行内江市分行的各项工作和 69 个二级支行的设立工作。三是农村信用社改革初步完成。采取多种措施，加大农村信用社处置不良贷款协调力度，同时加强专项央行票据持续监测和兑付考核工作。2009 年 12 月上旬，内江市中区、东兴区农村信用社央行票据兑付资金相继到账，全面完成了全市三县两区农村信用社央行票据兑付工作，兑付总金额达 2.6亿元，标志着全市农村信用社统一法人社改革工作取得阶段性成果。

2. 引进域外银行业金融机构实现新突破

一是市委、市政府高度重视银行业金融机构的引进工作，主要领导和分管领导多次会见和拜访域外股份制商业银行、城市商业银行，介绍内江经济金融发展情况，宣传有关政策，鼓励股份制商业银行、城市商业银行在内江新设分支机构。二是市政府专门制发了《关于印发鼓励股份制商业银行、城市商业银行在内江新设分支机构意见的通知》，将域外股份制商业银行、城市商业银行在内江设立分支机构纳入招商引资项目管理，享受内江市招商引资优惠政策，并明确了有关的优惠、扶持、奖励政策。三是增强服务意识，积极协调解决域外股份制商业银行、城市商业银行在内江设立分支机构的具体问题，通过协调会议和现场办公会议等方式，在第一时间解决筹建过程中的具体问题，加

快分支机构的筹建进程。"十一五"期间，全市共引进域外金融机构3家，分别是：浦发银行内江分行、宜宾市商业银行内江分行、隆昌兴隆村镇银行（2010年12月28日升格为市级总分制村镇银行，成为全国首批十家地市级总分行制村镇银行之一）。

3. 非银行金融机构管理更加规范

一是小额贷款试点工作稳步推进。2008年底，省政府出台小额贷款公司试点政策后，全市第一时间启动全市小额贷款公司试点工作。2009年，内江获准进行小额贷款公司试点，成立威远德福小额贷款公司。为加强管理，市政府金融办与威远县政府、人行、银监、工商、公安等部门签订了小额贷款公司风险防范与处置责任书。成立小额贷款公司联合检查组，对威远县金融办履行小额贷款公司审查及监管情况、对威远德福小额贷款有限责任公司资本金托管和合规经营情况进行检查，确保了小额贷款公司的合规经营。截至2010年末，威远德福小额贷款有限责任公司各项贷款余额为1.1亿元，累计投放贷款3.6亿元，运行情况良好。

二是保险、证券经营机构管理进一步规范。内江市保险行业协会积极引导各保险公司认真做好行业自律工作，先后制定了内江市保险行业自律公约、机动车辆保险自律公约、团体人身险自律公约、个人保险代理人自律公约等多个自律公约。同时，定期召开产、寿险公司总经理工作联席会议和产、寿险专业专员会议，及时分析解决行业自律方面存在的问题，促进行业自律工作的开展，进一步推动保险行业发展。

三是融资性担保公司监管进一步加强。指定了融资性担保公司的监管部门，进一步明确了融资性担保机构监管工作和具体内容。全面掌握融资性担保机构经营情况，按时向省金融办上报《关于融资性担保机构运行分析情况的报告》。2010年，市政府金融办与人民银行内江市中心支行、内江银监分局成立联合检查组，对全市融资性担保机构及分支机构进行了全面检查，确保融资性担保机构的持续健康安全发展。截至2010年末，全市融资性担保机构注册资本金4.27亿元，在保余额为8.64亿元，较上年净增2.71亿元，增长45.7%。

（二）金融产品创新取得明显成效

1. 金融产品更加丰富

金融机构在经济社会发展多元化的新形势下，结合自身功能定位和特定优势，不断开发、应用新的金融工具和产品，完善金融服务。农业银行深入基层，走村串户推广惠农卡等新产品，取得较好效果。农村信用社推出优惠汇划手续费的农民工特色服务，为外出务工农民提供了方便的结算服务。国有大型商业银行专门设立为中小企业服务的专业部门，为中小企业提供更多的金融产品和"一条龙"的金融服务，有力地促进了全市中小企业的发展。同时，银行业金融机构开办生源地助学贷款、农村住房及其他消费贷款、农民工返乡创业贷款、农村青年创业贷款、农村养老保险存款等新产品，试办大型农用生产设备、林权、四荒地使用权等抵押贷款和应收账款、仓单、可转让股权、专利权、商标专用权等权利质押贷款，并积极稳妥地开展并购贷款、贷款重组业务，有力地促进了地方经济的发展。

2. 企业直接融资工作初见成效

"十一五"期间，制定出台了《内江市银行间债券市场非金融企业债券融资辅导办法》，并向省金融办上报了《内江市 2010 年度重点上市培育企业名单》，为企业的发展壮大提供了新的平台。同时，成立了企业上市培育工作领导小组，大力推进企业上市培育工作。深入重点培育企业调研，帮助企业分析市场、把握利弊、拓展思路；聘请专业机构为政府财务顾问对全市企业进行调查摸排，认真筛选了初步具有一定优势和上市潜力的重点企业进行重点扶持；组织县（区）负责人和有关企业相关人员参加企业上市培训班；聘请资本运营专家到重点企业进行现场培训服务和指导，按照"一企一策"的个性化培育方式，着力推动其规范、改制进程。"十一五"期间，全市有 3 户企业进入辅导期，并被纳入全省上市后备企业进行重点培育，有 1 户企业启动了上市程序。2009 年 10 月 8 日，中国钒钛在港交所上市，标志着内江的企业上市工作实现零的突破。

（三）服务方式创新取得新进展

1. 广泛开展交流合作，成功引进先进金融服务理念

2010 年，内江组织市内各金融机构赴江苏省无锡市、南通市学习服务金融机构、促进金融机构支持地方经济发展的先进经验，并在学习期间与江苏省无锡市人民政府金融办公室签订了战略合作协议。2010 年 2 月，内江与建设银行四川省分行、中国银行四川省分行、浦发银行成都分行、人保财险四川省分公司就金融合作事项分别签订了战略合作协议，加强了地方和金融部门的交

流合作。2010 年 5 月，内江与宜宾召开金融合作座谈会，就加强两市金融合作，促进地方经济建设和辖内重点项目融资进行了深层次的洽谈，签订了金融战略合作协议。

2. 全面推行诚信服务，金融诚信体系建设不断加快

"十一五"期间，内江组织开展了银行业金融机构诚信服务活动，每一家银行业金融机构均签署了《内江市银行业金融机构诚信服务公约》，并向社会公众郑重承诺金融诚信服务和保护金融消费者合法权益。保险行业成立了内江市保险调解委员会，积极引导各保险公司严格遵守自律公约。市保险行业协会还被四川省民政厅授予"全省先进社会组织"称号。

3. 引入竞争机制，金融服务质量和水平明显提高

"十一五"期间，加大了对域外金融机构的引进力度。浦发银行内江分行、宜宾市商业银行内江分行、隆昌兴隆村镇银行纷纷入驻内江，为单位和个人提供了更多的金融服务机构选择面，进一步地激活了内江金融市场，提高了全市金融机构的服务质量和水平。隆昌兴隆村镇银行自 2009 年开业以来，运用新的经营理念，加快发展。截至 2010 年末，该行各项存款余额已经达到6.53 亿元，较年初净增 4.12 亿元，增长 170.95%；各项贷款余额已达 3.99亿元，较年初净增 2.41 亿元，增长 152.53%。

二、 金融风险化解有力， 金融生态环境明显改善

（一）金融生态环境建设协调机制更加健全

"十一五"期间，市政府专门印发了《关于加强金融生态环境建设的若干意见》，进一步强调加强金融生态环境建设的重要性，明确各参与单位职责分工。在原有社会信用体系建设基础上，建立健全市级各部门与金融机构的协调机制，及时召开全市金融法治环境建设座谈会，指导辖内金融机构开展自律评估，全面、公正、客观、准确评估金融机构洗钱风险及反洗钱机制运行状况。加强金融机构与公安部门的合作，提高反洗钱联席会议成员单位间的合作水平，初步建立起信息资源、工作成果的共享机制。同时，开展了内江市金融诚信企业评选认定工作，评选 80 户企业为内江市金融诚信企业。

（二） 金融宣传效果明显

制定《内江市金融知识宣传普及实施方案》，在《内江日报》开办金融宣

传栏目，每年开展"金融宣传月"和"内江金融教育服务日集中宣传"等金融宣传活动，通过各种形式大力宣传金融的法律、法规和有关知识，推动金融知识进社区、进学校、进企业、进农村，提高了社会公众的现代金融意识，推进了政府、企业和个人三个层次的信用体系建设。

（三）信贷市场培育和征信管理不断加强

"十一五"期间，出台了《内江市关于加强信贷市场培育和发展的意见》，组织市级有关经济主管部门和各银行业金融机构联合筛选确定了100户符合信贷市场培育条件的中小企业，纳入全市第一批"中小企业成长计划"进行培育。通过培育，中小企业融资能力明显增强，形成了良好的示范效应。组织召开信贷市场培育暨支持中小企业发展推进大会，启动第二批信贷市场培育工作计划，全面推动信贷市场的培育和发展。

在征信管理工作方面，督促金融机构完善企业和个人征信系统，继续推进借款企业信用评级试点工作，扩大评估报告的应用；继续推进中小企业信用体系建设工作，完成了407户中小企业信息更新，金融诚信企业、企业拖欠工资、银企合作守信企业等信息被纳入征信系统。截至2010年11月底，全市完成2015户中小企业建档，取得银行授信和融资意向的中小企业142户，累计贷款金额8.3亿元。

（四）金融生态环境示范县和信用村镇、信用社区创建工作有序推进

大力推进信用村镇、信用社区创建工作，转发了《关于开展创建信用社区试点工作的通知》，对进一步搞好内江市信用社区创建工作提出了具体贯彻意见。目前全市已建成信用镇7个、信用村654个，评定信用户37.97万户。积极开展"金融生态环境示范县"创建试点工作，围绕司法环境建设、社会信用的培育、建立新型银企关系、整顿中介机构秩序等重点问题，推进县域金融生态环境建设。威远县成为全省首批5个"金融生态环境示范"之一，"金融生态环境示范县"创建工作走在了全省前列。

（五）农村支付服务环境改善明显

成立了农村支付服务环境改善工作领导小组，负责农村地区支付服务环境改善实施方案的制定和具体落实。组织开展了农村地区支付环境情况调查，对全市三县两区提出了针对性的工作措施。在全市三县两区积极推进"银行卡刷卡无障碍街区活动"，广泛开展打击银行卡犯罪专项行动，重点打击恶意透

支、妨害银行卡管理犯罪。

（六）金融风险化解有力

将防范和化解地方金融风险作为工作重点，常抓不懈。积极引导金融机构通过法律、舆论等各种途径，打击各类恶意逃废银行债务的行为。针对部分企业的贷款风险，多次组织有关部门和金融机构研究处置办法，积极采取措施，在救活企业的基础上，力争实现不良贷款的化解。截至 2010 年末，全市各银行业金融机构不良贷款余额为 27.49 亿元，较"十五"末下降 5.48 亿元；不良贷款率为 10.27%，较"十五"末下降 18.82 个百分点。成立了打击和处置非法集资工作领导小组，明确了联席会议制度、成员单位及其职责，定期召开会议，确保了全市非法集资处置工作稳妥有序。

三、 金融支持灾后重建成效显著

（一）抗灾自救，维护了辖内金融秩序正常和金融稳定

2008 年 5 月 12 日，汶川大地震发生后，全市立即启动了自然灾害应急预案，研究部署抗震救灾有关工作。金融管理部门和金融机构从业人员坚守岗位，忠实履行各项职责，有力、有序、有效地做好各项工作。坚持风险排查不放松，保障职工生命财产安全不放松，履行职责不放松，强化基础工作不放松，推动应急管理工作不放松，防止次生灾害不放松，切实保证金融系统职工和各项业务系统的安全。对因地震降为 C 级的金融机构营业网点进行逐一排查，及时采取相应的防范措施，确保经营活动的正常开展，确保国家、集体财产安全，确保职工生命安全，维护了辖内金融秩序正常和金融稳定。

（二）提供优质金融服务，有力地支持了灾后重建工作

地震期间，全市及时贯彻落实上级有关抗震救灾的金融政策措施，金融管理部门和金融机构从业人员坚持公休日应急值班制度，确保了各项业务和各类业务系统的正常运行。国库部门通过抗震救灾资金"绿色通道"，共拨付救灾资金 4236.5 万元，保障了救灾、捐款资金汇划畅通。各银行业金融机构组织人员对受灾企业进行摸底调查，加大对抗震救灾的信贷支持力度，对 19 户受损企业和 10 户支持灾后重建企业提供了金融服务和信贷扶持。强化金融服务，做好抗震救灾信贷支持工作，开设绿色通道、特事特办，尽最大努力提高办理贷款效率，以最快速度审批发放抗震救灾贷款。据统计，全市累计投放各类抗

震救灾信贷资金2亿多元，有效支持了地方抗震救灾工作。

四、 政银企协作进一步加强， 区域金融与经济协调发展

（一）强化目标管理，有效信贷投放不断增加

制定《内江市银行业金融机构考核管理办法》，进一步完善了银行业金融机构目标考核工作机制。结合各银行业金融机构的实际情况，对各银行业金融机构当年的目标任务进行分解下达，签订目标责任书。每月定时收集、汇总、整理各银行业金融机构目标任务的完成情况，并进行认真分析。及时收集、整理金融机构的工作情况，定期编制《内江市银行业金融机构运行情况快报》和《内江金融工作动态》，掌握金融工作的第一手资料。强化日常性的监督检查，提高银行业金融机构的积极性，促进全市有效信贷投放不断增加。

（二）搭建银企对接平台，银企对接效果明显

1. 金融机构参与重点项目建设战略全面推进

进一步完善了政、银、企合作工作机制，促使政、银、企合作更加规范化、制度化、经常化、长效化。积极引导各银行业金融机构主动参与和着力支持全市重点项目建设，最大限度地满足重点项目信贷资金的有效需求，有力地推动了全市重点项目建设的顺利进行。为解决信息不对称问题，编制了《内江市银行业金融机构信贷政策及产品简介》，收集了包括重点项目，中小企业、高新技术企业、民科企业融资需求情况及银行信贷产品简介、银行网点、信贷办理流程、手续等内容的信息，并有效解决了银企在融资信息上不对称的难题，促进银企信息对接。

2. 银、企贷款项目对接工作流程更加规范

为便于项目对接的申报和汇总，市政府金融办制定了银企对接——基建、技改贷款项目申报表、银企对接——基建、技改贷款项目推荐汇总表、银企对接——流动资金贷款项目申报表、银企对接——流动资金贷款项目推荐汇总表，作为项目对接的统一表格。要求各县（区）政府、各行业主管部门落实专人，及时将申报表下发到企业，督促有贷款需求的企业认真填报申报表，并在审核企业申报表的基础上填报推荐汇总表，连同企业填报的申报表一并由市政府金融办分发到有关金融机构，这一流程的规范，极大的提高了银、企对接的工作效率。

3. 银企项目对接工作模式更具有针对性和实效性

为强化政银企互动沟通，提高银企项目对接的针对性和实效性，将集中项目对接改为分县（区）和以市级银行业机构为单位，分行（社）开展项目对接。各县（区）长、承办行市分行行长、相关部门及县区支行行长、涉及项目企业负责人等，对拟对接的项目逐一分析，对项目对接中存在的问题达成解决方案，并落实责任部门每年向各县（区）政府、市级有关部门、银行业金融机构收集银企对接项目，整理后推荐给银行业金融机构，并跟踪对接项目的贷款落实情况，有效促进了银、企的对接和交流，增强了金融服务经济的力度。

4. 银企对接形式实现多层次化

自 2008 年来，全市每年年初在成都要举办全省金融机构、部分在川商业银行和股份制银行参加的内江市金融工作座谈会；每年定期召开全市金融工作会议，组织全市金融机构与重点项目、重点企业、中小民营企业开展对接活动；各县（区）和各银行业金融机构召开专题对接会议，通过组织开展一系列多层次的银、企对接交流，增进了政、银、企之间的有效合作，实现了经济金融互动双赢。"十一五"期间，内江企业与金融机构共签订贷款合同及意向协议 188 份，金额达 493.6 亿元。

（三）落实外汇管理改革措施有力，确保了辖内外汇市场正常有序

结合内江经济运行特点加强外汇改革和货币政策的协调运作，引导和规范外汇资金合理有序流动。加强外汇政策宣传培训，创建了内江外汇 QQ 群，拓宽了对外政策宣传和交流的渠道。推广运用直接投资外汇业务信息系统和贸易外汇资金流入动态监测系统，加强跨境资金流动监测和管理，及时掌握外汇收支动态。上线运行了外商直接投资系统境外模块，全面完成全市外商投资企业的外汇年检工作，外商投资企业参检率达到 100%。组织开展银行执行"出口收结汇联网核查"政策情况专项检查和辖区外商投资企业资本项目外汇业务专项检查，维护辖区外汇市场正常秩序。截至 2010 年末，外汇存款余额 2387 万美元，较"十五"末增长 73.47%。

（四）金融支撑有力，区域金融与经济协调发展

内江金融业平稳、高速、健康发展，为内江经济社会提供了强有力的金融支撑。一是财税运行平稳。全市累计实现财政一般预算收入 70.67 亿元、支出

315.23亿元，争取上级财力性补助和专项资金等246.72亿元，兑现落实各项惠农、惠民补贴资金13.4亿元，市级财政支持重点项目建设15亿元，国土基金支出14.19亿元。组建内江投资控股集团有限公司，资产总规模达到164亿元，成功融资25.08亿元，有力保障了重点项目建设的资金需求。二是工业经济快速发展。2010年，规模工业总产值突破1000亿元，达1310.48亿元，同比增长39.6％，是2004年的6.4倍，年均增长36.3％。民营企业蓬勃发展，民营经济占国内生产总值的比重达56.8％。三是现代农业较快发展。2010年粮食总产量达160.85万吨，比2004年增加10.85万吨；新改建农村公路4784公里，100％的乡镇、1477个建制村已通柏油路、水泥路；推进产业化经营，龙头企业达526户，其中国家级1户、省级19户，农业产业化经营产值达到126.71亿元，带动农户72万余户，基本形成了一个特色产业就有一个以上龙头企业带动的发展格局。四是交通枢纽建设全面推进。归连地方铁路竣工通车，内遂高速公路、成自泸赤高速公路、成渝城际客运专线内江段开工建设，国道321线和省道206、207、305线内江段改建工程加快推进，绵遂资内自宜城际客运专线、内威高速公路、自隆高速公路纳入省上规划。"十一五"期间，累计完成交通建设投资53.17亿元，是"十五"期间的2.89倍。

（内江市金融办）

乐山市

"十一五"期间，乐山金融业在市委、市政府和省级金融主管部门的正确领导下，认真贯彻落实国家各项经济金融政策，切实加大对地方经济社会发展的支持力度，实现了经济金融的良性互动、快速发展。过去的五年，是乐山金融业规模不断扩大，金融体系建设不断完善，金融业改革创新继续深化，金融的集聚辐射功能初步显现，金融生态环境进一步优化的五年，也是地方经济社会持续、快速发展的五年。截至2010年末，乐山市共有金融机构94家，其中银行业机构34家，证券、期货营业网点5家，保险公司33家，融资性担保公司22家；金融从业人员1.7万人，是2005年末的1.9倍；银行业总资产达1039.21亿元，是2005年354.73亿元的2.93倍。2010年，乐山市银行业实现增加值20.6亿元，占GDP的2.77％，年均增长11.9％。

一、金融业 "十一五" 发展情况

（一）金融业规模不断扩大

1. 金融业增加值显著提高

"十一五"期间乐山市金融业增加值年均增长率达11.9%。2010年末，全市金融业实现增加值20.6亿元，占全市GDP的2.77%，占全市第三产业增加值的10.23%，在第三产业15个行业中排第5位，仅次于公共管理和社会组织、批发及零售业、交通运输仓储及邮政业、房地产业。金融业作为现代服务业的重要作用逐步显现，为全市经济增长发挥了重要作用。

2. 金融机构业务扩张迅速

2010年末，乐山市银行业金融机构本外币各项存款余额872.34亿元，较"十五"末增加551.69亿元；本外币各项贷款余额588.29亿元，较"十五"末增加371.25亿元。其中，人民币各项存款余额达867.41亿元，列全省第7位；人民币各项贷款余额达585.87亿元，列全省第4位。

保险业。截至2010年末，全市各类保险机构共实现保费收入29.98亿元，是"十五"末的3.85倍。其中：财产险收入7.89亿元，人寿险收入22.1亿元，均创历史新高。全市保险深度4.03%，较"十五"末增长1.49个百分点，保险密度848.69元，较"十五"末增加624.49元。

证券行业发展方面。截至2010年，共有5家证券公司在乐山设立了6家营业部，年末客户资产总额94.46亿元，实现证券交易额1142.31亿元。

3. 金融运行质量明显改善

"十一五"期间，乐山市各类金融机构积极努力，不断转变经营理念，优化内部治理结构，提高经营管理水平，加大风险防范力度，成功应对了各类自然灾害和国际金融危机带来的不利影响，金融业经营环境不断改善。截至2010年末，全市银行业金融机构资产总额1037.05亿元，较"十五"末增长195%；不良贷款率3.12%，较"十五"末降低10.68个百分点。保险业和各证券营业机构稳健运营，经营效益不断提高，投资者教育工作有序开展，公众风险意识进一步提高。

（二）金融业对地方经济的支持不断加强

"十一五"期间，乐山市金融机构紧紧围绕区内经济发展战略，发挥自身在资金融通、风险管理、社会保障等方面的作用，支持经济社会平稳较快发展。

银行业为乐山经济发展提供资金支持。"十一五"期间，乐山金融业积极为全市各重点项目建设提供资金支持，截至 2010 年末，全市中长期贷款余额 376.51 亿元，较"十五"末增长 347.32%。银行业信贷投放有效助推了多晶硅及太阳能光伏、物联网及电子信息、盐磷化工、冶金建材、装备制造五大乐山优势产业的产能扩大和行业整合，帮助企业发展壮大。加大对农村龙头企业和农业专合组织的信贷投放，截至 2010 年末，金融机构涉农人民币贷款余额 298.87 亿元，较"十五"末增长 121.22%。

保险业的风险分摊、经济补偿功能不断增强。2006 年以来，乐山市保险类金融机构积极拓展业务，充分发挥保险风险分摊、经济补偿的作用，及时履行对投保主体的相关赔付义务，增强经济、社会发展中的稳定性。截至 2010 年，全市保险机构支付各类赔款和给付共计 6.4 亿元，较"十五"末增长 194.93%。

（三）金融体系建设不断完善

1. 金融业组织体系逐步健全

"十一五"期间，乐山市初步建立起银行、保险、证券等多种金融机构以及各类金融中介服务机构并存，全国性、区域性、地方性机构协调发展的多元金融组织体系。截至 2010 年底，全市共有 1 家政策性银行、4 家国有商业银行、1 家邮政储蓄银行和 4 家全国性股份制商业银行在乐山设有分支机构。另有 24 家地区法人银行业机构，包含 1 家城市商业银行、21 家县级农村信用合作联社、2 家村镇银行。银行网点达 604 个，比"十五"末增加 97 个。5 家证券公司在乐山 4 个区（县）设立 15 家营业部。各类保险公司在乐山设立分支机构 32 家，较"十五"末增加 13 家。设立由 20 余家融资性担保公司组成的"一体两翼多层次"中小企业融资担保体系，有效改善了辖内中小企业融资环境。

2. 金融监管体系不断完善，金融工作协调机制初步建立

"十一五"期间，乐山市委、市政府大力支持辖内人民银行和银监分局金融监管工作的开展，加强部门联系沟通，完善监管体系，形成监管合力，提高对辖内各金融机构的监管力度，强化金融风险防范意识；政府相关部门不断加

大对保险行业协会的指导力度，使其更好地发挥行业自律监管作用。在2007年开始的沪深股市深度调整和2008年国际金融危机冲击等不利影响下，全市金融监管体系积极发挥作用，确保地方金融业稳健经营，平稳快速发展。

2008年市政府成立了金融工作领导小组及办公室（金融办），负责协调全市金融工作。两年多以来，金融办多次组织相关金融部门会议，协调解决全市金融发展中的重大问题，狠抓金融招商项目推介，积极搭建企业与金融机构间的对接交流平台，促进金融深化。

（四）金融业改革创新成效显著

1. 金融业改革进一步深化

"十一五"期间，工、农、中、建4家国有商业银行乐山分行按照股份制改革要求，不断完善内部治理结构，提高管理水平，平稳实现转型发展。农业发展银行分支机构从政策性银行向商业化经营转型工作正稳步推进。2008年中国邮政储蓄银行乐山分行成立，为邮政储蓄资金支持地方经济建设提供了更为便利的通道。地方性金融机构改进和加强内部管理、法人治理结构逐步完善。全市各区县农村信用社中，有10家完成统一法人改革，市中区农村信用社将于2011年组建统一法人的农村商业银行。

2. 金融产品服务创新力度不断加强

"十一五"期间，乐山金融业网络化、信息化进程明显加快，金融产品服务创新成效逐步显现。以人民银行大小额支付系统、支票影像系统、电子商业汇票系统等为代表的现代金融支付结算系统的使用日益普及，资金清算速度显著提高；辖内5个区县分别建成了刷卡无障碍示范区，为银行卡消费方式的推广普及提供了基础设施保障；以林权抵押贷款、供应链融资、经营性物业抵押贷款等为代表的信贷投放创新业务不断增加，弥补传统抵押方式的欠缺，有效地解决了"三农"和中小企业的资金需求；银行各类中间业务不断推陈出新，海外代付、出口保理、福费廷等新兴业务日益被企业熟悉和使用。保险业分支机构积极推广各类创新保险险种，不断简化保费缴纳和赔付资金支付程序，提高保险产品和服务获得的便利性。证券业分支机构积极推行客户证券交易结算资金第三方存管制度，不断提高服务质量；逐步减少营业厅现场交易规模，防止群体性事件隐患。全市银证、银保、银企合作形式不断创新，合作力度空前加强。

（五）金融集聚辐射功能初步显现

"十一五"期间，浦发、兴业等多家全国性股份制商业银行到乐山设立分支机构。目前在川南地区城市中，乐山已成为拥有全国性股份制银行分支机构最多的地级城市，并拥有存款总量第二、贷款总量第一的规模优势，金融资源集聚以及对周边地市的辐射功能已初步显现。这将为在未来十年将乐山建设成为西部金融中心次中心，实现辖内金融业跨越式发展，提供重要的要素保障。

（六）金融生态环境建设成效显著

乐山市自2005年开展金融生态环境建设工作以来，紧紧围绕"坚持科学发展，构建和谐乐山"的主题，始终坚持"政府主导、人行推动、各方联动、各司其职、齐抓共管"的方针，下大力气优化地区金融生态环境。市政府印发了《乐山市社会信用体系建设设施意见》，全面推动辖内信用体系建设。以人民银行企业和个人征信系统为主要载体的社会征信体系逐步完善。截至2010年末，企业征信系统为全市10231户企业和其他组织建立了信用档案，个人征信系统为全市42.1万人建立了信用档案。2009年初，市政府金融办公室和人民银行乐山市中心支行联合下发了《"金融生态环境示范县"创建工作的通知》，提出要在2015年将全市11个县（市、区）全部创建成为市级金融生态示范县，并有3～5个县（市、区）创建成为省级金融生态示范县。井研县创建效果显著，2009年成功通过人民银行成都分行的验收，成为四川省第一批"金融生态示范县"之一。

二、 金融业支持地方经济社会发展情况

"十一五"期间，乐山市各类金融机构以支持地方经济社会发展为主线，不断加大对区内实体经济各个产业以及民生领域的金融产品和服务供给力度，在实现自身经营规模不断扩大、经营效益不断提升的同时，也为区内经济快速增长、产业结构持续优化、民生持续改善和社会和谐安宁做出了重要贡献。2010年，全市实现地区生产总值743.92亿元，较"十五"期末增加437.2亿元，增长142.54%；固定资产投资510.05亿元，较"十五"期末增加389.82亿元，增长324.23%。

（一）增强"三农"服务力度

"十一五"期间，乐山金融机构对"三农"领域的服务力度不断增强。截

至 2010 年，全市银行业金融机构涉农贷款余额为 298.87 亿元，比 2005 年末增加约 163.77 亿元，增幅约为 121.22%。自 2008 年以来，涉农贷款年均增长 26.36%，在全市贷款总额中占比均超过 50%。在涉农金融产品与服务创新方面，乐山辖内各涉农金融机构以服务新农村建设、服务城乡统筹协调发展和促进扩大农村消费为重点，积极推动农村金融产品和服务方式创新，改进和完善"三农"金融服务。如辖内银行业金融机构根据农村市场发展的需要，结合农民融资难的实际困难推出的"农户联保贷款"，有效地解决了广大农户临时性生产生活资金需要；正在推广的"银行＋专合组织＋农户"合作信贷投放模式，缓解了银行在涉农贷款投放中的风险管理难题；探索中的"银行＋公司＋农户"合作信贷投放模式，满足了企业上游原料供应农户资金需求受季节影响较大，需要资金多、急、短的特点。在民生类金融服务方面，辖内犍为县推出的"夕阳红养老保险贷款"，解决了部分农村居民的养老保障问题，产生了良好的社会影响；辖内中国人寿、泰安人寿、太平洋人寿等保险机构还在全市 9 个区县积极推动农村小额人身保险的试点工作，增加政策性保险产品在农村的覆盖范围和深度，为农村地区的经济发展和社会稳定提供保障。

（二）助推工业做大做强

"十一五"期间，乐山金融业紧紧围绕工业强市战略规划，突出重点，突破难点，加大了对各大传统优势产业和新兴产业的支持力度，助推区内工业经济结构调整和经济发展方式转变。通过加大中长期贷款投放力度，重点支持区内铁路、高速公路、航电站等重大基础设施建设项目，改善经济发展的硬件环境。2005 年以来，全市人民币中长期贷款余额稳步提高，占贷款总量比重也同步增加。

在具体信贷投向上，按照科学发展的要求，重点支持盐磷化工、冶金建材、装备制造等传统项目的产业升级，发展精细磷化工、钒钛低微合金钢、纯净钢等高端新产品。以"绿色金融"、"低碳金融"为杠杆，为太阳能光伏、物联网电子信息等新兴产业提供资金支持和金融服务，支持区内工业经济优化结构、良性发展，获得可持续的区域比较优势。截至 2010 年底，全市的工业贷款余额为 261.87 亿元，占贷款总量的 44.51%，比 2005 年底增加 174.09 亿元，增幅达 198.33%。信贷资金的有效投放和金融服务的不断增强，促进了全市工业化水平逐步提升。到 2010 年底，乐山市工业增加值 414.42 亿元，比

2005 年末增长了 195.44%，增幅与工业贷款增幅基本相同，彰显了金融机构贷款对工业发展的促进作用。同期规模以上工业企业的主营业务收入和利润也大幅提高。在金融机构的有效支持下，全市的工业竞争力也得到迅速提升。到 2010 年，全市工业产品的 GDP 区位商 Q2 达到 1.37，比 2005 年 1.09 的水平增长 0.28 个指标值，表明乐山市工业生产能力得到大幅度提高，工业生产力水平高于全国平均水平，是全国工业产品的主要输出地之一。

在工业园区规划建设方面，乐山银行业金融机构配合地方政府建设工业园区和工业集中区，实现工业大飞跃的战略意图，积极为园区基础设施建设、企业生产经营活动提供资金支持。"十一五"期间，乐山市已初步建立了市中区工业集中区、五通桥盐磷化工循环产业园区、沙湾冶金建材产业园区、夹江经济开发区、峨眉山市工业集中区等特色突出、运转良好的工业园区。

（三）支持服务业发展壮大

服务业的发展壮大，是转变经济发展方式，提高社会就业率，实现包容性增长的重要途径。2006 年以来，全市金融机构大力组织资金，紧紧围绕乐山市加快旅游业态转型、繁荣商贸服务业、构建第三方物流体系等服务产业发展规划，重点突出，积极支持区内服务业的升级发展。截至 2010 年末，全市金融机构第三产业贷款余额 149.7 亿元，占全市贷款余额的 25.45%，比 2005 年末增加了 99.3 亿元，增幅 197.02%，有力地支持了第三产业发展，促进了全市经济又好又快发展。

（乐山市金融办）

南充市

"十一五"时期，在市委、市政府的正确领导下，南充金融业齐心协力，攻坚克难，奋力作为，有效应对国际金融危机的巨大冲击，战胜了汶川特大地震等重大自然灾害带来的严重影响，胜利完成了"十一五"规划确定的主要目标和任务，实现了历史性飞跃。截至 2010 年末，南充市共有金融机构 67 家，其中银行业机构 11 家，证券、期货营业网点 5 家，保险公司 27 家，小额贷款公司 5 家，融资性担保公司 19 家；金融从业人员 1.9 万人，是 2005 年末的 1.8 倍；金融业总资产达 2163.16 亿元，是 2005 年的 2.66 倍。2010 年，全市金融业实现增加值 17. 37 亿元，占 GDP 的 2. 1%，是 2005 年的 1. 52 倍，年均增长 8. 8%；金融业对经济增长的贡献率为 3. 3%，拉动第三产业增长 1. 25个百分点。

一、 金融业改革与发展的做法

"十一五"时期，面对国内外经济金融形势变化较快、各种风险和不确定因素明显增多的局面，南充金融始终坚持以科学发展观为指导，针对不同时期经济金融运行特点，综合运用多种措施和办法，正确贯彻执行货币政策，合理调节信贷投放的方向、重点和力度，既有效保持了金融健康稳定增长，又促进了经济平稳较快发展。

（一） 更新观念，确立了符合南充实际的金融发展思路

一是解放思想，创新发展。区域经济的竞争，已经越来越取决于金融优势的竞争，加强金融创新，优化金融资源配置，成为各地发展区域经济的重要举措。"十一五"期间，全市从解放思想入手，结合南充的实际，大胆探索各类金融创新，探索出了一条在创新中谋发展、在发展中求创新的改革与发展之路。

二是政府引领，超前发展。南充属经济欠发达地区，需要金融的超前发展为产业升级转型注入强大的资金动力。加强政府引领，通过政府对金融业发展的战略推动，在创业投资、股权投资和担保基金、地方金融以及准金融发展等方面实现突破，利用政策优势、财力优势推动金融加快发展，使金融业在南充经济发展中发挥了较好的资源配置作用。

三是把握机遇，跨越发展。西部大开发为南充金融业跨越发展提供了难得的机遇。以此为契机，全市在金融服务体系、金融产品创新、金融生态环境建设等方面，加大工作力度，并通过信贷市场、票据市场、金融中介市场的快速发展，实现了南充金融的新跨越。

四是立足产业化，加快发展。现代金融不仅仅是融资的工具，更重要的是已经发展成为一个重要的产业。针对南充金融业在产业体系中的总量占比还比较低，与经济规模总量不相匹配，与经济发展不相适应的实际，南充市以做大金融产业为重点，把金融业作为国民经济的重要产业加以培育，促进了全市金融产业加快发展。

五是优化生态，持续发展。诚信是金融健康发展的根本，金融业承载着复杂的债权债务关系，金融交易过程具有严重的信息不对称和高度的不确定性，因而金融过程的每个环节都存在风险，金融链条上的某个环节一旦出现障碍，就会产生连锁反应，对经济社会造成严重的伤害。鉴于此，南充高度重视金融生态环境建设，致力于打造优良的金融生态环境，建立较为严格的信息披露制度，促进了金融可持续超常规发展。

（二）集思广益，找到了加快南充金融发展的独特路径

按照加快发展、科学发展、又好又快发展的要求，紧紧围绕市委、市政府提出的加快建设川东北区域中心城市战略部署，全市金融系统广大干部职工拓宽思路，献计、献智、献策，集思广益，找到了加快南充金融发展的独特路径。

1. 以服务经济大局做大金融总量

全市金融机构始终以高度的责任意识和大局意识，努力加大有效信贷投放，积极拓展企业融资渠道，有效满足了实体经济资金需求，融资规模保持稳步合理增长。"十一五"以来，各类金融机构业务量和利润额持续快速增长，金融总量居四川省第五位。银行业金融机构的存贷款大幅度增长，存贷款余额不断创历史新高，贷款增幅远高于同期 GDP 增幅和 CPI 涨幅之和。

2. 以调整信贷结构做优金融资产

面对经济结构转型升级要求，金融系统加速调整信贷结构，信贷投放不再过多集中于传统领域和传统产业，更多关注于经济发展中的薄弱领域和重点环节。在银行信贷市场，全市金融机构按照"有扶有控"的信贷政策导向，加大对重点领域和薄弱环节的支持力度。既保持了信贷投放的高位快速增长，又很好地改善了信贷投放结构。"十一五"期间，全市中小企业贷款年均增长25.98%，涉农贷款年均增长23.95%，分别高出全部贷款平均增幅7个和5个百分点。从新增贷款的投向看，重点项目、中小企业、"三农"、民生等方面是贷款投放的重点，有力地支持了全市经济社会的发展。贷款区域结构也更趋协调，县域地区人民币贷款余额占全市贷款比重从2005年的39%提高到2010年的46%，上升了7个百分点。

3. 以加大改革创新力度促进金融可持续发展

农村金融改革不断深化，各类银行业金融机构在县域及以下的网点实现全覆盖；新型农村金融组织蓬勃发展，共成立村镇银行 1 家，小额贷款公司 5 家；政策性农业保险试点险种和覆盖面继续扩大，累计为 193 万户次农民提供了约 13 亿元的风险保障。外向型金融服务试点有效推进，跨境贸易人民币结算业务位列全省第五；人民币对外直接投资、境外放款等跨境资本项目业务探索稳步发展。

4. 以优化金融生态环境为抓手创建资金蓄积洼地

金融主管部门和地方政府一手抓监管，一手抓服务，加强规范政府融资平台管理机制，建立完善政策引导扶持体系。持续深入展开农户信用档案建设和金融生态县创建活动，金融运行质态得到明显提升，金融机构关键监管指标好于预期，不良贷款"双降"明显，逐渐形成了资金蓄积洼地效应。

5. 以完善支付结算体系为基础加强金融服务网络建设

"十一五"时期，南充大力推进现代化支付体系建设，取得前所未有的成就。建成并运行大、小额支付系统、支票影像交换系统、境内外币支付系统和电子商业汇票系统等。农村支付服务建设初见成效。目前，支付清算系统运行平稳，维护管理水平不断提升，功能和布局日趋完善，在支持金融创新、加快社会资金周转、方便群众生产生活、促进经济金融又好又快发展等方面发挥着越来越重要的作用。银行卡实现了全国联网通用，公务卡结算、农民工银行卡特色服务、账户实名制不断完善，联网核查公民身份信息系统投入运行并发挥重大作用。

6. 以加强征信管理推进社会信用体系建设

"十一五"以来，南充在推动征信管理、完善社会信用体系方面做了很多工作。个人信用查询服务在全省率先入驻市政服务大厅，向社会公众提供查询服务，收到了很好的社会效果。目前，已建立企业和个人信用信息基础数据库，地方信用体系建设取得显著成效，中小企业和农村信用体系建设取得重大进展，为解决中小企业融资难和农户贷款难问题发挥了积极作用。

7. 以完善国库现代化体系增强金融服务功能

五年来，南充围绕"建设一流的现代国库服务体系"目标，初步形成了以财税库银横向联网系统、国库会计数据集中系统和国库管理信息系统三大系统为基础的国库业务管理系统的架构。国库现代化体系的建设和服务功能的丰富给企业生产和人民生活带来了不少实惠。财税库银横向联网系统为纳税人提供了各种纳税申报与缴税便利，纳税人足不出户即可在几秒钟内实现税收的纳税申报、缴款全过程。国库会计数据集中系统上线后，各级次的预算收入可直达目的地国库，县级国库收纳的中央预算收入，从以前2-3天报解至总库，缩短到几秒钟。同时国库部门还办理了涉农补贴、家电下乡、抗震救灾等政府补助资金项目的直接支付业务，政府补贴资金实现从国库到农民、受灾群众的点对点发放，减少了中间环节和在途时间。

8. 以加强金融人才队伍建设形成可持续发展的长效机制

五年来，南充各级政府和金融机构高度重视金融人才队伍建设，加强高素质金融人才引进，不断完善用人机制，加快建立员工培训机制。在农村地区，深入开展农村金融教育试点，努力推动农村金融人才培养工作，全面建立了农村小额贷款公司等新型农村金融组织员工培训制度。

（三）狠抓落实，形成了强有力的工作措施

1. 积极有效贯彻执行各项货币政策

根据国家货币政策的变化，结合全市实际，综合运用各项货币政策工具，推动全市信贷总量合理增长和均衡投放。尤其在国际金融危机爆发后，根据市委、市政府的经济工作方针，迅速出台了10条金融加大对全市经济增长支持力度的指导意见和8条外汇管理支持全市涉外经济发展的政策措施，组织有关信贷员开展"下厂入户服务活动"，组织银行机构与重点基础设施项目开展融资对接，全力以赴保障信贷资金供给，有力地支持了南充经济度过最困难时期并回升向好发展。

2. 大力支持农村信用社深化改革

"十一五"期间，南充市委、市政府高度重视农村信用社改革试点工作，成立专门领导小组，出台相关政策文件，指导农村信用社深化内部法人治理结构改革和增资扩股，帮助农村信用社清收不良贷款、处置化解历史遗留问题，促进全市农村信用社的资本充足率大幅提升、不良贷款率大幅下降，支持措施力度之大、效果之明显前所未有。在此基础上，又积极运用差额存款准备金率、支农再贷款、再贴现等货币政策工具支持农村信用社发展壮大，全市9家县级联社的统一法人体系初步形成，综合效益快速提升。

3. 努力做大做强南充市商业银行

在南充市委、市政府的高度重视下，南充市商业银行成功引进德国战略投资者，并实现了省内跨区域经营和走出省外发展。截至 2010 年末，南充市商业银行资产总额达 427.32 亿元，资本充足率 11.02%，各项存款达 272 亿元，各项贷款达 126 亿元，实现利润 5.62 亿元。其中，南充商业银行成都分行存款余额突破 100 亿元，贷款余额达 58 亿元；南充商行贵阳分行存款余额突破 30 亿元，贷款余额超过 10 亿元。

4. 积极发展各类新型金融

创新是"十一五"南充金融业快速发展的强大动力。"十一五"期间，小额贷款公司、村镇银行、农村资金互助社等新型金融组织实现破冰发展。由银行发起成立的全国第一家村镇银行——仪陇惠民村镇银行、全国第一家贷款公司——仪陇惠民贷款公司、全国首家也是唯一一家全外资小额贷款公司——南充美兴小额贷款公司等新型金融机构相继诞生，并成为全市金融业发展中一支重要的新兴力量。

二、 金融业改革与发展取得的成效

"十一五"是南充金融总量跨越最大的时期，也是增长最快、投入最多、效益最好、不良贷款下降最多、结构调整最明显、金融生态环境改善成效最突出的时期。这五年，南充金融走出了十分精彩的改革与发展之路，金融组织体系不断完善，金融改革创新迈出重大步伐，金融市场功能进一步发挥，金融领域的各项试点工作稳步推进，金融服务水平显著提升，金融业整体实力持续增长，抗风险能力不断增强，金融在国民经济中的地位和作用显著提升，金融对经济的贡献能力持续提高，有力支持和促进了国民经济持续健康发展。五年来，南充经济金融总量一路扶摇直上，创造了前所未有的瞩目成就，即使是众人谈"危"色变的 2009 年，也因为超前谋划的勇气和智慧，成为南充金融发展的一座里程碑：那一年，南充各项存款余额首次突破千亿元，各项贷款新增额保持连续三年翻一番的良好发展势头；那一年，南充实现 GDP 686 亿元，首次超过达州，跃居川东北第一位。五年来，南充金融生态环境不断得到改善，银行资产质量不断提高，除农发行因政策性原因和信用社因历史遗留问题不良贷款占比稍高外，其他银行的不良贷款率均下降到 2% 以下。南充市商业银行、邮政储蓄银行及各新型金融机构的不良贷款率均在 0.5% 以下。这五年，也是南充证券、保险业发展最快的时期，保费收入和证券交易量居川东北第一。

（一）金融机构发展最快、从业人员增加最多

经过"十一五"发展，南充市已初步形成了由市政府金融办、人民银行、银监分局组成的管理机构，由银行业、证券业、保险业和融资担保业、小额贷款公司等组成的经营机构共同发展的较为齐备的金融体系。特别是村镇银行、小额贷款公司、融资性担保公司和农村资金互助扶贫社等新型金融机构在"十一五"期间的快速发展，有效提升了全市金融服务的广度和深度。截至2010年末，全市共有银行业金融机构11家，证券机构5家，保险机构27家，小额贷款公司5家，融资性担保公司19家，农村资金互助社46个，典当行3家，全市金融机构营业网点1400个，金融从业人员1.9万人。金融机构种类较为齐备，机构密集程度居川东北前列。

（二）金融市场发展最健全、业务量增长最快

南充市已基本形成了以银行信贷市场为主，票据市场、资本市场、保险市场和外汇市场等协调发展的格局，基本形成统一开放、竞争有序、管理规范的金融市场体系。"十一五"以来，各类金融机构业务量和利润额持续快速增长，金融总量居四川省第五位。

一是信贷市场发展良好。银行业金融机构的存贷款大幅度增长，存贷款余额不断创历史新高，贷款投放新增量连续三年保持"一年翻一番"的良好发展势头，银行存贷款规模位居川东北第一。截至2010年末，全市各项存贷款余额分别为1100亿元和445亿元，分别比2005年增加670亿元和229亿元，存贷款规模占四川省的比重分别为4.2%和2.5%，占川东北的比重分别为33%和32%。

二是票据市场快速发展。银行本票、承兑汇票、信用证、保函、票据贴现和再贴现业务逐年扩大，"十一五"期间，全市票据融资总额56.09亿元，比"十五"时期净增36.56亿元，年均增长23.8%，票据融资已成为全市中小企业获得银行资金的重要渠道。

三是资本市场稳步发展。按照"党政推动、企业主动、部门联动"的原则，市政府出台了《关于鼓励和促进企业上市的意见》和《南充市推进企业上市工作五年规划》，编印了《创业板上市操作指引》，建立了培育企业上市工作制度，形成了加快发展直接融资工作机制。全市已有7户企业开始与中介

机构接洽，4 户企业被列入四川省重点培育企业，3 户企业在全国性综合产权报价网上选择性披露信息，2 户企业已邀请中介机构入场，1 户企业上市材料申报到监管机关。证券市场的投资户数和交易量大幅度提升，"十一五"末，全市证券市场开户数达 11.13 万户，2010 年实现证券交易额 951.22 亿元，居川东北第一位。企业利用债券市场融资得到有效推进，化学工业园区 12 亿元的债券发行前期准备工作已基本完成，2 户企业进入人民银行成都分行银行间债券市场培育辅导，为全市企业利用债券市场积累经验，奠定了基础。

四是保险市场持续发展。全市保险机构从"十五"期间不足 10 家发展到"十一五"末的 27 家，保险市场机构主体迅速壮大。保费收入快速增长，"十一五"期间全市保费收入年均增长 23%。2010 年实现保费收入 36.7 亿元，保险理赔及给付 6.9 亿元，保险业务量居全省第 3 位。以生猪、水稻、奶牛等主要农产品为重点的政策性农业保险试点工作扎实推进，农村小额人身保险试点工作稳步开展，保险覆盖面进一步扩大。全市已拥有保险从业人员 7000 多人，保险深度达到 3%，保险密度超过 300 元/人，较好地发挥了保险的保障作用。

五是外汇市场逐步扩大。五年来，随着全市对外经济业务的大幅增长，外汇业务逐步扩大，全市积极推进跨境贸易人民币结算试点，促进国际贸易投资便利化。全市 5 家市级商业银行 48 个分支机构和邮储 6 个分支机构开办了外汇业务。2010 年全市累计结汇 26013 万美元，同比增长 36%；累计售汇 3292 万美元，同比增长 58%。

（三）金融改革创新成绩最突出、效果最好

银行业金融机构积极推广"信贷工厂"、"金融超市"、"中小企业专营机构"等信贷机制创新，不断提高审贷效率；稳步开发"贸易融资"、"供应链金融"、"动产抵押"、"并购贷款"等新型信贷产品，推出适应中小企业、"三农"需求的信贷产品，满足实体经济的有效信贷需求。金融创新特别是农村金融创新取得几个全国、全省第一，村镇银行、美兴贷款公司、乡村发展协会、中邮农村小额保险试点、农村金融支付服务试点等多项工作，得到了财政部、央行、银监会、保监会的充分肯定。

一是村镇银行和小额贷款公司创新工作成效显著。2007 年 3 月全国首家由银行业机构发起成立的村镇银行——仪陇惠民村镇银行设立，该行荣获"中国村镇银行十大影响力品牌"和"中国三农先锋"称号，被评为"新中国

历史上60个第一"。2007年12月全国首家全外资小额贷款公司落户南充，小额贷款公司试点范围逐步扩大，2009年嘉陵民信、南部宝信两家小额贷款公司成立，2010年引进资金1亿元成立了中信小额贷款公司。小额贷款公司的业务量快速增长，到2010年末小额贷款公司贷款余额达2.68亿元，累计投放贷款3.73亿元，实现利润789万元。市农行成为全国首创全省唯一的"小额贷款公司批发贷款"试点银行。

二是融资担保业发展进度加快。"十一五"期间全市融资担保业快速发展，南充发展投资有限公司组建完成，中小保资本金扩大，农业融资担保公司成立。截至2010年末，全市已有19家融资性担保机构，五年来累计为企业提供贷款担保49亿元，有效缓解了全市中小企业融资难问题。

三是农村金融改革创新取得实效。农村信用社深化改革取得重大进展，8.27亿元央行票据实现成功兑付。农村金融教育试点工作稳步推进，财政支持金融服务"三农"机制创新试点正式启动，农村支付服务环境进一步改善。农村"普惠制金融"试点、农村资金互助社和乡村发展协会试点工作取得明显效果，南充已成为中国农村金融改革创新"试验田"。

（四）金融生态环境改善最大、银行经营成效最好

按照"政府主导、人行推动、各方联动"的要求，全市大力开展金融生态环境建设，取得显著实效。

一是征信体系建设初见成效。中小企业信用体系和农村信用体系建设稳步推进，初步建立起了企业征信和个人征信数据库；着力改善中小企业融资环境，启动了"百户诚信中小企业培植"计划，在培育企业信用和社会信用、推动诚信文化建设方面取得显著成效。目前全市已创建成"信用乡镇"58个、"信用村"630个、"信用户"28万户，蓬安县成为全省"金融生态环境示范县"。

二是农村金融服务环境进一步改善。农村信用社在仪陇县最后一个没有金融机构的双盘乡设立营业网点，实现了金融机构覆盖全市所有乡（镇）；工行在仪陇县恢复设立支行，增强了县域金融服务功能；阆中市成为全省农村支付环境改善试点县（市），农村金融生态环境得到了较大改善。

三是开展"三项清收"工作，扎实清收公职人员逾期贷款，五年来全市银行未新增一笔逃废债务，不良贷款大幅下降，不良贷款率从五年前的

35.41%下降到 10.12%，压降了 25.29 个百分点，银行经营效益大幅提升，2010 年实现盈利 16.65 亿元。

（五）金融基础设施建设投入最多、覆盖面最大

五年来，南充的金融基础设施建设明显改善。ATM 机、CRS 机、POS 机等基础设备大量投放使用。截至 2010 年末，全市有投入使用的 ATM 机 370 台、POS 机 2004 台；同时，大量的手机 POS、电话支付工具也投入使用。反洗钱系统、身份证联网查询识别系统等金融安全设施大大加强。大额支付、小额支付、支票影像、财税库银横向联网等系统正式上线并投入使用，大、小额支付系统清算资金量分别达 3789 亿元、6.82 亿元，银行卡发卡量达 644.29 万张，金融基础建设进一步加强。

（六）金融产业发展最快、贡献最大

"十一五"期间，南充市金融业增加值年均增长 8.8%，在 GDP 和第三产业中所占的比重逐年提高。2010 年，全市金融业实现增加值 17.37 亿元，增长 11.75%，对全市 GDP 增长的贡献率达到 3.3%，拉动 GDP 增长 0.5 个百分点。金融业增加值占 GDP 和第三产业的比重分别达到 2.1%、7.7%，金融业还为全市提供了 1.9 万个就业岗位，贡献税收 5.8 亿元。

三、经验体会

五年来，南充金融业始终坚持立足服务经济，在探索中发展，在发展中提高，不断拓宽金融支持经济发展的新路子、新模式，积累了许多宝贵经验。

（一）坚持解放思想、推动改革创新是南充金融业发展壮大的不竭动力

坚持创新驱动，立足南充实际，大力推动金融创新。五年的实践表明，始终坚持解放思想、改革创新这一根本，是不断推动南充金融业迈上新台阶的重要思想源泉。

（二）坚持服务经济、良性互动共赢是南充金融业发展壮大的重要基础

五年的发展表明，经济的快速发展对金融需求持续旺盛，为金融业提供了广阔的发展空间。坚持以服务经济为己任，就能够实现经济金融良性互动，呈现经济兴、金融旺的双赢局面。

（三）坚持市场导向、科学和谐发展是南充金融业发展壮大的特色路径

这五年，是坚持以市场为导向，顺应市场规律，遵循南充实际，探索可持续发展道路的五年。五年来各金融机构坚持以市场为基础，做到适度竞争、合作共赢，实现了金融资产质量快速提升，形成了可持续发展的特色路径。

（四）坚持艰苦创业、求真务实是南充金融业发展壮大的重要因素

五年来，南充金融业坚持自强不息、坚忍不拔、勇于创新、讲求实效的务实精神，大银行服务迅速向小客户延伸，小银行强调扎根基层，农信社牢牢立足服务"三农"，小额贷款公司和农村资金互助社填补银行服务薄弱环节，通过艰苦创业，实现了南充金融业的快速发展。

（五）坚持统筹协调、优化环境是南充金融业发展壮大的根本保证

五年来，金融管理部门与政府建立了良好工作协作机制，在金融业发展规划、社会信用建设、中小企业信用担保、民间融资管理等多个方面共同推进，多管齐下，为金融业发展创造了一个健康的经济环境和稳定的政策环境。

（六）加强政策引导、着力优化结构是南充金融业发展壮大的有效手段

引导金融机构加强对"三农"、就业、战略性新兴产业、产业转移等的信贷支持；保证在建重点项目贷款需要，加强对地方政府融资平台的放贷管理；建立金融发展专项资金，出台金融考核激励措施等。通过一系列的政策引导，不仅优化了结构，而且大大加快了全市金融的发展。

（南充市金融办）

宜宾市

"十一五"时期，宜宾各金融机构在市委、市政府的领导下，有效应对国际金融危机，认真贯彻宏观调控政策和产业政策，充分发挥好金融对经济的助推作用，实现了经济与金融的互动双赢，"十一五"期间政府确定的主要目标均圆满完成，金融组织体系不断完善，金融业务加快发展，金融改革和创新深入推进，金融生态环境持续改善，宜宾金融业进入历史上发展最好最快的时期。截至 2010 年末，宜宾市共有金融机构 61 家，其中银行业机构 12 家，证券营业网点 3 家，保险公司 25 家，小额贷款公司 4 家，融资性担保公司 17 家；金融从业人员 11943 人，是 2005 年末的 3.24 倍；金融业总资产达 24.34 亿元。2010 年，宜宾市金融业实现增加值 20.29 亿元，占 GDP 的 2.33%，是 2005 年的 2.3 倍，年均增长 15.3%；金融业对经济增长的贡献率为 1.7%，拉动第三产业增长 0.94 个百分点。

一、 金融机构种类增多， 金融组织体系不断完善

（一）银行业金融机构持续增加，机构分布趋于合理

通过深化国有商业银行改革、大力引进股份制商业银行和大力发展地方性金融机构，"十一五"期间全市金融体系发生了重大变化。从产权关系看，形成了国有（政策性银行）、国有控股、公众股份、股份合作等金融机构；从规模上看，有全国性大型银行，也有区域性、地方性中小型银行；从业务经营上看，有专业性银行，也有综合性金融机构，组织体系不断发展和丰富。在机构的分布上，金融机构大量从县域撤出的状况在明显改善，如中行宜宾分行、宜宾市商业银行分别在县上新设分支机构。宜宾市城市信用社于 2006 年成功翻牌为宜宾市商业银行，除屏山县因移民迁建因素未设立县级支行外，其余 9 个区县均新设立支行，由其发起设立的兴隆村镇银行、兴宜村镇银行和异地组建的内江分行顺利开业。2010 年，辖内长宁竹海农商行、兴宜村镇银行相继挂牌开业，翠屏农村商业银行获银监会批准筹建，新型农村金融机构实现了零的突破。2010 年，提前解决 14 个金融机构空白乡镇的金融服务问题，全省率先实现了金融服务空白乡镇金融机构"全覆盖"。

（二）保险业金融机构快速增加，竞争格局继续改善

地方经济的快速发展，为资本积累和城乡居民收入快速增加提供了保障，也为保险业的发展奠定了良好基础。"十一五"时期全市保险业金融机构快速增加，保险市场主体由 2005 年的 15 家市级保险机构（其中财产保险公司 9 家、寿险公司 6 家），增加至 2010 年的 25 家（其中财险保险公司 14 家、寿险公司 11 个），同时还有专业代理公司 5 家。保险业金融机构网点大量向县域、乡镇延伸，保险机构覆盖面更广，保险为更多的微观经济主体提供保障功能。

（三）其他类金融机构较快发展，金融组织体系不断完善

"十一五"时期，宜宾新增证券营业网点 1 家；融资性担保机构、小额贷款公司等准金融机构加快发展。截至 2010 年末，全市有融资性担保机构 17 家，注册资本金 5.072 亿元，在保余额 17.47 亿元；典当公司 2 家；小额贷款公司 4 家，注册资本金 4.2 亿元，2010 年底贷款余额达 2.68 亿元；征信评级机构 1 家。担保、典当、小额贷款公司等作为正规金融的有益补充，对提高整

个金融业运行效率发挥着越来越重要的作用。

二、 金融业务快速发展， 金融机构规模不断做大

2010 年，全市 GDP 实现 870 亿元，同比增长 15.6%，总量是 2005 年的 2.4 倍；财政一般预算收入 55.6 亿元，同比增长 35.6%，总量是 2005 年的 3.7 倍，由全省第 5 位升至第 3 位；城镇居民人均可支配收入 15621 元，年均增长 14.9%，2010 年居民消费价格同比上涨 3.2%，物价保持总体稳定。其中，金融机构的快速发展为地方经济发展提供了强有力的支持。

（一）银行业务加快发展，对地方经济支持加大

2010 年末，全市金融机构人民币各项存款余额 945.6 亿元，其中企业存款余额 316.68 亿元，储蓄存款余额 466.25 亿元，分别较"十五"末增加 598.78 亿元、217.64 亿元和 256.08 亿元。全市金融机构人民币各项贷款余额 447.67 亿元，其中短期贷款余额 163.87 亿元，中长期贷款余额 283.8 亿元，分别较 2005 年增加 269 亿元、37.9 亿元和 231.1 亿元，存贷款业务实现了加快发展。在业务快速发展的支撑下，银行盈利水平大幅提升，资产质量持续改善，2010 年全市银行类金融机构实现净利润 10.37 亿元，为 2005 年的 4.23 倍。信贷资产质量不断提高，"十一五"时期，全市银行业不良贷款从期初的 29.1 亿元，不良贷款率 22.68%，下降为 2010 年的 20.76 亿元，不良贷款率 4.62%。

（二）保费收入较快增加，保险的保障功能充分发挥

2010 年，全市保险业金融机构实现保费收入 24.3 亿元，为 2005 年保费收入 6.03 亿元的 4.03 倍；政策性农业保险全年实现签单保费 9675 万元；保险深度为 2.8%，较 2005 年上升 1 个百分点；保险密度为 456 元/人，较 2005 年提高 331 元；实现赔款及给付 6.6 亿元，共计 15 余万件，保险业总体保持了较快发展速度，保险业的保障功能明显提升。

（三）资本市场稳步发展，融资能力明显增强

2010 年全市证券机构实现交易量 773.58 亿元，较 2005 年大幅增加，呈现抛物线状走势，城镇居民有更多的投资渠道。宜宾市商业银行 2009 年成功发行 3500 万元"兴宜建设"银行理财产品。与此同时，直接融资取得突破：天原股份顺利上市，募集资金 15.36 亿元，红楼梦酒业、岷江机械等中小企业在

创业板块上市工作稳步推进。企业在银行间市场发行债券融资工作也在市政府金融办、人行宜宾中支、市经信委等部门的推动下有序开展，企业融资渠道不断丰富。

（四）准金融机构快速发展，为金融市场体系提供有力补充

积极推进小额贷款公司试点工作。截至 2010 年 12 月末，该市开业运营小额贷款公司达到 4 家，贷款余额达 2.68 亿元。积极开展融资性担保机构的规范清理工作。截至 2010 年 12 月末，宜宾辖内从事融资性担保业务的公司共计 16 家，其中法人机构 14 家，分支机构 2 家；全市融资性担保公司在保余额 17.47 亿元，比年初增加 9.1 亿元，增长 108.72%，融资担保业发展显著加快。

三、 信贷助推经济金融协调发展

经济社会的又好又快发展离不开金融业的大力支持，对于宜宾这样欠发达的西部内地二级城市来讲，银行业金融机构的信贷支持无疑在金融业中拔得头筹。"十一五"期间宜宾银行业金融机构对地方经济的支持主要表现在以下几方面：

（一）第二产业投入屡创新高，工业强市战略成效明显

"十一五"初期，市委、市政府提出"工业强市"战略，各银行业金融机构积极响应，五年来，第二产业贷款余额从期初的 8.3 亿元增至 2010 年的 166.3 亿元，增长 19 倍，其中制造业贷款增长 22 倍，电力、燃气及水类贷款增长 9.75 倍。信贷资金的强劲注入使该市投资拉动经济优势明显，第二产业支撑作用持续增强。

一是工业领跑。2010 年全市规模以上工业实现增加值 447.7 亿元，是2005 年的 3.2 倍，工业总量由全省第四升至第三，工业利税突破 200 亿元大关，是 2005 年的 3.1 倍，由全省第三升至第二；工业对 GDP 的贡献率由 2005年的 59% 提高到 75%。二是结构调整效果显著。随着向家坝电站、珙县电厂、福溪电厂、筠连矿区建设等进一步推进，阳春坝、罗龙、福溪等县域工业集中区的加速发展，使过去比较薄弱的县域经济有了突飞猛进的变化，"十一五"时期区县工业年均增长 39.5%，并在 2008 年首次超过市属工业。2010 年区县工业增加值达 270.2 亿元，占全市工业总量 60.4%，对全市工业贡献率达到66.3%。三是园区建设加快发展。"十一五"期间工业园区从无到有，13 个重点园区累计并发面积 44 平方公里，建成面积 29.6 平方公里，完成总投资 398

亿元，入驻企业317户，2010年实现主营收入685亿元，利税143亿元，分别占规模以上工业的54%和70%。

（二）加大中小企业贷款投放，全面提升金融服务水平

中小企业是解决就业和促进社会和谐的基础，全市中小企业占全市企业总数的99%以上，其增加值约占全市GDP总量四成，从业人员28余万人，是解决该市就业难题的主要载体。宜宾银行业金融机构利用多种信用工具，加大贷款发放力度和周转速度，2010年，全市中小企业贷款余额166.2亿元，同比增长26.9%，其中小企业贷款增长38.3%，实现了小企业"两个不低于"目标。国有商业银行转变观念加大小企业投放成"十一五"时期最大亮点，2010年小企业贷款比上年增长46.2%，增速超过其各项贷款增速18.2个百分点。信贷资金的及时投入，促进全市中小企业和民营企业不断发展壮大，2010年全市中小企业实现增加值346.4亿元，占当年GDP总量39.8%，增长30%；民营企业实现销售收入838亿元，是2005年的4.5倍，实现增加值464.9亿元，占GDP总量53.4%。

（三）加大优势企业信贷投入，一批支柱产业集群脱颖而出

该市银行业金融机构通过积极调整信贷结构转变发展方式，加快培育对全域辐射带动作用明显的优势产业，促进大企业大集团的形成。2010年末，全市最大10家客户贷款余额达157.3亿元，占全市贷款总额35.1%，比上年增加25.78亿元，增长19.6%。

"十一五"时期，宜宾酒成为国家地理标志保护产品，五粮液税利达111.5亿元，品牌价值达526亿元，天原集团成功上市，丝丽雅集团超常发展。全市酒类食品、综合能源、化工轻纺、机械制造四大优势产业不断发展壮大，2010年四大产业分别实现增加值144.2亿元、108.6亿元、72.4亿元、59亿元，同比分别增长10.8%、24.6%、16.5%、54.7%，一批优势企业已成为宜宾经济发展的支柱。

（四）加大基础设施投入，城镇建设成效明显

"十一五"期间，宜宾银行业水利、环境和公共设施类贷款增长8.85倍，房地产类贷款增长5.1倍，有效地促进了城乡一体化建设进程。

"十一五"累计完成固定资产投资1635.8亿元，总量是"十五"时期的3.3倍；其中城乡建设投资达612.6亿元，房地产开发投资达209.6亿元。

2010 年全市城镇化率达 38.56%，比 2005 年提高 10.26 个百分点，全市 104 个建制镇、72 个乡实现总规全覆盖，中心城区常住人口已达 62.5 万人，宜宾长江大桥、金沙江大桥、江长路、宜珙路、宜南路、观斗山隧道等相继建成通车，各城市组团等新区建设全面推进，全市城市面积已扩至 56.6 平方公里，进入全省 6 个大城市行列，为宜宾强势崛起奠定了坚实基础。

（五）坚持信贷支农不动摇，促进农业农村经济持续发展

"十一五"期间，宜宾银行业金融机构加大"三农"投入，助推新农村建设，农业贷款从期初的 44.7 亿元增至 2010 年的 146.1 亿元，增长 2.27 倍，其中农户贷款从期初的 23 亿元增至 2010 年的 83.0 亿元，增长 2.61 倍。

"十一五"期间全市农业总产值年均增长 5.1%，新增国家级产业化龙头企业 1 户，省级 12 户，农民专合组织 1476 个，百万元村 1439 个，千万元村 75 个，转移输出劳力 603 万人次，实现劳务收入 411 亿元，农民人均纯收入 5610 元，年均增长 12.8%。

（六）加强第三产业投入，市场体系建设不断推进

"十一五"时期，全市第三产业贷款从期初的 22.5 亿元增至 2010 年的 120.5 亿元，增长 4.35 倍，其中商业贷款从 4.93 亿元增至 2010 年的 29.1 亿元，增长 4.9 倍。

2010 年全市社会消费品零售总额 316.1 亿元，是 2005 年的 2.3 倍，由全省第五升至第四，市场化建设、物流园区建设有序推进，嘉信茂广场、莱茵时代广场、江北机电五金城等相继建成，"万村千乡市场工程"新建或改建农家店 3232 家，房地产、金融、信息等产业加快发展。

四、改革和创新加快推进，金融影响力不断增强

（一）金融改革稳步推进，金融服务水平不断提升

1. 内部治理结构上

国有商业银行股份制改革后，作为上市公司真正成为了金融企业，对国家负责变成对股东负责，内部管理构架发生了重大变化。地方性商业银行由信用合作社转变为股份制企业后，完全按公司治理方式运作。邮储银行分设成为了真正的银行，由计划经济下的国企模式向市场经济下的现代金融公司模式转变。2010 年末，宜宾市商业银行股本金增资至 5.7 亿元，引进了三峡公司、

四川水电集团等中央企业、省属企业作为战略投资者，公司股东结构和法人治理结构进一步完善，经营管理架构和机制进一步优化调整，向现代银行管理制度转换取得一定进展。

2. 管理方式上

国有商业银行加快了内部机构改革，设立小企业金融服务专营机构，加快实施战略转型，不断提升金融服务水平。地方性金融机构、邮政储蓄银行改革后管理更加科学，金融服务能力大幅提升。市保险行业协会自 2005 年 3 月成立以来，按照保险监管政策和协会章程的相关规定，认真履行"协调、自律、维权、宣传、交流"的工作职能，在引导和促成行业自律、协调内外关系、维护被保险人及行业利益，扩大行业影响力等方面做了大量工作，成效较为明显。

3. 管理手段方面

电子化、网络化的广泛运用，各金融机构业务运行实现数字电子化，数据高度集中、信息全国共享、资金跨行跨区域支付结算等等，极大推进了全市金融业的发展，同时也从根本上实现管理理念的转变。

4. 风险防控方面

银行业金融机构不良贷款连续 7 年实现"双降"。"十一五"时期，全市银行业不良贷款从期初的 29.1 亿元，不良贷款率 22.68%，下降为 2010 年的 20.76 亿元，不良贷款率 4.62%，信贷资产质量不断提高。

（二）金融创新取得成效，金融产品明显增加

1. 金融产品创新方面

产品币种由本币向本外币发展，业务品种由传统存贷款银行向综合性银行发展，业务品种迅速丰富，不断满足社会经济生活需要。如在信贷产品创新上，全市金融机构以全方位开展动产质押为突破，开辟融资担保新渠道，从过去倚重固定资产抵押转变为全面推行动产质押，涉及的质押品种有蚕茧、茶叶、油樟、花卉等特色农副产品，以及基酒、船舶、设备等工业品和设备，有效降低了中小企业因可抵押固定资产有限导致的贷款申请难度，为资产规模小、产品有市场的中小企业搭建了一条全新的融资通道。积极探索权利质押，通过组建宜宾市农业融资性担保有限公司推动建立农业专业担保机制。此外，推广的"信贷＋公司（协会、基地）＋农户"模式成为农村信用社支持农业产业化结构调整的主要信贷模式，新增的特色信贷产品有："信用＋合同"贷款、"联保共同体＋库存商品抵押"组合担保贷款、"一次授信、分期使用、封闭管理"贷款，"一次核定，随贷随还，周转使用"贷款等等。保险产品与信贷产品相结合，风险分摊使信贷产品的推广更加顺利，如2010年在部分区县推进的森林火灾保险，对开展林权抵押贷款的涉农金融机构风险分摊打开了新路径，为林权抵押贷款的顺利开展奠定了基础。同时，保险业金融机构积极稳妥发展种植业和养殖业保险；积极探索农村新型合作医疗保险和农民养老保险；积极发展村干部、农民工意外伤害保险和学生平安保险；积极发展农村财产保险和责任保险；积极发展乡镇企业、私营业主以及农民房屋等财产保险。

2. 服务方式创新方面

金融机构围绕地方经济发展需要，不断提升金融业务覆盖面。

一是农村金融服务创新。该市是全省4个开展农村金融服务方式创新试点城市之一，市政府出台了《关于在该市开展农村金融产品及服务方式创新的通知》，农村金融服务创新试点推动工作在全市各区县开展。该市主要用服务方式的创新解决面上的资金需要。一是重点解决小企业金融服务方式创新，即在市商业银行全面推行"综合评定、一次授信、周转使用、随贷随还、余额控制"的信贷服务方式，二是重点改进农户金融服务，主要是在8县2区推行农行"惠农存贷一体卡"，采用3~5户联保方式，普遍解决3万元左右的信贷需求，推动以惠农卡为载体，以小额贷款为推手的信贷服务工作。同时，农信社对诚实守信农户及时调整信用等级，最高限额达到3万~5万元，且实行"免村组干部签字"、"免信用社主任再批"、"免担保抵押"三免程序，努力提高农户贷款的覆盖面和满足率。

二是金融服务渠道创新。近年来，宜宾各金融机构加强了渠道建设，在服务方式上采用尽量便利客户，提高自动化程度，减少人工成本的思路。如工行宜宾分行网点渠道全部靓化，城区网点大部分安装了LED户外显示屏；电子银行渠道真正成为老百姓的"办公室银行"和"家庭银行"；自助渠道继续扩展，通过新建自助银行、投放自动柜员机等措施，大大方便了客户提款。中行宜宾分行加大投入，努力改善个金业务发展缓慢的局面，成立了"网点建设办公室"，加快网点转型工作步伐，加快信息科技服务和IT蓝图建设，确保信息科技对各项业务发展的支撑作用，用高科技手段改良服务方式，提高服务效率。

三是中小企业服务创新。如中行宜宾分行实施了中小企业"新模式"试点工作，对航运、煤炭、食品等重点行业中小企业客户开展上门服务；农行实施县域蓝海市场发展战略，实行小企业"一次调查、一次审查、一次审批"的信贷审批流程等等。

（三）经济金融日趋紧密，金融影响力不断增强

随着市场经济的不断发展，银政关系发生深刻变化，政府管理金融从直接指挥到创造金融发展环境转变，金融机构与各经济主管部门的协助、合作明显加深，市发展改革委、市经信委、市财政局、市国资委、市商务局和市审计局等经济主管部门定期参加全市金融形势分析会。银企关系由银行单边强势到合作共赢，居民金融需求由存款到投资理财及各类型信贷需求发展。经济金融联系日趋紧密，尤其是社会对金融高度关注、息息相关，为推动金融发展打下坚实的社会基础，金融的社会影响力不断增强。

五、 信用体系建设有序推进， 金融生态环境持续改善

（一）信用体系建设成效明显，信用环境持续改善

2005 年以来，市委、市政府高度重视金融生态环境建设，相继出台了《关于加强金融生态环境建设的意见》、《关于大力发展金融产业的决定》和《关于开展模范守信中小企业信贷培植工作的意见》等文件，对诚信工作作出系列指导。同时，根据国务院"十一五"时期提出的"以信贷征信体系建设为重点，全面推动社会信用体系建设"的工作要求，全市按照"政府主导、人行助推、各方参与"的工作思路，建立完善社会信用体系建设组织架构，切实加强企业和个人征信系统建设，不断深化中小企业和农村信用体系建设，着力规范和培育征信市场，促进了"信用宜宾"建设和信用环境改善，推动了金融资源优化配置和社会经济和谐健康发展。在市委、市政府的重视下，"诚信"被列为宜宾四大城市精神之首，被提升到了非常突出的高度，金融运行的信用环境明显改善。"十一五"期间该市被评为"中国金融生态城市"和"中国最具发展潜力金融生态示范城市"。珙县通过人民银行成都分行"金融生态示范县"复查验收工作，被人民银行成都分行和市政府联合授予"金融生态示范县"称号。

（二）法制环境继续改善，金融维权成本有所下降

随着政府职能的逐步转变和法制环境的改善，宜宾金融的维权成本明显下降。如2009年金融生态问卷调查显示，30家被调查金融机构在回答"近三年来，贵行提起法律诉讼的债权案件回收率"问题时，36.7%的银行认为在"80%以上"，20%的银行认为在"60%～80%"之间；在回答"欠债企业受到地方政府暗中保护的可能性大小"问题时，73.3%的银行认为"可能性在40%以下"，其中60%的银行认为"可能性在20%以下"。这些数据显示，宜宾金融的法制环境正逐步改善，地方政府对金融的支持和重视程度不断提升。

（宜宾市金融办）

广安市

"十一五"是广安金融业加快发展、日趋繁荣的重要五年。在国际国内经济形势风云变幻、挑战与机遇并存的复杂形势下，全市金融系统不畏艰辛、敢于担当，积极应对国际金融危机的强烈冲击，运筹帷幄、敢于先行，全力推进金融工作再上台阶；开阔思路、敢于作为，努力创造金融业发展新的辉煌。回顾过去五年，广安金融实力明显增强，金融改革深入推进，金融市场逐步拓展，金融服务水平提升，金融支撑作用凸显，金融业实现了持续健康快速发展，经济金融呈现出良性互动局面。截至2010年末，广安市共有金融机构47家，其中银行业机构15家，证券营业网点2家，保险公司14家，小额贷款公司1家，融资性担保公司15家；金融从业人员6000余人，是2005年末的1.5倍；金融业总资产达70.30亿元，是2005年的1.71倍。2010年，该市金融业实现增加值8亿元，占GDP的1.5%，是2005年的2倍，年均增长6.6%；金融业对经济增长的贡献率为0.9%，拉动第三产业增长4.1个百分点。

一、金融总量快速增长，经济金融良性互动

"十一五"期间，该市经济金融发展迅速，互为促进、协调发展。从银行业看，2010年末全市银行业金融机构人民币存款余额达638.85亿元，比2005年增长143.87%；贷款余额达251.60亿元，比2005年增长107.63%；存贷款年均分别增长19.57%、16.08%。从保险业看，2010年全市实现保费收入

21.57亿元，是2005年的4.69倍；保险密度为458元/人，保险深度为4.35%，比2005年分别增长116.4%、353.4%。从证券业看，2010年全市证券交易额达258.18亿元，是2005年的27.82倍。从经济发展看，金融总量快速增长为地方经济快速发展提供了强有力的资金支持。"十一五"期间，全市生产总值由228.8亿元增加到537.2亿元，年均增长14.3%；人均GDP达到14700元，经济社会发展跨入了一个崭新阶段。

（一）健康发展银行业

一是做大信贷总量。认真贯彻实施国家货币政策，结合经济社会发展目标，努力盘活信贷存量、扩大增量、做大总量，主动跟进全市经济发展重点，满足地方经济社会发展融资需求，保持信贷投放的稳定性和连续性。着力优化信贷结构，调整资金投向，重点加强对能源、化工、机电加工和装备制造、有色金属等优势产业的信贷支持，加大对战略性新兴产业的信贷投放，控制高耗能、高污染行业贷款，不断提高信贷质量和效益。引导和督促各银行业金融机构争早抓快，主动加强与上级行的衔接汇报，争取更大授信额度，更多投向重点行业、重点产业。

二是深化银政企合作。建立中小企业信贷项目数据库，出台《广安市银企对接工作制度》，按季组织召开项目推荐会和银企对接会，向金融机构推荐优质项目和企业，通过项目融资推荐与合作洽谈，努力实现资金供需双方有效对接。2009年7月，黄小祥副省长率领省金融监管部门和有关金融机构主要负责人在广安成功召开金融工作对接会，7家省级金融机构与市政府签订银政授信协议335亿元，7家市级金融机构与项目单位签订银企融资协议116.95亿元。加大信贷签约项目跟踪协调力度，努力提高项目履约率和资金落实率，保证信贷资金落实到相关产业、企业和项目。"十一五"期间，全市银企对接资金达100亿元以上。

三是加大政策扶持。完善政策扶持措施并制度化、长期化，充分发挥扶持政策对银行业的正向激励作用。银行业金融机构抵贷资产盈利做收入，交纳企业所得税；亏损做损失，经主管税务机关审批税前扣除。对金融机构销售或转让抵债所得的不动产、土地使用权的，以全部收入减去抵债时该项不动产或土地使用权作价后的余额为营业额计算缴纳营业税。对符合国家政策规定的中小企业担保机构，按规定免征3年营业税。完善金融机构支持地方经济发展工作目标考核办法，重点对银行业金融机构新增信贷规模、金融产品创新、金融生态建设等方面进行量化考核。市财政每年安排 200 万元用于对银行业金融机构支持地方发展的奖励。

四是规范运行环境。建立司法、工商、税务、金融等部门工作协调机制，扎实开展以查处恶意逃废银行债务为重点的专项清理活动，依法打击恶意逃废银行债务等不法行为，提高金融案件的诉讼效率和执行率。积极稳妥处置政府性债券，做好政府性贷款的还本付息工作，全力维护银行债权和防范贷款风险，为银行业健康发展保驾护航。

（二）稳步发展保险业

一是夯实发展基础。各类保险公司深入市场调研，摸清市场状况，结合公司实际做好发展战略和规划，并坚持循序渐进原则铺设机构，做到步步为营、稳打稳扎。坚持以提升保险专业素质为核心，实行从业资格证书制度和岗位执业资格证书制度，保证队伍的基本素质和专业技能。建立机构和人员市场退出机制，完善机构吊销关闭和人员行业禁入操作程序，不断净化保险市场环境。

二是发展保险业务。主动适应经济社会发展要求，推广保险产品，发展保险业务，拓展服务领域，扩大保险覆盖范围。重点发展适合农民的养老保险、健康保险、农村小额人身意外伤害保险、小额贷款人身意外责任保险、农村地区"五小"车辆保险，巩固发展现有企业财产险、责任险、工程险，大力发展校方责任保险、火灾公众责任保险，以及煤矿、非煤矿山、建筑、运输等高危行业安全生产责任险、雇主责任险、道路客运承运人责任险等，着力建设市场体系健全、服务功能完善、保障能力充足的现代保险业，充分发挥保险的经济补偿、资金融通和社会管理功能，保险支持经济社会发展的贡献率明显提高。

三是健全内控制度。结合保险公司和行业实际，加强对制度健全性、有效性和执行力的监督管理，引导公司以业务、财务、分支机构管理和数据质量管控为重点，建立健全覆盖主要风险点的内控制度。对新机构，实行内控制度实质性审查；对老机构，重点强化内控有效性评估，指导其做好梳理、完善工作。坚持制度、执行与问责相配套，出台对分支机构责任追究机制建设指引，指导公司建立与内控制度主要环节相衔接的责任追究制度，把制度执行落实到相关责任人员。

四是依法加强管理。坚持以"普法"为核心，制定保险业法律法规教育战略规划，督促公司建立和完善学习制度，保证公司高管人员、管理人员和营销人员接受常规教育，及时更新从业人员基本知识。有针对性地实施行业集中培训制度，分批次、分层次对保险机构基层管理人员和重要岗位业务人员进行法律法规培训与考核。以"警示"为主线，围绕市场监测指标，开展对行业整体走势与公司个性特征的研判，针对问题实施风险提示与异动质询，指导实施有针对性的现场检查。对监管过程中发现的公司业务经营、资金运用、公司治理结构或者内控制度等方面出现重大隐患，出示重大风险提示函，进行监管谈话，并视情形责令限期整改。对影响恶劣的违法违规问题严查重打，对涉嫌犯罪的依法移送司法机关处理。

（三）持续发展证券业

一是成功引进证券营业部。随着证监会对券商新设营业部管理的放开，抢抓发展机遇，优化金融环境，成功引进华西证券营业部，不断满足老百姓投资需要。二是优化资源配置，积极培育上市企业。全力支持上市公司广安爱众立足西部地区资源、积极实施跨区域扩张，将公司打造成为西部一流、国内知名的能源供应商和公用事业服务集团，形成电力、水务和天然气三业并举的新格局。2010年广安爱众通过向特定投资者增发5860万股，募集资金3.8亿元。重点扶植华蓥山煤业、鑫福矿业等有特色、有潜力、治理规范的公司，完成上市前期准备工作；积极做好上市公司后备资源储备。三是增强投资意识，提高居民理财能力。充分利用华西证券广安营业部是上海证券报股民学校四川分校授课点之一，"十一五"期间累计举办证券知识讲座360期，参加培训人数达到12500人次；组织投资策略报告会和客户联谊会20次，参加投资者超过3000人次。通过公布栏张贴各种证券知识、法律法规以及播放光碟等，大力宣传证券市场法律法规，进行风险揭示，提高投资者风险控制意识。积极利用《川东都市报》与华西证券广安营业部以及独立证券分析师联办的证券投资专栏、"燕大师"股评栏目，传播证券基础知识和提升老百姓投资理财能力。四是提升证券效益，促进地方经济发展。"十一五"期间，证券经营机构实现收益2.49亿元，累计纳税2081.99万元。

二、　金融体系不断完善，　组织框架基本形成

"十一五"期间，全市共有银行业金融机构13家，营业网点460个，其中政策性银行1家，国有商业银行4家，股份制商业银行1家，农村信用联社5家，邮政储蓄银行1家，村镇银行1家；保险机构14家，包括产险公司6家、寿险公司8家、保险中介代理机构7家；证券营业部2个；融资性担保公司15家。金融从业人员超过4370人。

（一）大力引进外来金融机构

积极引进股份制商业银行、城市商业银行、保险公司、证券公司以及期货公司到广安设立分支机构。对市外银行、证券、保险、信托、基金管理、金融租赁公司等来广安设立分支机构，自开业之日起，第1年按其所缴营业税、企业所得税地方留成部分给予100%补贴，第2年至第3年按50%比例给予补贴，补贴资金由受益财政承担。"十一五"期间，成功引进成都银行、恒丰村镇银行和中国人寿、平安财险等7家保险公司落户广安。

（二）加快推进小额贷款公司试点

根据《四川省人民政府办公厅关于扩大小额贷款公司试点工作的通知》要求，结合小额贷款市场主体发展趋向，指导督促各区市县推进小额贷款公司试点工作。各区市县按照省、市要求，积极开展小额贷款公司试点工作，重点落实了小额贷款公司业主，上报了相关申请材料。2010年，首家小额贷款公司——广安区民信小额贷款公司正式开业营运。

（三）规范发展融资性担保机构

按照《四川省人民政府办公厅关于加强融资性担保业务监管工作的通知》要求，严格融资性担保公司审批流程，通过要件审核、实地调查、约见高管等，重点审查股东持续出资能力和高管团队建设，从源头上保证了担保机构的规范、可持续发展。正确指导融资性担保公司依法开展业务，力促担保公司与各类银行有效合作，"十一五"期间，担保机构累计为2300余家中小企业提供了21.4亿元融资担保，实现赢利2000多万元。

（四）加强指导金融机构准入工作

将金融服务中小企业和"三农"与机构准入紧密挂钩，制定专门考核办法对银行业信贷工作进行考核评价，对于未能实现小企业信贷投放"增速不

低于全部贷款增速、增量不低于上年"和涉农贷款投放"增速不低于全部贷款增速、增量和占比不低于上年"的银行业机构，暂停其次年机构准入事项。

（五）积极促进金融服务体系建设

健全中小企业金融服务体系。重点推进银行业中小企业专营机构建设，专门负责中小企业金融业务的经营管理；以"六项机制"建设为契机，积极打造经验丰富具有专业水平的中小企业金融服务人才队伍。认真解决空白乡镇金融服务问题。针对岳池、邻水 13 个乡镇无金融机构问题，将解决空白乡镇金融服务问题纳入两县年度目标考核，并明确补贴、用地和基础设施建设倾斜等优惠政策；召开全市空白乡镇金融服务推进会，确定新设机构、流动服务并用等分类解决方案，空白乡镇金融服务问题得到全面解决。

三、 金融改革深入推进， 创新服务活力增强

"十一五"期间，全市金融机构共签发银行承兑汇票 82168 万元，办理银行承兑汇票贴现 54706 万元，办理跨境贸易人民币结算 5 笔，共计 489 万元人民币。人行广安中支共办理外资外汇登记 11 笔，金额合计 3563 万美元；2010年各级国库共办理电子扣税业务 1033 笔，金额 5015.93 万元，国库直接发放补助资金 61.17 万元，惠及群众 1427 人（次）。2010 年支付系统清算资金发放 2352 亿元，是 2005 年的 2.3 倍。全市累计共发放银行卡 380.7 万张，人均持卡 0.81 张，是 2005 的 2.6 倍。拥有特约商户 613 家，ATM 机 223 台，POS机 1103 台。武胜县沿口镇步行街、邻水县鼎屏镇古邻大道成功创建为"省级刷卡无障碍示范区"。建立大学生创业专项基金 80 万元，发放大学生村干部创业贷款 330.5 万元，惠及 268 人；发放青年创业贷款 600 万元；发放助学贷款 1227 万元，帮助 2383 名贫困学子完成学业。

（一）加快推进金融机构改革

全市农村信用社大力开展股金改造和增资扩股工作，确立了"三会一层"现代公司治理机制，除广安区信用联社外，4 县（市）农村信用社均按照统一法人模式组建了县级联社。5 家农村信用联社积极争取央行票据出门，"十一五"期间，如期兑付央行票据 2.98 亿元。提速农商行改革步伐，武胜农村信用联社主要监管指标基本达到农商行筹建准入要求。邮政储蓄银行改革顺利实施，彻底改变邮政金融混业经营模式。邮储银行广安分行成立以来，设立县支

行 5 个、一类网点 13 个、二类网点 81 个、代理网点 27 个，服务功能和盈利能力不断增强。农业银行在完成股份制改革的基础上，"三农金融事业部"改革于 2010 年全面铺开；农发行在做好政策性业务的同时，积极向商业化经营转型，有效发挥了政策性金融的独特作用。

（二）加强金融服务制度创新

出台《广安市金融系统支持民营经济发展的实施意见》、《广安市金融机构信贷投放考核奖励办法》、《广安市煤矿企业银行融资管理办法》、《关于做好全市金融支持灾后重建工作的指导意见》，促进商业银行转变信贷管理理念，改进经营模式和完善激励机制。农行与农信社进一步完善大学生村干部创业贷款信贷管理制度，积极支持大学生村干部创业。邮储银行广安市分行制定青年小额贷款实施细则，为青年创业小额贷款在广安辖区试点创造条件。大部分金融机构简化了中小企业信贷流程，并建立了中小企业信贷业务专项考核激励机制。建立完善广安市中小企业金融服务月活动制度，每年定期开展中小企业金融服务月活动，积极为中小企业搭建融资平台。

（三）大力推进金融产品创新

各金融机构坚持以市场为导向，积极开展信贷产品创新，实现了从单纯不动产抵押向多元化动产和权利质押、从单一保证向抱团增信和多户联保等一系列突破，全面提升了中小企业金融服务水平和质量。充分发挥中小企业金融服务专营机构的职能作用，开发针对中小企业特点的差异化信贷产品，重点推出中小企业整贷零还贷款、中小企业积分贷款、中小企业循环贷款、中小企业设备按揭贷款、成长之路、速贷通等众多适合中小企业发展需要的新型信贷产品。

（四）积极拓展金融服务渠道

制定印发《广安市企业债券融资辅导制度》，组织学习《中国人民银行成都分行金融市场管理指引》，积极推广商业承兑汇票业务，指导地方法人金融机构完成票据转贴现和回购交易标准合同文本规范工作等，进一步拓展了金融服务渠道。

四、 金融环境持续优化， 区域秩序安全稳定

（一）狠抓金融生态环境建设

以华蓥市被评为全省首批"金融生态环境示范县（区、市）"为契机，牢固树立"抓经济首先抓金融，抓金融首先抓环境"的理念，把金融生态环境建设作为"一把手"工程，专门成立了由政府主要领导任组长的金融生态环境建设领导小组，多次召开工作部署会和专题办公会，研究解决金融生态环境建设中的重大问题，统筹推进金融生态环境建设工作。2010 年，市委市政府下发了《广安市创建金融生态示范市实施方案》，召开了广安市金融生态示范市创建工作动员大会，全面启动"金融生态环境示范市"创建活动。坚持把金融生态环境建设作为系统工程，实行部门联动、整体推进。目前，党政主导、部门联动的金融生态齐抓共管格局已经形成。

（二）着力打造社会诚信体系

市委市政府出台了《广安市社会信用体系建设的实施意见》、《广安市拓展信用报告运用范围实施方案》，全面推进社会信用体系建设。广泛开展"信用社区"、"信用村镇"和"信用个人"创建活动，涉农金融机构对信用镇、村、户的信贷需求给予优先满足，实行贷款优先、利率优惠、手续便捷的惠农金融政策，在农村迅速掀起了"守信重信"热潮。全市共评出信用乡镇 15个、信用村 60 个、信用农户 6.7 万户。每年深入实施中小企业信用标准化培植计划，帮助其达到银行信贷准入条件并实现融资。重点以人民银行企业和个人征信系统为基础，整合分散在工商、税务、环保、安监、公安等部门的公共基础信息资源，搭建信息交换和共享平台，建立了较为完善的公共信用信息系统。以"打造信用广安，共铸信用社会"为主题，组织开展了金融生态环境建设专题宣传活动，增强了社会各界对打造良好金融生态环境的认知度和参与度。

（三）化解金融风险，维护区域金融稳定

建立健全广安市金融稳定工作制度。人民银行广安支行与毗邻的重庆合川、长寿中支签订金融稳定战略合作协议，建立了跨区域金融稳定协调机制。出台《广安市政府背景贷款及大额贷款风险预警制度》，加强金融机构与重点信贷项目、贷款单位的沟通协调，灵活解决还款问题。对政府背景项目形成的

不良贷款，通过协调落实还款计划、重新提供担保抵押物等方式，积极化解金融机构信贷风险。对党政部门及公职人员拖欠贷款问题，多次召开会议专题研究，采取行政、经济等手段协助银行清收不良贷款。"十一五"期间累计化解政府性背景项目风险贷款 3 亿多元，清收公职人员拖欠贷款 1000 万余元。制定《广安市金融突发事件应急预案》，定期加强对金融突发事件应急能力和知识的普及培训，探索应急预案演练的新方式，切实提高工作人员应急管理技能，熟练掌握应急处置程序和流程，提升指挥协调能力和密切配合能力、快速反应能力和高效处置能力，依法处理多起金融突发事件，有效维护了金融系统的合法利益。

五、 金融保障能力提升， 加快夯实发展基础

"十一五"期间，全市累计安排 5000 万元专项资金扶持金融业发展，吸纳社会资金 3.5 亿元投入金融业发展，引进培养各类金融专业人才 60 余人次。

（一）强化组织领导保障

市委市政府把金融工作作为"一把手"工程，摆在突出的战略地位，成立市政府金融工作办公室，各区市县也相继成立了金融办，全力推进金融业发展。成立以市委市政府主要领导任组长，发改委、财政局、公安局、金融办、人行、银监、保险、证券、各银行业金融机构等单位负责人为成员的金融业发展领导小组，制定金融业发展阶段性目标，具体落实金融产业发展举措，研究解决金融业发展中的重大问题。同时，出台《加快金融业发展的意见》、《进一步加强金融工作的通知》等重要文件，制定一系列支持金融业发展的政策措施，明确了区市县、市级相关部门、金融机构在扩大投放、金融创新、风险防范、重大信贷问题解决中的具体职责，形成了各司其职、各负其责的工作格局。

（二）强化工作制度保障

建立畅通高效的市区联动机制。积极加强市、区市县有关部门尤其是金融机构的沟通联系，及时掌握金融业发展动态和理清发展思路，制定支持金融业发展的措施和解决经济金融领域重大问题的办法等。建立统筹协调的工作服务机制。积极搭建政府、银行、企业的信息沟通平台，加强政府部门与金融机构联系、交流，开设行政审批和效能服务"绿色通道"，对金融业发展项目实行

一条龙、一体化、一站式服务。建立安全有序的应急反应机制。按期召开政府与金融系统联席会议，支持和引导金融机构加强内控管理，防范和化解系统性风险；完善区域金融稳定监测评估体系，针对金融风险制定防范、预警、处置预案，提高金融风险预警和防范能力，不断推进区域金融安全稳定发展。

（三）强化经费投入保障

规范设立金融业发展专项资金，市、区市县财政每年安排一定资金扶持金融业发展，用于金融创新发展、金融生态建设、支持企业上市、引入金融机构以及对有突出贡献的金融机构和从业人员进行奖励，并制定相应的资金扶持奖励和管理办法。充分利用市场规律和市场机制，通过 BT、BOT 和股份制、股份合作制等方式，引导社会各类资金投入金融业发展。主动向中、省金融部门衔接汇报，积极争取金融业发展资金，努力支持金融业加快发展。

（四）强化人才队伍保障

全面实施"人才为本"的金融人才战略，建立完善金融人才引进培养机制，着力建设领军型的金融领导人才、职业型的金融经理人才和专业型的金融技术人才队伍。加强与高等院校联合建立金融业务培训中心，通过开展学历教育、组织专题讲座、举办业务培训等形式，提高金融从业人员专业素质，为金融业发展提供前瞻型、实用型人才。鼓励金融机构在高等院校联合建立科研和教学单位，提高企业培养本土优秀人才质量，不断满足自我发展的人才需要。建立公开、公平、公正、竞争择优的选人用人机制，完善人才激励和保障政策，营造聚才、育才和用才的良好环境，持续优化金融从业人员结构。制定高层次金融人才流动优惠政策，为个人及其配偶、子女的户口、就业、教育等开设"绿色通道"，广安已成为吸引各类金融人才的"高地"。

（广安市金融办）

达州市

"十一五"是达州市金融业快速增长、日趋繁荣的时期。在国际国内经济形势风云变幻、艰险与机遇并存的复杂形势下，达州金融系统认真贯彻落实人民银行的货币信贷政策，深入践行科学发展观，积极协调银行、证券、保险业监管机构和市级有关部门，共促金融发展。五年来，金融宏观调控不断完善，金融实力明显增强，金融改革不断深入，金融市场逐步拓展，金融服务水平显著提升，金融业积极支持了经济社会持续、健康、快速发展。截至 2010 年末，达州市共有金融机构 61 家，其中银行业机构 10 家，证券、期货、基金公司营业网点 3 家，保险公司 19 家，融资性担保公司 29 家；金融从业人员 2 万余人；金融业总资产达 1000 余亿元。2010 年，达州市金融业实现增加值 14.7 亿元，占 GDP 的 1.7%，是 2005 年的 1.8 倍，年均增长 11.28%；金融业对经济增长的贡献率为 1.3%，拉动第三产业增长 0.7 个百分点。

一、金融业改革与发展成效明显

"十一五"以来，达州市金融业发展较快，到 2010 年，银行存款余额 901.08 亿元，位于全省第 6 位，贷款余额 363.46 亿元，位于全省第 9 位；保费收入 39.94 亿元，全省排名第 3 位；实现证券交易 351.60 亿元。金融业不仅有力地支持了地方经济的发展，而且是达州市经济社会发展的重要先导产业。

（一）金融业产值稳步增长

至 2010 年年末，达州市金融业增加值 14.06 亿元，比 2005 年末增长 70.66%，年均增长 11.28%，金融产业成为达州市第三产业中的一个重要产业。

（二）金融产业改革与发展不断深入

1. 银行业金融机构改革成效显著

一是政策性银行和国有商业银行改革顺利。农业发展银行进一步拓展支农领域，将农村基础设施建设及农业综合开发纳入政策性业务范围。工商银行、中国银行、建设银行达州分行积极落实各项改革措施，资产质量和经营效益稳步提升。农业银行达州分行积极推进股份制改革，不断完善财务制度，完成不良资产剥离，全面推进服务"三农"工作。邮政储蓄银行达州市分行 2009 年成立后，进一步扩大了存贷款业务。

二是地方金融机构加快改革与发展。2009 年 12 月，达州市商业银行已顺利挂牌开业，标志着全省城市信用社向商业银行的改制全面完成。2010 年末，有资本金 22 942 万元，比 2004 年末增资扩股 18 906 万元，资本充足率达 15.29%，比 2004 年末增加 6.22 个百分点。2008 年全市农村信用社顺利兑付央行票据 50335 万元，至 2010 年末，有资本金 68103 万元，资本充足率为 5.97%。

三是村镇银行筹建实现突破。2008 年 10 月，达州市首家村镇银行——宣汉诚民村镇银行正式开业。此外，全市还有 63 个村级农村资金互助合作社，资金总规模 791 万元。

2. 保险业快速发展，规模居全省前列

到 2010 年末，全市有保险机构 22 家，保险机构分布和保险品种进一步完善。2010 年末实现保费收入 39.94 亿元，比 2005 年增加 30.84 亿元，年均增长 34.42%，保费规模位居全省第 3 位。其中财险收入 6.92 亿元，寿险收入 33.02 亿元。理赔支出 6.26 亿元，其中财险赔款 3.42 亿元，寿险给付 2.84 亿元。

3. 证券业稳步发展

截至 2010 年末，全市有证券营业网点 3 家，证券交易额逐步增大，2010 年全年共实现证券交易额 351.60 亿元，比 2005 年增加 340.85 亿元，增长 31.7 倍，证券营业网点实现利润 6450.27 万元。

4. 融资担保业规范发展

2010 年，经省金融办备案的融资性担保公司 29 家，注册资金 8.7 亿元，融资担保余额 21 亿元，累计担保额超 100 亿元，为全市中小企业融资做出了重要贡献。

（三）金融资产质量不断提高，产业效益不断提升

随着金融机构改革与发展，经营管理能力的改善，各金融机构盈利水平不断提高，不良贷款有所下降。2010 年，达州市银行业金融机构利润达到 8.88 亿元，比 2005 年增加 8.14 亿元；上缴营业税及附加与所得税 2.10 亿元；不良贷款余额 36.93 亿元，较 2005 年末减少 18.01 亿元，占比 10.15%，较 2005 年末降低 30.52 个百分点。证券业金融机构利润达到 6450 万元，比 2005 年末增加 6382 万元。从 2005 到 2010 年，达州市各金融机构中间业务收入呈逐年上升趋势，工、农、中、建四大国有商业银行中间业务收入不断增加，业务量稳步上升，发展趋势向好。达州市保险业保费收入 39.94 亿元，比 2005 年增加 30.84 亿元。中间业务收入不断增加。

（四）金融服务地方经济社会水平不断提升

1. 银行信贷投入稳定增长

2005 至 2010 年期间，达州市各金融机构贷款余额稳定增长，2010 年比 2005 年信贷投放余额净增加 201.42 亿元，增速 124.30%；2009、2010 年贷款新增较多，两年新增贷款比 2005 年至 2008 年的总和多 87.20 亿元。

2. 支付结算体系日渐发达

2006 年以来，达州市支付体系建设取得明显进展，相继开通了大额实时支付系统、小额批量支付系统、支票影像交换系统等现代化支付系统，资金支付清算速度进一步加快。仅 2009 年，辖内共通过支付清算系统划转资金 39 万笔，达 2302.38 亿元。以"三票一卡"为主体，以电子支付、委托收款和托收承付等为补充的支付工具的交易量稳步增长。仅 2010 年，全市银行卡存量已超过 607 万张，全年共发生交易 3968 万笔，金额 3062 亿元。

二、金融组织体系进一步健全，金融支持经济社会发展整体水平得到提升

达州市委、市政府高度重视金融工作，切实注重和加强地方政府对金融工作的协调、管理和服务。2008 年 2 月成立了达州市政府金融工作办公室，负责全市金融工作协调和监管，有力地促进了地方金融的发展。随着达州市金融办的成立，地方政府正式有了金融主管部门，初步形成了人民银行、银监分局为宏观调控和金融监管部门，政策性银行、国有商业银行、邮政储蓄银行、城市商业银行、农村信用社为主体，村镇银行、农村资金互助社为补充的多层次银行业金融组织体系。

五年来，该市金融机构日益健全，功能日臻完善，银行、证券、保险、融资担保业蓬勃发展。银行业加大了对达州能源、天然气开发建设的支持力度，紧紧围绕"三农"、重点项目建设和民生工程，加大信贷投放，贷款发放量创历史新高，较好地支持了该市经济发展。各政策性银行、国有商业银行、股份制银行发挥各自优势主动了解重点项目、大企业大集团融资和各类金融服务需求，通过各自总行与政府开展战略合作，丰富金融服务手段，加大金融服务力度，有力地支持了达州加快发展，为达州经济社会发展提供了全方位的资金支持和金融服务。积极搭建地方金融投资平台，组建达州市投资公司、达州市国

资经营公司、达州发展（控股）公司，作为该市政府的投资参股、改造重组地方金融机构的主要投资平台，抓住该市建设努力打造"一枢纽、两中心、三基地"的机遇，紧紧围绕全市金融重点、难点和热点开展工作，大力支持农牧业发展，弥补地方金融机构资金缺口，增强地方金融机构造血功能，实现了国有资产的保值增值。

积极支持境内外金融机构在辖区内设立分支机构，为达州金融市场注入生机与活力。2008年，成功组建中国邮政储蓄银行达州分行。2009年，达州市城市信用社正式改组为达州市商业银行，并在全市范围内设立分支机构，加强县域和中小企业金融服务，加大招商引资和对外开放力度，恒丰银行已入驻达州，成都农商银行、南充市商业银行、中信银行、民生银行等异地银行业金融机构也即将入驻达州。加强村镇银行建设，2008年、2010年先后建立了宣汉诚民村镇银行和大竹隆源村镇银行。全市金融服务体系进一步完善，市场活力、服务功能进一步增强。

保险、证券机构发展迅速。2010年，已在达州市场经营和筹建的市级保险公司19家，同比增加4家。市辖中心城区营业部20家，县级分支机构65家，同比增加7家；筹建待批的分支机构8家。达州保险业正在逐步过渡为机构多元、功能互补、共同发展的市场格局。到2010年，达州有3家证券营业部。

三、 金融体制改革进展顺利

（一）着力推进银行业改革与发展

1. 全力支持农村信用社改革

积极协调落实国务院关于深化农村信用社改革各项措施，圆满完成农村信用社5亿元专项央行票据兑付，为农信社发展创造了良好的环境。农村信用社坚持服务"三农"、服务县域经济，大力完善体制机制，稳步增强风险防控能力，经营业务快速发展，综合实力和社会地位不断提升，为该市农业农村工作提供了有力的资金支持。

2. 大力推进空白乡镇基础金融服务全覆盖工作

该市地处大巴山地区，经济属欠发达地区，特别是农村地区地广人稀，金融服务成本较大，加上历史原因，许多乡镇金融服务没有得到有效覆盖，群众金融服务需求满足度不高。该市针对金融服务空白乡镇的人口密度、路途远近及需求情况，制定实现金融服务空白乡镇金融服务全覆盖计划并推进实施，使更多的农民享受到了普惠制金融服务，促进了区域协调发展。目前，该市金融机构空白乡镇已基本实现了金融服务覆盖。

3. 积极开展农村金融产品和服务方式创新

自 2008 年 10 月起，达州市启动了农村金融产品和服务方式创新试点。截至 2010 年末，大竹农行、通川区信用社、宣汉县信用社 3 家试点金融机构对已评级的信用户授信 6199 户，授信金额达 39427 万元，发放创新贷款余额达 20362 万元，创新试点工作进展顺利。在 3 款创新产品的带动下，达州市金融机构积极开展针对农村市场需求创新金融产品，成功探索了银企双赢的有效途径。全市各金融机构创新信贷产品达 11 种，涉农创新产品发放贷款余额达 207367 万元，贷款户数达 61690 户，拓宽了支农渠道，提升了支农服务水平，支持了"三农"和县域经济发展。

（二）加快推进资本市场发展

成立了达州企业上市推进工作领导小组和办公室，并在全市 7 个县（市、区）成立了企业上市推进机构，及时开展企业上市培育工作。出台了《关于进一步加强达州企业上市工作的意见》等一系列培育和促进企业改制上市的文件，使该市企业上市工作取得了积极进展。建立完善上市后备企业成长培育机制，研究出台了一系列加快企业培育和改制上市的政策文件，使一批成长性企业及时发现和培育，步入成长和改制上市轨道，为资本市场不断输送新鲜血液。同时，积极争取达州高新企业进入证监会三板市场试点，搭建达州多层次资本市场，支持更多中小企业融资发展。到 2010 年，达州重点培育上市企业 2 家，纳入上市企业库企业上百家。

（三）保险业发展成效显著

1. 业务规模实现历史突破

"十一五"期间，保险业持续保持了良好的发展态势，提前两年半完成市政府提出的"十一五"保险业发展目标。2010 年，全行业实现保费收入 39.94 亿元，同比增长 21.59%，保费业务规模位居全省第三位。比 2005 年增长 338.9%，平均增速 27.65%，超"十一五"保险业增速计划目标 7.65 个百分点。截至 2010 年末，全行业出现了上 10 亿元公司 1 个；超亿元公司 9 个，同全省的平均水平差距逐步缩小。

2. 保险社会服务功能增强

全市各保险公司积极发挥保险的经济"助推器"和"稳定器"作用，服务达州经济发展大局，维护城市和农村稳定与发展。2010 年，全市保险公司上缴各类税金 3829.72 万元，承担各类财产风险保障责任 5223 亿元，支付各项保险赔款和给付保险金 6.26 亿元，同比增加 0.92 亿元，保险社会补偿功能不断增强；人保财险公司积极开办政策性农业保险，为广大农民种植、养殖业提供 12.04 亿元的保险保障；各财险公司加强代扣车船税工作，代扣车船税 2655.07 万元，积极配合搞好税源管控；人保健康公司积极参与达州市城镇居民补充医疗保险，提供 330 亿元医疗保障；各寿险公司做好人身保险给付，给付保险金 2.84 亿元，维护社会和谐稳定。

3. 大力支持抗洪救灾

"7·18"洪水灾害，造成全市 7 个县市区 273 个乡镇、423.3 万人受灾，死亡失踪 30 人，房屋、道路、农作物不同程度受损，直接经济损失达 63 亿元。灾情发生后，各大保险公司迅速展开抗洪救灾理赔工作，全行业给付"7·18"洪灾财产保险赔款 4370.09 万元，向全市政策性农业保险受灾的 64 个受灾乡镇，兑现洪灾水稻玉米保险赔款 928.6 万元。

四、 金融生态环境建设深入推进

为有效维护全市金融稳定和安全，改善金融生态环境，促进金融业持续、快速、协调发展，达州市政府先后出台了《关于推动达州市金融生态环境建设的意见》和《关于加强社会信用体系建设的实施意见》等多个重要文件，使得达州金融生态环境发生了根本性变化。"十一五"期间，该市大竹县被评为金融生态县。

加强人民银行企业和个人征信系统建设，强化与政府有关部门之间的信息共享力度。企业征信系统共采集辖内 12475 户企业的相关信息，还为 6215 户与银行有结算关系但没有信贷关系的中小企业建立了信用档案。个人征信系统已采集 46 万户个人信息。开展了农村信用体系建设、中小企业信用体系建设工作。

积极开展金融形势分析季度会工作模式，共同构成对金融稳定状况的多层次、多角度、全方位的分析评估体系，及时监测金融风险。在全面监测分析评估金融业风险的同时，通过加强对金融机构服务与管理、开展综合执法检查、对金融机构进行风险提示、开展金融机构突发事件应急预案演练、开展社会公众金融安全知识宣传教育等措施，积极探索防范金融风险的有效途径并取得较好效果，确保辖区金融一方平安，并以此促进地区经济金融的良性发展。

不断完善金融稳定协调体系，建立金融风险监测和预警机制，及时准确掌握辖区金融运行及风险状况，有效防范和化解金融风险，使金融机构资产质量和经济效益逐步好转，经济与金融协调稳定健康发展。

（达州市金融办）

巴中市

一、金融业稳步发展

"十一五"是巴中市金融事业全面发展的五年，在国际国内复杂经济金融形势的影响下，在巴中市经济基础异常薄弱的基础上，在地震、洪涝灾害的无情袭击下，巴中市金融事业发展取得了长足的进步。银行机构布局更加合理，功能日趋完善，机构面貌极大改善。截至 2010 年末，巴中市共有金融机构 487 家，其中银行业机构 474 家，证券营业网点 1 家，保险公司 10 家，融资性担保公司 2 家；金融从业人员 8676 人。2010 年，该市金融业实现增加值 3.27 亿元，占 GDP 的 1.16 %，是 2005 年的 2.03 倍，年均增长 11.1 %；金融业对经济增长的贡献率为 0.82%，拉动第三产业增长 0.3 个百分点。

（一）银行业全面发展，更加成熟

1. 银行业服务功能日趋完善

"十一五"期间，全市农村信用社完成了以县为单位的统一法人体制改革，对同一乡镇多个网点进行了整合，消灭了内控制度不达标的 2 人网点，腾出人力设立专门发放管理小额农贷的贷款中心，加大了信贷支持"三农"的力度。国有大型银行分支机构的业务管理权限逐步恢复，机构服务功能进一步增强，全市共有 4 个储蓄所升格为分理处，增加了发放贷款的功能。农发行业务范围逐步扩大，大力拓展商业信贷业务，增强了助推地方经济发展的力度。

邮政储蓄银行分支行顺利组建，66 个储蓄所升格为网点支行，业务范围迅速拓展。

2. 银行业机构布局更加合理

"十一五"期间，巴中银行业金融机构布局遵循"统筹规划，合理布局，有序竞争，满足服务，促进经济发展"的原则，在进一步优化城区机构布局的同时，积极推进南江县寨坡、关田、红岩 3 个金融服务空白乡镇工作，设立了南江县农村信用联社寨坡分社、邮储银行南江县支行关田营业所，在红岩乡农行南江县支行组建了流动服务小组，提供定时定点服务。全市提前全面解决了金融机构空白乡镇金融服务问题。

3. 银行业服务水平不断提高

"十一五"期间，全市银行业金融机构加快了网点标准化改造步伐，营业网点面貌得到极大改善，网点的营销服务功能进一步完善，网点逐步由"操作型"向"营销服务型"转变，放大了网点资源的增收效应。全市累计投入营业服务场所改造资金 6700 余万元，标准化改造率达 84% 以上。同时，在"十一五"期间全市银行业机构自助服务设备得到快速发展，全市共安装 ATM机 236 台，安装 POS 机 1459 台。

4. 银行业机构种类逐渐增加

"十一五"期间，巴中市进一步深化农村金融体制改革，积极引进外来资金来巴中投资组建村镇银行、农村资金互助社、小额贷款公司等农村新型金融机构，使其成为巴中农村金融的补充，切实拓宽融资渠道，不断增加信贷资金投入。目前由国家开发银行投资入股的国开巴中村镇银行正在紧张筹建之中。

5. 贷款投放逐步优化

2010 年，全市金融机构各项贷款余额 129.22 亿元，较 2005 年增加 50.83亿元，年均增长 12.71%。全年净增贷款 26.53 亿元，较上年同期多增 7.23 亿元，创建市以来新高。全年新增存贷比 42.73%，较上年同期提升 7.71 个百分点；贷款增速首次高于存款增速 4.7 个百分点，首次超全省贷款增速 3.36 个百分点，位居全省各地市州第 9 位。

贷款投放节奏合理。"十一五"期间，全市货币信贷投放与宏观政策调控的节奏吻合，五年来信贷总额分别为 83.74 亿元、89.93 亿元、83.39 亿元、102.69 亿元和 129.22 亿元，保持平稳较快的增长。

贷款投向重点突出。"十一五"期间，全市金融机构紧紧围绕巴中经济发展战略目标，加大了对"三农"、中小企业、基础设施建设的信贷投入。一是大力支持基础设施项目建设。重点支持乐巴铁路改造、巴达高速、巴桃高速、巴南高速、巴河水电开发、红鱼洞水库建设等项目。2010年累计投放项目贷款5.35亿元。二是大力支持"三农"经济发展，2010年全市新增涉农贷款近10亿元。三是加强对中小企业的信贷投入。开展中小企业信用培育，通过落实重点企业银企对接，29家企业贷款授信额逐步投放到位，开展的102户信用培育中小企业中有47户企业得到银行2.01亿元信贷支持。全年新增中小企业贷款6.96亿元，有效促进了一大批中小企业拓展新项目、新市场，壮大了一批特色优质地方产业。

信贷配置逐步优化。从放贷主体看，农行、农村信用社仍然是贷款投放的主要机构，两家金融机构2010年新增贷款14.68亿元，占全市新增贷款的55.35%。工行、中行、建行三家金融机构也积极开拓信贷市场，积极增加信贷投入，全年新增贷款4.99亿元，较去年同期多投放贷款2.71亿元。从贷款结构看，2010年个人贷款和单位贷款分别增加18.38亿元和8.15亿元，新增贷款增量中单位贷款占30.71%，同比增长1.71个百分点，实体经济信贷需求得到进一步满足。

6. 各项存款稳步增长

2010年，全市金融机构人民币各项存款余额354.91亿元，比2005年增加245.42亿元，年均增长26.52%。2010年末，全市储蓄存款余额241.45亿元，较2005年增加153.71亿元，年均增长35.04%。2010年储蓄存款共计增加42.16亿元，同比多增13.37亿元。

7. 货币政策工具运用合理

2010年，全市三家农村信用联社获得中央银行支农再贷款1.6亿元，实现2007年来零的突破，增强了对"三农"经济和灾后重建的信贷支持。发放再贴现贷款5000万元，填补了全市近10年来的空白。一家农村信用联社扩大同业拆借限额5000万元获批，新批准一家农村信用联社加入全国银行间同业拆借市场，增强了资金筹措和营运能力。

8. 金融服务创新取得成效

2010年12月，省市共建巴中市建设农村金融服务创新示范区启动仪式在巴州区恩阳镇何家坝村举行。目前，农村信用社在何家坝村和合治寨村发放贷款达到 500 多万元，邮政储蓄银行设立的小额贷款批发中心发放贷款 41 万元，巴州区农行也积极跟进，确定了一批重点支持户进行培育。大力开展金融服务创新，发放涉林贷款 1628 万元；发放生源地助学贷款 600 多万元，让 1000 多名贫困学子圆了大学梦；积极实施"金融春雨行动"，为 16 名大学生村官发放贷款 38 万元。

（二）保险业稳步发展，日趋完善

1. 保险市场体系逐步完善

"十一五"期间全市保险业市场体系逐步完善，市级保险机构增加了 6 家，发展到 10 家；正在筹建的财险机构 1 家；进入或成立专业中介机构 5 家；增加兼业代理机构 75 家；县（区）级保险机构增加 22 个，发展到 30 个；乡镇营销服务部 95 个，乡镇保险宣传咨询网点 350 个。初步形成了覆盖全市城乡、方便广大人民群众保险需求的服务网络和营销队伍。

2. 保险业务快速发展

"十一五"以来，全市保险业务发展增速年均超过 40%，一直排名全省市州前列。保费总收入 32.71 亿元，是"十五"的 5.72 倍；全市保单销售量 860.79 万份，年均达到 172.16 万份，是"十五"的 5.84 倍。"十一五"期间全市年均保险深度 2.94%，是"十五"的 2.53 倍；年均保险密度 165.47 元/人，是"十五"的 2.76 倍。全市保险保障水平快速提高。

3. 保险保障水平逐步提高

"十一五"期间，保险业向全市提供的风险保障金额总计达到 7196 亿元，年均达到 1439 亿元，是"十五"的 5.72 倍；全市保险赔付与人身险满期给付 6.85 亿元。特别是在重大灾害事故中，保险业的保险保障、经济补偿与稳定社会的功能作用尤为突出。

4. 保险业从业人员快速增加

"十一五"以来，行业每年为全市社会提供就业岗位上千个，到 2010 年末行业从业人员总计达到 5200 人，其中管理人员 586 人，保险营销代理人员 4614 人。为缓解全市就业压力做出了一定的社会贡献。

5. 保险市场秩序逐步趋好

"十一五"期间，随着巴中保险市场竞争主体的增多，有效促进了行业的发展和服务水平的提高。市场秩序从"十五"末的恶性竞争逐步走向理性，保险市场秩序逐年好转。全市保险业初步形成了以服务质量为中心的竞争局面。诚信建设逐步推进，行业形象明显提升。保险市场环境逐步改善，全市社会与广大人民群众保险意识逐步增强，有力促进了保险业的快速发展。

6. 保险服务质量不断提升

"十一五"以来，各保险机构对保险服务进行了升级，着力保护投保人和被保险人利益。不少机构在创新服务方面不断推出新机制、新举措，努力为保险客户提供投保索赔方便、简化索赔手续、实行快速理赔、客户立等理赔、大案带息理赔等措施，尽力降低客户索赔成本，积极化解各类保险矛盾，行业信誉不断提升。

7. 保险业社会责任履行能力增强

"十一五"以来全市保险行业解交税款 5967 万元，是"十五"的 3.92 倍。2007 年以来产险机构按政府规定代收代缴车船税 2994 万元，忠实地履行了国家赋予行业的职责，同时代收代缴税额比税务机关自收时成 5 倍以上增长，为支持巴中经济建设做出了积极的贡献。

（三）证券业后起发力，突破发展

2010 年华西证券巴中营业部成立，填补了巴中证券市场的空白，为该市金融增添了新鲜血液，完善了巴中金融结构体系。

1. 证券服务不断提升

开办股民学校，将客户划分为入门班、提升班和研讨班，让不同层次的股民能接受到不同层面的培训，丰富证券知识。自开班以来共计开展股民课堂 40 余次，听课投资者累计达到 1800 余人次。通过发送短信、远程网络服务以及电话回访等形式向客户提供服务，深受客户的认同；向投资者做好风险提示及风险教育，维护市场稳定。

2. 丰富居民投资理财方式

华西证券巴中营业部的成立极大活跃了本地资本市场。2010 年间新开发客户共计 2524 户，托管市值 7036 万元，全年交易额为 132978.48 万元，实现手续费收入 256.5 万元。较好地带动了投资者合理理财，改变了过去该市居民大多采用储蓄这种单一的理财方式，极大地丰富了该市金融市场。

二、 金融业支持经济发展成效显著

（一）立足市情，全力解决粮食"难卖"问题

该市是农业大市，第一产业占比大，粮食问题是关系该市经济命脉的关键问题。同时由于该市地处秦巴山区，自然条件较恶劣，粮食"难卖"问题是关系农民生存的头等大事。银行业在解决区内农民粮食"卖难"问题、保护种粮农民积极性及稳定农民增收方面，进行了多方探索与实践。从"支持国有粮食购销企业发挥市场主渠道作用"，到"延伸产业链条实施购销加一体化经营"，再到"支持多渠道市场主体收购农民余粮"，政策性银行的收购信贷资金惠及到巴中市每个县域，农民粮食"卖难"问题得到了根本解决。近五年来，该市政策性银行先后投放粮油收购准政策性贷款47903万元，支持中央和地方储备贷款33130万元，年投放粮食收购信贷资金近30000万元，彻底解决了农民卖粮棉油打"白条"现象。

（二）服务"三农"，积极开拓农村市场

"十一五"期间该市银行机构立足县域经济，积极探索服务"三农"新路径，不断加大对"三农"和县域经济的支持力度，以优势项目、特色产业为重点，努力维护县域系统客户，支持了恒通香料、黄金猪业合作社、虹宇饲料等"三农"龙头企业，以"万村千乡市场工程"为引导，支持了成华超市、隆青商贸等农村流通企业。以供销社系统农村商品流通网络和商务部"万村千乡工程"为依托，大力发展惠农卡专用商户，积极改善惠农卡受理环境，并做好政策指引，加大宣传力度，持续推进惠农卡发行和农户贷款。以农行巴中市分行为例，"十一五"期间全市累计投放"三农"及县域贷款16.8亿元，累计发行惠农卡12万余张，授信小额农贷1.8亿元。

（三）转变策略，竭力解决中小企业贷款难的问题

以中小企业为支撑，努力优化经营策略。把发展中小企业信贷业务作为新的效益增长点，以深化融资服务为主线，以优化经营结构为导向，密切关注全市中小企业经营状况，加强对中小企业服务工作的领导、管理和市场研究，完善评级授信体系，下放贷款审批、评级授信控制权限，创造更宽松的信贷投放和贸易融资环境，通过细分客户市场，创新中小企业金融产品，优化小企业业务流程，简化贷款模式，向中兴纺织、宏博电力等一批中小企业发放信贷资金

5.6 亿元，较好地解决了中小企业贷款难的问题。

（四）强化建设，提升金融服务水平

"十一五"期间，该市银行业努力优化机构布局，强化机构建设，为广大消费者提供更加舒适、快捷的金融服务。以工行巴中市分行为例，"十一五"期间将 1 个二级支行升格为一级支行，将 3 个分理处升格为二级支行，对全辖所有网点进行了装修改造，全面推行了业务综合化。率先在巴中建设全功能自助银行，新建自助银行 6 个，ATM、XDM 机具达到 55 台；增加特约商户 316 户，投放 POS 机具 436 台；加快电子银行渠道建设，开通了网上银行、手机银行、电话银行。

（五）创新方式，强力推进信贷扶贫

"十一五"期间，该市涉农金融机构创新扶贫方式，强力推进信贷扶贫。以农村信用社为例，一是抓好信贷扶贫工作，充分发挥信用社点多面广、贴近农民的优势，加大对贫困农民的扶持力度。二是完善贫困瞄准机制。做好贫困人口建档立卡，推进农村最低生活保障制度和扶贫开发政策的有效衔接。做好扶贫农户的统计监测，建立贫困农户信贷支持数据库，努力做到信贷扶贫对象明确、措施到位、脱贫到人。三是大力支持扶贫新村建设项目。对政府支持的扶贫新村建设，农村信用社主动介入，积极参与，对一些急需资金的项目要及时予以支持和解决。同时在利率执行、贷款条件、期限确定、办贷时间等给予政策倾斜。

（六）银政合作，推动金融支持城乡统筹

大力推动银政合作框架协议的落实，银行业机构积极开展农业开发和农村基础设施建设政策性贷款业务，支持统筹城乡发展，加快推进社会主义新农村建设。如，农发行巴中市分行投入 3 亿元用于黄家沟开发，加强巴中主城区城郊农村地区的基础设施建设，积极推进巴中市城乡一体化进程。

（七）加强服务，努力发挥保险保障功能

"十一五"期间，保险业向全市提供的风险保障金额总计达 7196 亿元，年均达 1439 亿元，是"十五"的 5.72 倍；全市保险赔付与人身险满期给付 6.85 亿元，其中财产险赔款 4.87 亿元，是"十五"的 3.43 倍；人身险满期给付 1.98 亿元，是"十五"的 5.5 倍。特别是在重大灾害事故中，保险业的保险保障、经济补偿与稳定社会的功能作用尤为突出，为促进社会和谐发挥了不可替代的功能作用。从 2007 年起，部分产险机构按照中央和省市的规定开展政策性农业保险。四年来，承保水稻 202.27 万亩，玉米 24.37 万亩，油菜 29.15 万亩，能繁母猪 98.78 万头，育肥猪 210.28 万头，农业保险赔付 0.73 亿元，为全市农村经济的发展和新农村建设做出了积极贡献。

（巴中市金融办）

雅安市

"十一五"期间，雅安金融业在市委、市政府的领导下，按照省政府和监管部门的工作部署，紧紧围绕雅安市经济社会发展目标，深化改革创新，服务地方经济。银行、保险、证券业发展迅速，为雅安市"十一五"规划的顺利实施提供了强有力的金融支持。截至 2010 年末，雅安市共有金融机构 31 家，其中银行业机构 8 家，证券营业网点 2 家，保险公司 15 家，融资性担保公司 6 家；金融从业人员 2930 人，是 2005 年末的 1.83 倍；金融业总资产达 490 亿元，是 2005 年的 1.64 倍。2010 年，该市金融业实现增加值 7.69 亿元，占 GDP 的 2.68%，是 2005 年的 2.50 倍，年均增长 30%。

一、银行业改革与发展情况

"十一五"期间是雅安金融业发展最快、变化最大的时期，银行业存、贷款业务增势迅猛，法人机构抗风险能力显著增强，银行业核心竞争力不断提升，金融生态环境持续改善，银行信用风险明显降低。

（一）银行业资产规模明显增大，支持地方经济发展的能力日益增强

与 2005 年末相比，2010 年末，雅安市银行业金融机构资产规模增长了 1.64 倍，其中，2010 年末各项存款余额 438.1 亿元，比 2005 年末增加 282.5 亿元，增长 1.81 倍；各项贷款余额 238.9 亿元，比 2005 年末增加 140 亿元，增长 1.42 倍。

在增强自身实力的同时，全市银行业机构紧紧围绕雅安经济社会发展战略，切实加大对地方经济发展的支持力度，"十一五"期间累计发放贷款 635.4 亿元，支持 1000 万元以上贷款项目 174 个，其中贷款 5000 万元以上项目 57 个，贷款金额 138.4 亿元。一是加大对重点项目信贷投入。先后对瀑布

沟水电站、大岗山电站、雅安电力等一大批水电企业以及四川农业大学、雅安市人民医院、雅安公路收费中心重点项目建设给予了信贷支持。二是加大对"三农"项目的信贷支持，助推农户增收致富。截至 2010 年末，全市涉农贷款余额已达 144.93 亿元，占全部贷款余额的 63%。如农发行雅安市分行积极支持农村物流体系建设，先后对"万村千乡"试点工程公司发放贷款 4200 万元，支持其连锁经营，为城乡产品对接搭建平台，目前已支持其建立乡村连锁 1200 余家。农村信用社通过小额信用贷款、联保贷款等方式，不断加大对农户的信贷支持力度，截至 2010 年末，已建立农户经济档案 20.7 万户，占辖内农户总数的 63%，向 13.7 万户农户发放贷款 30.4 亿元，分别比 2005 年增加 8.5 万户和 17.7 亿元，增长 1.63 倍和 1.39 倍，有力地支持了广大农户增收致富。三是加大对地方特色产业的信贷支持。"十一五"期间，农行雅安分行启动了"四个一"工程，累计支持小企业 45 户，金额 12.1 亿元，向名山茶叶、天全林木、宝兴石材等特色产业链累计发放产业化贷款 3.8 亿元。四是加大对抗震救灾和灾后恢复重建的信贷支持。全市银行业机构 2008 年累计发放抗震救灾及灾后重建贷款 25.01 亿元，2009 年新增贷款 43.1 亿元，贷款增幅创历史新高。重点支持了基础设施项目、学校、医院、抗震救灾物资生产、流通企业和灾民房屋重建等。其中，全市 7 个灾区县的农村信用社共向 6981 户有贷款需求的农户发放农房重建贷款 1.11 亿元，向 357 户困难农户发放 796 万元政府担保重建贷款，对提出申请、符合贷款担保手续的所有农房重建贷款实现了 100% 的授信，为雅安市灾后农房重建工作按期完成作出积极贡献。汉源县联社被评为全国银行业系统抗震救灾先进集体。

（二）银行业服务社会经济的功能日趋完善

"十一五"期间，雅安银行业已从传统的存、放、汇业务逐步扩大到票据与贴现、银行卡、信用证、代客理财、代收代付、代理证券保险等领域。一是信贷品种不断丰富。从单一的流动资金贷款、固定资产贷款，发展到目前的中小企业贷款、助学贷款、联保贷款、下岗失业贷款、出国留学保证金贷款、林权抵押贷款、个人自用车贷款、房屋抵押贷款、综合消费贷款、助学贷款、失地农民养老保险贷款、个人经营贷款和银行承兑汇票签发及法人账户透支等几十个品种，信贷业务从企业向"三农"经济、中小企业、个人消费等领域全方位拓展。二是担保方式不断丰富。由最初的抵质押方式发展为现在多种担保方式，如抵质押担保、保证金担保、保险公司承保、专业担保公司提供连带责任担保、互助式会员制担保、应收账款质押、动产质押等。三是服务手段不断丰富。由传统的柜台业务扩大到网上银行、手机银行、电话银行、自助银行等方式。全市银行卡发放数量由 2005 年的 56.5 万张增加到 2010 年的 123.1 万张；ATM 机由 2005 年末 67 台增加到 2010 年末 180 台，存取机、存折打印、卡折查询（转账）等自助机具涵盖全市南北两岸及城区文化交流中心；POS机投放由 2005 年末 258 台增加到 2010 年末 1396 台，遍布全市各大超市、商场、酒店；在农村市场，大力推行金穗支付通及"惠农取现服务点"建设，着力打造"村村通"支付渠道，全面覆盖农村市场，至 2010 年末，支付通总量达到 2123 台，电子银行注册用户数由 2005 年末的 2360 户激增到 2010 年末的 75800 户。银行服务已渗透到雅安社会经济的方方面面，充分满足了广大客户日益增长的金融服务需求。

（三）金融基础设施逐步加强

"十一五"期间，该市以构建安全、高效的支付体系为目标，大力推进支付结算体系建设。五年来，全市支付清算系统等金融基础设施建设取得了历史性飞跃，非现金支付工具得到广泛应用，银行结算账户管理进一步加强，农村支付服务环境改善成效显著，对支持和促进雅安市的经济持续、健康、快速发展起到了极为重要的作用。

一是支付清算基础设施不断完善。有力地支持了该市经济金融的快速发展。2005 年 4 月，人民银行大额实时支付系统在该市正式上线运行，实现了异地跨行支付清算。从手工联行到电子联行，再到现代化支付系统的跨越式发展和历史性飞跃，有效满足了客户的即时支付需求，提高了资金周转速度，大大降低乃至消除了资金的在途风险和浪费，为金融市场资金结算提供了强有力的支持。2006 年 4 月，人民银行小额批量支付系统在该市上线运行，通过支撑各种支付工具的使用，为社会提供低成本、大业务量的公共支付清算服务，特别是与老百姓关系密切的工资发放、公用事业收费、税款缴纳、通存通兑等支付业务，有效促进了雅安社会公共支付水平的提高。支票影像交换系统、境内外币支付系统、电子商业汇票系统和网上支付跨行清算系统等支付系统相继在该市推广，跨行通存通兑业务、银行本票业务和电子商业汇票业务陆续开通，支付系统从最初提供单一的实时全额清算服务，发展到现在可以提供净额资金清算服务、支票影像归档及交换服务、电子商业汇票流转和纸质商业汇票登记服务等多项金融服务。"十一五"末，雅安市已基本建成了以人民银行支付系统为核心，各银行业金融机构行内支付系统为基础，银行卡支付系统、支票影像交换系统为重要组成部分的支付清算网络体系，全辖共有204个金融机构网点接入了大、小额支付系统，全天24小时为社会提供安全、高效、便捷的支付清算服务，提高了资金的使用效益，有效满足了社会日益增长的各种资金清算需求。

二是非现金支付工具广泛应用，有效满足了社会经济多样化的支付需求。"十一五"期间，该市已经形成了适应广大企事业单位生产经营活动和百姓居家服务需要的、多样化的非现金支付工具体系。一是票据电子化稳步推进，对拓宽企业融资渠道、缓解企业间债务拖欠、活跃金融市场等具有重要作用。银行卡业务快速发展，受理环境不断改善，市场秩序逐步规范；农民工银行卡特色服务有效满足了农民工的异地存、取款需求，截至2010年末，全辖145个农村信用社的营业网点都能受理农民工银行卡特色服务。随着公务卡、中职学生资助卡等的推广应用，银行卡在便利社会管理方面的作用日益凸显，已成为居民个人使用最为广泛的支付工具。截至2010年末，该市已累计发放银行卡160.04万张，特约商户1064户，POS机具3532台（含电话POS），ATM机具178台，分别比2006年末增长114.13%、265.64%、761.46%和161.76%；银行卡交易笔数1226.59万笔，交易金额574.98亿元，分别比2005年增长488.29%和40.57倍。网上支付、移动支付、电话支付等新兴电子支付方式发展迅猛，不断创造和满足社会公众日益多样化的支付需求。非现金支付工具的广泛应用，对减少现金使用、降低交易成本、培育社会信用、促进金融创新、方便生产生活发挥了重要作用。

三是银行结算账户管理体系不断完善，金融账户实名制进一步落实。"十一五"期间，该市加强了银行结算账户管理，成功上线运行了银行结算账户管理系统和联网核查公民身份信息系统，组织开展银行账户清理核实工作，规范银行账户的开立和使用，加大银行结算账户业务监管力度，银行账户实名制取得重大进展。截至2010年末，全市共有银行结算账户235.21万户，其中单位银行结算账户1.65万户，个人银行结算账户233.56万户。截至2010年末，雅安市联网核查公民身份信息系统的日均查询量达4054笔，比2005年末增长了 10.26 倍。

四是农村支付结算惠农支农政策全面深入，农村支付服务环境建设成效显著。"十一五"期间，雅安市结合实际，以点带面，认真制定工作方案，通过有针对性地开展宣传、非现金支付工具的推广普及、加强农村金融机构网点建设以及农村银行卡受理市场的改善等一系列行之有效的措施，雅安市农村支付环境改善工作取得了较好的成绩。截至 2010 年末，全市农村地区累计银行卡发卡 933626 张，发展特约商户 394 户，安装 POS 机 1742 台（其中电话 POS机 1401 台），安装 ATM 机 92 台，分别比 2009 年底增加发卡 177472 张，新增特约商户 150 户，新安装 POS 机 1482 台，新增 ATM 机具 26 台。

（四）金融生态环境明显改善，银行业安全稳健运行成效显著

"十一五"期间，该市认真贯彻落实国务院提出"以信贷征信体系建设为重点，全面推动社会信用体系建设"的工作要求，一是切实加强企业和个人征信系统建设，系统建设取得阶段性成效。截至 2010 年末，征信系统为全市5000 多家企业及经济组织、26 万多个人建立了信用档案，涉及信贷余额近180 亿元，2010 年累计提供查询 7.13 万次。二是不断深化中小企业信用体系建设，缓解中小企业融资难问题。2010 年对 19 户中小企业开展了培植，年末19 户企业中新增贷款户数 14 户，新增贷款 700 万元。三是加快推进农村信用体系建设，有效支持"三农"发展。截至 2010 年末，全市由地方政府牵头评定的信用户达 2162 户，信用村 7 个，信用乡镇 2 个。四是大力开展征信宣传。依托银行业众多网点建立了征信宣传长效机制。2007 年开展"诚信兴商宣传月"活动，2009 年开展征信知识宣传月活动，2010 年开展征信宣传周和征信宣传进社区等活动，均取得了良好社会反响，极大地改善了全社会信用环境，推动了金融资源优化配置和社会经济和谐健康发展。石棉县 2009 年成为全省首批授牌的五个金融生态示范县之一，在全市发挥了良好的示范和带动作用。

随着金融生态环境的持续改善，该市银行业经营管理水平不断提高，资产质量持续好转，经营效益显著提升，风险状况持续改善。一是银行业机构内控能力不断提高，合规化管理逐步增强，操作风险得到有效控制。五年来，雅安银行业机构未发生重特大案件、重特大安全事故、不稳定事件、非法集资案件和重大负面舆情。二是资产质量持续好转。不良贷款率由 2005 年末的 14.1%下降到 2010 年的 5.43%，下降 8.67 个百分点。三是法人机构抗风险能力持续

提高。截至 2010 年末，雅安市商业银行资本充足率达到 19.88%，贷款损失准备充足率和拨备覆盖率分别达到 234.69% 和 240.33%，实现了存贷比、流动性比例、流动性缺口率以及核心负债依存度等 4 项指标的全面达标，监管评级年年都有进步。农村信用社资本充足率实现由负到正的历史转变，2010 年已达到 6.52%，各项主要监管指标位列全省同类机构前茅。四是经营效益显著提升。银行业机构在支持地方经济发展的同时，自身历史包袱得到有效化解，经营效益稳步增长。"十一五"期间，全市银行业机构共缴纳所得税 4.45 亿元，营业税及附加 2.53 亿元，经营利润从 2005 年的 0.97 亿元，增加到 2010 年的 5.3 亿元，增长 4.5 倍。

（五）银行业组织机构体系逐步完备

一是机构类型不断健全，中国邮政储蓄银行雅安市分行挂牌成立；筹建村镇银行工作进展顺利，成功引进成都银行在名山县设立村镇银行，成为该市首家村镇银行。二是坚持网点优化整合与布局结构调整并重，其服务环境、硬件设施不断完善，银行业形象得到有效提升。截至 2010 年末，全市银行业机构营业网点已达 273 个，银行从业人员 2789 人，初步形成了种类齐全的银行业服务体系。

（六）银行业改革开放稳步推进

"十一五"末，工行、中行、建行、农行股份制改革、机构扁平化和业务垂直化改革顺利完成，政策性银行经营商业性业务取得较大进展。农行成立了农村产业金融部和农户金融部，组建专门部门提升对"三农"的服务能力；各银行业机构积极推进中小企业服务"六项机制"建设，设立小企业金融服务中心，进一步改进对小企业金融服务；雅安市城市信用社成功改制为城市商业银行，完成了第二次增资扩股工作，服务地方经济能力显著提高；农村信用社管理体制进一步理顺，8 家县级农村信用社统一法人改革全面完成，成功获得中央银行票据兑付资金 1.38 亿元，进一步壮大了农村信用社资金实力，为服务雅安地方经济发展夯实了基础。

二、 积极推进企业上市， 实现上市公司零的突破

"十一五"期间，该市加大了资本市场培育力度，积极推进企业上市。一是分类引导，加大扶持。按照"培育一批、辅导一批、申报一批、上市一批"

的工作思路，加大对企业上市培育扶持力度，全市新增3家企业进入全省重点上市培育企业名单，另有多家企业进入全市重点上市培育企业名单。二是突出重点，强化服务，全力做好雅化集团上市工作。市委、市政府连续两年将该公司推荐作为全省重点上市培育企业，市金融办等相关部门积极协助企业完善内部管理、选择中介机构。通过努力，雅化集团公司于2010年11月在深交所中小板成功上市，实现了该市上市公司零的突破。

三、 融资担保公司和小额贷款公司工作有序开展

一是加强对融资担保公司监管。自2009年起，该市在省政府金融办的指导下，对全市融资担保公司进行了全面的规范、整顿、清理，清理后，全市融资担保公司从原来的19家减少到7家，极大地规范了公司行为，促进了该市融资担保行业健康、持续发展。

二是努力推进小额贷款公司试点，进一步加大了小额贷款公司试点工作的宣传力度，积极主动与意向投资者联系沟通，带其外出考察取经，通过努力，雅安市雨城融和小额贷款有限责任公司已得到省政府金融办审批，目前，该小贷公司正在积极筹建中。

四、 证券和保险业发展迅速

"十一五"期间，该市证券和保险业发展势头较好。一是证券保险机构明显增多，泰康人寿、太平洋人寿、都邦财险、平安财险、太平保险等保险公司以及国泰君安证券公司先后在雅安成立分支机构，华西证券雅安营业部在荥经县设立营业网点。二是经营规模增长较快，2010年末全市保费收入达11.53亿元，支出达1.96亿元；证券开户数为3万户，实现证券交易额190亿元。

（雅安市金融办）

眉山市

"十一五"时期是眉山市金融改革与发展历程中极不平凡的五年。五年来，眉山深入贯彻落实科学发展观，积极推进金融业改革、开放和发展，金融业实现了历史性飞跃，存贷款总量快速增长，信贷结构明显改善，证券市场和

保险市场有了新的发展，金融服务水平提高，金融资产质量明显改善，金融业持续、健康、快速发展，为眉山市经济社会发展提供强有力的金融支持。截至2010年末，眉山市共有金融机构34家，其中银行业机构10家，证券、期货营业网点3家，保险公司16家，小额贷款公司1家，融资性担保公司4家；银行、小贷、担保业从业人员3832人，是2005年末的1.5倍；银行、小贷、担保业总资产达662.5亿元，是2005年的2.8倍。2010年，该市银行保险业实现增加值13.63亿元，占GDP的2.5%，是2005年的1.8倍，年均增长11.2%；银行保险业对经济增长的贡献率为1.65%，拉动第三产业增长0.87个百分点。

一、 "十一五" 期间该市金融业快速发展

（一）银行业不断发展壮大

一是银行业经营实力持续增强。截至2010年末，全市银行业资产、负债总额分别为668.19亿元和652.43亿元，分别是2005年末的2.84倍和2.82倍。全市银行业机构本外币存、贷款余额分别为583.09亿元和280.78亿元，分别是2005年末的2.65倍和2.19倍，规模实现翻番。服务产品增加，服务领域不断拓展，服务手段不断改善，小企业和"三农"等民生领域金融服务工作得到加强，2010年末上述两项贷款分别达到60.68亿元和103亿元，分别占全部贷款总量的21.6%和36.7%。2010年实现利润7.51亿元，是2005年的5.69倍，保持了年均增长113.79%的速度，效益明显增长。辖内政策性银行、大型银行在省内排位均有不同程度的上升；农村信用社全省排位中，彭山县联社和丹棱县联社进入业务经营前10名，仁寿县联社和东坡区联社盈利过亿，东坡区联社、洪雅县联社和丹棱县联社进入人均创利前20强。

二是银行业服务体系不断健全。机构数量不断增加、类型更加丰富。成立了中国邮政储蓄银行眉山市分行，设立新型农村金融机构1家，引进2家城市商业银行。截至2010年末，辖内共有执证网点402个，银行业服务体系更加完善。稳步推进改革开放，国有商业银行股改、邮储银行分支机构组建顺利完成，农行"三农金融事业部"改革试点和政策性银行改革进展顺利。农村信用社管理体制进一步理顺，统一法人改革和央行票据兑付工作顺利完成，主要监管指标进步明显。新型农村金融机构试点工作稳步推进，彭山珠江村镇银行

于 2011 年 4 月 18 日获准开业，2008 年成立的仁寿民富村镇银行已有 2 家分支机构，并实施了引进外资计划。截至 2010 年末，该村镇银行存、贷款余额分别达 4.7 亿元、3.96 亿元，实现盈利 518 万元。

三是银行业服务水平不断提高。五年来，眉山辖内银行业不断改善服务理念，主动深入市场、深入企业、深入项目，改变业务、产品和服务单一状况，不断丰富产品。建行眉山分行针对小企业贷款资金需求"急、频、快"的特点，适时推出了"联贷联保"和"速贷通"、"成长之路"两种期限灵活的小企业融资新产品。乐山市商业银行眉山分行探索推出了专门为"白领"阶层量身定做的信贷新产品"白领贷"。强化优质服务，银行业机构积极开展"柜面服务提升月"、"金融宣传月"、"公众教育服务日"活动，除在《眉山日报》、眉山电视台加强宣传报道外，还积极组织在新华网四川频道开设专栏广泛宣传。通过一系列的活动和得力的措施，辖内银行业机构进一步加强了服务管理、强化了服务理念、推进了服务创新，建立、完善和落实了服务管理的责任机制、考核机制、激励机制、投诉处理机制和培训机制，全面提升了辖内银行业机构的社会形象，增进了社会公众对银行的了解。

四是银行业抗风险能力显著提升。法人机构公司治理的架构基本建立。董、监事配备逐步到位，"三会一层"、专业委员会开始发挥作用，议事规则、程序不断完善，薪酬管理体系建设开始起步，"以客户为中心"的服务理念逐步树立，资本与风险相匹配的理念得到广泛认同。高管人员履职能力有所提高，服务地方经济发展的大局意识不断增强，转变发展方式思路不断拓宽，主动研判形势、主动纠错和执行监管政策能力得到提升。银行业机构内控能力有所提高。合规化管理逐步增强，操作风险得到有效控制，五年来无重大案件发生，抗风险能力持续提高。2010 年全面完成了主要监管指标三年达标升级规划，全市农村信用社资本充足率历史性实现由负转正。截至 2010 年末，全市银行业不良贷款余额和不良贷款率分别为 22.56 亿元和 8.03%，分别比 2005 年末减少 12.34 亿元和降低 19.67 个百分点。

（二）保险证券业快速健康发展

2005 年以来，该市保险行业快速发展。保险公司分支机构由 2005 年的 8 家发展到 2010 年的 16 家，保险从业人员由 2005 年的 2000 人发展到 2010 年的 6000 人，保费收入从 2005 年的 5.99 亿元增至 2010 年的 26.5 亿元。

证券业健康发展。申万眉山营业部加强与当地银行业金融机构的合作力度，通过银证合作，提高客户的稳定性，为眉山证券市场培育了一批忠实客户。截至 2010 年末，申银万国证券眉山营业部有效客户数量超过 32000 名，管理客户资产超过 23.7 亿元，营业利润由 2006 年的 1160 万元攀升至 2009 年的 10508 万元。2009 年华西证券眉山营业部正式开业，扩大了该市证券业队伍。

二、 金融支付体系建设不断推进

（一）支付系统基础设施建设取得重大进展

"十一五"期间，眉山市建成了能够高效安全处理异地、同城各种支付业务及其资金清算的现代化支付系统。截至 2010 年末，全市大额支付系统共处理支付清算业务 131.36 万笔，金额 6377.99 亿元。2006 年 4 月，小额批量支付系统正式上线，"十一五"期间，全市小额支付系统共处理支付清算业务 75.12 万笔，金额 386.45 亿元。2007 年 6 月，支票影像交换系统投入使用，实现了支票在全国通用。各种支付系统的建成运行，标志着眉山市以现代化支付系统为核心、商业银行行内系统为基础、其他支付结算系统为补充的支付清算体系全面形成。

（二）现代化支付工具得到广泛应用

"十一五"期间，全市支付系统共处理业务 131.36 万笔，金额 6377.99 亿元。其中，2010 年处理 43.35 万笔，金额 2453.08 亿元，较 2006 年分别增长 2.6 倍和 4.6 倍，年均增速分别达 37% 和 53%。

人民币结算账户数量保持平稳增长态势。截至 2010 年末，全市共开立各类银行结算账户 372.53 万户，较 2006 年末增长 88.17%，年均增长 17.12%。其中，个人银行结算账户开户数 370.91 万户，较 2006 年末增长 88.27%，年均增长 17.14%。

银行卡发卡量大幅上升，银行卡交易日趋活跃。银行卡是眉山市社会公众零售消费使用最频繁的非现金支付工具。截至 2010 年底，全市银行卡发卡量 325.6 万张，较 2006 年底增长 122.94%，年均增长 22.19%；银行卡交易金额达 1892.17 亿元，是 2006 年底的 71.76 倍，平均每年增长 2.91 倍。

银行卡受理环境明显改善。"十一五"期间，银联跨行交易网络延伸到了全市所有区县，并成功将东坡区三苏路和仁寿县阳光步行街打造成"省级银行卡刷卡无障碍示范街"。截至 2010 年末，全市银行卡受理商户 1430 户，POS 机 1914 台，ATM 机 225 台，较 2006 年末分别上涨 5.30 倍、5.67 倍、2.69 倍。

银行卡产品不断创新，功能不断完善，服务功能不断增强。"十一五"期间，全市商业银行推出了针对不同群体的卡种、多功能合一的卡种、多币种合一的卡种等。银行卡功能从单一的存取款和消费功能逐步拓展到投资、理财服务；交易渠道从 POS 机和 ATM 机等传统渠道进一步扩大到网络、手机、固定电话等新兴支付渠道；应用领域从餐饮、宾馆酒店、零售商业等传统领域逐步扩大到医院、学校、公共事业缴费、批发和个体工商户等领域。

（三）农村支付服务环境得到极大改善

农民工银行卡特色服务全面推进。"十一五"期间，邮政储蓄银行和农村信用社开通农民工银行卡特色服务，充分利用其遍布乡村的网点优势，拓展农民工银行卡特色服务的覆盖范围。农民工银行卡特色服务基本满足了大多数农民工的异地存、取款要求，对改善农村用卡环境、提升农村金融服务水平发挥了明显促进作用。

农业银行"惠农卡"惠及农村千家万户。"惠农卡"除具有存取现金、转账结算、消费、理财等各项金融功能外，还可提供交易明细折、农户小额贷款载体、农村社保医保身份识别及费用代缴代付、农村公用事业代收付、财政补贴代理等多种特色服务功能，并且在服务收费上给予相应的优惠。截至 2010 年末，全市共发放"惠农卡"42 万张，通过"惠农卡"发放农户小额贷款 1.47 亿元。

三、 信用环境建设不断改善

"十一五"期间，眉山市积极开展社会信用体系建设，务实推动中小企业信用体系建设，逐步扩大农村信用体系建设覆盖面，积极拓展和运用企业和个人征信系统服务和监督功能，有力地推动地方金融生态环境改善。

（一）积极推进社会信用体系建设

2010 年，市政府印发《眉山市社会信用体系建设实施方案》，提出用 5 年左右的时间，建成体系完整、分工明确、运行高效、监管有力的社会信用体系的基本框架和运行机制。通过依托人民银行企业和个人征信系统，归集、整合行政、司法、企事业单位、行业和各类社会组织等相关信用信息，构建全市统一的社会信用征信平台，搭建信用信息共享机制，推动社会诚信联动体系建立，创造良好的社会信用环境。

（二）稳步推进中小企业信用体系建设

2006 年，眉山市成立以副市长为组长，相关部门参加的中小企业信用体系建设工作领导小组，印发了《眉山市中小企业信用体系建设实施方案》，明确通过建立中小企业信用共享机制，重点培植一批诚信中小企业，为金融业发展提供较为优质的客户群体。截至 2010 年末，全市累计建立中小企业信息 2261 户，115 家中小企业获得银行贷款，累计获得贷款总额 17.25 亿元。

（三）稳步拓展农村信用体系建设

为改善农村金融生态环境，2008 年眉山市政府印发《关于开展农村信用体系建设工作的通知》，明确以"政府主导、多方参与、逐步推进、多方受益"为原则，在全市开展农村信用体系建设。截至 2010 年底，眉山全市 6 个区县均已启动农村信用体系建设工作，涉及乡（镇）15 个，已征集农户信用档案 4.2 万户，累计发放农户贷款 1.15 亿元。

（四）征信系统的监督作用日益显著

截至 2010 年末，眉山企业和个人征信系统分别收录辖内 2860 户企业和 65.5 万自然人信用信息，查询征信系统提供的信用报告成为商业银行贷前审查的必经环节，并在商业银行贷后管理中发挥着重要作用。"十一五"期间，眉山市各商业银行利用征信系统，拒绝高风险客户信贷业务申请 3.25 亿元，预警高风险贷款 1.2 亿元，清收不良贷款 0.28 亿元。

（五）金融诚信服务水平逐步提升

为推进金融诚信文化建设，营造公平正义的金融业市场竞争环境，2010 年人民银行眉山市中心支行印发《关于开展金融诚信建设工作的通知》，对金融诚信建设工作作了安排布置，提出了规范经营行为、严格监督考核等相关工作要求。组织金融机构签署《眉山市银行业金融机构诚信服务公约》，并向社会公开承诺严格恪守"诚信服务公约"，积极营造公平正义、依法竞争的金融诚信环境。组建眉山市银行业诚信服务评价工作组，定期开展诚信服务会议座谈及交叉检查。建立公示制度和客户提示制度，确保客户知情权。树立诚信服务典范，定期组织开展优质诚信服务评选活动。金融诚信建设为辖内金融业营造了公平正义的竞争环境，有力地促进了金融业的健康稳健运行。

四、 金融业支持地方经济发展作用明显

五年来，眉山金融业坚持从眉山实际出发，围绕"工业强市"着重加强对"八大产业"、小企业、困难企业、县域经济、工业园区、社会主义新农村建设，以及涉农、助学等民生领域的信贷支持力度。市委市政府先后制定出台了《关于眉山银行业支持工业强市的几点意见》、《关于进一步加强和改进对小企业的融资服务的意见》、《眉山辖内推进小企业贷款工作的意见》、《关于眉山银行业支持发展现代农业推进新农村建设的意见》、《关于眉山市融入成都金融中心的实施意见》，并于 2008 年成立了市政府金融办，负责协调召开项目对接会、银企座谈会，主动加强对对接项目的跟踪督促，积极引导金融业服务地方经济发展。与 2005 年相比，截至 2010 年，全市 GDP 年均增长 14.4%，总量翻了一番多，增长 1.12 倍，在全省排位上升 2 位；地方财政一般预算收入增长 2.39 倍，在全省排位上升 3 位、三次产业结构由 26.4：42.2：31.4 调整为 19：54：27，城镇化水平提高 10 个百分点，规模以上工业增加值增长1.5 倍；城镇居民人均可支配收入增长 88%，农民人均纯收入增长 68.9%，全市城乡居民储蓄存款余额增长 2.22 倍；城镇、交通、农田水利、新农村、生态环境等建设取得重大进展，城乡生产生活条件显著改善，全市金融业功不可没。

一是支持重点项目建设和产业升级。工行眉山分行向洪雅城东电站和眉山多能干溪坡电站发放基本建设贷款 6 亿元，运用信贷新品种实现对眉山市资产经营有限公司 2.5 亿元城际铁路项目搭桥贷款投放。中行眉山支行成功与南车眉山车辆公司、尼科国润公司、蒙牛乳业眉山公司等提供 6.1 亿元授信额度，支持企业项目建设、原材料采购。农行眉山分行重点支持水电、交通、化工等产业的发展，累计投放贷款近 126 亿元。建行眉山分行对启明星、瑞能多晶硅公司、仁寿县人民医院、绵峨铁路等重点项目加大信贷支持。

二是加大对小企业的扶持力度。先后成立了小企业服务专营机构，一定程度上解决了小企业融资难的问题。截至 2010 年末，辖内银行业机构小企业贷款余额 60.68 亿元，比年初增加 16.27 亿元，增速 36.63%，增速高出全部贷

款增速 11.16 个百分点。工行眉山分行着力打造小企业的伙伴银行，在人员配备、业务培训、机制建设等方面加大对小企业支持力度，按"一把手亲自抓，分管行长主要抓，管理部门配合抓，营销部门具体抓"的方针，支持小企业发展，截至 2010 年末，该行小企业贷款余额达 2120 万元。

三是有针对性地支持现代农业发展。截至 2010 年末，全辖涉农贷款余额达 103 亿元，增加 20.45 亿元，同比多增 5.83 亿元；增长 24.77%，高出贷款增幅 5.35 个百分点；占贷款比重为 88.87%，同比上升 3.81 个百分点；眉山农行积极探索金融服务城乡经济社会一体化建设的特色之路，深入推进"三农"金融部制改革，农户小额贷款投放成效喜人，累计发放惠农卡 14.92 万张，农户贷款授信户数 5476 户，农户贷款授信额度 1.87 亿元，农户小额贷款余额 1.47 亿元，惠及近 5500 户农户；农发行立足泡菜、饲料、纺织等产业，信贷支农的骨干和支柱作用发挥明显；仁寿民富村镇银行涉农贷款余额 28791 万元，占比 72.66%。

四是全力以赴做好地震、洪灾时的金融服务工作。2008 年，先后经历了年初低温雨雪冰冻灾害、"5·12"汶川地震等自然灾害，保险行业在市委、市政府的统一指挥下，快速反应，紧急行动，快速查看，及时理赔，努力提高保险服务质量，共接到地震有效报案 106 件，已结案 106 件，累计支付保险赔款 175 万元。2010 年，该市仁寿县发生洪灾，各银行业金融机构对仁寿县累计发放救灾贷款 4.3 亿元。

五是着力改善民生等薄弱领域金融服务。农村信用社对全市 3 个金融服务空白乡镇采取了定时定点服务，邮储银行在其中一个乡镇新设立一网点，有效解决了金融服务空白乡镇的金融服务问题。

（眉山市金融办）

资阳市

"十一五"期间，在市委、市政府的正确领导下，资阳金融业认真贯彻落实国家宏观调控政策和省委、省政府各项决策部署，深入推进金融改革，大力开展金融创新，不断提升金融服务和管理水平，实现了金融业自身可持续发展，为该市经济社会又好又快发展提供了强有力的金融支持。截至 2010 年末，资阳市共有金融机构47家，其中银行业机构12家，证券营业部4家，保险公司和保险代理公司22家，小额贷款公司1家，融资性担保公司8家；金融从业人员10 384人；金融业总资产达1018亿元，是2005年的2.2倍。2010年，该市金融业实现增加值12.0亿元，占GDP的1.8%，是2005年的1.6倍，年均增长10.4%；金融业对经济增长的贡献率为0.9%，拉动第三产业增长0.6个百分点。

一、 金融业全面快速发展

"十一五"期间，资阳金融产业快速扩张，成为全市经济的重要组成部分和重要推动力量。

（一）金融总量不断做大

截至2010年末，全辖银行业机构各项存款余额达674.99亿元，较"十一五"之初增加434.21亿元，增长180.33%，年平均增速达22.96%。各项贷款余额达282.37亿元，较"十一五"之初增加180.93亿元，增长178.36%，年平均增速达24.24%，均创历史最好水平。其他金融机构（辖外金融机构、小额贷款公司、金融租赁公司等）贷款余额达到40.36亿元。

（二）盈利能力不断提高

"十一五"期间，各银行业机构实力不断壮大，抵御风险能力不断增强，服务地方经济发展能力不断提升，盈利能力不断提高。截至2010年末，全辖银行业机构资产总额达到736.04亿元，较"十一五"之初增加471.11亿元，增长177.82%。盈利能力从"十一五"之初的1.28亿元上升到2010年末的3.88亿元，实现了盈利水平翻番。

（三）金融带动能力不断增强

随着金融业的发展，金融的外延不断扩大，证券、保险、信托、租赁、担保、基金等与银行业一同成为了现代金融业的重要内容。金融产业链的延伸，促进了与金融相关的资信评估、会计师事务、律师事务、融资担保等行业的发展，带动了信息、通讯、交通、社区服务等相关行业的发展，对经济发展的直接贡献和带动作用更加突出。"十一五"期间，辖区金融业增加值不断增加，对地方经济的支持力度不断增强，2010年金融业增加值达到12.03亿元。

二、 金融创新破解融资难题

随着金融改革的推进，辖内银行机构强化支持地方经济发展意识，坚持创新发展理念，围绕"三农"发展、中小企业发展、工业园区建设、重点项目建设等重点领域的金融服务瓶颈问题，大胆探索，开展一系列金融创新实践。"五方联动＋信用管理"、"六方合作＋保险"等金融创新模式，得到国务院和省委、省政府领导的高度肯定。省政府从 2008 年开始，连续三年在资阳召开全省中小企业融资"五方联动"试点工作会议、全省金融创新工作会议、全省小微企业融资创新推广会议，资阳金融创新经验在全国、全省范围推广。

（一）创新"五方联动＋信用管理"机制

针对长期制约中小企业发展的融资难问题，2007 年，资阳探索建立了以创建"金融安全示范区"和"信用建设年"活动为主线，以诚信为基础，以金融为依托，以协会为平台，以利益为纽带的政府、银行业金融机构、担保公司、信用促进会、中小企业五方联动的机制，并推行"一个孵化园（中小企业信贷孵化园）、两个杠杆（行政杠杆、信用杠杆）、三个机制（认同机制、互动机制、效能机制）、五项创新（创新金融产品、融资平台、担保方式、服务方式、评价体系）"的运行办法，建立中小企业"五个一"制度，即明确一名行领导负责，一名客户经理具体抓，拟定一个"孵化"方案，建立一本"孵化"台账，制定一套奖惩制度，要求各银行业金融机构对中小企业建立"孵化"档案，确保完成"孵化"目标。截至 2010 年末，全市银行业机构已累计孵化成功中小企业和农民专业合作社共 409 户，授信总额 29.41 亿元，贷款余额 22.8 亿元。

（二）创新"六方合作＋保险"机制

针对生猪养殖出现的疫情、价格波动和饲料供给等因素带来的不利影响，2006 年，资阳创新性提出"六方合作＋保险"机制，即金融机构、农业产业化担保公司、饲料企业、种畜场、养猪协会农户、肉食品加工企业等六方互动发展，保险企业全程保障。同时，积极引导畜牧产业各主体共同组成联合体，按照"物流、信贷资金封闭运行，强化担保、风险金、防疫、保险四个保障"的模式，走整合一切资源防范畜牧业产业风险的合作经营一体化道路，对信贷资金实行定向流动、封闭运行，并开启国内银行向农业产业化企业和合作社签发承兑汇票的"先河"，既有效防范金融支农风险，又有效拓展农村金融市场，解决产业链上小微企业、农民专合社、养殖场和农户等各主体融资问题。中央政治局委员、国务院副总理回良玉在资阳调研时指出："'六方合作＋保险'机制办得好，有效整合了资源，增强了抵御风险能力，希望越办越好。"在金融支农创新机制的探索下，推动资阳创建为"全国农业产业化先进市"，全市有三个县进入全国生猪生产百强县。截至 2010 年末，全市生猪产业贷款余额 22.45 亿元。

（三）创新金融产品和服务方式

"十一五"期间，全市金融创新工作得到银行业监管部门及省级银行业金融机构的大力支持。人行成都分行和四川银监局将该市确定为全省 4 个农村金融产品和服务方式创新试点市之一；农总行将该市定为惠农卡小额信贷全国 10 个试点市之一，农行四川省分行在该市开展多项试点；农发行四川省分行授予该市分行 500 万元涉农中小企业贷款权限；工行资阳市分行在全省首家开办"网贷通"业务，构建了小企业信贷融资的新平台；中行资阳市分行在该市建立小企业专营机构（团队），与市经信委联手推行信贷工厂新模式；建行四川省分行将资阳市支行确定为首批小企业贷款试点行并授予单户 1000 万元的贷款审批权限；中行省分行授予资阳市支行特定客户转授权 1000 万元权限；四川省联社在该市开办会员制担保贷款试点。银团贷款、项目融资、林权质押、动产质押、仓单质押等多种贷款方式不断推出，全市各类信贷品种已超过 100 种。

（四）创新成资合作

依托资阳区位优势和成都资阳"1＋7"全面合作协议，加快融入成渝经济区西部金融中心建设，强化与成都市相关部门协调和联系，与成都经济区 7 城市签署成都经济区金融合作备忘录，加强经济区城市在金融管理、金融机构、金融市场、金融业务和金融基础设施建设等领域的合作。在吸引驻蓉金融机构、担保公司在该市设立分支机构和开办业务上狠下工夫，充分利用该市基础设施建设、优势产业、大企业大项目、"三农"、中小企业以及民生工程等金融市场旺盛的融资需求，主动将优势企业、优质项目推介给驻蓉金融机构，召开多次银企对接会，邀请到多家驻蓉股份制商业银行领导或信贷部门负责人到该市与企业和项目"面对面"接触。截至 2010 年末，驻蓉金融机构在该市贷款余额达 39.36 亿元。

三、 多元化的金融市场主体格局初步形成

"十一五"时期，资阳大力推进辖区金融市场主体建设，积极鼓励符合条件的金融机构到辖内设立分支机构，大力支持村镇银行、小额贷款公司等新型农村金融机构发展，目前已初步形成了功能健全、竞争有序的现代金融业组织体系，较好地满足了全市经济社会发展的金融需求。截至 2010 年末，全市已有银行业金融机构 12 家，保险业金融机构 20 家，证券营业部 4 家，小额贷款公司 1 家。全市金融机构营业网点 578 个，从业人员 10384 人。

（一）银行业迅速发展壮大

形成国有商业银行、政策性银行、邮政储蓄银行、农村合作金融机构并存的银行业金融体系，成功引进成都银行入驻资阳，新成立资阳民生村镇银行。全市金融机构存贷款余额快速增长。2010 年末，全市银行业机构本外币各项存款余额 674.99 亿元，比 2005 年末增加 434.2 亿元，增长 1.8 倍；本外币贷款余额 322.74 亿元（含异地投放），比 2005 年末增加 221.29 亿元，增长 2.2 倍，为全市经济社会发展提供了强有力的资金支持。

（二）保险证券业蓬勃发展

"十一五"期间，保险、证券业从无到有。全市保险业以"完善社会保障体系、构建和谐资阳"为工作主线，五年累计实现保费收入 85.46 亿元，2010 年实现业务总收入 28.77 亿元，较 2005 年末增长 21.51 亿元，增长 296.42%，总量升至全省第 8 位。保险深度和保险密度由 2005 年末的 2.85%、146 元分别增长至 2010 年末的 4.37%、575 元/人。截至 2010 年末，全市保险机构和保险代理机构由 2006 年的 13 家增至 22 家，其中保险公司 20 家（产险、寿险各 10 家），保险代理公司 2 家，基本形成一个市场多元、结构合理的保险市场新格局，有效发挥出保险为经济发展、社会稳定服务的作用。全市保险从业人员 6111 人，较 2005 年新增 1811 人。五年间，全市保险业各项赔款和给付支出累计达 21.58 亿元，共 600592 件。缴纳税金 1.45 亿元，为社会提供就业岗位 6100 多个。目前已有华西、安信、天风和中信建投证券等 4 家公司资阳营业部。一个透明高效、主体多元、机制健全、功能突出、运行安全，满足资阳投融资需求的证券市场已初步形成。2010 年末，4 家证券营业部拥有居民股票

账户开户数 3.57 万户，实现证券交易额 368.14 亿元。

（三）融资担保体系逐步健全

专门出台了《关于构建多层次担保体系的意见》，为全市多层次担保体系建设提供政策保障。一是做大做强现有担保机构。做大做强政策性担保机构，扩充市中担公司和市农担公司注册实力，两公司注册资本金已达 3.26 亿元，全年累计担保 19.27 亿元。做强互助会员制担保机构，扩大会员制担保公司的担保范围，广联、普州、天耘等 3 家会员性担保公司已争取到开办会员企业外的融资性担保业务。担保倍数不断放大，广联担保公司的担保比例由过去的 3 倍扩大到 6 倍。二是担保合作迈出坚实步伐。邀请 13 家省级和成都市资本金 2 亿元以上的担保公司组织召开了全市区域融资担保合作会议，四川现代农业担保、省经济担保中心、成都小企业担保公司、成都中小企业担保公司、成都金控信用担保公司与该市中担、农担、部分平台公司以及企业签署了合作协议，建立了长期合作机制，目前已成功引进驻蓉担保公司在该市设立了 3 个分公司和 2 个办事处。三是规范发展商业性担保公司。对全市融资性担保机构进行规范清理，目前全市共有融资性担保机构 13 家，其中政策性担保机构 2 家，商业性担保机构 6 家，辖外融资性担保公司派出机构 5 家。

（四）新型金融机构健康发展

启动小额贷款公司试点工作，按照一手抓促进发展力度，一手抓严格规范的原则推动全市小额贷款公司的筹建。全市首家小额贷款公司——简阳融通小额贷款股份有限公司已于 2010 年 7 月开业，截至 2010 年末，贷款余额达 1.0073 亿元。同时，农村金融体系建设步伐加快，全市组建农村资金互助社 70 个。安岳县舒适村"村级发展资金互助社"扶贫互助基金质押贷款业务成为全省样板，受到全国人大财经委副主任委员吴晓灵同志高度肯定。小额贷款公司和资金互助社的快速发展，为进一步完善地区金融服务、扩大金融服务覆盖面、改善和规范民间借贷行为以及缓解"三农"和微小企业融资难问题发挥着越来越重要的作用。引进江苏金融租赁有限公司、浪潮电子信息产业有限公司和中国华融资产管理公司到资阳开展业务，签署了 40 亿元租赁融资合作协议，发挥租赁融资周期短等优势，实现租赁融资 1 亿余元。

四、 金融业改革与发展成效显著

"十一五"期间，资阳顺利完成大型银行改制、地方法人机构改革等工作，成功引进了2家辖外股份制商业银行，金融业改革与发展成效显著。

（一）大型银行改制工作顺利完成

"十一五"期间，辖内大型银行均顺利完成改制工作。中国银行、中国建设银行、中国工商银行、中国农业银行等国有银行的资阳分支机构伴随本系统的股份制改革，资产得到全面清理，管理体制和机制得到全面完善，风险防范和市场竞争能力获得全面提升。农业发展银行、建设银行的资阳机构由支行升格为分行。邮政储蓄银行资阳分行及其辖区各县（区、市）支行于2008年先后组建运行。

（二）农村信用社深化改革成效显著

"十一五"期间，资阳农村信用社深化改革取得突破，简阳、安岳、乐至分别建立了县级统一法人社；雁江区农村信用社改革合并建立为具有统一法人资格的农村合作银行。地方法人机构改革取得了"三个第一"：全省第一家农村信用联社，第一家农村合作银行挂牌，第一个全面完成以县为单位统一法人社体制改革。截至2010年末，全辖农村合作金融机构资本充足率5.4%，较"十一五"之初提高15个百分点，消化历史挂账1.76亿元。

（三）成功引进股份制商业银行

"十一五"期间，成功引进成都银行在该市设立二级分行，成功创立资阳民生村镇银行并成为全国首批4家市级村镇银行之一。成都银行资阳分行和资阳民生村镇银行分别于2010年9月和11月隆重开业，带动了全市贷款净增量的快速增加，全市竞争型金融服务体系初具雏形。

五、 金融生态环境建设取得新突破

"十一五"期间，资阳深入推进金融安全发展示范区建设，大力营造良好的制度环境、发展环境、信用环境。

（一）制度环境方面

全市于2007年成立资阳市人民政府金融财贸办公室，2010年更名为资阳市人民政府金融办公室。建立了金融工作"六项制度"。建立每半年一次的全市金融工作会议制度，对金融机构目标任务完成情况进行通报表彰；建立每月一次的行长联席会议制度，解决金融运行过程中出现的问题和困难；建立银企对接会议制度，组织各金融机构人员强化对企业信用意识、财会知识、法律知识等方面的培训；建立行长联系企业制度，实现重点企业与金融机构行长的"一对一"联系；建立每月金融运行评比通报制度，充分调动各银行业金融机构的积极性；建立向上级银行汇报制度，由市政府分管领导带队，每年向上级银行业金融机构汇报工作，争取政策支持。实行政府性存款与金融机构贷款总量和增量、重大项目优质贷款与中小企业贷款"两个挂钩"考核机制，每年对银行业金融机构进行考核奖励，调动各方信贷投放积极性。

（二）发展环境方面

深化金融工作周例会、旬通报、现场推进会等制度，定期研究解决金融工作推进中存在的问题。对政府背景贷款进行锁定清理，分类妥善处置，建立起还本付息长效机制。坚持每两个月召开打击逃债分析会、每月抓 1～2 件影响大的逃债案件处置曝光、每半年召开一次在银行开户的中小企业和专业合作社信用培训会的机制，深入开展打击恶意逃废银行债务行为。"十一五"期间，不良贷款余额和占比持续双降，信贷资产质量不断好转。截至 2010 年末，全辖银行业机构不良贷款余额 23.20 亿元，较"十一五"之初减少 4.02 亿元；不良贷款占比 8.22%，较"十一五"之初下降 18.61 个百分点。

（三）信用环境方面

全面开展以"诚信资阳"为主题的社会信用体系建设，加快农村信用体系建设，开展"信用社区、信用村镇、信用专合社"创建活动；开展"诚信企业"评选活动，开展百户诚信中小企业培植计划；积极开展企业外部资信评级，建立诚信企业"红名单"、"黑名单"激惩制度，完善社会信用体系建设。提升政府、企业、金融机构和个人的诚信意识，全市银行业机构签署了《资阳市银行业金融机构诚信服务公约》，在全国尚属首例，在国内引起了强烈反响。简阳市成功创建为全省"金融生态环境示范县"。成立并加强市信用信息中心建设，开展金融服务评比、评价"双评"活动，将水、电、气"三表"信息纳入征集和披露范畴。全市企业信用信息系统入库企业 1.72 万户，共征集信息 1.53 万条。

（资阳市金融办）

阿坝州

　　"十一五"时期是阿坝州金融与经济相互促进、良性互动的五年。在州委、州政府的正确领导下，全州金融系统成功应对汶川特大地震等灾害，有效应对国际金融危机的巨大冲击，积极履行社会责任并发挥应有作用，大力支持"一强一地两区"建设，金融工作成效显著。截至2010年末，阿坝州共有金融机构22家，其中银行业机构5家，证券营业网点2家，保险公司支公司9家，小额贷款公司1家，融资性担保公司5家；金融从业人员2358人，是2005年末的1.13倍。2010年，该州金融业实现增加值2.55亿元，占GDP的1.92%，是2005年的0.96倍，年均增长2.02%；金融业对经济增长的贡献率为1.85%，拉动第三产业增长5.67%。

一、　大力推进金融业发展

（一）有效实施货币政策

　　以组织实施适度宽松货币政策为主线，把握货币金融政策有效实施的工作机制，加强与财政、产业、收入政策的衔接和配合，促进金融服务工作的持续长效开展。把握经济金融发展形势，从资源禀赋、瓶颈制约以及市场运作角度，找准解决问题和困难的基本思路和主要措施，打开金融服务工作的新局面。把握金融及相关发展动态，有预见地研判发展趋势及其影响，在遵循政策核心原则和底线的基础上适时改进，保持货币金融政策和工作机制的生命力。把握外部信用介入环节，改进区域金融生态，形成银证保资金涌进的良好环境。密切联系辖内金融机构，强化形势分析，宣传适度宽松货币政策的"四性"内涵，逐步提升金融调控的预知应变能力，做到遇见政策变动而不被动，切实做好适度宽松货币政策宣传解释和舆论引导。采取适当方式进行政策传导，合理引导公众预期。

（二）信贷投量投向给力

　　找准灾后恢复重建的关键环节，实现信贷投放有突破。一是金融机构强化重建发展社会责任和主动服务意识，支持城乡住房重建、产业及中小企业恢复发展、重点项目建设，促进全州信贷规模的合理增加。年新增贷款2006年8.8

亿元，2007年13.8亿元，2008年11.8亿元，2009年上升到30.5亿元，2010年考虑核销因灾不良贷款，实际新增贷款投放23.6亿元。实现资金运用有突破。二是灾后重建贷款强力支撑了灾后重建发展，截至2010年12月末，灾后重建贷款余额47亿元，占全州信贷总额的34.31%，助推了灾后重建"三年任务、两年完成"目标的基本实现。2010年末，积极争取灾区特殊政策，全州13县信用社兑付中央银行专项票据6229.5万元；2005—2010年累计发放支农再贷款13.6亿元，去年末余额5.4亿元，比2005年增长3.2倍。三是发挥政银企对接平台优势作用。全州银行业金融机构共与26家企业签订26.7亿元贷款意向合作协议，重点投向灾区重点项目。四是加大民生领域信贷支持力度。针对灾后中小企业、"三农"融资面临的突出问题，推动金融创新；切实落实小额担保贷款政策，做好金融支持创业促进就业相关工作；制定《关于进一步改进小额担保贷款管理 推进创业促就业工作意见》，明确各县设立小额担保贷款基金的下限，扩大经办银行范围，进一步完善小额担保贷款风险损失补偿机制；推进大学生村干部创业富民工作，引导金融机构运用扶贫贷款、小额担保贷款、青年创业贷款等方式支持大学生村干部创业，推出适合大学生村干部创业特点的信贷产品和服务方式；深入推进金融支持牧民定居行动计划。建立和完善牧民定居贷款及付息情况统计制度，召开牧民定居行动计划重点联系县座谈会，不断改进工作措施，推动牧民定居贷款适时发放，为四年任务三年完成奠定坚实基础。截至2010年末，全州已累计发放牧民定居贷款5.49亿元，现有贷款余额5.10亿元，已累计帮助2.46万户牧民新建房屋175.49万平方米，改建房屋86.03万平方米。随着牧民定居行动项目的推进，金融支持继续发挥重要的作用。

（三）不断提升金融服务

一是加强支付体系建设、使用和管理。加强大小额支付系统运行管理，开展账户管理现场检查及回访，确保支付清算体系的正常运转，为重建发展提供通畅的资金清算"高速公路"。提高经理国库水平，完善国库内控安全管理和数据灾备体系，实现库税银横向联网，切实做好国库资金的缴、拨、退、更业务，让上级支持重建发展的转移资金及时到位；做好货币发行和反假币工作。加强现金投放监测，根据现金供求及时进行调拨，满足企业和个人重建发展对现金投放的合理需求。二是深入推进征信管理工作。利用中小企业信用平台培植模范守信中小企业，结合农房重建和牧民定居计划试点农村信用体系建设，为金融机构改进重建发展服务提供基础信息；改进外汇服务和管理。转变服务贸易监管方式，监测直接投资和外贸流入资金，加强个人结售汇业务监管，为外向型经济重建发展提供便利。三是农村信用社加快网点重建进度。2010 年末，全州农村信用社 31 个重建网点完工，占规划数的 53％。已开工网点数 49 个，开工率 84％。四是积极推动涉农信贷和涉农保险的合作机制，为银保双赢搭建平台，提高金融整体服务能力。2010 年全州实现小额信贷保险保费收入近 500 万元，涉及信贷资金约 5 亿元。已理赔 3 起案件，理赔金额 14 万元；受理案件 1 起，金额 10 万元，有效保障了还款来源的稳定性。

（四）金融系统健康平稳发展

保持辖区金融稳定，既是社会稳定的基本要求，也是金融支持重建发展的立足点。一是站在"讲政治、顾大局、保稳定、建家园、促发展"的高度，加强民族团结宣传教育，坚定维护社会稳定。二是高度关注地震灾害和国际金融危机带来的影响，如重建规划及具体实施需要较长时间，农牧民增收仍有难度等，做好由此可能产生信贷风险的监测和提示工作。三是跟踪反馈和督促落实金融改革措施，重点关注一些银行灾后不良资产处置工作和县农行"三农事业部"改革进展，提出涉农金融机构的改革建议。四是落实反洗钱工作职责，督促金融机构执行大额和可疑交易报告制度，加强大额现金存取监测，防范可疑资金的流转。五是加强金融突发事件应急管理，不断完善应急预案，加强对金融突发事件应急能力和知识的培训。

（五）加快建设金融生态

金融生态反映资金供求特别是信贷资金供求状况的契合度。金融生态好的地区，资金净流入较多，容易形成资金洼地并促成经济发展高地。一是运用"政府主导、人行助推、各方参与"的联动机制，开展金融生态环境示范县的测评和创建。二是指导农信社对农房重建采用"一县一策"的支持方案，协调落实财政贴息等激励政策，并在贷后管理推广茂县联社的"基层协管员制度"。三是根据金融创新的特点，金融机构在营销中小企业成长之路、简式贷款等新产品的同时，争取上级行授权业务创新试点，进一步缓解中小企业融资难问题。四是加强社会信用建设，针对灾后有的借款人逃债甩债的苗头，开展"信用细胞"建设。五是开展灾后重建统计监测、灾后重建信贷政策执行评估，有针对和重点地组织调查研究。

（六）不断推动金融创新

一是加强对农村金融创新的指导。结合州内实际，采取一县一策、一行（社）一策，鼓励涉农金融机构不断创新和推出最适合本地"三农"需要的金融产品和服务方式。指导涉农金融机构创新担保方式，探索多种抵质押方式，扩展抵质押物范围，同时合理扩大小额信用贷款和联保贷款额度和范围。二是积极促进融资平台和担保体系的规范发展。适时开展对地方政府融资平台的调查工作，认真研究促进融资平台健康发展和有效防范风险的政策建议。促进辖内担保体系的完善。针对辖内商业性担保体系发展较为滞后的现状，积极推动担保体系的多元化，缓解辖内中小企业担保难、融资难的矛盾。三是积极做好拟上市企业培育工作，加大直接融资工具的宣传力度，鼓励符合条件的企业大胆采用直接融资手段解决资金需求。

二、 金融业实现快速发展

（一）金融体系初步完善

随着金融体制的改革和发展，该州金融机构数量不断增加，门类不断健全，基本形成银行、证券、保险等各类机构并存，政策性金融与商业性金融相互补充的金融体系。截至"十一五"末，全州共有政策性银行1家，国有商业银行2家，农村信用联社13家，邮政储蓄银行1家；保险公司3家，证券公司营业部2个，从业人员队伍不断扩大。

（二）信贷投放稳步增长

围绕全州经济"一体两翼"发展目标，全州银行业金融机构加大金融支持力度，信贷规模不断扩大。特别是汶川特大地震后，金融机构灾后重建贷款更是成为拉动贷款规模快速增长的主力。"十一五"末，全州各项存款余额达到426亿元，各项贷款余额137亿元。

（三）金融产品更加丰富

在加大传统金融业务营销力度的同时，金融机构不断加大创新力度，大力推广新型业务产品。全州应收账款质押融资应用更加广泛；商业银行中间业务不断拓展，业务规模不断扩大；借记卡、贷记卡、ATM机、POS机、网上银行等新业务的运用更加普及。农村小额保险试点业务逐步开展。

（四）金融环境不断优化

以构建"诚信阿坝"为中心，该州征信工作不断推进。企业和个人信用信息基础数据库内容不断充实完善，中小企业信用体系建设、农村社会信用体系建设、社会信用体系建设、行业信用体系建设稳步推进，全社会信用意识不断提高，初步建立起守信激励和失信惩戒机制，地方投融资环境不断改善。阿坝州在《中国地区金融生态环境评价》（2006—2007）中，综合得分0.579分，评为BBB级，在全国324个地级以上城市中排第18位。

（五）金融改革取得阶段性成果

农村信用社改革工作取得突破。2010年，该州最后一个未取得央行专项票据的壤塘县农村信用社顺利通过了总行的票据审核和兑付。至此，该州13个县农村信用社全部兑付了央行专项票据，州人民银行工作中心也将以巩固改革成果为主，严格监测票据兑付后的各农村信用社后续发展情况，确保在"十二五"期间农村金融改革再取得重大成效。

三、　金融业发展经验

过去五年，全州金融工作积极融入抗震救灾、灾后恢复重建发展以及维护社会稳定的各项工作中，金融系统和金融战线上的广大干部职工用智慧和汗水，为该州圆满完成"十一五"主要目标任务做出了应有贡献。期间，我们积累了大量有益的工作做法。

一是坚持向州县党政领导汇报工作，积极争取州县党政特别是州委、州政府领导对金融工作的关心和支持，这是做好金融工作的根本保障；二是坚持深入研究和贴近当地发展实际，认真贯彻落实国家和上级工作部署，才能找准因地因时的工作取向；三是坚持主动适应改革与发展和稳定的形势，不断改进信贷产品和管理模式，才能保持金融与经济社会的互动协调；四是坚持预见和防患于未然，掌握地质灾害、社会稳定以及经济转折变化的应对方案，才能沉着有效应对重大突发事件；五是坚持积极履行社会责任，持续改进对灾后重建发展薄弱环节的金融服务，才能提升金融业良好的社会形象；六是坚持争取改善金融生态环境，地方党政及有关部门对金融大力支持，才能夯实金融优质服务特别是信贷投入的基础。

（阿坝州金融办）

甘孜州

"十一五"期间，甘孜州金融业以促进经济增长为使命，以经济金融协调发展为目标，认真贯彻落实党中央、国务院关于金融工作的方针政策和各项部署，深入贯彻落实科学发展观，积极推进金融业改革和发展。五年来，金融宏观调控不断完善，金融改革迈出重大步伐，金融市场功能进一步发挥，金融服务水平显著提升，金融业整体实力持续增长，抗风险能力不断增强，辖区金融稳定，有力地支持和促进了该州经济持续健康发展。截至2010年末，甘孜州共有金融机构28家，其中银行业机构22家，保险公司4家，融资性担保公司2家；金融从业人员1686人，是2005年末的1.09倍；金融业总资产达435.77亿元，是2005年的3.32倍。2010年，全州金融业实现增加值4.7亿元，占GDP的3.83%，是2005年的2.3倍，年均增长13.7%；金融业对经济增长的贡献率为4.4%，拉动第三产业增长8.2个百分点。

一、 出台、 完善金融政策措施， 推进经济发展

"十一五"以来，金融业坚持科学发展观，认真贯彻落实货币政策，根据州政府产业发展政策和战略部署，人民银行及时出台《金融支持甘孜州富民安康工程的指导意见》、《金融业支持甘孜州经济社会发展的指导意见》、《金融支持甘孜藏区跨越式发展工作方案》、《甘孜州金融支持牧民定居计划指导意见》、《关于积极运用支农再贷款助推新农村建设的实施办法》等指导意见，加强窗口指导，引导金融业支持地方经济的正确发展方向，把贯彻国家宏观调控政策与支持地方经济发展有机结合起来，确保金融业快速、稳定、健康发展。各金融机构针对不同时期经济金融运行特点，合理把握货币政策的方向、重点和力度，加强货币政策与财政政策、产业政策的协调配合，加大对甘孜州纳入国家规划的重点项目、优势资源开发、支柱产业培育的金融支持，为经济发展创造了良好的货币金融环境，保持了贷款平稳较快增长，金融业发展取得较好成果。截至2010年末，全州银行业总资产434.48亿元，是"十五"末的3.32倍；总负债432.31亿元，是"十五"末的3.24倍。

二、　金融体系抗风险能力增强

五年来，由政府主导、人民银行牵头、各金融机构参与的金融稳定协调机制逐步完善。州政府出台《甘孜州金融突发事件应急预案》，指导全州金融突发事件应急管理工作，人民银行起草印发《甘孜州金融机构突发事件应急预案》、《甘孜州突发事件报告规程》、《金融稳定电话登记制度》等多个重要文件，建立金融风险监测和预警机制，及时准确掌握辖区金融运行及风险状况，有效防范和化解金融风险。通过"甘孜州金融稳定报告、法人金融机构风险监测报告、银行业、保险业等分行业风险分析报告、月度风险监测报告"四位一体的工作模式，共同构成对金融稳定状况的多层次、多角度、全方位的监测评估体系，全面监测分析评估金融业风险，对金融机构进行风险提示，开展金融机构突发事件应急演练，开展金融安全知识宣传教育等措施，积极探索防范金融风险的有效途径，并取得较好效果。

积极消除影响金融不稳定因素。"十一五"期间，甘孜州先后经历了冰冻、雪灾、泥石流、汶川及玉树地震波及等重大自然灾害以及拉萨"3·14"事件、金融危机，特别是"3·14"事件后甘孜州迅速成为达赖集团实施分裂活动的重灾区，维稳形势严峻。受自然灾害及社会复杂形势的影响，甘孜州金融机构遭遇关门停业，上收县以下机构业务，安全防卫难，保支付压力增大的重重困难，人民银行积极采取措施，消除突发事件对金融的不利影响，成功处置甘孜、丹巴、九龙三县金融机构突发案件，确保甘孜州金融一方平安，并以此促进地区经济金融的良性发展。

三、　金融业迅速发展，有力支持经济发展

（一）金融组织体系逐步建立健全，金融覆盖范围不断扩大

"十一五"时期，金融业初步形成了人民银行和银行业监督管理部门为主导，银行、保险、融资担保及其他金融组织并存，功能日渐完备、运行比较稳健的金融组织体系。截至 2010 年末，全州共有各类型银行业机构 22 家，其中政策性银行 1 家，国有商业银行 2 家，邮政储蓄银行 1 家，农村信用社 18 家，全州银行业机构网点 184 个，从业人员 1541 人，初步形成了门类众多、种类较全的银行业服务体系；已有 4 家保险机构，其中财产保险公司 3 家、人寿保

险公司 1 家，各类保险网点 16 个，保险从业人员 131 人，较"十五"期间大幅增长；融资担保公司从无到有，取得突破性进展，甘孜州中小企业融资担保有限责任公司、惠农担保投资有限公司在州内相继获批成立。引进四川省汇通信用融资担保有限公司、四川省大博金投资担保有限公司。

（二）充分运用优惠货币政策工具，提升金融服务能力

有效发挥支农再贷款支持扩大"三农"和县域等薄弱环节信贷投放的引导作用，适当扩大支农再贷款的对象和用途范围。"十一五"期间人民银行累计发放支农再贷款 10.48 亿元，较"十五"期间增加 6.51 亿元，增长 1.64 倍。辖内 6 县农村信用社享受 1.89% 的汶川、玉树地震灾区再贷款优惠利率；农村信用社"十一五"以来执行差别存款准备金率，特别在汶川及玉树地震中受波及的农村信用社执行灾区优惠存款准备金率，农村信用社法定存款准备金率比大型商业银行低 6 个百分点，增加农村信用社信贷资金来源，保证了支农资金需求。

（三）银行机构市场规模不断扩大，保险保障能力显著提高

银行业资产快速增长，盈利能力明显增强。2006 年以来金融机构不断加大对符合国家宏观调控方向和产业政策的重大基础设施项目、水电等优势产业的金融支持，全面提高贷款审批、发放效率，全州货币信贷总量合理较快增长，资产质量、盈利水平大幅提升。截至 2010 年末，银行业各项存款余额 243.7 亿元，是"十五"末的 3.2 倍，增速居全省第 7 位；各项贷款余额 111.6 亿元，是"十五"末的 4.08 倍，增速居全省第一位。2010 年，银行业机构实现税后利润 1.93 亿元，平均资产利润率 0.44%，国有商业银行实现整体扭亏为盈。

保费收入快速增长，服务领域不断拓展，业务规模迈上新台阶。保费收入从"十五"末的 4244 万元上升到 2010 年末的 12745 万元，"十一五"期间连跨 8 个千万元台阶，年均增速超过 40.06%。全州保险密度 135.12 元/人，较"十五"末增长 2.95 倍；保险深度 1.16%，比"十五"末提高 0.31 个百分点。

（四）银行机构信贷结构不断优化，有力支持地方经济快速发展

银行业金融机构贯彻落实货币政策和产业政策，不断调整和优化信贷结构，加大对重大项目、重点优势产业、"三农"、经济社会薄弱环节的支持力度。

加大信贷投入，促进固定资产投资快速增长。金融机构加大对重大基础设施及扩内需项目等重点工程的支持力度。截至2010年末，中长期贷款余额101.25亿元，较2005年增加82.02亿元，增长426.52%，中长期贷款占全部贷款比例为91.61%，有力地促进了固定资产投资的快速增长。

着力优势资源开发，壮大支柱产业。一是加大对"两江一河"流域生态能源业的支持力度，截至2010年末，金融机构累计投向水电行业贷款余额80.69亿元，较2005年增长634.15%。共支持水电开发项目67个，支持开发水能资源1626.05万千瓦，占全州水能资源可开发量的29.3%，通过信贷支持，水电企业累计实现发电收入56.85亿元，各类企业增加生产值33.5亿元，带动地方税收收入4.8亿元，创造劳动岗位3.3万个，优势资源的开发与建设明显壮大了当地支柱产业，惠泽了高原农户牧民，社会效益与经济效益相得益彰。二是支持铜矿、铁矿、铅锌业等优势矿产业开发。重点支持了四川里伍铜矿、康定甲基卡锂辉矿、白玉呷村银多金属矿、道孚润丰矿业等，累计发放贷款2.8亿元。三是扶持旅游资源有序开发。在"旅游兴州"发展策略的指引下，金融机构加大对旅游项目的信贷支持力度，重点支持"环贡嘎山两小时旅游经济圈"和"香格里拉核心景区"，全力支持海螺沟、木格措、跑马山、亚丁等成熟旅游区开发，推动旅游产业的发展。向27户旅游企业、14个旅游项目新增旅游业贷款投放6.72亿元，较2005年增长238%。

信贷支农力度不断增强，有力推动"三农"经济发展。"十一五"期间金融机构围绕中央一号文件精神，切实担负起支持"三农"发展责任，合理安排涉农信贷资金，优化优惠涉农信贷审批流程、创新"三农"信贷产品，切实增强"三农"信贷能力和提高农村金融服务水平，取得良好效果。农业银行加快推进"三农事业部"建设及惠农卡发放力度，农村信用社立足农村，发挥农村金融主力军作用，积极探索农户小额信贷发放模式，涌现出得荣"整村推进"及炉霍小额信贷组织等小额信贷模式。截至2010年末，农户小额贷款余额9.46亿元，较2005年末增加7.06亿元，增长293.64%。

大力支持"民生金融"发展，积极做好"三农"、就业、助学等金融服务。金融机构积极采取措施，准确把握牧民定居贷款需求规模，切实制定信贷计划，确保牧民定居贷款及时发放，解决了牧民建房资金不足的实际困难，保证了牧民定居行动计划的顺利推行，取得了良好的社会效应，共计向 11696 户牧民累计发放牧民定居贷款 2.04 亿元。按县设置下岗失业小额担保贷款担保基金，农村信用社、邮政储蓄银行开始办理小额担保贷款，至此小额担保贷款承办主体扩大到所有银行机构，小额担保贷款得到全面推广，切实促进了创业促就业工作；推出劳动密集型企业小额担保贷款，以充分发挥劳动密集型企业对解决就业的倍增效能。共办理下岗失业贷款 369 笔、金额 530 万元，帮助近 400 个下岗职工实现了再创业。共计发放劳动密集型企业小额贴息贷款 1700 万元，有力地支持了劳动密集型企业的发展。累计向 1445 名经济困难大学生发放国家助学贷款 545.2 万元，使其顺利完成学业，开创了"银校铸诚信、贷款零违约"的成功典范。

（五）外汇管理成效显著，外汇业务不断拓展

加强对外商直接投资资金流入的监管和外债转贷款登记管理，落实各项贸易信贷政策，同时采取多种形式，加大外汇宣传力度和政策执行的反馈力度；积极探索投资、贸易便利化措施，打造良好投资环境，以"推改革、促流出、重监管、抓手段"为工作重点，切实贯彻外汇管理体制改革要求，进一步促进贸易和投资便利化，支持外向型经济的发展，"十一五"期间，实现外汇收入达到 12666 万美元，较"十五"末增长了 5 倍；办理出口备案的企业 12 家，出口报关额达 3017 万美元，均为同期历史最好水平。一是外汇指定银行数量增加。目前辖内已有 3 家外汇指定银行，较"十五"期间增加 2 家。二是外汇业务种类不断增多。从单一的外币兑换到西联汇款、出口收结汇、资本项下结售汇业务，再到开办远期结售汇、人民币与外币掉期业务等为企业提供避险工具，呈现了多样化的发展趋势；进出口业务、境外投资、文化类服务贸易业务在"十一五"期间实现零的突破。三是涉汇主体多元化。由单一的银行、个人扩展到进出口企业、外商投资企业、境外投资者、政府相关部门、学校、寺庙等多类主体。

（六）金融基础设施建设不断改善，金融支持经济的效率不断提高

现代化支付系统建设取得重大进展，全州银行业支付水平迈上了新的台阶。2010 年末，全州 51 个银行业机构营业网点加入大小额支付系统，42 个银行业机构网点加入支票影像交换系统，银行业机构网点 80% 以上实现电子通汇。以"三票一卡"为主体的非现金支付工具得到广泛应用，网上支付、电话支付等新型电子支付业务迅速发展。截至 2010 年末，全州银行卡保有量达到 79.27 万张，ATM 机保有量达到 90 台，是"十五"末的 6.4 倍，POS 机保有量达到 1501 台，是"十五"末的 57.7 倍。农村支付服务环境逐步改善。2008 年 10 月，农村信用社 SC6000 综合业务系统成功上线运行，电子化建设实现了历史性突破，惠农卡、蜀信卡、转账电话等新型支付工具逐步走入农村，18 个县级联社加入了大小额支付结算系统，农信银资金清算系统开通运行，有效畅通了农村信用社的支付结算汇路，切实改善了县域支付结算环境，使广大农牧民有机会共享基本金融服务。

国库系统建设成效显著。税库银横向联网（国税部分）系统顺利上线运行，截至 2010 年末，甘孜州所有国库、18 个县国税、4 家商业银行接入税库银横向联网系统，甘孜州约有 1000 户企业签约、发生电子扣税 5764 笔，占比 27.35%，入库金额 4.29 亿元，占比 59.64%，财政资金缴付速度及资金使用效率得以提升。国库集中支付涉农、救灾补贴等财政补助资金范围扩大，实现民生工程、基础设施、生态环境建设和灾后重建所需资金直达最终收款人，提升了政府的公信力，受到农牧民的普遍欢迎。

征信系统建设进一步完善。企业和个人征信系统覆盖全州 18 个县，信息涉及银行信贷、住房公积金、法院、环保等多个领域，收录企业信用信息 427 户，收录中小企业信息 1224 户，为 4739 户农户建立了信用档案，对 2711 户农户进行了信用评定，为银行业机构贷前调查提供便利，为解决中小企业融资难和农户贷款难问题发挥了积极作用。

金融机构营业场所全面改造，经营管理全面信息化，大大提高了传统业务的处理效率和管理水平，降低了流程风险，同时推动网上银行、电话银行、手机银行等新业务的快速发展，极大地提升了金融服务经济发展的效率。

四、 金融业改革不断深化

（一）金融机构综合竞争力和抗风险能力大幅提高

"十一五"期间，建设银行、农业银行先后完成财务重组和股份制改革工作，分别更名为中国建设银行股份有限公司甘孜分行、中国农业银行股份有限公司甘孜分行。按照现代企业制度的要求不断改善公司治理结构，深入推进管理体制和经营机制改革，着力加强内控机制和风险管理制度建设，不断提高服务水平和效益，通过股份制改革，建设银行、农业银行股权结构改善，金融服务成效显著，资金实力不断增强，经营效益大幅提升。截至2010年末，农行各项存款173.65亿元，净增109.01亿元，增幅169%；各项贷款86.19亿元，净增53.63亿元，增幅165%，其存款、贷款市场占比分别达到73.47%、77.23%。建行各项存款22.5亿元，净增14.78亿元，增幅291.32%；各项贷款4.68亿元，净增2.5亿元，增幅215.93%。

政策性银行职能调整和内部改革取得一定进展。2005年以来，农业发展银行结合农村金融体系整体布局稳步实施"一体两翼"战略，业务范围从单一经营粮油封闭管理逐步向电力、水利、农村基础设施、生态建设等领域延伸。"十一五"期间累计发放粮油类贷款5622万元，向小水电电站建设、农村基础设施建设、农业产业化企业累计发放贷款46550万元，较2005年末增长469.8%，较好保障了全州105万人的吃饭问题，为促进藏区稳定及新农村建设发挥了必要的作用。

（二）农村金融改革深入推进，农村金融服务水平逐步改善

农村信用社改革试点工作取得重要进展和阶段性成果，管理体制框架初步形成，产权制度改革不断深化，各项业务迅速发展，风险状况明显改善，经营效益持续好转，支农主力军地位进一步增强。全州18县农村信用社改革试点专项中央银行票据获得全部兑付，共计兑付专项票据11118万元，利息810.32万元。农村信用社各项贷款余额为15.31亿元，较2005年末增加12.42亿元，增长4.3倍，占全州金融机构各项贷款余额的比例为13.72%，涉农贷款和农户贷款余额分别为9.47亿元和8.33亿元，较2005年末分别增长4.49倍和4.14倍，其中农户小额信用贷款最高授信额度提高到目前的5万元，农村信用社资金实力增强，支农服务功能明显改善。

五、 金融产品和服务方式创新不断增强

农村金融产品与服务方式创新层出不穷。先后推出"电话银行"、"背包下乡服务"、流动金融服务站、安居乐和宅基地抵押贷款等，切实担负起支持"三农"发展的责任，合理安排涉农信贷资金，优化涉农信贷审批流程、创新"三农"信贷产品，提高农村金融服务水平，取得良好的效果。人民银行通过吸收符合条件的农村金融机构加入大额支付系统和小额支付系统、督促和指导

农村信用社电子化建设等方式，不断改善农村地区支付清算服务；农村信用社"炉霍小额信贷模式"、"得荣整村推进小额信贷模式"等创新信贷模式不断涌现，牧民定居贷款、新农保贷款、农户联保贷款、返乡农民工创业贷款等涉农信贷产品相继开发应用，有效地满足了农牧民资金需求，促进了农牧民增产增收；农业银行采取"以惠农卡为载体，农业产业化龙头企业为切点，多种担保方式并存"的小额农户贷款模式，选择了一批"有产业支撑、有贷款需求、有还贷来源、诚信度高、风险可控"的种植业和养殖业农户作为支持对象，探索出以康定前溪乡赶羊村为典型代表的"公司＋基地＋农户"的"三农"服务模式，示范带动了丹巴、稻城等地一大批小额农贷项目。积极探索"贷款风险补偿基金＋联保＋农户"、"公务员＋农户"、"抵押＋保险＋农户"、"合作社＋农户联保＋两保三金"多种风险补偿机制，有效控制小额农贷风险，实现了小额农贷的可持续发展。

积极开展中小企业金融服务创新试点。各金融机构积极探索金融支持中小企业的新机制、新工具，应收账款质押等新兴业务取得零的突破，担保机构担保贷款等信贷产品陆续推出，诚信中小企业培育、银企对接会等多种平台的不断推动，中小企业金融服务水平全面提升，中小企业融资难的问题得以缓解。农业银行积极探索"银行＋农业产业化企业＋基地＋农户"的产业化发展道路，重点选择华康进出口公司、青藏谷地等农业产业化龙头企业作为扶持对象，发放农业生产贷款 9359 万元，直接增加就业岗位 8452 个，辐射 1000 余户农户增收致富，累计出口创汇 871 万美元，达到了"扶持一个龙头企业，激活一个产业，致富一方农户"的效果，实现了经济效益和社会效益双赢。

建设农村金融服务体系，着力消除农村金融服务空白。甘孜州 325 个乡镇中有 226 个乡镇无金融机构，广大农牧民存取款难。甘孜州银行业金融机构积极探索，不断创新，搭建农村金融服务体系，开展空白乡镇金融服务。农村信用社采取流动服务、定时定点服务、联络员制度等形式，已向全州 80 个空白乡镇开展金融服务，发放贷款资金 2400 万元，代理发放惠农补贴资金 400 万元。农业银行通过采用"以网点服务为中心，电子渠道建设和惠农金融产品全面推广，两条线并行发展"的方式，大力构建康巴"三农"金融服务体系。截至 2010 年，共对 17 个网点进行了改造装修，布置多媒体自助终端 24 台、网银体验机 16 台、自助银行设备 80 台、POS 机 294 台、转账电话 1209 户，实现了农业银行自助机具对甘孜州 18 个县的全覆盖；拓展短信通 29179 户、网上银行 19914 户、电话银行 7420 户、手机银行 1266 户，实现电子渠道交易笔数 351.33 万笔，占总交易量的 39.25％；组建乡镇流动金融服务小组 18 个，将金融服务半径向偏远乡村延伸。

创新现金供应方式。积极推动辖区毗邻云南省的得荣、乡城、稻城等 3 县农业银行的跨省取现业务，创新现金供应模式，丰富金融服务内涵，有效解决辖区地域广袤、地偏路险等金融机构现金调运中存在的安全隐患。

保险业务方式创新稳步推进。能繁母猪保险顺利开展，各保险机构将牦牛、青稞等特色农产品纳入保险范围，政策性农业保险覆盖面不断扩大，牦牛保险等符合农牧民需求的特色险种不断推出。财产类保险快速发展，商业保险纳入医改范畴，保险的"社会稳定器"和"经济助推器"功能逐步加强。

六、 金融发展环境不断优化， 经济金融协调发展能力不断提高

政银合作不断加强。政府高度重视金融业发展，支持金融发展力度不断增强，政银工作合作机制不断完善。州政府先后出台《关于进一步支持金融业发展的意见》、《甘孜藏族自治州人民政府关于进一步加快保险业改革与发展的实施意见》、《关于进一步促进农村信用社改革与发展的意见》等促进金融产业发展的意见，鼓励金融产业发展，给予农村信用社股金分红、帮助农村信用社清收不良贷款等政策措施；积极组建中小企业融资担保公司，改善了中小企业融资环境。

社会信用环境进一步改善。社会信用体系建设联席会议制度建立，州政府成立了社会信用体系建设领导小组，征信建设合力初步形成，通过诚信中小企业培育、农村信用体系建设试点等专项活动的开展，不断优化金融发展的外部环境。中小企业、农村等重点领域信用建设不断推进，行业诚信建设取得突破。征信产品运用领域得到拓展，司法环境不断优化，社会信用联合激励惩戒作用初步发挥。

金融生态环境建设初显成效。在政府主导、人民银行推动、各有关单位联动、社会各界积极参与下，金融生态环境建设有序开展。金融生态环境建设工作机制、工作格局初步建立；农牧区信用乡、信用村建设探索开展。开展县金

融生态环境建设测评工作，并将测评结果在全州进行通报；打造银企互动平台，推动中小企业担保体系建设；着力推动九龙县"金融生态环境示范县"的试点；开展金融政策、金融知识宣传，促进金融生态环境建设优化。金融生态环境的改善，为维护区域金融稳定创造了良好的条件。

（甘孜州金融办）

凉山州

"十一五"以来，凉山州委、州政府高度重视金融工作，牢固树立抓金融就是抓经济、抓金融就是抓发展的理念，明确提出了把凉山打造成为"金融资源聚集区、金融服务创新区、金融运行安全区、经济金融互动共赢示范区"的区域金融发展战略，加强规划引导，加大对外交流，推动改革创新，优化发展环境，大力发展金融产业，努力促进经济金融协调健康发展。"十一五"期间，凉山金融业在自身获得长足发展进步的同时，有效发挥了金融在现代经济中的核心作用，有力地支持了凉山经济社会跨越发展。截至 2010 年末，凉山州共有金融机构 36 家，其中银行业机构 9 家，证券营业网点 1 家，保险公司 12 家，融资性担保公司 10 家；金融从业人员 12200 人，是 2005 年末的近 1 倍；金融业总资产达 788.7 亿元，是 2005 年的 2.95 倍。2010 年，该州金融业实现增加值 14.9 亿元，占 GDP 的 1.9%，是 2005 年的 3.3 倍，年均增长 28%；金融业对经济增长的贡献率为 2.7%，拉动第三产业增长 10.43 个百分点。

一、银行业改革与发展

"十一五"期间，全州银行业机构进一步深化改革，加强金融创新，提高服务水平，提升竞争实力，取得了显著发展成效，有力地支持了地方经济社会的发展。"十一五"期间，辖内银行业累计投放贷款 702.6 亿元，贷款余额增加 190.8 亿元，其中 2009 年、2010 年新增贷款均超过 80 亿元，是 2005 年新增贷款额的 10 倍，有力地支持了全州经济社会发展。

（一）银行业竞争实力迈上新台阶

截至 2010 年末，全州共有 9 家银行业机构 474 个网点，金融从业人员

7000 余人；存、贷款余额分别为 699.04 亿元、345.5 亿元，分别是 2005 年末的 2.47 倍和 3.18 倍，年均增速分别为 25% 和 33%；不良贷款余额和不良贷款率分别为 9.67 亿元和 2.8%，分别比 2005 年减少 11.94 亿元和降低 17.09 个百分点，资产质量持续提升；2010 年实现利润 7.06 亿元，是 2005 年的 3.48 倍。值得一提的是，2010 年末异地金融机构在该州贷款余额达到 354.74 亿元，超过了辖内机构贷款余额，有力地支持了凉山经济社会发展。

（二）银行业抗御风险能力实现新突破

凉山州商业银行顺利完成增资扩股 3.24 亿元，资本充足率、拨备覆盖率始终动态保持在监管要求之上，拨备覆盖率由 2007 年成立之初的 116.41% 上升到 2010 年末的 200.34%，各项主要监管指标全面达标。全州农村信用社 2.4 亿元专项央行票据全部实现兑付，2010 年末存、贷款余额分别达到 122.45 亿元和 65.79 亿元，是 2005 年的 3.41 倍和 2.83 倍；资本充足率实现由负转正，2010 年末达到 2.48%，比 2005 年末提高 4.73 个百分点；拨备覆盖率达到 54.89%，是 2005 年的 6.57 倍；不良贷款率 9.22%，比 2005 年下降了 13.33 个百分点；五年累计消化历年亏损挂账 4168 万元，实现扭亏增盈。

（三）银行业服务水平大幅提升

"十一五"期间，全州银行业机构进一步强化涉农和小企业贷款指标考核，对"三农"、中小企业的信贷服务进一步优化；大力实施"乡镇金融服务全覆盖计划"，支持引导涉农金融机构加强对金融机构空白乡镇金融服务，金融服务的广度、深度和满足度有效提高。截至 2010 年末，全州小企业授信户数和金额较年初分别上升 16.29% 和 30%；对彝区"三房"改造、藏区牧民定居两项计划贷款 7909 户、余额 1.25 亿元；420 个金融机构空白乡镇共确定金融联络员 361 名，设立金融服务联络点、便民服务网点、邮政代办点 218 个，开展流动服务 1700 余次，相关业务金额突破 38 亿元。

（四）银行业改革创新取得新进展

辖内 4 家大型银行股改和邮储银行组建工作顺利完成，凉山州城市信用社成功改制为城市商业银行，辖内首家新型农村金融机构——西昌金信村镇银行顺利开业，农村信用社以州为单位的统一法人社改革工作正式启动。同时，农行凉山分行被总行确定为全国 6 家一类产品创新基地之一；凉山州商业银行成立了全省首家获银监会批准挂牌经营的小企业信贷中心，工行在会理，商行在越西、宁南盐源等地相继设立支行，县域金融服务能力进一步增强。"十一五"期间是凉山金融业发展最快的时期，也是金融改革创新成果最为显著的时期。

（五）银行业对外交流合作全面展开

"十一五"期间，凉山州积极加强与州内外金融机构的协调联系和交流合作，多方聚集金融资源。与省级金融业机构建立了年度联席会议制度，先后与省农行、省国开行、省工行、省联社等多家省级金融机构签订了全面战略合作协议，对外金融交流合作成效显著。

（六）重点项目、重点产业的信贷支持力度进一步加大

各银行业金融机构紧密结合凉山州产业培育政策，调整优化信贷结构，加强对全州水电、矿冶等重点项目、重点支柱产业、重大基础设施建设的支持力度，积极推进"工业强州"和资源本地化加工发展进程，促进工业园区建设，全力支持企业发展，加快推进新型工业化，构建全州经济强有力的工业支撑体系。银企对接意向性合作协议金额连续两年创新高。截至2010年末，全州银行业金融机构对水电、采矿、制造行业贷款余额分别为151.92亿元、28.93亿元、30.37亿元，有力地支持了州内水电、矿冶等重点支柱产业的发展。

（七）中小企业支持力度进一步提高

"十一五"以来，州内各银行业金融机构认真落实国务院关于进一步促进中小企业发展的意见，推广借鉴各地支持中小企业发展的经验做法，建立小企业金融服务团队、服务中心和专营机构，进一步完善小企业信贷考核体系，开发针对中小企业特点的差异化信贷产品，探索完善中小企业信用模式和扩大抵押担保物范围，逐步提高中小企业中长期贷款的规模和比重，积极支持中小企业发展。2010年末，全州中小企业贷款余额168.4亿元，占全州贷款总额的48.7%。

（八）"三农"金融服务水平有效提升

"十一五"以来，各银行业金融机构积极加大对全州农田水利、农村公路、农村电网等农业生产能力和农村基础设施建设项目的支持力度；加大金融机构对现代农业和新农村建设的金融支持力度，支持农业产业化龙头企业和专业合作社经济组织发展壮大，支持发展特色效益农业，支持发展农业产业化经营，支持发展农村劳务经济，支持农村生态建设，大力推进农业和农村现代化，推进带动全州现代农业发展，构建现代农业产业体系。2010年末，全州银行业金融机构农业贷款余额37.51亿元，比2005年末增加18.7亿元，增长96%，有力地支持了州内"三农"的发展。农村信用社积极发挥支持"三农"主力军作用，2006至2010年间累计投放农业贷款132.11亿元；农行凉山分行积极探索以企业、农户、保险三方共担风险的风险控制机制，借助农业产业化龙头企业，依托"公司＋农户＋基地＋保险"订单农业的内在联系，支持农业产业化的新模式，实行连片开发、整村推进；农发行凉山分行"十一五"期间发放粮油贷款4.9亿元，支持凉山建立了中央、省、州、县四级粮油储备，保证了全州军需民食的需要。同时积极服务"万村千乡"和"家电下乡"，支持相关企业建立了2180家连锁店，有效满足了农民消费需求。

（九）灾后恢复重建顺利推进

州内有关银行业金融机构充分利用中央的特殊金融扶持政策，发挥金融服务功能，加大对地震灾区重大产业和公共基础设施重建，加强对灾后农房重建的信贷支持，确保全州灾后重建工作平稳顺利完成。探索创建了"农户联保、稳定的产业收入作还款来源、保险公司保险（金农保一单通）、国有信用担保公司担保、政府风险补偿金机制＋建立行政保障机制"的"5＋1"风险防范机制，累计向地震灾区农户8524户发放灾后住房重建贷款16 321万元，帮助灾区农户加快了灾后恢复重建步伐。全州农村信用社累计发放灾后农房重建贷款14 789万元，涉及农户数13 042户，既支持了灾区经济的发展，又维护了社会的稳定。

（十）银行业支持扩大内需取得较好成效

各金融机构积极利用国家扩大内需刺激消费的各项政策，制定相应配套政策措施刺激消费，创新消费信贷产品，大力发展消费信贷，引导消费结构升级，增强消费对经济增长的拉动作用。截至2010年末，全州个人住房按揭贷款余额达19.08亿元，较好地满足了广大百姓的购房需求。

（十一）民生领域的信贷需求得到支持

"十一五"以来，州内银行业金融机构积极对接凉山彝区综合扶贫开发总体规划，重点加大对就业、扶贫开发、彝区"三房"改造计划、藏区牧民定居计划、社会公益事业等民生领域的信贷支持。截至2010年末，农行凉山分行共支持全州彝区"三房"改造贷款538.1万元，支持农户220户；全州农村信用社累计发放彝区"三房"改造贷款 16 889 万元，涉及农户 13 601 户，投放藏区牧民定居贷款 1093 万元，占全县资金总需求量的 71.15%；2006 至 2010 年期间，全州农村信用社累计发放助学贷款 1493 万元，受益大学生人数达 2457 人；建行凉山分行累计资助凉山贫困高中生 200 人次，发放助学金 30 万元，累计有 100 多名受助学生考入大学。

（十二）空白乡镇金融服务全覆盖有序推进

各涉农金融机构按要求深入实施凉山州乡镇金融覆盖计划，通过新设网点、实施流动服务、定时定点服务、设立金融服务联络员、设立自助机具、发放银行卡、安装转账电话等方式，全面推进深化金融机构空白乡镇基础金融服务，扩大办理存款、贷款、汇款、转账等基础业务覆盖面，提升全州金融机构空白乡镇金融服务充分性和便利性，最大限度地满足农民群众的基本金融服务需求，逐步解决农村金融服务空白点问题，截至 2010 年末，州内 3 家涉农金融机构已对 196 个空白乡镇提供了金融服务。

二、 保险业改革与发展

"十一五"期间，凉山保险业实现了跨越式发展。2010 年，实现保费收入 14.12 亿元，平均增速 35.33 %；支付赔款 5.8 亿元，平均赔款增幅为 41.57%。"十一五"期间，五年共实现保费收入 42.66 亿元，共计支付赔款 12.44 亿元，共计上缴税金 1.27 亿元，保险业社会"稳定器"的作用进一步发挥。

（一）抓机遇强改革，保险业实现跨越式发展

业务实现跨越式增长。"十一五"期间，全行业保费规模扩大 3.57 倍，实现保费总收入 42.66 亿元，其中，财险保费收入 19.33 亿元，寿险保费收入 22.99 亿元；全行业支付赔款 12.44 亿元，增长了 5.47 倍，其中，财险支付赔款 9.37 亿元，寿险支付赔款 3.07 亿元。2010 年，凉山保险业取得实现保费收入 14.16 亿元，同比增长 38.82 %，增速名列全省第三名，其中人身保险保费收入增速 51.88 %，名列全省第一。

经营主体不断壮大。"十五"期间，全州共有经营主体 6 家。财险 4 家，寿险 2 家。在"十一五"期间，全州保险业经营主体增加到 12 家，保险代理公司 4 家，行业从业人员近 5000 人。

（二）着力提高服务保障能力，保险业务发展又好又快

农村小额人身保险发展势头良好。中国人寿凉山分公司充分发挥网点众多、服务面广的优势，积极推广各类农村小额人身保险，在德昌、会理、宁南、冕宁等县的多个乡镇村建立了"国寿保险村"、"保险先进村"，开办了涵盖意外伤害、意外死亡和医疗费用的农村小额保险产品。全州各县公司与当地农信社签订了小额贷款保险产品代理合作协议，使"国寿小额贷款借款人定期寿险和意外伤害险"两款产品得到全面推广，提高了老百姓的风险保障能力。

政策性农险健康发展。2007年政策性农险开办，人保财险按照"支农惠农、量力而行、风行可控、规范经营"的经营指导原则，在盐源县建立了5乡镇农业保险服务站，在昭觉、木里等6个县分别建立2个农业保险服务站，在喜德、甘洛、会理等县各建成一个农业保险服务站，加快完成农业保险服务网点建设。四年累计承保玉米25.9万亩、水稻10.3万亩、马铃薯2.6万亩、生猪（含能繁母猪）233万头次，支付赔款6205万元。商险开发、销售能力大步提升。一是寿险狠抓个险、团险、银保三支渠道核心指标的推动和发展，发挥个人代理、团险、银邮等不同渠道的优势，多方推进快速发展，2010年增速全省第一。二是财产险紧紧抓住家庭自用车迅猛发展的大好时机，积极构建以电销为代表的新型销售渠道，有效整合传统渠道，带动财险市场较快发展。同时抓住"十一五"期间大量国家、省大型重点项目在该州落户的历史机遇，着力发展风险极高的责任险和工程险，打破了大型重点项目综合保障由州外公司承保的局面。

（三）全力打造服务运行平台，服务能力不断提升

专业化运行平台初见雏形。各公司根据自身系统管理模式、服务理念和企业文化，着力打造信息技术支撑专业化运行平台，提高了对服务和保障能力关键节点的掌握能力。

专业化服务能力不断提升。一是坚持持证上岗规范行业准入制度，积极组织保险代理人培训和资格考试，持证人员近4000人。二是各财、寿险公司积极推动"三师九员"制，通过系统内、外培训考评体系，不断完善壮大核保、核赔等专业化队伍建设。

标准化服务能力持续推进。一是通过职场、柜面和服务礼仪标准化建设，

为客户提供温馨舒适的服务环境，客户满意度有所增加。二是在展业、理赔服务过程中，积极推行标准化流程和规范化礼仪，使行业的服务品质和效率得到保障。服务能力的提升，大大降低了客户的等候时间和经济成本，2010 年全行业案均理赔周期较上年平均缩短 9 天，立案率同比提高 19%。

（四）坚持依法合规经营，市场秩序不断优化改善

一是认真学习、落实新《保险法》、保监会 70 号文件等相关合规性文件精神，通过坚决执行费用跟单等相关规定，手续费支付得到全面规范，使行业竞争从无序混乱状态，逐步走上合规理性竞争之路，实现了整个行业健康良性发展。

二是州保险行业协会充分发挥协调和自律作用，坚定不移地推进自律工作，通过自查自纠、交叉检查，加大违规处罚力度。

从业人员的职业素养、职业道德得到全面提高。

三、 证券业改革与发展

"十一五"期间，凉山证券市场发展取得长足进步，市场规模得到快速扩大，证券交易各项经营指标增长明显。

（一）主要经营指标

"十一五"期间，凉山共有两家证券营业部。截全 2010 年末，两个营业部累计开立资金账户 51423 户，实现交易额 1275.42 亿元，实现营业收入33796 万元，实现利润 25498 万元。

（二）加强服务，不断提高竞争力

精简机构，强化服务，要求所有员工全部取得证券执业资格，以高素质的员工和规范化的管理为投资者提供专业化服务。增设合规专员、设立市场部，规范运营，有效化解经营风险，将营业部经营的重点落实到市场营销，不断提高市场竞争力。

（三）推进业务发展

"十一五"期间，证券营业部在完成自身业务拓展外，积极推动建立健全以证券投资者为主的投资者保护制度，取消柜台现金存取业务，与银行业金融机构开通了客户保证金三方存管业务，为客户的保证金存、取提供了安全、快捷、便利的条件。同时，增加服务手段，除传统的柜台、刷卡、热自助、电话等交易方式外，还加大力度开展网上交易，通过手机证券等业务拓宽服务渠道。积极开展投资者教育，普及证券知识，大力宣传反洗钱，营造凉山和谐稳定的金融环境。

四、 融资性担保行业发展

"十一五"期间，凉山州融资性担保行业跨越"创业发展阶段"和"快速发展阶段"两个阶段，从无到有，步入良性运营的快速发展阶段。截至2010年末，凉山州内经过省政府金融办认定的融资性担保法人机构7家、分支机构3家；法人机构注册资本金4.63亿元；全州融资性担保行业从业人员153人。凉山州融资性担保行业为助推凉山州经济社会发展做出了重要贡献。

（一）中小企业融资难得到有效缓解

"十一五"期间，全州融资性担保业积极支持中小企业发展壮大，支持"三农"经济发展，加大对高新技术产业的支持力度，及时对符合国家产业政策的行业、企业提供贷款担保。截至2010年12月，全州10家融资性担保公司累计为全州8738户中小企业及个人提供贷款担保39亿元，涉及农业产业、冶金、有色金属、水电、房产、商业贸易等多个行业，从私营企业短期贷款到国有企业改制重组，从中小水电开发到灾后重建项目、农业产业化发展，对州内西昌、甘洛、会理、冕宁等17个县市的大量中小企业、个体经营者、农户进行了及时的支持，充分发挥了融资中介作用。2010年，全州融资担保机构为7781户中小企业及个人担保融资15.57亿元，全州担保融资占全州银行业金融机构各项贷款余额的比重上升至5.9%。

（二）行业龙头作用迅速显现

2005年以来，扶持和成长起了一批资本实力强、运作规范、风险管理经验丰富、担保人才齐集、品牌形象良好的融资性担保公司。2010年，全州前三户担保公司完成中小企业担保融资14亿元，占全州融资担保额的90%；在保责任余额前三户融资担保机构担保余额17.3亿元。这些融资担保行业龙头企业为全州融资性担保业健康发展起到了良性引导作用，对行业品牌形象的塑造起到了支撑作用，有效满足了中小企业、"三农"经济的融资需求。

（三）银担合作进一步扩大和深入

银行业金融机构与融资性担保机构进行全面有效合作，其中不少担保机构与合作银行创新合作方式，增加合作品种，改善合作流程，及时交流和通报相关信息，加强对贷款企业的监督，共同维护双方权益，融资性担保行业发挥了银行"防火墙"的作用。银担合作环境的持续改善，融资性担保机构与银行业金融机构的利益捆绑更加密切，有效缓解了中小企业、"三农"经济、个体工商户、城镇居民的融资难问题。

（四）担保风险得到有效控制

"十一五"期间，凉山州融资担保行业在融资性担保业务量迅猛增长的同时，担保风险也得到了有效缓解及释放，没有出现系统性风险。2010年，全州融资性担保机构累计提取未到期责任准备金和担保赔偿准备金3913万元，有效提升了抗击风险的能力，发生担保代偿624万元，代偿率为0.5%。

（五）融资性担保行业资本实力不断做大

"十一五"期间，凉山州融资担保行业在规范中发展，在发展中做大。据统计，2004年全州担保机构资本金为0.27亿元，2010年全州7家法人融资类担保机构资本金为4.63亿元，担保资本金的流入增幅为18倍。

（六）融资性担保行业规范发展

2010年12月8日，凉山州融资性担保行业协会正式成立，标志着全州融资性担保行业进入了规范发展的时期。协会充分发挥其桥梁和纽带作用，密切会员与政府、企业、金融机构的联系，积极为会员协调解决实际问题，不断增强协会的凝聚力。举办融资性担保业务培训班，培训行业从业人员80多人次。担保机构员工素质均得到提高，协会的担保机构"孵化器"作用进一步得到发挥。

（凉山州金融办）

第五篇 大事记

2006 年

1 月，全国集中统一的个人信用信息基础数据库在四川正式上线运行。

4 月 10 日，西部首家小额贷款公司广元全力小额贷款公司正式挂牌，实行纯市场化运作，只贷不存。

4 月 24 日，小额批量支付系统在四川省正式运行。

7 月 25 日，人民银行成都分行成立反洗钱处，标志着反洗钱工作机制开始建立。

7 月底，企业信用信息基础数据库在四川上线运行。

10 月 12 日，四川省上市公司股改清欠工作会议召开，截至年末，全省上市公司"股改"和"清欠"工作基本完成。

10 月 20 日，四川省人民政府办公厅下发《关于银行卡产业发展的指导意见》。

11 月，攀钢钢钒成为四川第一家发行分离交易可转债的上市公司。

11 月 10 日，国民人寿四川省分公司开业。

11 月 16 日，阳光财险四川省分公司开业。

11 月 16 日，四川省人民政府办公厅批转了《四川省保险业"十一五"发展规划》。

11 月 17 日，四川省人民政府下发《贯彻〈国务院关于保险业改革与发展的若干意见〉的实施意见》。

11 月 17 日，"全国首届金融知识展览——成都巡展"正式开展。巡展为期一周，总参观人数超过 20000 人次。

11 月 17 日，首批 80 个农村信用社网点正式开通农民工银行卡特色服务，四川成为全国第 8 个开通此项业务的省份。

11 月 23 日，荷兰银行成都分行开业。

12 月 1 日，新加坡大华银行成都分行开业，至此成都已有 7 家外资银行。

12 月 12 日，四川首家农村合作银行——资阳雁江农村合作银行获准筹建。

12 月 18 日，浙商银行成都分行开业。

12 月 25 日，宜宾市商业银行开业。

2007 年

3 月 1 日，全国首家村镇银行——四川仪陇惠民村镇银行和仪陇惠民贷款公司开业。

3 月 14 日，平安养老保险四川分公司开业，成为四川省内成立的首家专业养老险公司。

4 月，四川证监局分别与绵阳市政府、遂宁市政府签订《企业改制上市培育工作合作备忘录》。

4 月 24 日，托普科技被深交所终止上市。

5 月 14 日，四川省内第一家专业健康保险公司——人保健康四川分公司开业。

5 月 18 日，托普软件被港交所终止上市。

5 月 30 日，新华文轩在港交所上市。

5 月 31 日，凉山州商业银行开业。

5 月 31 日，成都市中级人民法院宣布四川金融租赁股份有限公司破产，成为四川省首例通过破产依法退市的高风险金融机构。

6 月 1 日，四川省人民政府下发《四川省人民政府关于加快推进小额担保贷款促进就业再就业工作的通知》。

6 月 12 日，四川省人民政府下发《四川省人民政府关于金融支持加快发展现代农业、扎实推进社会主义新农村建设的意见》。

6 月 19 日，恒丰银行成都分行开业。

6 月 20 日，衡平信托有限责任公司成为全国首批获准换发新证和变更业务范围的信托公司。

6月25日，支票影像交换系统在四川省上线运行。

7月，四川省证券公司三方存管全面启动。

7月5日，省政府办公厅下发《四川省金融突发事件应急预案》，进一步健全了金融突发事件应急管理机制。

7月8日，四川首家农村资金互助社——苍溪县农村资金互助社开业。

7月10日，人民银行成都分行和四川省发改委联合召开"四川企业债券融资推介会"。省政府有关部门、各市州人民银行分行和发改委、有关金融机构和200余家企业参加了会议。

7月18日，成都市出资3亿元成立成都市现代农业担保有限公司，为农村居民向银行融资提供担保，有效拓宽"三农"融资渠道。

7月20日，高金食品在深交所上市，是股改后四川省第一家上市公司。

7月25日，省政府下发《关于开展政策性农业保险试点工作的通知》。

7月30日，经股权转让，国金证券控股天元期货，将天元期货更名为国金期货。

8月，历时近3年的证券公司综合治理工作圆满完成。四川省5家证券公司无一家被风险处置，所有风险控制指标均达到证监会规定标准。

8月，渤海财产保险股份有限公司四川分公司开业。

8月22日，在政策性农业保险理赔兑现大会上，人保财险安岳支公司将11.8万元全省政策性农业保险赔款送到了1300户受灾农民手中。这是四川省开展政策性农业保险以来的首笔赔款。

9月，时任四川省委书记杜青林带队考察深交所，四川省人民政府与深交所签订企业上市合作协议。

9月11日，中银保险四川分公司成立。

9月17日，国家开发银行四川省分行分别与成都市、自贡市、德阳市、广元市等四市人民政府签订了《开发性金融支持统筹城乡综合配套改革试验区建设合作备忘录》，用于支持统筹城乡综合配套改革试验区建设项目。

10月，省政府与大连商品期货交易所签署合作协议。

10月，四川证监局与泸州市政府签订《企业改制上市培育工作合作备忘录》。

10月25日，南充市商业银行成都分行开业，是四川省城商行的首家异地分支机构。

10月25日，成都市商业银行举行引进境外战略合作伙伴签约仪式，与马来西亚丰隆银行正式签订认股协议。

11月19日，小额支付系统通存通兑业务在四川推广上线。

11月21日，省政府下发《关于印发＜四川省处置非法集资联席会议制度＞和＜四川省处置非法集资实施办法＞的通知》，全省查处非法集资工作机制初步建立。

12月9日，中国邮政储蓄银行四川省分行正式挂牌成立，邮政金融体制改革工作在四川继续深化。

12月17日，四川省中小企业融资"五方联动"试点工作在资阳正式启动。

2008 年

1月，成都市正式通过政府补贴、市场化运作的方式，引导和鼓励驻蓉保险机构全面开展水稻、玉米、生猪、奶牛等政策性农业保险业务试点和小额人身保险试点。

1月，国金证券借壳成都建投上市。

1月15日，遂宁市商业银行开业。

3月18日，华农保险四川省分公司开业。

3月24日，结合农村产权制度改革，成都市出资3亿元，成立了市农村产权流转担保股份有限公司，为"三农"经济发展提供担保增信服务。

3月26日，中日韩三方银行业监管高层会议暨第三届监管合作论坛在成都召开。

3月28日，四川省人民政府与国家开发银行签订了《四川省人民政府、国家开发银行合作协议》。

4月，中国证监会批准华西证券收购大业期货。后大业期货更名为华西期货。

4月28日，外币支付系统成功上线运行。

5月12日，四川汶川发生8.0级特大地震，全省金融系统迅速启动应急机制，全力以赴开展抗震救灾工作。

5月13日，四川省人民政府下发《关于坚守岗位全力以赴做好金融支持抗震救灾工作的紧急通知》（川府办发电〔2008〕54号），要求各市（州）政府和全省银行业机构坚决贯彻执行。

5月，四川省多家金融机构采取板房、帐篷、公交车等多种形式设立流动服务点，及时恢复灾区金融服务。

5月中旬，人民银行成都分行会同监管部门确保基础业务系统稳定，编制和实施《四川汶川地震灾后金融网点恢复重建规划》，引导金融机构加大抗震救灾和灾后重建金融服务。

5月19日，国家开发银行与成都市人民政府签订了总额为206亿元的《灾后重建专项贷款合作协议》，这是第一家金融机构向成都市政府提供灾后重建专项贷款。

6月起，"一行三会"陆续出台多项支持灾后重建特殊优惠政策。

6月，北化股份在深交所挂牌上市，成为震后利用"绿色通道"上市的第一家公司。

6月3日，人保财险四川省分公司、太平洋产险四川分公司、平安产险四川分公司、太平保险四川分公司组成共保体，与二滩水电公司旗下两个水电站项目签订建工险保险合同，保额达153亿元，是四川省水电建设史上单笔投保金额最大项目。

6月16日，合众人寿四川分公司开业。

6月30日，全省邮政储蓄银行分支机构组建工作全面完成。

7月4日，四川证监局发布《关于开展上市公司资金占用自查自纠进一步规范公司运作的通知》，开展上市公司"清欠解保"工作。

7月9日，民安保险四川分公司开业。

7月18日，阳光人寿四川分公司开业。

7月25日，中意人寿四川省分公司成立。

7月28日，中国银监会主席刘明康陪同国务院副总理王岐山赴四川视察灾后重建工作。

8月，中国证监会批准启动期货投资者保障基金处置嘉陵期货遗留风险。

8月，四川证监局与南充市政府签订《企业改制上市培育工作合作备忘录》。

8月15日，四川第一例、全国洗钱判例中金额最大的杨仕明洗钱案成功宣判，标志着四川省反洗钱工作取得突破性进展。

8月中旬，四川省农村小额人身保险试点工作正式启动。

8月21日，四川银监局正式启动全省信贷支持农房重建工作。

9月26日，中国保监会与四川省人民政府联合举办"巨灾风险管理与保险国际论坛"。

9月27日，渤海银行成都分行开业。

10月1日，四川省保监局在全省范围内正式实施车险"见费出单"制度。

10月6日，雅安市商业银行开业。

10月8日，中共中央、国务院、中央军委在人民大会堂隆重举行全国抗震救灾总结表彰大会，全省金融系统多家单位及个人获得表彰。

10月15日，四川省人民政府办公厅撤销省政府财贸办公室，设立省政府金融办公室。

10月28日，"成都市商业银行"正式更名为"成都银行"。

11月6日，上海银行成都分行开业。

11月20日，人民银行成都分行下发《关于金融支持扩大内需促进四川经济平稳较快发展的指导意见》，引导金融机构支持扩大内需和灾后重建。

11月26日，人民银行成都分行首次发布四川省金融机构利率执行水平。

11月28日，四川省人民政府办公厅印发《四川省小额贷款公司管理暂行办法》，明确由省政府金融办公室负责小额贷款公司的审批和行业管理。

12月16日，国家开发银行四川省分行更名为国家开发银行股份有限公司四川省分行。

12月26日，重庆银行成都分行开业。

12月28日，华夏人寿四川分公司开业。

2009 年

1月21日起，人民银行成都分行联合政府有关部门陆续在成都等5城市分别召开全省工业止滑回升银企对接片区会，银行与企业签署正式贷款协议

1717 项，授信金额 801 亿元。

1 月 22 日，人民银行成都分行、省林业厅和省银监局联合下发《四川省林权抵押贷款试行办法》，选择开江等 21 个县为"四川省林业金融创新重点示范县"，积极推进全省林权抵押贷款试点工作。

2 月 26 日，四川省金融工作会议召开，四川省省委副书记、省长蒋巨峰出席并发表重要讲话。

3 月 4 日，四川省启动银行业集中清理执行积案工作。

3 月 5 日，人民银行成都分行和四川银监局联合下发《关于金融支持灾区城镇居民住房重建的指导意见》。

4 月，四川证监局完成期货公司首次分类监管评价工作，倍特期货成为全国首批 A 类期货公司之一。

4 月，成都市出台《成都市人民政府关于进一步加快金融业发展若干意见》（成府发〔2009〕24 号），设立成都市金融业发展专项资金，区（市）县安排相应配套资金，对银行业金融机构各区（市）县支行年度新增存款 70%以上投放当地的，给予一定奖励。

4 月 17 日，四川首期总额 180 亿元的地方债分两期发行，发行规模居全国首位。

4 月 20 日，中小企业融资租赁国际研讨会在德阳召开。

5 月 12 日，人民银行成都分行与四川银监局组织召开四川省农村金融产品和服务方式创新试点工作交流会议。

5 月 20 日，浙江民泰商业银行成都分行开业。

6 月，四川证监局与资阳市政府签署《企业改制上市培育工作合作备忘录》。

6 月 8 日，南洋商业银行（中国）有限公司成都分行开业。

6 月 10 日，成都银行与成都市委宣传部、成都小企业信用担保有限责任公司共同签署《成都市文化创意产业融资服务战略合作框架协议》。

6 月 15 日，《国家开发银行、成都市人民政府城乡统筹村镇规划合作框架协议》在成都正式签署。

7 月，四川省人民政府首次召开全省上市公司治理工作会议。

7 月，成渝高速在上交所挂牌上市，成为新股发行重启后全国第一家在主板上市的公司。

7月，甘孜州政府与四川省农村信用联社签订牧民定居行动计划《银政合作协议》，标志着金融支持牧民定居行动计划正式启动。

8月10日，成都市政府会同四川银监局、人民银行成都分行营管部召开金融支持统筹城乡发展座谈会，专题研究开展农村产权抵押融资。

8月25日，四川省中小企业融资超市开业。

9月，太平保险四川分公司正式更名为"太平财产保险有限公司四川分公司"。

9月1日，摩根大通（中国）有限公司成都分行开业。

9月21日，哈尔滨银行成都分行开业。

9月27日，大连银行成都分行开业。

10月，南充市商业银行贵阳分行获准筹建，成为全省首家跨省设立分支机构的城市商业银行。

10月，创业板正式推出，四川省金亚科技、吉峰农机、硅宝科技成为全国首批上市的创业板公司之一。

10月28日，人民银行成都分行与省委组织部联合下发《关于开展"大学生村干部金融春雨行动"的指导意见》，在全国率先推动金融支持大学生村干部创业工作。

10月30日，全国农村信用合作金融系统对口支援单位座谈会在成都召开，中国银监会副主席蒋定之出席会议并讲话。

11月，成都市政府出台《成都市农村产权抵押融资总体方案》及《农村集体建设用地使用权抵押融资管理办法》、《农村房屋抵押融资管理办法》、《农村土地承包经营权抵押融资管理办法》，正式启动农村集体建设用地使用权、农村房屋和农村土地承包经营权抵押融资。

12月，成都市农村信用合作联社在锦江区发放成都市首笔农村集体建设用地使用权抵押融资，贷款金额8.07亿元。

12月23日，达州市商业银行正式挂牌成立，标志着全省城市信用社向商业银行改制全面完成。

12月29日，包商银行成都分行开业。

12月，四川省保险行业协会发布"四川保险业承诺遵守《保险从业人员行为准则》、《保险从业人员行为准则实施细则》的倡议书"，进一步推动行业学习贯彻"两则"活动。

2010 年

1 月，四川银监局组织全省银行业机构开展地方政府融资平台风险防范和化解工作。

1 月 15 日，由成都市农村信用社改制组建的成都农商银行正式挂牌开业。

2 月，二重重装上市，成为四川省"十一五"期间继四川成渝外第二家在主板上市的大型国企。

2 月 12 日，四川省人民政府印发《西部金融中心建设规划（2010—2012年)》，提出坚持市场化推进与政府引导相结合，初步把成都建设成西部金融机构中心、西部金融市场和交易中心、西部金融服务中心。

2 月 16 日，四川保险业正式启用全省商业车险赔案信息数据库。

3 月 1 日，由成都银行与其战略投资者马来西亚丰隆银行共同发起设立的四川锦程消费金融有限公司正式开业。该公司是中西部首家消费金融公司、全国首家合资消费金融公司。

3 月 4 日，四川省委、省政府举行四川省重点优势产业银企对接会议，40余家银行业金融机构和 200 户重点工业企业负责人参会，共落实银行贷款金额664.97 亿元，授信金额 1207.67 亿元。

3 月 18 日，三菱东京日联银行成都分行开业。

3 月 26 日，成都银行首家省外分行——重庆分行开业。

4 月 15 日，成都市中级人民法院出台《关于印发〈关于进一步加大支持力度，为成都统筹城乡改革试验区建设提供司法保障的指导意见（试行)〉的通知》，支持农村产权抵押融资。

4 月 15 日，中国第五个、西部首个"路演中心"落户成都高新区。

4 月 17 日，南充市商业银行贵阳分行开业。

4 月 28 日，攀枝花商业银行成都分行开业。

5 月，科伦药业首发融资超过 50 亿元，创下四川省企业上市融资的历史纪录，在全国 500 余家中小板上市公司中融资额排名第二。

5月11日，中国人民银行与中国证监会、银监会、保监会在成都召开汶川地震灾后重建金融服务工作座谈会，联合下发《关于进一步做好汶川地震灾后重建金融支持与服务工作的指导意见》。

6月17日，四川被批准为跨境贸易人民币结算新增试点地区，试点工作正式启动。

7月5日，成都首家由国资发起的中外合资融资租赁企业——成都金控融资租赁有限公司成立。

7月8日，人民银行成都分行与四川证监局、银监局、保监局联合出台《关于金融支持四川藏区跨越式发展的指导意见》，决定2010至2015年开展金融支持四川藏区跨越式发展行动。

7月19日，全省首家县级农村商业银行——四川长宁竹海农村商业银行股份有限公司开业。

7月23日，总部设在成都的全国性保险公司——锦泰财产保险股份有限公司获批筹建。

8月，四川省60家证券服务部全部规范升级成为证券营业部。

8月15日，中国人民银行和银监会联合发布《关于全力做好甘肃、四川特大山洪泥石流灾害地区住房重建金融支持和服务工作的指导意见》。

9月7日，"国开四川（龙泉驿）城乡统筹发展基金"框架协议签订，全国第一只城乡统筹发展基金在成都诞生。

10月13日，中国林权交易所西南交易中心、中国技术交易所成都交易中心和北京黄金交易中心四川分公司在成都开业。

10月22日，由中国人民银行、中国银监会、中国证监会和中国保监会共同主办，四川省人民政府承办的第一届中国西部金融论坛在成都开幕。

11月14日，四川省人民政府印发《四川省融资性担保公司管理暂行办法》，明确四川省人民政府金融办公室为全省融资性担保业务的监管部门。

11月29日，在原四川省信托投资公司和四川省建设信托投资公司相关资产剥离、合并的基础上设立的四川信托有限公司开业。

12月，人民银行成都分行、国家外汇管理局四川省分局《关于印发〈四川银行业机构重大事项报告制度〉和〈四川新设银行业机构开业管理与服务工作指引〉的通知》及《关于加强四川新设银行业机构开业管理与服务工作有关事项的通知》陆续出台。

12月22日，成都、德阳、绵阳、遂宁、乐山、雅安、眉山、资阳8市共同签署《成都经济区金融合作备忘录》。

12月28日，隆昌兴隆村镇银行正式升格为市级总分行制村镇银行，成为全国首批十家地市级总分行制村镇银行之一。

12月31日，法国安盟保险公司成都分公司改建为安盟保险（中国）有限公司，成为四川第一家保险法人机构。